novum premium

Sigurd Saß

Der rote

Faden

der ein **blauer** wurde

Annäherungen an ein
selbstbestimmtes Leben
in 71 Kurzgeschichten

novum premium

Bibliografische Information
der Deutschen Nationalbibliothek:

Die Deutsche Nationalbibliothek
verzeichnet diese Publikation in
der Deutschen Nationalbibliografie.
Detaillierte bibliografische Daten
sind im Internet über
http://www.d-nb.de abrufbar.

Gedruckt in der Europäischen Union
auf umweltfreundlichem, chlor- und
säurefrei gebleichtem Papier.

© 2023 novum Verlag

ISBN 978-3-99130-210-0
Lektorat: Lucas Drebenstedt
Umschlagfotos:
Sigurd Saß; Thomas Hertwig,
David M. Schrader | Dreamstime.com
Innenabbildung: Sigurd Saß
Umschlaggestaltung, Layout & Satz:
novum Verlag

www.novumverlag.com

Climate neutral
Print product
ClimatePartner.com/16547-2201-1002

Inhaltsverzeichnis

Vorwort

Der ‚rote Faden', weil der Blick auf Ereignisse gerichtet wird, die einen inneren Zusammenhang zu haben scheinen. Ereignisse einer Biografie, die hauptsächlich in Deutschland spielt, und zwar bis heute. Warum der ‚blaue Faden' ins Spiel kommt, kann ich nicht genau sagen. Er hat sich von selbst eingefunden. Blau ist die Farbe des Himmels, der unbegrenzten Weite, der Leichtigkeit, des Ungreifbaren und der Freiheit, die im Rahmen einer Biografie nicht von selbst da ist, sondern Ergebnis einer Befreiung. Vielleicht ist der blaue Faden einfach die immaterielle Essenz des roten oder dessen Transformation zum formlosen Blau.

Dieses Buch zu schreiben, schwebte mir schon lange vor. Bisher gab es dazu jedoch keine Vorstellung – weder für die Form noch für die Konzentration. Doch plötzlich war beides da. Als Form stellte sich (wie die Lösung eines gordischen Knotens) die Gliederung in Kapitel ein, wie eine Sammlung von Kurzgeschichten mit innerem Zusammenhang. Stilistisch werden unterschiedliche Sprachstile miteinander verwoben, eine Art Spiegelbild des lebendigen Sprachgebrauchs. Das Artifizielle spielt eine untergeordnete Rolle und wechselt sich ab mit Alltagssprache.

Ich danke den vielen Menschen, denen ich freundschaftlich begegnen durfte. Ich danke den Lebensgefährtinnen, die mich begleitet und zu Erkenntnissen meiner selbst verholfen haben. Und ich danke meinen Kindern, von denen ich viel gelernt und die so manche Eiskruste in mir zum Schmelzen gebracht haben.

Besonders danke ich Dorothee, die mir eine beglückende und bisweilen schmerzliche Ehrlichkeit in der Akzeptanz der Ebbe und Flut des Lebensflusses vermittelt hat.

Gewidmet sei dieses Buch meinem Bruder Harald.

Sigurd Saß

Mallorca, 26.02.2016/
Röpersberg Ratzeburg, 03.11.2016/
Grassel 20.04.2017 – 2019/
Mallorca und Grassel 2022

Kapitel 1

ANKUNFT

Da war dieser Junge.
Laufen, laufen, laufen,
fällt mir bei ihm ein.

Mein Gott, was bin ich mein Leben lang gelaufen: Paris total –
ohne Ende –, fast nie die Metro benutzt, von Deutschland übers
Elsass, dann den Doubs und die Rhone hinab bis zur spanischen
Grenze, Port Bou, Pyrenäen, Barcelona mit der ersten heißen
Schokolade, in der der Löffel stand ...

Doch zurück zu dem Jungen.
Der lief wie ein Seemann, als er nach dreiwöchiger Reise in
Hamburg von Bord ging. Eher geführt wurde oder gar getragen?
Er war ja erst zwei. Für ein Leben, das gerade mit Mühe vom
Krabbelalter in den aufrechten Gang gelangt war, waren drei
Wochen auf dem Schiff ein prägender neuer Kosmos gewesen.
Da musste man breitbeinig gehen und stehen, damit die
Schaukelei einen nicht umwarf.

Großvater hatte sein Amüsement, als er den kleinen Brasilien-
Geborenen mit seinem wackeligen Spreizgang in Empfang nahm.

*„Wie 'n oller Seemann – guckt euch den an – klasse – und dann
mit seinem Windelpaket zwischen den Beenen."*

Er konnte trotz der Empfangsreise nach Hamburg seinen Berliner Dialekt nicht verbergen.

11

Das war also die neue Welt.

Etwas ist abgeschnitten, spürte Sigurd in seiner kleinen Brust. Das Abenteuer auf dem Schunkelboden war vorbei.

Es war so abrupt, dass er nun wieder aufpassen musste, auf dem starren Untergrund nicht aus der Balance geworfen zu werden. Zaghaft, wie zur Erprobung von Glatteis, ertastete er mit seinen Füßchen den unbekannten Boden. Mit seinen Augen suchte er nach bekannten Haltepunkten. Doch die gab der Asphalt nicht her. Viel Mut kosteten die ersten torkeligen Schritte auf dem neuen Kontinent.

Laufen, laufen, laufen.

Übungen für eine neue Welt.

Noch vieles mehr war abrupt. Der Himmel erschien so grau wie das Licht. Die Luft fühlte sich kühl an. Auf den Boden konnte er seinen Po nicht – wie gewohnt – weich fallen lassen. Hart war der, staubig und steinern.

Sigurd vermisste das vertraute Karree des Kinderställchens auf dem frischen Gras der Tijouka. Von tief innen überflutete ihn ein Glücksgefühl, wenn er daran dachte, wie eine reife Zitrone neben ihn geplumpst war. Sein Blick, nach oben gerichtet, hatte gesucht, wo sie wohl herkam. Dort im Blätterdach über dem Ställchen hingen ganze Scharen. Und wenn eine von diesen wohlriechenden gelben Bomben vor seinen Füßen gelandet war, war das immer wie ein Geschenk des Himmels zum Spielen, Matschen und Naschen gewesen.

Vor allem fehlten ihm die tausend kaleidoskopischen Figürchen, welche die Sonne durch das Blätterdach auf den Rasen geworfen hatte. Welche Freude hatte es ihm stets gemacht, danach zu haschen. Geheimnisvolle Wesen – nie ließen sie sich greifen, auch wenn er sie schon gefangen wähnte.

Zwei Kinderjahre prägender Erfahrung:

Das Leben – ein fröhliches Spiel in Wärme und Licht, eingebettet in eine grüne Farben- und Formenvielfalt. Zitronen-,

Orangenbäume und Bananenstauden. Im Wind zitterte der Bambus. Palmen, Oleander, Mimosen, Canna da India, Bougainvillia und vieles mehr verbreiteten ihre Düfte. Am Boden leuchteten in Grün, Gelb und Ocker die Halme der Rasenflächen. Dazwischen hockten felsige Steine wie vertraute Kobolde. Sie winkten grüßend zum großen Bruder ‚Gavea' hinüber, dem Felsmassiv am Horizont von Rio de Janeiro.

Der Rasen war von sandigen Wegen durchzogen. ‚Boami' hatte sie in unermüdlichem Laufeifer wie Wildwechsel geprägt. Die Schäferhündin gehörte wie der 2 Jahre ältere Bruder und das Kindermädchen zum Ensemble des mauerumfriedeten Gartens. Sie passten auf, dass sich keine Schlange dem Ställchen näherte. Sigurd hatte die Hündin stets mit jauchzender Freude empfangen, wenn sie sich zum Kuschelstündchen eingefunden hatte.

Gebäude hatten in diesem tropischen Naturreich nur eine untergeordnete Rolle gespielt. Sie waren sporadisch besuchte Schutzzonen für die Nacht oder gegen die Mittagshitze oder in der Regenzeit.

Außer den tausend tanzenden Figuren aus dem Wechselspiel von Licht und Schatten herrschten vor allem die vertrauten süßlich-aromatischen Gerüche vor – *mmmhhh* – durch Sigurds Erinnerung zog der intensive Duft der Mangoblüten. Und dann die befreundeten und doch so geheimnisvollen Geräusche. Das Zirpen der Grillen verstummte nur zur Zeit der größten Mittagshitze. Ab und zu durchdrang der Schrei eines wilden Papageis die Stille. Die Kolibris an den Blüten der Trompetenblumen – wenn Sigurd ganz still und aufmerksam lauschte, konnte er ihren Flügelschlag wahrnehmen.

Spaß hatte Sigurd besonders das Plätschern von Vaters Gartenbewässerung gemacht. Er hatte von seinem Ställchen aus zusehen können, wie Papa sie gebaut hatte. Die dicken Bambusstangen für die Wasserführung durch den Garten hatten schon beim Abladen tolle Klänge hervorgezaubert. Zuerst ein Orchester klappernder Trommeln. Tiefe hohle Basstöne hatten sich später mit hellen, flötenden Pfeifgeräuschen gemischt, wenn der Wind an ihnen vorbeigestrichen war. Und wenn Papa die Bambusstämme gespalten hatte, war das immer ein Knacken, Zischen und Summen gewesen. Ein Konzert, welches Sigurd oft einen lustvoll freudigen Laut entlockt hatte.

Manchmal hatte das Rauschen der Blätter im Garten angekündigt, dass ein Luftzug von den nahen Bergen heruntergefallen oder zusammen mit Salzgeschmack vom Meer heraufgefegt war. Das war stets ein dankbar empfangener Moment der Kühlung gewesen.

Das zusammenwirkende Gewebe der Erlebnisse rundherum, es war wie die ineinandergreifenden Fasern eines großen Nestes, vertraut und doch immer für Entdeckungen gut.

Nun diese abrupten Wechsel.

Zunächst das Schiff als schwimmende Mammutschaukel. Statt Pflanzen gab es nur Treppen und Türen, große und kleine Räume ohne Grün und ohne Fenster. Immer musste Sigurd aufpassen, nicht getreten zu werden. Die Vielzahl an Beinen und Schuhen war manchmal enger als ein Bambusdickicht. Wenn er nicht auf Papas oder Mamas Arm war, hatte er sie direkt vor der Nase: diese großen, kleinen, dicken, dünnen, uniformierten, müffelnden und parfümierten Füße. Drei Wochen lang täglich dieselben Abläufe in der wiegenden Bewegung auf dem Ozean.

Einmal hatte es eine Tagesunterbrechung in Lissabon gegeben, bevor es weitergegangen war. Nun schließlich der harte, feste Boden des Hamburger Hafens. Er war wie ein Angriff auf den wiegenden kinderbeinweichen Gang des frisch eingeschifften brasiliendeutschen Lebens.

Laufen, laufen, laufen.
In die neue Welt.

Der Großvater stand mit ausgebreiteten Armen da. Sollte Sigurd es wagen, die letzten Meter mit wackeligen Beinen zu überbrücken? Großvaters Lachen verhieß eine sichere Zuflucht. Also los.

Opa Paul und Oma Martha waren den Kindern schon vertraut durch einen Besuch in Brasilien und durch die Gespräche der Eltern. Ein enges Band war zudem gewachsen durch die vielen oft sehnlichst erwarteten Postsendungen aus der alten Berliner Heimat. Jedes Mal waren die Briefe wie ein Ritual im Familienkreis geöffnet und vorgelesen worden.

Dabei hatten die Kinder schon immer gespannt auf die Geschichten von Opa Paul gewartet. Stets hatte er etwas Lustiges zu erzählen. Schon bald konnten Sigurd und Harald die Briefe von Mutters Eltern gut von dem viel ernsteren Ton der Oma Hulda unterscheiden.

Nun waren es die Arme vom lebenslustigen Opa Paul, die zur Begrüßung in die neue fremde Welt einluden. Ein kleiner Schritt für die Menschheit, ein großer für die Beine und das Gefühlsleben eines 2-Jährigen.

Kapitel 2

BERLIN

Mit dem Einzug in die Berliner Wohnung waren bei den Eltern die früher erlernten sozialen Abläufe eingekehrt. Für die Kinder stellten sie einen ungewohnt domestizierenden Rahmen dar.

Da war dieser Junge.

Sein begeisterungsfreudiger Entdeckerdrang, der in der Tijouka so manches „Oh" und „Ah" bei den Eltern und bei Besuch hervorgerufen hatte, erlebte eine unerwartete Vollbremsung. Vater kam einmal dazu, als er in andächtiger Inspiration aus selbstproduzierter brauner Windelknete eine überkindergroße Wandmalerei zauberte. Sigurd war so entrückt in die geheimnisvollen Schlangen, die sich aus dem braunen Brei durch seine Finger auf die Tapete schlängelten, dass Vaters Reaktion ihm wie ein Schock durch seinen kleinen Körper zog. Denn anders als erwartet wurde sein Tun mit Geschrei und Bestrafung geahndet. Verständnislos konnte er sich nur zusammenducken, wie Boami, die brasilianische Hündin, es bei einem unerwarteten Gewitterschauer getan hatte.

Ähnlich ging es Sigurd bei der Untersuchung des Stoffbären. Er hatte eine aufregende Entdeckung gemacht. Innen war der Bär mit Sägespänen gefüllt. Zunächst etwas enttäuscht fand er heraus, dass es durchaus ein tolles Material zum Spielen war. Es ließ sich, wie die Brotkrumen bei Hänsel und Gretel, als Wegmarkierung verwenden. Wie Hänsel im Märchen zog er streuend durch das Labyrinth der Berliner Wohnung: vorbei an den zwei

Badezimmern, an der Dienstbotentreppe zum Hof, durch die zwei Flure, vorbei an der historischen Mädchenkammer, durch 3 von den 5 Zimmern, zum Eingangssalon und der Küche. Am interessantesten war der Weg um den großen Flügel im Wohnzimmer, weil sich unter ihm auch Möglichkeiten zum Verstecken boten. Konzentriert und versunken legte er seine Spuren durch die gesamte Wohnung an, wie Boami ihre Sandwege auf dem Rasen der Tijouka. Doch auch diese Erfindung fand nicht die Gegenliebe von „Ah" und „Oh". Es gab Schimpfe und einen Klaps auf den Hintern.

Besonders zu schaffen machte ihm der Wechsel in Vaters alltäglichem Verhalten.

Der hatte einen Raum der weitläufigen Wohnung als ‚Herrenzimmer' eingerichtet. Hinter dem wuchtigen Schreibtisch war Papa verbarrikadiert wie hinter einer hölzernen Palisadenabwehr.

Die Wand in seinem Rücken erregte Sigurds Neugier. Sie war drapiert mit Utensilien, die er von Brasilien her kannte. Am liebsten wollte er sie gleich in die Hand nehmen und damit spielen.

Doch: *„Die sind nur zum Angucken, darf man nicht anfassen."*

Mit diesem Verdikt versanken sie für die Kinder im Ozean des Unzugänglichen!

Es war derselbe Ozean, aus dem künftig zu Weihnachten die dampfbetriebene Eisenbahn hervorgeholt wurde und die nur der Berührung des Vaters vorbehalten war.

Doch in der Berliner Anfangszeit war der Ozean sowohl für die Kinder als auch für die Eltern noch jung. Auch im ungewohnten Zusammenleben mit einer Familie auf begrenztem Raum musste man seine Position erst durch Wegmarken definieren. Etwas anders als bei Hänsel und Gretel leitete Vater diese Wegmarken aus seiner eigenen preußisch-patriotischen Familientradition her. Die französischstämmige, sozialdemokratische Tradition der Schwiegereltern war zwar anziehend, doch noch fremd.

Bleibt die Frage, wieso werden die Wegmarken eines Erwachsenen wichtiger genommen als die eines Kindes? Ist es der Kampf des Verstandes gegen den Impuls aus der Seele?

Immerhin waren die Erinnerungsstücke an die Zeit in den Tropen ein Anfang der selbstbestimmten, nach Freiheit schmeckenden Selbstdefinition in der neuen Umgebung. Es war zu dieser Zeit noch nicht abzusehen, wie schnell auch die ‚Wandmalerei' und Deko des Herrenzimmers (nicht nur die des Sohnes) ihren Wert einbüßen konnte.

Sigurd verfolgte in berührter Anteilnahme das Wachstum der Wanddekoration. Papas weißer Tropenhelm aus Rio war dort genauso aufgespießt wie einer jener faszinierenden, blau schillernden, handgroßen Schmetterlinge aus dem Garten der Tijouka. Sigurds armausgestreckten Kommentar „*Metterling fangen*" quittierte Vater wieder mit Kopfschütteln.

Ähnlich einer Präsentation von Jagdtrophäen gab es an der Wand: zwei gekreuzte Macheten, Kurare-Pfeile und Bogen amerikanischer Ureinwohner, Schwarz-Weiß-Fotos mit geränderten Rahmen von Begegnungen mit Brasiliendeutschen und Einheimischen. Mitbringsel von den Maultierreisen durch den brasilianischen Urwald vor der Zeit von Mutters Schwangerschaften.

Auch ein farbiges Ölgemälde von der imposanten Ansicht der Gavea weckte bei Sigurd die Erinnerung an die Sicht von der Tijouka. Doch erschien sie wie ein lebloses präpariertes Tier gegenüber der dort erlebten Fülle von Duft, Geräuschen, Licht und Farben im tropischen Garten.

Das Minimuseum war ein manifestes Zeichen, dass diese Zeit der Vergangenheit angehörte. Konserve in der Sammlung der Erinnerungen.

Nur zur heimlichen Genugtuung oder für besondere Besucher wurde die intime Demonstration einer ad acta gelegten Lebensphase wie eine Schatzvitrine geöffnet.

Für beide, Vater und Sohn, war es eine einschneidende Marke auf dem Lebensweg. So wie die Akte ‚Brasilien' als eine Zeit voll Glück, Gelassenheit und Leichtigkeit geschlossen wurde, wurde – besonders für den Sohn und seinen Bruder – eine neue Akte aufgemacht, die Akte ‚Angst'.

Anhängsel aus der Ära der Leichtigkeit, wie z. B. das sorglose Loslassen des ‚kleinen Geschäfts', wurden vehement bestraft. Spannende Ausnahmen waren die Familientreffen mit den Großeltern, wenn mit Bildern und Berichten die Erinnerungen wachgerufen wurden. Mutter erzählte dann oft, wie easy die Kleinkindpflege in Brasilien gewesen sei:

„Tagsüber brauchten die Kinder so gut wie keine Windeln. Alles spielte sich ja draußen ab. In der Wärme reichte ein Hemdchen (T-Shirt). Und im Garten konnten sie püschern, wohin sie wollten."
„Da musste man nicht immer anziehen, ausziehen, anziehen – wie hier in Deutschland. Was man sich da gespart hat. Nicht immer Strampler wechseln, wickeln, warme Sachen an und aus, Windeln tauschen – halb so viel Wäsche waschen, und wenn, war sie im Handumdrehen getrocknet. Gut, dass sie jetzt aus dem Gröbsten raus sind."

Für das Gröbste war natürlich auch in Brasilien die Windel zuständig gewesen. In Berlin begann nun die Gewöhnungsphase ans Töpfchen. War schon dieses Topfsitzen für den lauffreudigen Jungen eine Tortur, so hatten seine zwei- bis dreijährigen Ganglien für das ‚kleine Geschäft' einen direkten Zugang zum Lauf der Natur gespeichert.

Zum Pinkeln war der Weg der Berliner Wohnung oft viel zu lang. Dann passierte es schon mal, dass sich die Akte ‚Brasilien' ein kleines Stück weit öffnete und mit der gewohnten Freiheit lockte. Die Ecke hinter der Nähmaschine im ehemaligen Mädchenzimmer schien Sigurd ein geeignetes Plätzchen zu sein –

immerhin lag sie nicht im vollen Blickfeld. Abseits vom Mainstream der Wohnung schien sie sich, wie der große Stein hinter der Canna da India im Garten der Tijouka, als Ort seiner Entlastung anzubieten.

Was das für ein Theater gab! Geschimpfe und Haue.
Als wenn die Welt zusammenbricht.
Domestizierung in Deutschland war auch trotz vorübergehender Phase einer Republik nach wie vor in kaiserlich trainierten, preußischen Händen.

Die Deckel der neuen Akten waren nicht aus biegsamem Bambus, sie schienen aus waffenhartem Stahl zu sein.

Wofür???

Das richtige Pinkeln war ein Grundpfeiler für Ordnung und Reinlichkeit.
Hier wurde die Basis gelegt!
Für den Jungen allerdings auch die Basis für 10 Jahre Bettnässen.

Das Schlimmste waren in den kommenden Jahren die Befreiungsträume. Wenn das Aufwachen trotz schmerzhaftestem Drang nicht funktionierte, kam ihm ein gnädiger Traum zu Hilfe, um die gequälte Seele zu entlasten. Dann durfte Sigurd vertrauensvoll am großen Stein hinter der Canna neben dem Zitronenbaum das ,Wasser abschlagen‘.
Leider war diese Vorstellung seines Gehirns nur etwas, was sich vor die Wirklichkeit stellte. Die sah nämlich ganz anders aus.
Noch beim befreienden Pinkeln merkte er erwachend, wie der warme Strom sich die Beine entlang ins Bett ergoss. Das trocknete nicht bis zum Morgen und ließ sich nicht verbergen. Stunden noch bis zum Aufstehen – manche Nacht: ein kleines Guantanamo.

Gottlob war es meistens Mutter, die ihn weckte. Sie verstand es, das ‚Malheur' vor dem Vater zu verbergen und kein Aufhebens davon zu machen.

Es hatte schon seinen Vorteil, dass sie eine französische Großmutter hatte. Ebenso wie dann auch Mutters Mutter hatte die es sich nicht nehmen lassen, ihre unangepassten Gewohnheiten zu leben. Jeden Morgen mit Lockenwicklern, Morgenmantel und ‚Puschen' in der Kneipe unten im Haus zur Zeitung seinen Milchkaffee zu nehmen, war auch in der Malplaquetstraße des französischen Viertels im Wedding nicht ganz normal.

Doch mit diesem französischen Ritus hatte man ein wenig von der heimatlichen Gelassenheit ins preußisch korrekte Berlin gerettet.

Sobald der heiße Kaffee durch den Körper floss, wusste man trotz der Horror lastigen Zeitungsnachrichten, dass die Welt noch nicht unterging.

Und Mutter wusste, dass sie das auch von ein bisschen Pinkel im Bett nicht tat.

Anders beim Vater, der aus einer anderen Familientradition kam. Erwachten bei ihm die unter Obrigkeiten, wie Fürsten, Kaisern und deutschen Staatsbeamten, gewachsenen Überlebens-Gene unter der Doktrin der Hitlerregierung zum Leben? Die Regeln für ein artgerechtes Pinkeln hatten in diesen Genen einen entscheidenden Symbolwert für gelungene Domestikation.

Die Tabus um den körpereigenen Abflusshahn weckten bei Sigurd neben der Angst auch die Neugier.

Irgendwann war die Wohnung trotz ihrer Weitläufigkeit zu klein für den Bewegungsdrang der Kinder. Irgendwie lag der Geschmack von freiheitlicher Aktivität im brasilianisch geimpften Blut.

Zum Glück war die Roscherstraße im Bezirk Charlottenburg so verkehrsarm, dass sie zum Spielen genutzt werden konnte. Vorsichtig tasteten sich Harald und Sigurd in die neue Umgebung vor. Da war das Treppenhaus mit dem Fahrstuhl – schon dieser war bereits eine Attraktion im Auf und Ab zwischen Wohnung und Straße. Vor dem Haus lockte eine Laterne zum Klettern und Verstecken, wenn man nicht allzu dick war. Neugierig nahmen die Kinder der Nachbarhäuser und von gegenüber die beiden Neuankömmlinge ins Visier. Ihre Aufnahmeprüfung bestand in der Probe, wie weit sie zum Mitspiel geeignet waren.

Bald war der Platz vor der Haustür und im Hinterhof von ihren gemeinsamen Aktionen belebt: Verstecken, an der Laterne und am Mauerwerk emporklettern, mit Reifen, Ball und Pindopp spielen und vor allem:
laufen, laufen, laufen.

Dabei – beim Spielen im Hof – machte Sigurd eines Tages eine ungeheuerliche Entdeckung.
Es war beim gemeinsamen Pinkeln im Gebüsch. Er stand neben dem Schusterjungen von gegenüber, und da entdeckte er es: David Sonnenstern hatte keine Vorhaut am Pillermann.
Echt:
DAVID SONNENSTERN HATTE KEINE VORHAUT AM PILLERMANN.

Der kleine Schusterjunge von gegenüber war ebenso neugierig und intim, dass sie sich gegenseitig unter Kichern ihren Pillermann zeigten. Bei David sah er vorn rosa aus, ein bisschen wie eine Wunde.
Ob ihm das nicht weh tat?

Die Entdeckung beschäftigte klein Sigurd wochenlang.

Ob das Vorhandensein oder das Fehlen der Vorhaut wohl etwas damit zu tun haben konnte, die Pipi zurückzuhalten? Vielleicht war es ja ein Fehler der Natur und gar nicht ihm anzulasten, dass sein Bett nach mancher Nacht nass war.
Diese Überlegungen zogen sich jahrelang hin und damit länger als die Freundschaft mit dem Schusterjungen selbst.

So wie seine Vorhaut weg war, war auch David Sonnenstern eines Tages weg – und damit der Schusterladen und seine ganze Familie.

Das war ein weiteres Signal, nach dem Verlust der brasilianischen Leichtigkeit, ein großes Fragezeichen hinter die nun deutsche Umgebung zu setzen.
Von solchen Fragezeichen gab es bereits eine ganze Sammlung.

Die existentielle Erschütterung wirkte sich auf alle Bereiche aus.
So auch auf die Ernährung:

DIE KINDER VERWEIGERTEN DAS ESSEN!

Bananen gab es ja, aber die schmeckten den Kindern nicht. Nicht so, wie die fast matschig reifen in der Tijouka. Apfelsinen gab es. Aber konnte man ihrer saftigen Fülle in Brasilien nur als Lutschbeutel habhaft werden, so gaben sie sich hier hart, trocken und geschmacksarm. Vergleichbar war es mit allen Früchten. Den Kindern fehlte die Frische, Süße und Reife. Selbst die ins Ställchen gefallenen Zitronen hatten ja süß geschmeckt. Hier waren sie nur scheußlich sauer.
Und was war schon Reis mit schwarzen Bohnen ohne Farofa?

„Maniokmehl dafür ist in Berlin einfach nicht aufzutreiben", verriet Mutter mit Bedauern.

Von Woche zu Woche zeigten sich die Kinderrippen deutlicher. Das setzte eine Kaskade in Gang:

A. Der Kindergarten informierte das Gesundheitsamt.
B. Das Gesundheitsamt zitierte den Vater zu sich.
C. Der Arzt sprach von Unterernährung.
D. Er verordnete dem sonnengewohnten Sprössling Höhensonne und
E. ein strenges Durchgreifen der Eltern.

23

Seinen Posten verdankte der Mediziner seiner Loyalität gegenüber den Leitbildern des ‚Führers‘. Kinderaufzucht war in dessen Sichtweise definiert durch die Ideale „schnell wie Windhunde" und „hart wie Kruppstahl".

Dass auch bei Windhunden die Rippen zu sehen waren, stand nicht zur Debatte.

Es war eine Zeit ohne Debatten.

Es war eine Zeit, in der schon der Anspruch auf Debatte einem Todesurteil gleichkommen konnte.

Nun, lebensmüde war der Vater nicht, und darüber hinaus ließ er sich nicht gern Unterernährung seines Sohnes vorwerfen. Also ergab sich für die künftigen Mahlzeiten folgendes (wie für einen Film inszeniertes) Setting:

Am großen Esstisch saß im Kinderstühlchen mit zitternden Beinen Klein Sigurd.
Vor ihm stand ein Teller mit Brei, Schieber und Kinderlöffel.
Davor tickte gelangweilt, doch unerbittlich ein Küchenwecker, eingestellt auf eine halbe Stunde. Diese Marke signalisierte den Guillotinepunkt von Vaters Toleranz. Wie bei einem Metronom für Musikproben wurde das ruckartige Vorrücken des Zeigers durch harte Taktschläge ins Kinderohr gehämmert. Hinter dem Jungen lag auf seinem Stühlchen in Warteposition der Rohrstock – ein legitimes Droh- und Strafinstrument für kruppgestählte Erziehungsziele. Die <u>Hand</u> des Vaters am Rohrstock machte deutlich, dass mit Ablauf der gesetzten Zeit an seinem <u>Handeln</u> nicht zu zweifeln war.

Welch Schock gegenüber jener Leichtigkeit, mit der die in Rio zurückgelassenen Bananen stets über die Zunge gerutscht waren. Sigurd kam es vor, als sei sein Frohsinn aus der Tijouka von der großen gefürchteten Schlange gefressen worden und er fiel, fiel, fiel in ihren dunklen, monströsen, abgrundtiefen Bauch.

Ein kleiner Lehrfilm darüber, wie die preußisch erlernte Disziplin des Vaters mit nur wenig Widerstand in die Vorstellungen der ‚Neuen Zeit' hinüberglitt.

Lag's nur am Dritten Reich?

Warum hatte man bei aller humanistischen Gesinnung, auf die ja die Eltern Anspruch erhoben, gerade diesen Satz des antiken Griechenlands ausgesucht:

„Der nicht geschlag'ne Mensch kann nicht erzogen werden!"
(„Ho méh daréis anthrópos oú paidéuetéi.")

Es ist der deutschen ‚Klassik' zu verdanken, den ursprünglich als Hexameter stilisierten griechischen Satz auch im Deutschen in diese Form ‚gepresst' zu haben:

„Der nícht geschlág'ne Ménsch kann nícht erzógen wérden."
Oh Deutschland, deine Tugenden!

Demnach war diese Filmsequenz wohl nicht nur dem selbstlaufenden Dominoeffekt vom Ausgangspunkt der vorstehenden Kinderrippen/dem Kindergarten/dem Amtsarzt/bis zur stockdrohenden Erziehungsgebärde des Vaters zuzurechnen – sie war wohl auch der tief verankerten Überzeugung geschuldet, dem Kind etwas Gutes zu tun.

Wo bleibt die Verbindung zum menschlichen ‚Selbst-Bewusst-Sein', wenn Liebe derart in Dornengestrüpp verpackt wird?

Kapitel 3

OPA PAUL UND OMA MARTHA

Gottlob war da noch die andere Seite. Gemäß dem Gesetz des Ausgleichs gab es auch hier die kleinen Befreiungsinseln: eine kleine Tijouka in Berlin.

Nicht, dass bei Mutters Eltern so etwas wie eine tropisch-vegetative Fülle vorzufinden war – sie lebten schließlich auch in einer jener wilhelminischen Berliner Stadtwohnungen in der dritten Etage. Doch etwas war ähnlich wie im Garten der Tijouka – es war etwas Atmosphärisches. Alles hatte Zeit zum Atmen. Vieles konnte sich entwickeln, wie es wollte – oder wie die Umstände es zuließen. Es gab eine französische Gelassenheit, die der brasilianischen gleichkam.

„Na komm, mein Pieperchen. Keen Hunger heute? Kiek doch mal, so 'n schöner Hirsekolben, der muss dich doch locken."
„Die andern fressen dir sonst ja allet weg. Ach so, uff die Schulter willste kommen. Nee, nee, uff'n Kopp, det jibts nich."

Allein schon, dass es in der Küche Wellensittiche gab, die brasilianische Erinnerungen weckten. Sie konnten zwischen Herd, Küchentisch und Schränken frei umherfliegen. Die Kinder standen gespannt vor dem Fenster. Dort auf dem Fensterbrett gab es einen platzfüllenden Blechkasten voller Sand. Oben zwischen der Fensterleibung, aufgereiht auf einer Stange, zwitscherten die Sittiche. Ihnen war offensichtlich bewusst, dass sie ihre Häufchen von dort nur in den Sandkasten fallen zu lassen hatten.

26

*„Ihre Kacke sieht aus wie kleine Würmchen. Und die kacken
auch nicht mal auf den Herd oder in den Kochtopf?"*
*„Ach wo, nee, dat is ihr jewohnter Platz. Wo die zu Hause sind,
da sitzen die ooch immer in großen Kolonien auf einem Platz
und schnäbeln den janzen Tag."*
*„In Brasilien haben wir das auch gesehen, die waren nur grö-
ßer und saßen in den Bäumen."*
*„Na seht ihr – bei uns ist die Stange ihr Bohm. Da fühl'n die
sich wohl. Det is hier der anjestammte Platz für sie und für
ihr Jeschäft."*

Die Kinder beobachteten sie, wenn sie vom Fenster aus ihre
Bahnen durch die Küche zogen. Manchmal auch durch die gesamte Wohnung, falls sie eine offene Tür erwischt hatten. Am
schönsten war es für Sigurd und Harald, wenn sie zum Kuscheln
bei ihnen auf die Schultern kamen, ihnen etwas ins Ohr zwitscherten oder am Ohrläppchen knabberten.

Noch ein anderer Gast bei den Großeltern fand das begeisterte
Interesse der Kinder.
Opa erzählte, er hätte das Eichhörnchen bei einem seiner
Fahrradausflüge an der Spree verletzt im Wald gefunden.

*„Es war so jämmerlich zujerichtet – wahrscheinlich von ee-
nem Hund?!
Ick konnte es einfach nich liejen lassen. Oma hat es erst mal
schön mit warmem Wasser jebadet."*
*„Det hat sich koom noch jerührt. Hat alles mit sich jeschehen
lassen. Dann ham wir det eene Been mit 'ner Schiene versorgt
und verbunden. In der Apotheke ham se uns 'ne Salbe jejeben,
die eijentlich für Pferde is. Die hat jeholfen. Nach een paar Tagen fing's schon an Nüsse zu fressen. Dann hab ick ihm noch
'ne Flasche jebaut, aus der es jederzeit Wasser kriegt. Toll, dat
es jetzt schon wieder so springen und loofen kann."*

In der Speisekammer gleich neben der Küche hatte es sich gemütlich eingerichtet. Sein Lieblingsplatz war ein großer Leinenbeutel neben der Tür, in dem Korken gesammelt wurden. Welch eine Belustigung hatte es bei den Großeltern und den Kindern ausgelöst, als sie entdeckten, dass das Eichhörnchen fast alle Korken schon zu Korkenmehl zerknabbert hatte. Und welch Spaß war es, wenn es mal in die Küche gehuscht kam und den Kindern beim Einfangen immer wieder entwischte. Wie damals die Sonnenflecken auf dem Gras der Tijouka.

„Opa, wo ist Mäxchen?"

So hatten die Kinder das Eichhörnchen getauft.

„Na, da oben uff der Jardinenstange, kiek mal jenau hin. Det sieht doch 'n Blinder mit 'm Krückstock."

Auch Opa Paul hatte seinen Spaß daran, wie das Eichhörnchen die Kinder zum Narren hielt. Es flitzte in wilder Jagd die Vorhänge hinauf und hinunter bis zur Höhe der Küchendecke, wo es vor dem Zugriff der Kinder sicher war.

„Bald müssen wir von ihm Abschied nehmen", hatte Opa Paul eines Tages als traurige Nachricht verkündet, *„doch dat machen wir zusammen."*
„Ihr kommt mit, Oma kommt mit – und dann nehmen wir für Mäxchen noch wat Schönes zu Essen mit und natürlich ooch für uns. Beim Kanuclub machen wir Picknick zusammen, und dann können wir zugucken, ob sich Mäxchen noch an den Wald erinnert und wie er zwischen den Bäumen verschwindet."
Die Einwände der Kinder wurden plausibel entkräftet:
„Ihr wollt doch ooch mit anderen Kindern spielen, und Mäxchen freut sich bestimmt ooch, mal andere Eichhörnchen zu treffen und mit Ihnen uff die Bäume rauf- und runter zu toben. Wat der wohl zu erzählen hat, so viel, wie er mit euch erlebt hat."

28

Ja, bei Opa Paul wurden selbst die schmerzhaften Dinge, wie z. B. Abschiede, zu einer erträglichen Angelegenheit.

„Weil er den Blick fürs Große und Ganze hat" – wie der ältere Bruder dabei Sigurd belehrte.

Das hatte der Großvater allein schon aufgrund seiner vielseitigen Erfahrungen.

In einer Biografie mit Weltkrieg, Weltwirtschaftskrise, Lehre, Selbständigkeit, Verlust aller Ersparnisse, Arbeitslosigkeit und unerschütterlichem Berliner Humor hatte sich einiges angesammelt.

Da gab es einen bodenständigen Grundstock seiner Berliner Herkunftsfamilie. Sie hieß nicht von ungefähr ,Kleinschmidt', wie er den Kindern bedeutungsvoll erklärte.

Opa leitete das von ,Schmied' her. Seit Generationen hatte sie am Rand von Berlin einen Pferdeausspann mit Hufeisenschmiede, Pferdewechsel und Unterkunft für Postkutschen unterhalten. Deren Gäste, Meldereiter und Handelstreibende, fanden im dazu gehörigen Gasthof Übernachtung und Verpflegung. So hatte die Familie ein von harter Arbeit getragenes gutes Auskommen. Das hatte auch für den kleinen Paul noch funktioniert, bis die Moderne mit Eisenbahn, Auto, Straßen- und U-Bahn diese Lebensgrundlage versiegen ließ.

Radrennfahrer war dann Opa Pauls Traumberuf als junger Mann. Stolz zeigte er den Kindern die vielen Glitzerorden und Trophäen, die er (anfangs noch mit Hochradrennen) gewonnen hatte. Was lag näher, als sich dann später mit einem Fahrradladen über Wasser zu halten. Die Zeiten waren jedoch für Freizeitausgaben nicht immer günstig. So wechselte er zum Versicherungskaufmann.

Es gab Momente, da konnte er seine Familie nur mit Gewinnen von den Berliner Jahrmärkten am Leben erhalten. Zu Hause übte er, Tischtennisbälle in Gläser zu werfen oder Ringe um Flaschen zu katapultieren, bis es ihm glückte, damit auf dem Jahrmarkt Preise zu gewinnen. Die bestanden seinerzeit aus Naturalien. So kam er mal mit einem Eimer Butter oder mal mit einer Gans nach Hause.

„Es war eine Zeit, in der man jute Ideen fürs Überleben und Improvisieren haben musste", wie er sagte.

Zu einem solchen Mann passte nur eine Frau wie Oma Martha mit ihrer französischen Gelassenheit und guten Beziehungen nach Westpreußen. Ein paar gute Gaben des geschwisterlichen Hofgutes dort waren oft genug der existentielle Rettungsanker.

Dieser Faden gehört jedoch zu einer anderen Erzählung – einer Liebesgeschichte. Sie handelt von einem desertierten Offizier der napoleonischen Truppen und seiner Liebe zu einem Gutsbesitzertöchterlein in Westpreußen um 1800 herum. Der Name ‚Gastalier' wurde eingedeutscht. Die Nachkommen der ‚Gastals' verteilten sich vom westpreußischen Stammgut bis nach Berlin.

Hier gab es mit den eingebürgerten Hugenotten ein kleines Stück französisch-vertrauter Lebensart. Oma Martha war demzufolge eine geborene ‚Gastal'. Und Mutter erzählte, dass sie oft als Kind ihre Ferien beim Onkel auf dem westpreußischen Stammgut verbracht hatte.

Der zu dieser Herkunft gehörende Liebesroman muss leider der Phantasie des Lesers überlassen werden. Der rote Faden verlangt nach einem anderen Weg.

Opa Paul war, wie man so sagt, durch dick und dünn gegangen und so war er auch: *„Einer mit dem man durch dick und dünn gehen und mit dem man Pferde stehlen konnte."*

Und tolle Geschichten konnte er von seinen Radrennen erzählen.
Am besten gefiel Sigurd und Harald die Geschichte mit der Schafherde. Und wie das bei Kindern so ist, musste er sie wieder und wieder zum Besten geben:

„Ick komm also uff meenem Hochrad den Berg runter. *Und nach der nächsten Kurve – ick denk, det kann doch nich wahr sein, wat seh ick da? Die janze Straße voller Schafe. Da war keen Durchkommen. An Bremsen war ooch nich zu denken. So schnell waren die Dinger damals nich. Die Bremse wirkte ja nur auf den Reifen des vorderen Hochrades. Schnell zum Stehen kommen, det konnte man verjessen.*
Wat also tun? Da war juter Rat teuer.
Aber toll, wie blitzschnell unser Jehirn reagiert. Ick sah mich im Geiste schon kopfüber in die Schafherde stürzen und konnte mir ausmalen, wie viele Knochenbrüche det erjibt. Da fiel mir ein, dat mir een Arzt mal erzählt hatte, der harmloseste Bruch iss 'n Schlüsselbeinbruch.
Ick also sofort überlegt. Wie krieg ick det hin, dat alles andere heil bleibt?
Links von der Straße, kurz vor der Herde, war ne Zaunabsperrung aus Holz. Ick war ja jut jeübt. Wir trainierten ja jeden Tag Akrobatikkunststücke fürs Hochradfahren, damit ham wir damals unser Jeld verdient.
Fahr ick also auf dat Jatter zu, benutze det Hochrad noch zum Abstoßen und rolle mit der Schulter im Überschlag über den Holzzaun.
Det Hochrad fuhr weiter, überschlug sich und kam dann zwischen den Schafen zum Liegen. War janz schön verbeult dat jute Stück. Aber ick war heil jeblieben. Stellt Euch dat vor, nix hatte ick mir jetan außer besagtem Schlüsselbeenbruch. Den hatte ick mir einjefangen.
Det Beste war, der Arzt sollte Recht behalten. Nach drei Wochen war der wieder verheilt, als wenn nischt jewesen wär. So hat mir der Arzt sozusagen alleen durch seinen Satz det Leben jerettet. 'n paar Schafe hatten sicherlich blaue Flecke, aber die sind ja jut jepolstert mit ihrer Wolle."

Es war für die Kinder wichtig, einen solchen Verbündeten zu haben. Jemanden, der vorlebte, dass man das Leben auch anders sehen konnte, als mit den strengen Augen des Vaters.

Und bei dem man als Kind sein Herz ausschütten konnte, wenn die Eltern mal irgendwo eingeladen waren und Opa Paul die Aufsicht hatte.

Nicht nur, dass dann ausnahmsweise alle Tabus gebrochen werden konnten, wie z. B. vom Schrank in die elterlichen Betten zu springen, wo Opa die Kinder dann mit Lachen und Kitzeln in Empfang nahm.

Er stand auch mit aufgespanntem Netz bereit, wenn Sigurds kleine Seele einen solch starken Schlag erhielt, dass sie den Windstoß nicht ertragen konnte und vom Seil gerissen wurde. So war es um die Weihnachtszeit, als Sigurd gerade 4 geworden war.

Erst verstockt, dann unter befreienden Tränen, erzählte er Opa Paul:

„Der Nikolaus ist böse. Ein großer böser Riese mit einer Rute. Er hat mich geschlagen und alle haben gelacht. Ich gehe nicht mehr in den Kindergarten. Nie, nie, nie gehe ich da wieder hin."

Es dauerte lange, bis Opa Paul schließlich die gesamte Geschichte zu einem Bild zusammenpuzzeln konnte.

Irgendwann im Oktober war im Kindergarten das linke Auge einer Augenaufschlagpuppe dem Forschungsdrang von Sigurd zum Opfer gefallen. Intensiv und fasziniert hatte er versucht, dem Geheimnis auf die Spur zu kommen. Es ließ sich – ohne dahinter zu gucken – beim besten Willen nicht erkennen, wie die Puppe es hinkriegte, die Augen auf- und wieder zuzumachen. Da half nur eine operative Inspektion. Die hinterließ natürlich Spuren wie bei jedem chirurgischen Eingriff.

Das Dumme war – die Puppe war der ganze Stolz von Karin, einer Mitspielerin im Kindergarten. Karin war sehr traurig. Eine Puppe mit nur einem Augenaufschlag mochte sie nicht. Der ganze Vormittag zerfloss in Tränen und in Sigurds Betroffenheit.

Die Kindergärtnerin war sehr ärgerlich. Nach einer Schimpfkanonade sah ihre Lösung vor: Sigurd nimmt die Puppe mit nach Hause und lässt sie über die Eltern reparieren.

So weit, so gut.

Leider kam etwas dazwischen. Zu Hause angekommen, hatte Sigurd so viel Angst vor der elterlichen Bestrafung, dass er die Puppe im Treppenhaus auf der Fensterbank ablegte.

Danach war die Puppe verschwunden und vergessen.

Das Problem schien sich aufgelöst zu haben.

Vielleicht war sie ja von der großen Schlange in der Tijouka gefressen worden.

Bis der Nikolaustag kam.

Alle Kinder saßen im Kindergarten im Kreis.

Der große fremde Mann mit Kapuze, Bart, Rute und Sack ging darin herum. Jedes der verängstigten Kinder machte sein Sprüchlein und bekam daraufhin etwas aus dem Sack – Lebkuchen, Lakritze, ein kleines Spielzeug und dergleichen mehr.

Ganz anders bei Sigurd.

Ihm war dieser vermummte Riese ohnehin schon nicht ganz geheuer – doch im Gegensatz zu seiner Erwartung griff dieser Sackmensch diesmal bei ihm nicht in den Beutel, sondern zur Rute, blähte sich zu gigantischer Größe vor ihm auf, brachte mit grollend lauter Bassstimme die Geschichte mit der Puppe zur Sprache und bedrohte ihn dann noch mit der Rute.

Nun hinterließ diese mehr symbolische Geste durchaus keinen körperlichen Schmerz. Die Kränkung bestand für den Jungen vielmehr darin, dass er als Einziger nicht belohnt wurde. Dagegen musste er als Opfer der Schadenfreude für die anderen Kinder und die Kindergärtnerinnen herhalten. Und das vor der gesamten Gruppe. Und das noch zum Jahresabschluss, bei dem alles in Weihnachtslieder und heilige Geschichten um Nächstenliebe und Harmonie eingewattet war.

Wie passte das zusammen, dass man so sehr angepinkelt wurde?

Das war selbst für Sigurds Sammlung der Fragezeichen zu viel. Das war seelenzerstörender Terror!

Hintergrund war: Die Eltern hatten die Puppe gefunden. Vom Kindergarten informiert hatten sie das Auge reparieren lassen.

Ohne mit Sigurd darüber zu sprechen, waren sie zusammen mit den Kindergärtnerinnen auf die Idee dieses ‚Denkzettels‘ verfallen.

Offensichtlich bestand keinerlei Bewusstsein darüber, dass man behutsam schmieden muss, selbst wenn man ‚Kruppstahl‘ zum Ziel hat.

Einfach draufhauen hinterlässt nur Scherben.

Es kostete den Schmiedesohn Opa Paul alle erdenklichen Tröstungen und Entwirrungsversuche, in diesem Dornengestrüpp das Tröpfchen Liebe plausibel zu machen, dass darin von Seiten der Eltern gemeint sein könnte.

Gelungen ist es ihm nicht – aber sein Beistand tat dem Jungen gut.

Leider war dieser Insel gegenseitigen Zusammenhalts keine Dauer vergönnt. Die letzten Kriegsjahre rissen alles auseinander. Scheiß Hitlerzeit!

Kapitel 4

DRUNTER UND DRÜBER

Mehr und mehr wurde der gewohnte Alltag durch befremdliche Zeichen durchlöchert. Das war auch auf Kinderebene festzustellen.

Zuerst war David Sonnenstern mit seinem erstaunlichen Pillermann verschwunden. Alle Kinder der Straße standen vor dem verlassenen Schusterladen und wunderten sich über die zerbrochenen Glasscheiben.

Dann wurden die jährlichen Feste im Hof der Garnisonskirche von Charlottenburg weniger. Was war das immer für ein aufregendes Ereignis gewesen, wenn die braun uniformierte Wehrmacht dort mehrmals im Jahr zu Ponyreiten, Dosenwerfen, Zuckerwatte und Erbsensuppe eingeladen hatte. Jetzt fand das nur noch einmal im Jahr statt.

Vater war zum Militär eingezogen. Ab und zu kam ein Feldpostbrief zu Hause an.

Der fast tägliche Gang zum Entenfüttern am Lietzensee wurde zur Gefahr erklärt. Die Kinder staunten irritiert, als der See plötzlich mit einem Tarnnetz überzogen war.

„Das soll den ‚feindlichen Bombern' die Orientierung nehmen", erklärte Mama.

Das Entenfüttern unter dem Netz wurde zu einem beschwerlichen Spiel. Erst mussten die Kinder mit Mutter einen Zugang zum Wasser suchen. Dann versuchten sie möglichst heimlich mit den vorbereiteten Brotstückchen die Enten anzulocken und ihnen das Leben in ihrem Gefängnis mit lukullischen Häppchen zu verschönern. Schließlich verrieten harte Stiefelschritte die patrouillierenden Posten. Trotz befohlener Rücksicht gegenüber Müttern mit Kindern hatten sie Einhalt zu gebieten.

Der Krieg, den das ‚Deutsche Reich' exportieren wollte, war als Gefangenschaft auf die eigene Bevölkerung zurückgeschlagen.

Dann kamen die Bomben. Mit ihnen die Sirenen.

Fast jede Nacht das ohrenbetäubende Signal: FLIEGERALARM!

Sigurd hasste es, so abrupt aus dem Schlaf gerissen zu werden – wecken, Sachen packen, vom 3. Stock mit Mutter, Bruder, Sack und Pack schlaftrunken in den Keller. Dort gab es einen Raum, als Luftschutzkeller deklariert. Alle Familien des Hauses saßen zusammengepfercht zwischen Angstschweiß, Schnarchen, Kinderjammern, Stöhnen und den Sprüchen des Berliner Galgenhumors. Im Hintergrund hörten sie draußen das Grummeln der einschlagenden Bomben.

Angekauert an die Mutter ein paar Stunden Schlaf.

„Mama, wo bleibt Papa?"
„Mama, wann können wir wieder ins Bett?"
„Mama, hast du was zu trinken mit?"
„Mama, was ist, wenn die Bombe auf uns rauffällt?"
„Mama, mein linkes Bein juckt."

Dann Entwarnung.

Hinaus auf die Straße. Rot, orange und funkenstiebend der Horizont. In den Augen der Kinder war das ein spektakuläres Schauspiel.

Davor hob sich die Silhouette der noch heilen, verschont gebliebenen Häuserreihen wie ein Schutzwall dunkler Geistergestalten ab. Gottlob war das eigene Haus dabei.

Doch Nacht um Nacht kamen die Einschläge näher.

Die Aktion Luftschutzkeller mit Sirene, wecken, Fahrstuhl oder treppauf, treppab, fand nun sogar mehrmals pro Nacht statt, schließlich auch am Tage. Dauerstress in einem Alter, wo für die Kinder eigentlich Reifezeit gefragt ist.

Selbst die Besuche bei den Großeltern wurden zu komplizierten abenteuerlichen Wettläufen von Schutzbunker zu Schutzbunker. An Mutters Hand eilten die Kinder durch die Berliner Straßen. Sie kamen vorbei an eingeschlagenen Scheiben jüdischer Geschäfte und an noch rauchenden Trümmern der letzten Bombeneinschläge. Eingequetscht in die Pausen zwischen den Ausgangssperren, hatten sie Glück, wenn sie bei Sirenenalarm einen nahegelegenen Bunker fanden. Manchmal wurden sie von helfenden Händen in einen Hauskeller gezerrt, manchmal musste einer der pompösen Eingänge wilhelminischer Prachtbauten als Zuflucht dienen. Zudem bestand das Risiko, den Weg vor der Dämmerung zu schaffen. Ab 20.00 Uhr war Ausgangssperre. Auf Straßen und in den Wohnungen durfte zur Irreführung ,feindlicher Flieger' kein Licht mehr gemacht werden.
Schließlich kam der Befehl zur Evakuierung. Berlin wurde geräumt. Vor allem Frauen und Kinder mussten Zuflucht bei Verwandten außerhalb Berlins suchen.

Oma Hulda hatte einen Bruder in Adorf im Voigtland. Dort bei Onkel Martin und dessen Frau Erna kam die Mutter mit den beiden Jungen unter.
Ein knappes Jahr Feuerpause, bevor die Granateneinschläge und die Maschinengewehrsalven der Tiefflieger auch die friedliche Landschaft am Rande des Erzgebirges erreichten.

Kurze Zeit nach dem Umzug kam die Nachricht von der Ausbombung der Berliner Wohnung. Die Farben der Gavea hatten sich im Flammenmeer der Phosphorbombe aufgelöst. Der blaugrüne Schmetterling aus Vaters Minimuseum flatterte mit den Rauchschwaden zusammen ins All, seine in Brasilien verloren gegangene Seele zu suchen.

Es waren nicht nur die Seelen der Toten, die in diesem Inferno abhanden kamen. Selbst der Gedanke an die Seelen ging verloren. Das Sein war reduziert auf das nackte Überleben.

Es waren zwei Impulse, die wie brüderliche Zwillingssamen aus dieser Zeit des nackten Überlebens für die Zukunft eingekapselt blieben. Zum einen eine zwanghafte Gier, jede erreichbare materielle Existenz zu ergattern und zu mehren. Zum anderen die Einsicht, wie wenig bleibender Wert in jeder Form materieller Existenz enthalten ist. Eine unvereinbar krankhafte Schizophrenie wartete darauf, sich in den nächsten Nachkriegsgenerationen zum Keim zu entwickeln.

Woher aber sollten die Lehrer kommen, ihnen die richtige Bahn zu weisen?

Kapitel 5

EXIL

Leise rieselt der Schnee,
still und starr liegt der See.

Es ist kalt in Adorf im Voigtland.
2 Meter aufgetürmter pudriger Niederschlag.

„Frierst Du auch so?"
„Hast du nicht den warmen Backstein, den Mama ins Handtuch gewickelt hat?"
„Doch – der verrutscht aber immer. Oben warm, frieren die Füße."
„Komm doch zu mir ins Bett."
„Au ja, zusammen sind wir wärmer."
„Weißt du noch? In Berlin war das Zimmer immer warm, auch nachts."
„Aber da waren die Bomben und die Sirenen."
„Ja, hier kann man besser schlafen, wenn man erst mal warm ist."
„Gut, dass das Deckbett so kuschelig ist."
„Ja, gut, dass Tante Erna noch welche für uns hatte."
„Onkel Martin ist ganz schön streng."
„Erwachsene sind eben so."
„Opa Paul ist nicht so und der ist auch erwachsen."
„Onkel Martin ist eben Lehrer."
„Ich hab gesehen, der hat auch einen Rohrstock."

„Morgen früh können wir am Fenster wieder Löcher ins Eis hauchen.“

„Und Schneesterne schmelzen lassen.“

„Hast du auch so 'n Hunger?“
„Ja – ich hab doch noch Schokopudding unterm Bett.“
„Den ... den hab ich doch schon aufgegessen.“
„Wieso das denn, das war doch meiner. Wir wollten doch warten, bis er Schokolade geworden ist.“
„Ja, aber das dauert so lange. Meiner ist überhaupt nicht fest geworden. Und da dachte ich, bevor deiner schlecht wird ...“
„Du bist ja blöd.“
„Aber ich hatte doch so 'n Hunger.“
„Das sag ich Mama.“
„Dann sag ich, dass du den Teller unterm Bett versteckt hast.“
„Hast du doch selber.“

„Ich glaube, Frau Wieputschek ist noch wach.“
„Woll'n wir mal gucken?“
„Ja, aber leise, damit Onkel Martin uns nicht hört.“

Tapp, tapp, tapp liefen zwei Paar nackte Kinderfüße über den Holzflur vom Treppenhaus.

Frau Wieputschek bewohnte alleine die Dachwohnung neben der Schlafkammer der Kinder. Im Gegensatz zum Schlafraum der Kinder hatte sie einen Ofen. Zu ihrer Wohnung gehörten außerdem ein Schlafzimmer, ein Raum mit Waschbecken und eine kleine Küche. Es war ein zur Hälfte ausgebauter Dachboden. Das Klo war auf halber Treppe darunter. Im Winter genauso kalt wie die Schlafkammer der Kinder. Immerhin hatten alle Räume Mansardenfenster.

Da war dieser Junge.

Frau Wieputschek kannte das leise zaghafte Klopfen.

Sie ließ die Kinder ein. Sie wusste, dass das nicht im Sinn von Onkel Martin war. Schließlich war sie nur eine als Mietzahlerin geduldete Hausbewohnerin. Eine Rangniedere gegenüber einem Volksschullehrer.

Den Kindern war das egal. Sie mochten die einsame Frau, die immer ein warmes Plätzchen für sie hatte und etwas ganz Besonderes, an dem die Kinder nun mit großen Augen hingen.

Über Frau Wieputscheks Gesicht huschte ein liebevolles Einverständnis.

Die Kinder hatten Hunger und über dem Ofen von Frau Wieputschek hing stets mindestens ein Dutzend Fäden mit aufgereihten Apfelringen. Wintervorrat. Trockenobst. Die Wärme des Ofens musste ausgenutzt werden.

Außer, dass sie den gröbsten Hunger stillten, waren die Apfelringe von Frau Wieputschek die köstlichsten Süßigkeiten, die die Kinder sich denken konnten.

Schokolade oder Backzutaten gab es schon lange nicht mehr.

Butter und sogar Mehl waren rationiert, nur auf Essensmarken zu haben.

Mutter hatte – erfinderisch wie sie war – Marzipankugeln gezaubert, indem sie Kartoffelbrei mit etwas Sirup und Mandelaroma verknetet hatte. Das hatte sie nach abenteuerlicher Grenzfahrt im nahegelegenen tschechischen Städtchen Eger ,hamstern' können.

Weihnachtlich glänzet der Wald,
freue Dich, 's Christkind kommt bald.

Frau Wieputschek hatte in der abendlichen Einsamkeit ihre Freude an der Freude der Kinder – die Kinder genossen die halb getrockneten Apfelringe, die Wärme ihres Ofens und vor allem die des Herzens von Frau Wieputschek.

Eine kleine heimliche Parallelwelt im sonst eine Etage tiefer ablaufenden Normalltag von Martin, Erna und ihrer einquartierten Verwandtschaft.

Das Leben, in welcher Form auch immer, sucht sich seine Kanäle.

Vater war im Krieg. Mutter hatte mit einem zusätzlichen Säugling alle Hände und Windeln voll zu tun. Ungeplant und nur 3 Tagen Heimaturlaub von Vater war der Familienzuwachs zu verdanken.

Jedwede Art von Unterstützung fehlte. Keine brasilianische Sonne oder Wärme/keine hilfreichen Großeltern/Kindermädchen schon gar nicht/Tante Erna und Onkel Martin kamen sich eher als Gönner vor, die dem Vaterland einen nützlichen Dienst erwiesen.

Die beiden Kinder, gerade im Schulalter, hatten noch keinen Sinn für Säuglingspflege. Die hatten genug mit sich selber zu tun, waren selbst noch betreuungsbedürftig – aber sie drängten mit aller Vehemenz ins Leben.

Mutter hatte kaum noch Kontrolle über das, was die Kinder so trieben.

Selbst der Orientierungsrahmen Schule war weggefallen, seitdem das Gebäude als Lazarett für verwundete Soldaten diente.

Kapitel 6

WILDWUCHS

Das martialische Klima bestimmte inzwischen auch den Kinderalltag. Sigurd und Harald sammelten Margarinebilder von Kampffliegern und Panzertypen, die man wie Kartenspiele handhaben und tauschen konnte. Die Straße war zum Kinderbasar geworden.

Granatensplitter in bizarren Formen waren Sammlerstücke wie exotische Edelsteine.

Abends stromerten die Kinder mit ihren Militärtaschenlampen auf Entdeckungstour herum. Vater hatte sie ihnen bei einem Kurzurlaub geschenkt. Ein kostbares Gut in einer spielzeugarmen Zeit. Die Lampen fesselten Harald und Sigurd so, dass sie deren gesamtes Potential für sich erschlossen.

So wurden besonders die Abende zu einer spannenden Erfahrung.

„Lass mich endlich schlafen. Lass das Gefummel mit der Taschenlampe."

Der Kleine konnte den Großen schon oft nerven.

„Och komm, mach mit. Das geht doch nur im Dunkeln. Schlafen können wir immer noch."
„Aber nur, wenn wir zusammen Morsen lernen. Ich habe hier die Liste."

„Liste, Liste in der Kiste –
kam ein böser Mann und pisste
auf das Morsealphabet,
doch es war noch nicht zu spät,
Harald konnte sie noch retten,
und wir lernen's in den Betten."

„Lass den Unsinn, sonst mach ich nicht mit."

Dann geh ich eben zu Frau Schmidt,
ach, die ist ja gar nicht da,
gut – wir lernen jetzt, hurra!"

Einen Teil der Taschenlampen hatten die Kinder schon erkundet. Mit den Filterklappen ließen sich verschiedene Farben einstellen. Die hatten sie ihren Belangen entsprechend mit Bedeutungen versehen. Rot hieß Alarm, Aufpassen, Gefahr. Grün verhieß freies Feld, eben ‚Grünes Licht'.

Nun waren sie dabei, das weiße Licht und die Möglichkeit des Schalters als Grundlage zum Funken mit dem Morsealphabet auszuprobieren.

Es war eine langwierige Aufgabe, die Sigurds Geduld oft überforderte.

Harald versuchte immer wieder, seinen Spieltrieb zum gemeinsamen Lernen umzulenken.

„Also, du weißt ja, beim Morsen gibt es nur lang und kurz.
Einschalten, bis drei zählen ist lang, An-/Ausknipsen ist kurz."

44

„Weiß ich doch schon.
Lang, lang, lang – da wird mir bang.
Kurz, kurz, kurz – da lass ich einen Furz."

„Ruhe, wenn Du nicht mitmachst, schlafe ich jetzt."

„Ich bin ja schon ruhig."

„Also, wir waren schon bei den Wörtern. Das ABC kennst Du ja schon von der Schule. Beim Morsen muss man jeden Buchstaben einzeln funken."

„Weiß ich schon."

„Klappe! Hör doch einfach mal zu. Jeder Buchstabe hat unterschiedliche Lichtsignale, also lange und kurze. Die kann man sich aber schlecht merken. Deshalb gibt es einen Trick. Jeden Buchstaben lernt man in Form eines Wortes. Dazu gibt es die Liste."

Sigurd gluckste vor sich hin. Bei ‚Liste' kam ihm wieder ‚pisste' in den Sinn.

*„Wir hatten doch schon damit angefangen. Weißt Du noch, welches Wort für den Buchstaben **A** steht?"*
„Na klar, A TOM."
*„Und wie wird dann **A** gefunkt?"*
„1x kurz, 1x lang."
*„Klasse, das hast du dir gut gemerkt. Wenn ein O in der Silbe vorkommt, bedeutet das immer lang, alle anderen kurz. Und weißt du noch, welches Wort für den nächsten Buchstaben steht, für das **B**?"*
„BOH NEN STAN GE."
„Super – und welche Morsezeichen ergibt das?"
„1 x lang, 3 x kurz."
„Guck, ich mach es mal."

Mit der Taschenlampe funkte er von seinem Bett aus zum Bett des Bruders das **B**. Offensichtlich machte ihm das Prinzip keine Schwierigkeiten. Silbe mit O stand jeweils für langes Morsezeichen, alle anderen für kurze. So waren sie anhand der Liste in der Lage, sich für das gesamte Alphabet die Morsezeichen einzuprägen.

A tom: ° ---
Boh nen stan ge: --- °°°
Co burg Go tha: --- ° --- °
usw.

Mithilfe der Taschenlampen waren die Abende zu einem kurzweiligen Spiel- und Lernprogramm geworden.

Die Kinder versenkten sich in die Liste wie in einen Schatz auf einer nur ihnen zugänglichen Insel. Der alberne Mann, der pisste, war längst hinter dem täglichen bzw. nächtlichen Zuwachs an Lernerfolg verschwunden. Sie hatten eine Geheimsprache entdeckt, die nur ihnen gehörte.

Ohne Worte konnten sie sich über weite Entfernungen hinweg miteinander verständigen, ohne dass ein anderer sie verstand.

So konnten sie auch den Posten am Güterbahnhof überlisten und sich an die Waggons anschleichen. Auf dem Bahnhofsgelände, wo auch die Flak stand, hatten die Kinder nämlich einen offenen Güterwagen entdeckt. Mit pochendem Herzen hatten sie sich herangeschlichen. Eine wahre Fundgrube öffnete sich ihnen. Gewehrpatronen und sogar Handgranaten konnten sie für ihre ,Sammlung' entwenden. Wie ein kostbarer Schatz fand diese Sammlung in ihren Spielplätzen unter den aufgebockten Scheunen ein Versteck.

Eine besondere Rarität im Wettbewerb mit den anderen ,Straßenkindern' um die attraktivste Munitionssammlung war die Errungenschaft von zwei Dynamitstangen. Die hatten sie an der Landstraße nach Bad Elster ,gefunden'. Dort waren die Alleebäume vorbereitend eingekerbt, um als Panzersperren dienen zu können. Die Kerben waren mit Dynamitstangen gefüllt. Im Fall eines feindlichen Panzeranmarsches sollten sie gesprengt werden. Die umgefallenen Bäume sollten dann die Straße blockieren. Es kam nie dazu, denn die amerikanischen Panzer fuhren einfach im Flussbett der Elster auf die Stadt zu. So erschien es nur legitim, dass die Dynamitstangen zum Wertgegenstand im Schatz der Kinder geworden waren.

Es gab auch andere, weniger gefährliche Spiele. Mit Geduld und Geschicklichkeit gelang es den Brüdern, Stichlinge im Bach zu fangen und kleine Minikrebse. Mit aller Aufmerksamkeit lagen Sigurd und Harald über das Ufer gebeugt zwischen wilder Katzenminze, Binsen, Gras und Leberblümchen. Sie beobachteten in dem Spiel von Strömung und Strudeln die kleinsten Abweichungen, die einen Fisch oder Krebs verraten konnten. Dann hieß es, flink sein. Stolz zeigten sie sich ihre Beute. Jeden Tag liefen sie ungeduldig zu der Scheune, unter der sie die Stichlinge im Wasserglas versteckt hielten. Sie hatten alle Hände voll zu tun, um die Fische mit kleinen Regenwürmern und Minikrebsen zu versorgen.

Schulfrei wegen Lazarettbesetzung des Gebäudes, heiße, trockene Sommer voller summender Zikaden, Grashüpfer, Schmetterlinge, Eidechsen, dazu die Treffen mit den anderen Kindern unter den Höhlen der Feldscheunen und eine zur Kontrolle viel zu sehr beschäftigte Mutter, was gab es Schöneres für ein abenteuerliches Kinderleben.

An manchen Gefahren schlitterten sie vorbei und lernten dabei überleben.

Am kleinen See oberhalb der Scheunen, aus dem im Winter das Eis in Blockform für die Kühlung der Brauerei herausgesägt wurde, beschlossen sie, im Sommer ein Floß zu bauen.

Die Kinder gingen dabei geschickt zu Werke. Zuerst probierten sie aus, welche Materialien schwimmen konnten. Holz war für ihre kleinen Hände zu schwierig zu bearbeiten. Am besten eigneten sich Binsen. Die wuchsen ohnehin direkt neben dem See. Nachdem die Kinder entdeckt hatten, dass das wattige Mark im Inneren der Halme guten Auftrieb hatte und sich auch nicht voll Wasser saugte, waren sie das Material der Wahl. Zunächst machten sie sich daran, die Binsenhalme zu ernten. Um lange Zopfbahnen daraus zu flechten, hatten sie sich einen Trick überlegt. Die erste Schlaufe wurde um den Fuß gelegt. Dann blieb vom Fuß bis zu den Händen mithilfe der beweglichen Arme ein Spielraum, um immer neue Binsen einzuflechten. So konnten sie eine Sammlung von etwa 1 Meter langen Zopfbahnen herstellen. Danach banden sie diese zu einer Matte zusammen. Gespannt ließen sie schließlich das Binsenfloß zu Wasser. Die Schwimmfähigkeit war begrenzt, jedoch ein voller Erfolg. Die Kinder wurden zwar nass, wenn sie darauf über den See paddelten, doch gingen sie nicht unter. Eine zuverlässige Schwimmmatte. Sie ermöglichte Baden und Getragenwerden. Bei den sommerlich heißen Temperaturen ein Riesenspaß und nützlich. So konnten sie die ersten Schwimmversuche ohne jede Anleitung machen. Stolz waren sie und glücklich.

Auf Bäume klettern und Asthäuser bauen war ohnehin selbstverständlich. Aus der ‚Hohle‘ (so wurde die nahe gelegene Müllhalde genannt) hatten sich Sigurd und Harald ein paar Seile besorgt. Mit ihrer Hilfe wurden sie zum Anführer einer ganzen Horde kletternder ‚Kinderaffen‘. Die anderen Kinder, nachdem sie ihren Geburtsort herausgefunden hatten, hänselten sie mit dem Gejohle „UAAB, UAAB" – Kürzel für ‚Urwaldaffe aus Brasilien‘.

Mithilfe der Seile und ihrem Kletterspaß konnten sie das erniedrigend gemeinte Wort in ein positives Vorbild für die weniger Geübten umwandeln.

Kapitel 7

DIE NATUR ERNÄHRT IHRE KINDER

Die Sommer waren heiß, wie die Winter kalt waren. Welch Abenteuer, wenn der Bauer die Kinder auf dem Heuwagen mitfahren ließ. Bisweilen durften sie beim Heuaufladen auch helfen. Manche Riesenheuschrecke fand vorübergehend in der Zigarrenkiste mit Luftlöchern unter dem Bett Quartier und forderte mit Zirpen und Rascheln zum aufmerksamen Lauschen heraus. Frühling, Sommer und Herbst waren in dieser Landschaft für Sigurd und Harald ein Eldorado tausender Entdeckungen.

Das kam ihnen zugute, als die Lebensmittel immer knapper wurden. Sie kannten die Stellen, wo Blau-, Preisel-, Him-, Brom- und aromatische Walderdbeeren zu finden waren. Wie kleine Waldläufer durchstreiften sie die Hügel. Nahrungssuche wurde zum Abenteuer. Beim Dachsbau im tiefen Wald hinter dem Kriegsgefangenenlager hatten sie sogar einen Hügel entdeckt, wo Johannisbeeren und Stachelbeeren wuchsen. Sie hatten herausgefunden, dass das der Toilettenhügel der Dachsfamilie war. Nach jahrelanger Deponierung unverdauter Kerne war hier offensichtlich eine gut gedüngte eigene Obstplantage entstanden. Die Kinder bedankten sich wie kleine Indianer bei den Höhlenbewohnern für das unverhoffte Mahl.

Von ihren Streifzügen wussten sie auch, wo die schmackhaften Röhrenpilze (Maronen, Braunkappen, Stein- und Birkenpilze) und wo Pfifferlinge zu finden waren. Oma Hulda und Onkel Martin hatten ihnen gezeigt, welche essbar waren und welche es zu vermeiden galt.

Nach der Ernte auf den umliegenden Feldern gehörte das Ährenlesen und Kartoffelstoppeln so selbstverständlich zum Nahrungserwerb wie das tägliche Sammeln von Kräutern. Mit ihren Körbchen zogen sie immer weitere Kreise um Adorf herum. Hinter dem Güterbahnhof hatten sie einen verlassenen Obstgarten entdeckt, aus dem sie Birnen, Äpfel und Quitten nach Hause brachten. Die saftigen Wiesen im Elstergrund boten ergiebige Kräutermischungen. Brennnesseln, Löwenzahn, Gänseblümchen, Spitzwegerich, Schabockskraut, Brunnenkresse, wilder Knoblauch, zarte Triebe der Schafgarbe und des Huflattich – alles konnte Mutter gebrauchen und zu Salat oder Spinat verarbeiten. Außerdem fanden sie Bucheckern, Hasel- und Walnüsse zum Sattwerden oder als Rohstoff zur Ölgewinnung mit dem Fleischwolf und zum Backen.

Schwieriger war es, Brennvorräte für den Winter zu sammeln. Neben den Schienen fanden sie reiche Beute der von den Loks gefallenen Koks- und Kohlestücke. Bei frischem Schnee waren sie gut zu erkennen, doch war es besonders schmerzhaft, sie dann aufzusammeln, weil sie sich mit Handschuhen nicht greifen ließen. Manchmal waren ihre Kinderfinger so durchgefroren, dass es nur noch half, den warmen Urin über die Hände laufen zu lassen, um sie vor Vereisung zu schützen.

Was man dabei lernte, war: dass es genügend Unterstützung seitens der Natur gab, wenn man sie nur zu nutzen verstand und aufmerksam mit ihr umging.
Es mussten nicht die Tropen sein, die wie in Rio ihre Gaben üppig anboten. Auch die hiesige Flora, hielt, wenn auch versteckter, dafür oft in konzentrierterer Form, für den Menschen bereit, was sie der Sonne, dem Boden und dem Regen abgewonnen hatte. Man war nie verloren!

Es gab zwar quälende Hungerphasen, doch eingebettet in die Vielfalt der Natur gab es immer wieder Überlebenschancen. Zum Beispiel konnte man von Hasen, Kaninchen und Rehen lernen, dass frische Rinde essbar ist. Mutter erklärte, dass sie ein gutes Mittel zur Versorgung mit Mineralien und Vitaminen ist. Auch Holzspäne waren genießbar. Selbst wenn sie nur als Beigabe im Brot den Magen füllten, sorgten sie dafür, den Darm besonders sauber zu halten. Die Welt hielt eine Fülle von Möglichkeiten bereit.

Die Devise hieß: Ausprobieren führt zu Wissen und sich etwas einfallen lassen, hilft zum Überleben.

Besonders stolz waren die Kinder über ihren Kartoffelcoup. Auch wenn Mutter nicht einverstanden war, schmunzeln musste sie doch. Und als Mutter meinte, das hätte auch von Opa Paul stammen können, wollten die Kinder die Geschichte Opa Paul unbedingt erzählen.

Harald war schon in der dritten Klasse und Mama half den beiden bei dem Brief:

Liebe Oma Martha und lieber Opa Paul,
wir vermissen euch sehr. Wir hoffen, es geht euch gut.
Wenn wir im Bett liegen, bitten wir, dass keine Bombe auf euer Haus fällt.
Uns geht es gut.
Wie Du mal erzählt hast, Opa, muss man sich in schwierigen Zeiten was einfallen lassen. Das haben wir gestern beim Kartoffelstoppeln gemacht.
Das ist hier nämlich so: Wenn die Bauern ihr Kartoffelfeld abgeerntet haben, dürfen wir hinterher aufsammeln, was noch übrig ist. Das haben wir schon öfters gemacht. Gestern waren wir wieder mit unserem Bollerwagen unterwegs. Es ist ja gerade Erntezeit. Die Bauern waren noch nicht fertig, und wir mussten warten. Die Bauernkinder mussten bei der Ernte mithelfen. Sie ärgerten sich, dass wir am Feldrand standen und schon darauf warteten, bis sie fertig sind. Dann fingen sie an, uns zu beschimpfen und mit Lehm und Kartoffeln

*zu bewerfen. Wir warfen mit Lehmklümpchen zurück. Dann
überlegten wir uns einen Plan.*

*Wir fingen an zu johlen und warfen wie die Wilden immer mehr
Lehmklumpen und immer größere. Das wollten sich die Bauernjungen natürlich nicht gefallen lassen. Sie waren sowieso
in der Überzahl. Die durften aber von ihrem Feld nicht weg.
Sie mussten ja helfen, die Kartoffeln in die Körbe und auf die
Wagen zu tun. Zwischendurch warfen sie immer nach uns.
Wir blieben brav auf dem Ackerweg am Feldrand und warfen
auch. Nur, wir warfen mit Lehm und sie mit Kartoffeln. Natürlich nahmen sie jetzt die größten, denn sie wollten uns ja
treffen und weh tun. Außerdem kamen sie an die Kartoffeln
besser ran. Das machten wir eine ganze Weile, bis wir dachten, es reicht. Dann haben wir blitzschnell die ganzen Kartoffeln aufgesammelt. Die lagen ja nun alle um uns herum.
Im Nu war unser Wagen voll, und das ohne viel Mühe. Bevor
die Bauernjungen den Trick kapiert hatten, waren wir mit unserem Wagen schon unterwegs nach Hause. Die haben vielleicht dumm geguckt.*

Sigurd, noch nicht recht schreibfähig, ließ es sich nicht nehmen,
einen Beitrag hinzuzufügen. Während Harald und Mutter den
Brief schrieben, klebte er noch ein Bild dazu. Mutter hatte im
tschechischen Eger buntes Klebepapier besorgt, aus dem man
Formen ausschneiden und zu einem Bild zusammenmontieren
konnte. Gemeinsam brachten sie den ‚wichtigen‘ Brief an die
Berliner „Familie Kleinschmidt" auf die Post.

Kapitel 8

HAUTNAH I – DIE PROBE

Das Nichts oder das All, was dasselbe ist, hat eine unbegrenzte Potentialität. Ob wir sie so oder so nutzen, konstruktiv oder negativ, ist ihm egal.
Die Erfahrung jedoch lehrt uns, dass es für uns nicht egal ist. Wir werden in unserem Leben viele Erfahrungen sammeln. Entscheidend wird sein, welche Folgerungen wir daraus ziehen.

Die Kinder waren auf ihrer Erfahrungsebene noch ziemlich am Anfang. Je weniger Orientierungshilfen zur Verfügung standen, desto grenzenloser war das Angebot der Umwelt.

Der Krieg brachte manch Außergewöhnliches.
So auch jenen undenkbaren Nachmittag für Onkel Martin.

Kaum, dass er sich zum Mittagsschlaf niedergelegt hatte, erschütterte eine solch krachende Detonation die Wohnung, dass es ihn senkrecht aus dem Bett riss.
Eine Bombe? Türen und Fenster wackelten, Gläser und Geschirr klirrten in den Schränken, Rauch zog unter der Tür hervor. Ein brenzlig rußiger Geruch drang ihm in die Nase. Das musste hier in der Wohnung sein.
Gretel, die Schwiegertochter seiner Schwester Hulda, war zu Besorgungen in Eger. Seine Frau Erna war mit Gretels Säugling unterwegs.

MARTIN ALLEIN ZU HAUS.
Nein, die Kinder waren noch anwesend.
Er riss deren Zimmertür auf. Ein Bild unfassbarer Unordnung platzte in die geordnete Welt seiner sorgsam eingerichteten Wohnung, platzte in den wohl getakteten Ritus seines gutbürgerlichen Tagesablaufs.
Er konnte nicht glauben, was er da sah. War das ein Vorbote kriegerischer Zerstörungswucht?

Wie in einem Zeitlupenfilm lief das Geschehen vor ihm ab. Im grell durch das Fenster hereinfallenden Lichtstrahl bewegten sich atomwinzige Staubpartikel in schwebender Zeitlosigkeit als Minigestirne durch den Raum. Grauschwarze Rauchschwaden waberten durchs ganze Zimmer. Überhaupt war alles mehr schwarz als wie gewohnt farbig. Mittendrin, kontrastierend zum Lichtstrahl, erkannte er die Kinder im Dunkel des Raumes. Auch sie mehr schwarz als farbig. Haare und Augenbrauen waren abgesengt. Übergroß geweitet starrten ihn ihre Augen aus ihren rußbepuderten Gesichtern an. Vorhänge und Gardinen hingen formlos und deplatziert von den Fenstern herunter. Dann bemerkte er den Verursacher des Chaos. Der schöne, grün emaillierte, gusseiserne Ofen lag in Stücke zerfallen im Zimmer herum. Undurchdringliche Rauchschwaden hatten das Feuer bereits erstickt. Ein paar Eierbriketts glommen noch in der Nähe des Ofens auf dem Bodenblech. Die Abdeckung, die Ofenklappen und deren Teile waren wie durch Zentrifugalkraft auseinandergeschleudert worden.

„MAX und MORITZ" kam Onkel Martin in den Sinn.
Eines der Schreckensbilder aus Wilhelm Buschs Feder, die stets das missratene Pendant zur gutbürgerlichen Welt symbolisierte – nun stand es leibhaftig in seiner eigenen Wohnung vor ihm.
Ein Einschlag, wie vom Blitz getroffen.

Es war kein Einschlag, es waren die Kinder.

Pfiffig, wie sie waren, schoben sie die Explosion mit Unschuldsmiene auf ein paar Kastanien, die sie in den Ofen geworfen hätten. In Wirklichkeit hatten sie an einer Revolverpatrone aus ihrer Munitionssammlung ausprobiert, wie sie sich im Feuer verhält. Das ließ sich, auch wenn Onkel Martin die Kastaniengeschichte anzweifelte, nun in dem Chaos nicht mehr nachweisen.

Mutter hatte eine Woche damit zu tun, die Schäden zu beseitigen. Der Ofen ließ sich zum Glück wieder zusammensetzen. Nur die innere Schamott-Schicht musste erneuert werden. Doch zwei Monate hatte sie damit zu tun, die verbeulte Psyche der Gastgeberfamilie wieder zu glätten. Die Vorwürfe wollten kein Ende nehmen.

Die Kinder bekamen Hausarrest und Strafarbeiten unter der strengen Aufsicht von Onkel Martin. Er war als Lehrer ja ohnehin durch Lazarettbelegung der Schule vom Unterricht freigestellt. So hatten beide Seiten etwas davon.

Irgendwann waren auch die Haare wieder nachgewachsen und die Gardinen hingen weiß, wie immer, an ihrem vorgesehenen Fensterplatz.

Dieses Erlebnis sollte jedoch nur eine Kostprobe für künftiges Geschehen sein. Von den unendlichen Möglichkeiten des Universums scheinen die destruktiven Erfindungen der Menschheit die spannendsten für sie zu sein.

Das Grollen der heranrückenden Front war zwar noch in weiter Ferne, doch hatten die Kinder ein neues Spiel entdeckt, ihr eigenes kleines Bombardement zu inszenieren.

Kapitel 9

HAUTNAH II – DAS SPIEL

In der ‚Hohle' war im Müll des Städtchens ein wahrer Schatz an Bierflaschen zu finden. Es war zu jener Zeit noch die Sorte, deren Öffnung mit einem Bügelverschluss aus Draht mit Porzellanpfropfen und Gummiring verplombt war. Ein älterer Schüler aus der Straßengang, hatte (vom Physikunterricht abgeleitet) vorgeführt, wie man aus solch einer Flasche mit etwas Karbit eine Bombe bauen kann.

Sigurd und Harald kamen auf ihrem Rückweg von der Scheune, unter der sie ihre Stichlinge gefüttert hatten, an der Hohle vorbei. Es war just der Augenblick, als die Gruppe ihrer gleichaltrigen Freunde sich um den Älteren geschart hatte.

Zeit der angehenden Dämmerung. Erste Schattennester begannen sich zwischen den Hügeln einzuschmiegen, während langfingrige Lichtstrahlen wie Messerklingen zwischen den Bergkuppen und den Holzskeletten der Scheunen noch mit der Entscheidung rangen, der entschwindenden Sonne nachzubummeln.

In diesem Ensemble hatte die Szene etwas Mythisches. Im Gegenlicht, wie in einer filmischen Dramaturgie zum Helden alter Sagen stilisiert, überragte der größere Schüler die Schar der Jüngeren. Sein Gesicht lag im Dunkeln, drumherum, wie ein Heiligenschein, wurde sein blondes Haar von den letzten Sonnenstrahlen durchleuchtet. Gesteigert wurde die Suggestion noch dadurch, dass der ältere Junge Halstuch und Hemd der HJ trug, ein Ausweis für sein Alter. Für Sigurd und Harald war klar, da passierte etwas Besonderes. Ohne Geschnatter umringten die Kleinen den Großen und folgten gebannt seiner Demonstration.

„Karbit bekommt ihr in der Apotheke, wenn ihr sagt, eure Eltern brauchen es zum Ausräuchern von Wühlmäusen", erklärte er gerade, als Sigurd und Harald dazukamen. In seiner Hand glitzerte im noch flackernden Abendlicht eine jener massenweise zu findenden Bierflaschen. Neben sich hatte er einen der Jüngeren als Assistenten postiert, ebenfalls mit einer Flasche bewaffnet. Diese jedoch war mit Wasser gefüllt.

„So, jetzt passt auf. Oberstes Gebot ist, präzise arbeiten und schnell sein. Vor allem müsst ihr sicher sein, dass kein anderer in der Nähe ist, der in Gefahr kommen könnte. Deswegen öffnet ihr jetzt mal den Kreis zur Hohle hin, so dass ich einen freien Wurfkanal habe", sagte er und schob die Vorderen, die den Weg zur Hohle versperrten, zur Seite.

Danach zelebrierte er im Bewusstsein seiner ‚Führerrolle' die Vorbereitung der Explosion.

Also zuerst aus der Tüte mit dem Karbitpulver etwa eine halbe Handvoll in die leere Flasche. Dann muss alles ganz schnell gehen.

Mit angehaltenem Atem verfolgten die Jüngeren das Tun ihres ‚Helden'. Auf die Flasche mit dem Karbitpulver goss er nun Wasser aus dem Vorrat seines Assistenten, verstöpselte sie in Windeseile und warf sie in hohem Bogen Richtung Hohle.

„Weit genug weg müsst ihr sie werfen", das ist das Wichtigste.

Zunächst passierte gar nichts, so dass einige aus der Gruppe schon anfingen sich zu bewegen.

„Wollt ihr wohl stehen bleiben!", donnerte der Große sie an.

Und dann geschah es – in etwa 30 m Entfernung detonierte die Flasche mit berstendem Geräusch, wobei sie die im Wege liegenden Abfälle gleich mitschleuderte. Ein grandioses Spektakel, waren sich alle einig.

Die Hohle war die geeignete Arena für dieses gefährliche Spiel. In der nächsten Zeit gab es immer wieder kleine Grüppchen, die sich Karbit besorgt hatten und die Flaschenbomben ausprobierten. Auch Sigurd und Harald wunderten sich, wie einfach es war, in der Apotheke Karbit zu bekommen. Sie experimentierten ebenfalls, die Explosionskraft mit größeren oder kleineren Mengen des Karbit-Wasser-Gemischs erforschend. Außer der Mutprobe war es stets ein Mordsspaß, wenn das Ding explodierte.

Schließlich kamen die beteiligten Straßenkinder auf die Idee, die Flaschenbomben in der Elster zu versenken. Ein Schaden für den Fluss kam ihnen nicht in den Sinn. Es war einfach zu aufregend, welche ungeheure Kraft hier freigesetzt wurde. Ein sprudelnder Wasserpilz wölbte sich blubbernd, glucksend und aufschäumend mit hunderten von perlenhaften Blasen aus der Flussoberfläche nach oben, um sich dann (wie bei einem Geysir) mit zischendem Geräusch, in einer spektakulären Fontäne aufsteigend, vom Druck zu befreien. Und sie, die Kinder – angeleitet von ihrem Helden –, hatten es in der Hand, das Spektakel hervorzuzaubern.

Einem solchen Faszinosum scheinen wir auf globaler Ebene die Entwicklung von Schwarzpulver, Sylvesterfeuerwerk, Gewehr- und Kanoneneinsatz, Atomkraft, Raketenflug bis schließlich zur Technologie von Verbrennungsmotoren im weltweiten Gebrauch unserer Autos verdanken zu haben.

Die Kinder spielten relativ sorglos mit diesen gefährlichen Flaschenbomben. Das Bewusstsein bedarf einer Reifezeit. Kurze Zeit später spielten sie sich fast um Kopf und Kragen damit.

Kapitel 10

HAUTNAH III – DER ERNSTFALL

Die Front war nun bereits bis in die Nähe von Adorf herangerückt.

Ein letzter Besuch per Bahn bei den Berliner Großeltern war schon zur Lebensgefahr geworden.

Es war gleichzeitig ein Abschied von der eigenen ehemaligen Berliner Wohnung. Fassungslos standen die Kinder vor dem zerstörten Haus mit ihrem Kinderzimmer in der Roscherstraße. Ihre Räume im 3. Stock waren nicht mehr zu erreichen. Das Treppenhaus samt Fahrstuhl war von unten her ausgebrannt. Neugierig kletterten Sigurd und Harald an den Resten der Treppe empor. Dort lag zwischen den Ruinen von Stufen und Treppengeländer der früher so sorgsam gehütete Flügel aus dem Wohnzimmer.

An ihn zu pinkeln war seinerzeit genauso Tabu gewesen wie bei der Nähmaschine.

Halb verkohlt war er auf den noch übrigen Stufen gelagert – ein monströses verendetes Tier mit ausgeröcheltem Klang. Wie in einen geöffneten Rachen hatte man Einblick in sein Innenleben. Die verkohlten Fragmente der Tastatur kamen Sigurd vor wie die bleckenden Zähne eines besiegten Drachenmauls. Zwischen ihnen hindurch sah er die herausquellenden Bündel von Stahlsaiten. Wie langes Frauenhaar flossen sie wellenförmig die verbliebenen Stufen hinab. Es war das letzte Bild, das den Kindern von der Vergangenheit der Berliner Wohnung blieb.

„Ich wollte wenigstens den Flügel retten, auf dem du immer so gern gespielt hast", erzählte der Vater später seiner Gretel. *„Du hättest lieber ein paar Bettdecken retten sollen"*, war ihre lapidare Antwort.

In Adorf waren den Berlinverbannten nun inzwischen auch Bombenwarnung, Sirenengeheul, Ausgangssperre und Flucht im hauseigenen Luftschutzkeller *„uff die Pelle jerückt"*, wie Opa Paul gesagt hätte.

Bei Fliegeralarm standen die Kinder mit Vaters Militärfernglas am Kellerfenster und konnten anhand der aufgemalten farbigen Zeichen erkennen, ob es sich um amerikanische, englische, russische Bomber oder deutsche Flugabwehr handelte. Wenn sie sahen, dass sie ihre todbringende Fracht abgeworfen hatten, reichte die Zeit immer noch, um in den benachbarten Bunkerraum zu kommen. Der war mit einer Eisentür gesichert. Das Fenster war an der Außenseite zum Hof mit einer mehrfachen Lage dicker Holzstämme verbarrikadiert.
Ob die gereicht hätten, bleibt fraglich.

Es war wohl eher ein besonderer Schutzgeist, der sie eines Nachts gerettet hatte. Die Bombe lag, durch eben jene Balken und die Hausmauer nur etwa 2 Meter von ihrem Schlafplatz getrennt, vor dem Kellerfenster. Mit Riesenlärm war sie in der Nähe der Traufe auf das Dach des Hauses gekracht. Dort hatte die Regenrinne sie abgefangen und im Fallen offensichtlich so gedreht, dass sie nicht mit dem Zünder auf die Erde aufschlug. Die zusammengedrängte Schar der im Schutzraum kauernden Hausbewohner vernahm nur einen dumpfen Aufprall. Die befürchtete Detonation blieb aus.
Am nächsten Morgen bestaunte die ‚halbe Straße‘ den in den Boden gerammten Blindgänger im Hof hinter dem Haus.

„Bei dem Andrang kannst Du ja direkt Eintritt zur Hofbesichtigung nehmen", rieten die Kinder Onkel Martin in Anlehnung an Opa Pauls Berliner Humor.

Etwa eine Woche ruhte der Blindgänger als schlafende Bedrohung vor dem Kellerfenster. Erst dann gelang es dem Räumkommando, ihn zu entschärfen und abzuholen.

Das Nachbarhaus hatte nicht so viel Glück. An einem der nächsten Tage ging es in Flammen auf.

Ein schreckliches Bild grub sich Sigurd für ein Leben lang in sein Gehirn:
Als die Kinder nach dem Bombardement auf die Straße rannten, brannte das Haus nebenan schon lichterloh. Aus den zusammenfallenden Mauern quoll Rauch in schwarzwolkigen Schwaden, durchflutet von lodernder Feuersbrunst. Dazwischen regte sich etwas in den herunterbrechenden Trümmern. Drei von den Nachbarn kamen als lebende Fackeln aus dem zerstörten Haus gekrochen, gestürzt. Verzweifelt warfen sie sich auf die Straße, um ihr klebriges Feuerkleid abzuschütteln. Doch es half nichts. Wie schlangenhafte Bestien griffen die Flammen nach ihrer Bekleidung, ihren Haaren, nach ihrer Haut. Schreiend wälzten sie sich in verkrampften Zuckungen auf der Straße vor der erschrocken zusammenlaufenden Menge.

„So helft uns doch, helft doch! Hilfe – H I L F E – H I L F E ! ! ! "

Alle wollten helfen. Doch je mehr sie zu löschen versuchten, desto lodernder brannte die Flammengier. Auch Ersticken oder Abkratzen der klebrigen Masse war nicht möglich. Phosphorbomben waren eine der perfidesten Erfindungen. Sie ließen keine Rettungschance.

Das Schreien der wie Fackeln qualvoll verbrennenden Menschen gellte unerträglich durch die Straße, gellte sirenenlaut durch das Viertel, gellte klagend den fortbrummenden Bombern hinterher.

Nackte Verzweiflung. Ein Ende, auf das man sich nicht vorbereiten konnte. Höllenqualen durch Kleidung und Haut dringend, bis die gnädige Natur die Opfer mit einer Ohnmacht erlöste. Das Schreien verging im Röcheln. Die Zuckungen ihrer verbrannt riechenden Leiber spürten sie schon nicht mehr.

Die schwarz verkohlten Leichen mit ihren verkrümmten Gliedmaßen und Fingern wollten nicht mehr aus Sigurds Kopf.

Auch Maria war dabei. Das Nachbarmädchen hatte noch am Vortag hinten im Garten mit ihm gespielt. Dort gab es eine geheimnisvolle Rankpflanze. Teufelszwirn hatte sie sie genannt. Die Kinder hatten die porösen Pflanzenstängel genutzt, um das Zigarettenrauchen der Erwachsenen nachzuahmen. Die Gartenecke war ihr gemeinsames Versteck gewesen. Sie hatten sich dann wie die Großen gefühlt. Den Tod hatte Maria deswegen wahrlich nicht verdient.

3 Tage später folgte Sigurd in Begleitung von Mutter, Harald und den Nachbarn unter dem Läuten der Totenglocke ihrem Sarg. Es war die erste ,greifbare' Tote in seinem jungen Leben.

Inzwischen war der Tod täglich gegenwärtig. Manchmal nur eine handbreit entfernt. Wenn keine Bomber kamen, kamen die Tiefflieger. Sie waren so schnell, dass sie nicht durch Sirenenalarm angekündigt werden konnten.

Mutter hatte die beiden Kinder früh am Morgen mit dem Bollerwagen im Schlepptau zum Güterbahnhof gebracht. Dort sollte es heute eine Ration Kohlen geben. Nachdem sie mit Harald und Sigurd einen Platz in der wartenden Schlange ergattert hatte, musste sie nach Hause zurück, den Säugling versorgen.

Es war kalt. Aus den Mündern der Wartenden stieg der Atemdampf in die eisige Luft. Die Abfertigung des Kohlenhändlers dauerte Stunden. Eine harte Prüfung für die beiden bewegungshungrigen Kinder. Die Propagandaplakate an der Wand des Güterbahnhofs hatten sie schon längst über. Weder der schwarz maskierte ‚Kohlenklau' noch der Spruch ‚Feind hört mit' vermochten sie zu unterhalten. Stunden um Stunden rückte die Warteschlange nur schrittweise vorwärts, dem hölzernen Schuppen entgegen, der das schwarze Gold enthielt. Kilo um Kilo wurde abgewogen, und das dauerte.

Auf einmal waren sie da. Aus heiterem Himmel – Kurs die Straße entlang: eindeutig auf die wartenden Menschen zu. Die Kinder sahen die Einschläge der Maschinengewehrsalven direkt auf sich zukommen. Alles stob auseinander. Die Zeit, Schutz in einem der Hauseingänge zu suchen, wie manche Erwachsene das geschafft hatten, blieb ihnen nicht mehr. Der Platz unter den Vordächern des Güterbahnhofs war im Handumdrehen vollgepfropft. Die einzige Chance bot das große eiserne Rad einer Lokomotive. Mit Mühe passten sie zusammen dahinter. Allerdings war das Rad keine geschlossene Fläche. Zwischen den massiven gusseisernen Speichen blieben kleine Lücken. Die Kugeln peitschten, als wollten sie sie verfolgen, um sie herum. Ein Querschläger durchdrang den Abstand zwischen den Speichen und landete 10 Zentimeter neben ihrem Ohr. Wie ein Wunder befühlten ihre Kinderfinger die noch warme Vertiefung der Einschlagstelle.

Dann war der Spuk vorbei. Auf dem Rückflug der Tiefflieger war man gegen ihre ‚Todesgrüße' schon gewappnet. Heute gab es keine Toten. Die Verletzten wurden ins Schullazarett gebracht.

Mutter freute sich, die beiden Kohlenholer unversehrt in die Arme schließen zu können. Und die beiden waren stolz, trotz des gefährlichen Abenteuers die Kohlenfuhre erfolgreich nach Hause gebracht zu haben. Ein paar Wochen Wärme im Keller gebunkert. Von Tag zu Tag – Leben aus der Hand in den Mund.

Kapitel 11

GROSSE KRIEGER, KLEINE KRIEGER

Die Übergabe des ‚Vaterlandes' an die Siegermächte war vorbei.

Mit lauten, harten Stiefeltritten waren sie die Kellertreppe heruntergekommen. Ein Nachbar, vorweggeschoben, musste Ihnen als Schutzschild dienen. Andere Uniformen hatten die Siegermächte, konstatierten die Kinder. Der deutsche Stahlhelm erschien ihnen vertrauensvoller als die amerikanische ‚Salatschüssel'. Sie erinnerte Sigurd ein wenig an Papas Tropenhelm.

Die Waffen der Siegermächte imponierten. *„Gut ausgerüstet"*, registrierten die Kinder mit Expertenblick.

Die Eierhandgranaten sahen bis auf die Farbe und kleine Unterschiede in der Kerbung der Außenhaut fast genau so aus wie deren deutsche ‚Brüder' oder ‚Schwestern' (?) in ihrer Munitionssammlung.

Das Messer im Gürtelfutteral und der Revolver in der Pistolentasche forderten ihnen Bewunderung ab. Die meiste Aufmerksamkeit jedoch fand das Maschinengewehr, das jeder der ‚Amis' aus dem Trupp auf das ängstliche Häuflein der Hausbewohner gerichtet hielt.

Solch ein MG hatten sie noch nie gesehen.

Kein Wunder, dass die mit so einer Waffe den Krieg gewinnen konnten.

Tage vergingen in bleierner Starre, bis sich Besatzer und Besetzte zu beschnuppern begannen.

Das Leben setzt sich durch.
Es gab zwei magnetische Zugänge zueinander.
Hintergrund war jeweils die Lust am Leben.

Verständlich war eine natürliche Anziehungskraft zwischen den liebesentwöhnten GIs einerseits und den männerentwöhnten Mädchen auf Seiten der Besiegten.

Zum anderen kamen alle amerikanischen Soldaten aus Familien. Sie waren zum großen Teil mit Geschwistern aufgewachsen oder waren selbst schon Familienväter. Die genetisch angelegte Empathie gegenüber dem Kindchenschema erleichterte es den raubeinig trainierten Kerlen, die eben noch mit Gewehrsalven auf einen anonymen Feind losgegangen waren, sich dessen Kindern auf der Straße mit Zuneigung zu nähern. Kaugummi und Schokoriegel waren die Währung zur Verständigung. Die Kinder quittierten das mit zunächst schüchterner, dann immer mehr unbefangener Dankbarkeit, was beiden Seiten guttat.

Dann gab es jedoch einen gravierenden Fehler auf Seiten der GIs. Einige der vorwiegend farbigen Fahrer hatten Spaß daran gefunden, auf ihren Patrouillenfahrten die Kinder vor ihren Jeeps herzutreiben. Daraus entwickelte sich ein regelrechtes Spiel, ‚Kinderjagen‘.
Straßauf, straßab fuhren die Jeeps erst langsam, dann immer schneller hinter den Gruppen der Straßenkinder her. Schließlich waren die Kinder so erschöpft, dass sie keinen Ausweg mehr sahen. Mit den Rücken an die Häuserwände gequetscht gaben sie sich ihrem Schicksal hin.
Die Jeepfahrer hatten Spaß daran, diesen Moment auszukosten. Mit Gejohle fuhren sie so dicht an den Kinderbeinen vorbei, dass die Räder zum Teil schon die Schuhspitzen berührten. Gefährlich nahe! Es war ein Wunder, dass keines der Kinder verletzt wurde.
Das war der Bruch.
Mit dem Einsatz von Schnellfeuergewehren und Geländewagen konnte man zwar Kriege gewinnen, aber keine Kinder. Der Keim eines aufkommenden Wohlwollens erstarrte zur Front.

Bei den Kindern formte sich ein klares Verhältnis zu den ‚Amis'. Man musste sehen, wie man sie ausnutzen konnte, und – sie wollten sich wehren.

Den ersten Vorsatz verwirklichten sie, indem sie die amerikanischen Soldaten in ihrem Camp zu bestimmten Spielen animierten. Einerseits sorgten diese in der Langeweile der Soldaten für Abwechslung. Den Kindern verschafften sie andererseits Gelegenheit, sich heimlich bis an deren Vorratszelte anzuschleichen. Unter der Jacke versteckt, gelang es ihnen, haufenweise Dosen mit Nahrungsmitteln zur Seite zu schaffen. Scharf waren die Kinder dabei auf jene Konserven, die ‚Nuts' und Süßes enthielten. Die englische Deklarierung konnten sie nicht entziffern. So ließ sich nicht jede Dose in ihrem Versteck im Teufelszwirngarten hinter dem Haus verwerten. Manche Dose enthielt eingemachte Bohnen oder Suppenhuhn. Die landete dann zur Freude der Mütter in den Küchen der Besiegten.

Beim zweiten Vorsatz kam den Kindern die Erinnerung an ihre Karbitflaschen zu Hilfe. Nachts schlichen sie sich an einen der Jeeps heran. Vorsichtig öffneten sie die von außen mit Gummihebelverschlüssen gesicherte Motorhaube. Noch vorsichtiger packten sie in gebotener Schnelligkeit ihre präparierte Karbitbombe unter die Motorhaube und suchten das Weite. Gegenüber den alarmiert aufgeschreckten Soldaten waren sie im Vorteil, weil sie jeden Schuppen und jedes Kellerfenster kannten, die sich als Versteck eigneten. Die GIs schossen wild in die Nacht. Es war ein gefährliches Spiel für die Kinder, denn die anderen hatten Waffen, mit denen man Kriege gewinnt.

Der große Krieg war zu Ende.
Im Kleinen wurde sein Prototyp sichtbar.
Ein winziges unbemerktes Ereignis am Rande des Weltgeschehens.
Wo lassen sich Prototypen für Frieden finden???

Kapitel 12

FLÜCHTLINGE IM EIGENEN LAND

Das Vogtland wurde in der Viermächtekonferenz zwischen Amerikanern und Russen wie eine Art Beute gegen ein Stück von Berlin getauscht, das von den Russen besetzt war.

Für die Kinder war dieser Tausch, mit dem die Russen in Adorf einzogen, ähnlich wie zuvor bei den Amerikanern, mit ängstlicher Neugier besetzt. Allerdings gab es einen wesentlichen Unterschied. Die Russen hatten ein Herz für Kinder. Wenn sie nachmittags mit ihren pferdebespannten Leiterwagen durch den Ort fuhren, winkten sie die Kinder herbei, nahmen sie auf den Wagen ein Stück mit vors Städtchen und gaben, nachdem Kartoffelbrei mit Butter für die Truppe fertig war, jedem der hungrigen Kindermäuler eine große Portion zum Sattessen. Es war die sprichwörtliche Empathie der russischen Volksseele. Wenn die Patronenzeit vorbei ist, ist Kartoffelbrei das Wunder der Stunde.

Die Kinder revanchierten sich immer dann, wenn die „Ruskis" in der Elster badeten (zum Schrecken der feinen Damen nackt), indem sie den Soldaten aus dem Machorka-Tabak und den Zeitungsblättchen, die zusammen in jeder der Russenmützen parat am Ufer lagen, Zigaretten für den Schmauch nach dem Bad drehten.

Doch Mutter Grete hatte mit ihrem Werner eine Verabredung. Wenn Adorf in Russenhand fiele, wolle man sich auf den Weg in den Westen machen und dort Zuflucht suchen.

Das bedeutete ein Abschied für immer. Flucht über das Chaos der Bahnhöfe und Züge über Dresden Richtung Westen.

Wie kann man Ereignisse beschreiben, die als komplexes Bild verdichtet wie eine Art Schläfer in den Akten unserer Erinnerung abgelegt sind? Wenn man sie hervorholt, lassen sie sich nicht wie ein Erinnerungsfoto betrachten – *Weißt du noch damals, als wir … –*, sondern sie springen sofort mit geballter Energie in die Gegenwart, werden Präsenz einer jeder unserer Zellen.

Ein solches Bild steht mir vor Augen, wenn ich an unseren Aufenthalt in Dresden auf dem Wege unserer Flucht aus dem Vogtland denke.

In ihm vermischen sich die von Picasso in seinem Guernica-Bild formulierten symbolischen Elemente von Angst und Schrecken mit den Erlebnissen auf dem damaligen Dresdener Bahnhof. Es sind jene Bildteile verzweifelter Frauen, die das aufgerissene Maul des todgeweihten Pferdes begleiten: Das schmerzverzerrte Gesicht der Weinenden, die hilflose Mutter mit ihrem leblosen Kind auf dem Arm und der schwebende Kopf der Schreienden, wie er getrennt vom Körper oben am ganzen Leidgeschehen der faschistischen Vernichtungsschlacht in Guernica vorbeizieht.

Wir sitzen eingequetscht in dem viel zu überfüllten Abteil. Mutter, Großmutter Hulda und wir drei Kinder. Zu fünft teilen wir uns zusammengedrängt den Platz von zwei Personen. Immerhin haben wir einen Fensterplatz, so dass wir hinaussehen können.

Alle Waggons der ein- und ausfahrenden Züge bieten dasselbe Bild: überfüllt bis ultimo! Die Menschen lagern als Knäuel auf den Trittbrettern zwischen den Abteilen, hängen wie Trauben aus den Fenstern oder versuchen auf dem Dach einen Halt zu finden.

Zwischen dem Dampf der Lokomotiven, dem hastenden Gedränge auf Bahnsteig und Treppen, Gepfeife des Zugpersonals, Maschinengezische, Schubsen und Schreien der suchenden Menschen haben wir endlich das Umsteigen in den nächsten Zug geschafft. Da fällt auf, ein Koffer fehlt. Mutter drängt sich wieder zurück aus dem Abteil; bei der Fundstelle der Bahnpolizei muss sie den Koffer identifizieren. Wir drei Kinder hängen auf Großmutter Huldas Schoß, die Gesichter an das Zugfenster gequetscht, und verfolgen, wo Mutter bleibt.

Auf dem Gleis gegenüber fährt ein Zug los Richtung Polen. Im Moment, als der Zug sich in Bewegung setzt, sehe ich eine Frau wild gestikulierend an den Waggons entlanglaufen. Entsetzt schreiend ruft sie nach ihren Kindern, die offensichtlich dort ohne sie, allein, im falschen Zug, in die falsche Richtung abfahren. Außer sich, mit verzweifelten, gellenden Rufen, versucht die fremde Mutter den Zug aufzuhalten. Sie hat keine Möglichkeit, ihn zu stoppen oder noch aufzuspringen. Wie in dem Guernica-Bild fliegt ihr schreiender Kopf neben dem immer schneller werdenden Zug her. Wie in dem Guernica-Bild bleibt ihr kraftlos in sich zusammensackender Körper weinend und hoffnungslos auf dem Bahnsteig hocken. Ausdruckslos, in hoffnungsloser Ohnmacht erstarrt, ist ihr Blick in Richtung Osten gerichtet, wo ihre Kinder einer ungewissen Zukunft entgegenfahren. Im Chaos der Nachkriegszeit kaum eine Chance, sie jemals wiederzusehen.

In diesem Augenblick setzt sich auch unser Zug in Bewegung. Mutter ist noch nicht im Abteil zurück. Mein Herz krampft. In panischer Angst sehe ich dasselbe Schicksal auf uns zukommen wie auf die Kinder im Polenzug.

Unser Zug verlässt den Bahnhof – doch nur ein Stück weit, rangiert und fährt auf einem anderen Gleis wieder ein. Er hatte nur die vom Bombeneinschlag zerstörten Schienen gewechselt. Mutter hat noch Gelegenheit, unseren Zug und unser Abteil zu erreichen, sogar mit Koffer.

Alle fünf sind wir wieder zusammen.

Zwischen meinen Tränen werfe ich vom anderen Gleis aus, zerrissen und verschwommen, einen Blick auf das trostlose Bild der zusammengesackten fremden Mutter.

Ich hätte ihr gern von meinem Glück ein Stück abgegeben.

Dass wir wieder zusammen waren, war für mich der Garant der Sicherheit.

Alles andere war dagegen erträglich.

So zum Beispiel, dass der Zug so lange, lange mit mehrfachem Umsteigen bis Friedland unterwegs war/dass uns der Hunger quälte, wofür Mutter allerdings mit rationierten Pellkartoffeln Abhilfe vorbereitet hatte/dass sie uns in Friedland erst einmal verlassen musste, um irgendwo beim Bauern Milch für den einjährigen Bruder zu organisieren/dass es Tage dauerte, bis wir nach Hannover weiterfahren konnten/dass das Treffen mit unserem Vater, einem aus amerikanischer Kriegsgefangenschaft entlassenen, nahezu fremden Mann, anders aussah, als erwartet/dass ein Zuzug nach Walsrode, wo Mutters Schulfreundin uns hätte aufnehmen wollen, nicht genehmigt wurde/dass wir stattdessen eine Zuzugsverfügung für die nahe Hannover gelegene Stadt Hameln bekamen/dass ich auf der Reise meinen Ranzen mit dem Familiensilber verloren hatte/dass das in Hameln zugewiesene Zimmer nur etwa 12 Quadratmeter für uns 6 Personen hatte, mit Klo auf halber Treppe. Nein, das alles zählte nicht mehr, angesichts der einen unverzichtbaren Tatsache, dass da der Halt der Mutter zusammen mit dem Vater und ein kleines bisschen Aussicht auf ein Ende des Krieges war.

Es war nach den Ereignissen der letzten Jahre, als würde das Meer, auf dessen Wellen wir wie ein Spielball herumgewirbelt worden waren, endlich zur Ruhe kommen. Erst dort, in der neuen fremden „Heimat" begann für uns ein erster Zipfel Frieden.

Dieses Gefühl des Friedens verdichtet sich in meiner Erinnerung zu einem anderen gespeicherten Bild. Es könnte im Gegensatz zu Picassos Bildelementen ein Gemälde der friedlichen Stille des französischen Malers De la Tour sein:

Abends bei Stromsperre saß unsere Familie mit 6 Personen um den kleinen, Wärme spendenden Ofen. Alle hatten sich im Kreis um Mutter versammelt.

Die Lampen waren wegen Stromsperre ausgefallen. Nur der Ofen gab noch Energie. Mutter hatte die Ofenklappe geöffnet. Die Helligkeit des Feuers fiel auf die Runde und vor allem auf das geöffnete Buch in ihrer Hand. Es war das Einzige, das sie für uns Kinder hatte retten können. Und sie las Geschichten von „Zäpfel Kern" vor.

Uns Kindern glühten die Gesichter. Von der Wärme des Ofens, doch mehr noch von der Spannung, wenn Mamas Stimme aus den toten Buchstaben ganze Welten von Figuren und Ereignissen hervortreten ließ.

Frieden war auch der nun endlich wieder einkehrende Rhythmus. Abends ein Apfel, Zähneputzen vor dem Schlafengehen. Der geordnete Einschlafritus für uns Kinder beim Krabbeln in die provisorischen Etagenbetten. Er war stets begleitet von Mutters Brasilienimport, dem portugiesischen Gute-Nacht-Wunsch *„Boa noiti, dorme ben."*

Dann lagen wir Kinder mit dem Gesicht zur Wand, damit die Erwachsenen sich noch bei Kerzenlicht mit leiser Stimme unterhalten konnten.

Kapitel 13

SPATZEN I

Amadeus, Amadeus, war ein Wunderkind,
Amadeus, Amadeus, wie wir alle sind –
für ein bisschen frohe Musikalität
ist es, trotz der Trümmerfelder, nie zu spät.
Liegt der Flügel auch im Treppenhaus verbrannt,
jeder hat 'ne Stimme, die ins Leben fand.

Amadeus, Amadeus, war ein Wunderkind.
Wenn wir zwar nicht voller wundersamer Gaben sind,
so ist das Leben in uns wunderbar genug.
Wie es Pusteblumensamen in die Trümmerspalten trug –
und aus Ritzen treibt hervor der Löwenzahn,
so fängt in unsern Wunden jetzt das Leben an.

Amadeus, Amadeus, wir sind Wunderkind,
ob wir große Menschen oder kleine sind.

Mutters Brief:

Liebe Mama, lieber Papa!

Ich sitze hier am Küchenfenster der neuen Wohnung und blicke auf den Garten mit dem Hühnerstall vom Hausbesitzer. Es ist zu drollig, wie die Spatzen den Hühnern die Körner streitig machen.

Ja, stellt euch vor, wir haben von der Stadt eine 3-Zimmer-Wohnung zugewiesen bekommen. Der Umzug war nicht allzu schwer. Manchmal hat es eben auch seinen Vorteil, wenn man nichts mehr hat.

Harald und Sigurd sind in der Schule, Klein-Volker im Kindergarten. Werner arbeitet für 27 Pfennige die Stunde in der Hamelner Gummifabrik Körting.
So komme ich mal dazu, ein paar Zeilen an euch zu schreiben. Wie geht es euch? Gottlob ist ja das Haus mit eurer Wohnung verschont geblieben. Habt Ihr genug zu essen und zu heizen? Oma Hulda ist zurück in ihrem Haus in Fichtengrund. Ihr kennt es ja. Sie hat den Keller voll Eingemachtem aus dem Garten und angeboten, dass Ihr euch etwas holen könnt. Falls die S-Bahn wie früher geht, könntet ihr bis zum Bahnhof Oranienburg fahren, von dort sind es nur 2 Kilometer.

Ich werde sehen, dass ich in den nächsten Wochen mit einem Kleintransporter nach Berlin kommen kann, um von euch und Oma Huldas Haushalt ein paar Sachen wie Geschirr, Besteck, Möbel, Bettwäsche und anderes zu holen, wie ihr ja angeboten hattet. Bei uns fehlt es am Nötigsten und in der neuen Wohnung haben wir jetzt Platz für eine Einrichtung.

Die Russen machen zwar Spirenzchen an der Grenze, doch im Harz sind noch einige Schleichwege offen, auf denen man mit etwas Glück die Grenze unkontrolliert passieren kann. Ich habe schon Kontakt zu einem Fuhrunternehmen aufgenommen, das solche Transporte riskiert.

Nun schaukelt sich das Leben wieder in etwas normalere Bahnen. Die Kinder haben ihr eigenes Zimmer, wenn auch zu dritt, wir haben ein Schlafzimmer für uns, und dann gibt es noch Wohnzimmer, Küche und Bad. Die Hausbesitzer in der Wohnung unter uns sind nette Leute. Harald und Sigurd sind manchmal unten und lernen Angelknoten und Angeltechnik von dem Hauseigentümer. Neulich brachten sie aus der Weser ihre ersten Fische mit nach Hause. So sind sie beschäftigt und bereichern noch unsere Mahlzeiten. Überhaupt helfen sie schon tüchtig mit.

Werner hat über Nachhilfestunden in Mathematik einen jungen Mann von einem Bauernhof kennen gelernt, von dem wir Milch bekommen können. Diese jungen Leute, die kurz vor ihrem Abitur zum Militär eingezogen wurden, „für das letzte Aufgebot" (haha), wollen jetzt natürlich ihr Abitur nachmachen. Werner hat mit dem hiesigen Gymnasium Kontakt aufgenommen und angefangen, Kurse für die Kriegsjahrgänge einzurichten. Es tut ihm gut, dass er nun wieder in seinem Metier arbeiten kann. Er scheint gute Aussichten zu haben, dort bald eine dauerhafte Anstellung zu bekommen. Das Ministerium in Hannover ist ganz dankbar für seine Initiative. Jetzt zahlt sich aus, dass er damals die Schulleiterstelle an der Deutschen Schule in Rom ausschlug, weil es ja eine Nazistelle war.

Ach so, noch eine Neuerung: Wir haben jetzt einen Schrebergarten. Ein Stück Acker am Stadtrand wurde in Parzellen aufgeteilt und wir hatten das Glück, dort ein Stück pachten zu können. Es wachsen schon die ersten Salate und Gemüsesorten. Natürlich lag erst mal viel Arbeit an. Von dem oben genannten Bauern bekamen wir Holzstämme für einen Zaun. Sonst

waren vor den Kaninchen und Rehen keine Pflanzen sicher.
Dann umgraben, Beete und Wege einteilen. Jetzt fehlen noch
ein Gartenhäuschen und ein Brunnen. Zurzeit holen die Kin-
der das Wasser mit Kanistern auf dem Handwagen von Tön-
neböhns-Teichen. Die sind etwa einen Kilometer entfernt.

Werner hat vom Schrotthändler Fahrradteile bekommen und
schon 3 Fahrräder zusammengebaut. So haben wir, zusam-
men mit seinem alten, das er retten konnte, insgesamt so vie-
le, dass wir gemeinsam (Volker hinten drauf) zum Garten fah-
ren können. So sind wir fast immer das ganze Wochenende
draußen im Garten. Er ist ungefähr 6 Kilometer von unserer
Wohnung entfernt.
Es ist gar nicht so leicht, Dünger für die Pflanzen zu bekom-
men. Werner hat vom Hufschmied abgeschnittene Hufspäne
besorgt und sie in einem alten ausgeglühten Ölfass zu Jauche
angesetzt, dazu kommen noch Brennnesseln. Ansonsten heißt
es Pferdeäppel sammeln. Das haben wir uns vor 10 Jahren auch
nicht vorstellen können, dass wir mal mit dem Handwagen
durch die Straßen ziehen und wie bei Zilles Milieu die Hinter-
lassenschaften der Pferde einsammeln. Die Kinder schämen
sich – aber Werner ist großartig, er nimmt das Schicksal an,
wie es ist, und versucht das Beste für uns.
Gut, dass er früher in Fichtengrund schon Erfahrungen mit
Gartenbau gesammelt hat. Oma Hulda ist nun auch wieder
dort bei sich zu Hause, aber sie fühlt sich sehr einsam. Wir wer-
den sie wohl irgendwann auf Dauer zu uns nehmen müssen.

So, nun wisst ihr ein wenig, wie es uns geht.
Ich freue mich riesig darauf, euch bald in Berlin in die Arme
schließen zu können.
Der Krieg hat so viel abgetötet. Es bleibt kaum Zeit für Ge-
fühle und eine kindgerechte Intimität mit den Jungs. Durch
unsere Zeit in Adorf, wo ich mit ihnen allein war, ist die liebe-
volle Nähe, wie ich sie mir wünschte, einer Art Dressur zum
Opfer gefallen. Ich merke das auch bei Werner; die Kinderlie-

*be aus den Tagen in Rio ist der Disziplinierung gewichen, die
die Organisation des Alltags uns abfordert.*

*So sind unsere drei Spatzen, früher als verdient, dazu ver-
dammt, flügge zu werden und mit anzupacken. Einmal in der
Woche fahren Harald und Sigurd mit dem Rad zu dem Bauern,
um Milch zu holen. Dessen Hof liegt 20 Kilometer weserauf-
wärts in dem kleinen Dorf ‚Hajen‘. Das ist für die Kinder hin
und zurück fast immer eine Tagestour. Aber sie sind gerne dort
auf dem Hof und wir haben dann 4 Liter Milch für ein paar
Tage. Das Schönste ist die gegorene Dickmilch mit der Sah-
ne darauf und Zucker – mmh, die lieben nicht nur die Kinder!*

So, nun aber Schluss –
für euch einen Kuss!
Mit lieben Gedanken an euch, eure Gretel.
Liebe Grüße natürlich auch von Werner und den Kindern.

Kapitel 14

SPATZEN II
(Spatzen. Nehmen wir uns ein Beispiel an ihnen.)

Die Spatzen pfeifen es vom Dach:
Wir sind 'ne Plage, aber ach –
nicht wie seinerzeit die Ratten,
die wir im Jahr Zwölfneunzig hatten.

Tatsächlich, Übervölkerung, Miniatur-Luftangriff – ob es an dem unermesslichen Angebot neuer Nistplätze in den zerbombten Ruinengrundstücken lag oder an den behelfsmäßigen Erntetechniken der Nachkriegszeit mit einem verstärkten Körnerausfall – niemand vermochte es zu sagen.

Vielleicht ist es einfach ein Naturgesetz, dass im Krieg diejenigen überleben, die das beste Anpassungsverhalten und den stärksten Überlebenswillen haben.

Die Stadtverwaltung von Hameln war sich einig, dass man der Spatzenplage nicht mit derselben Methode Herr werden konnte, wie sie seinerzeit der mittelalterliche Stadtrat gegenüber den Ratten in der weltberühmten Sage des „pipers of hamelin" angewandt hatte.

Erstaunlich, wie viel Sympathie dem Rattenfänger trotz der Entführung der Kinder weltweit entgegengebracht wird. Wie oft bei Märchen und Sagen ging es wohl dabei um die Infragestellung von Herrschaftsverhältnissen. Möglicherweise hatte die Trauer um den Verlust ihrer Kinder die Bevölkerung mehr gegen den Geiz ihres Bürgermeisters aufgebracht als gegen die Rache-Tat des lohngeprellten, landstreichenden ‚fahrenden Sängers'. Der

Schmerz um den massenweisen Exodus der Kinder hatte offensichtlich einen besonderen Kanal der Solidarität freigelegt – das Mitgefühl mit der leidtragenden Unterschicht.

Doch was tun mit der Spatzenplage? Mit Pfeifen und Trommeln war den gefiederten Gesellen wohl kaum beizukommen. So verfiel die Stadtverwaltung auf den Gedanken, pro erlegtem Sperling fünf Pfennig Belohnung auszusetzen.

Anpassungsverhalten und Überlebenswillen betrafen nicht nur die Spatzen, sie trafen auch auf Sigurd und Harald zu. Kaum vom Angebot der 5-Pfg.-Zahlung gehört, bauten sie sich schon Zwillen und übten wie die Besessenen Zielschießen auf Dosen. Die Krampen dafür waren noch übrig vom Zäunebau im Garten und dort war auch genügend Freiraum für ihre Übungsstunden. Nur Spatzen gab es dort kaum, die waren im Hinterhof und im Garten, beim Hühnerstall des Vermieters der Stadtwohnung, zu finden.

Nach den ersten dortigen Fehlschüssen, bei denen ein Hühnerflügel dran glauben musste, beschlossen sie, lieber eine Falle zu bauen.

Eine Kiste dazu war schnell gefunden. Es fehlte nur noch eine bewegliche Klappe. In tagelangem Eifer sägten, schraubten und hämmerten sie. Sie hatten den Keller zum Bastelraum erkoren. In gemeinsamer Vertrautheit lernten sie, mit den Materialien umzugehen. Scharniere und Schrauben bekamen sie vom Schrotthändler. Eine Laubsäge hatten sie zu Weihnachten von den Eltern erhalten. Dazu Modellbogen für Laubsägefiguren und Sperrholzplatten. Die Eltern freuten sich, dass die beiden mit solchem Eifer beschäftigt waren.

„Och Mensch, jetzt ist schon wieder das Sägeblatt kaputt."
„Na, ich hab dir das doch schon ein paarmal gesagt. Du musst die Säge ganz grade halten. Nein, nicht so – du hältst sie ja schon wieder schräg."

So zeigte Harald dem jüngeren Bruder die Geheimnisse der Technik.

Er hatte schon gelernt, dass es Sigurds Ungeduld war, die ihm zu schaffen machte. Der hatte bereits das Ziel vor Augen. Fehlende Geduld hatte so ihre Tücken. In Sigurds Geist flatterten die Spatzen schon scharenweise in die Falle. Vermutlich hatte er schon überlegt, wofür er das Belohnungsgeld ausgeben wollte. Doch schließlich war die Falle fertig.

Mit dem Gerät unter dem Arm schlichen sich die beiden durch des Vermieters Garten bis zum Zaun des Hühnerstalls. Onkel Martin hätte bei diesem Bild sicherlich wieder an Wilhelm Buschs Max und Moritz gedacht.

Dort, wo die Hühner gefüttert wurden, gab es immer die meisten Räuberspatzen. Schwupp – waren sie da, eine wahre Invasion und beim kleinsten Schreck stob die ganze Schar flatternd und tschilpend in die nächsten Bäume. Frage war nur, ob sie auch die Falle neben dem Stall annehmen würden. Anders als die Hühner konnten sie leicht durch die Maschen des Zaunes in die Falle schlüpfen. Doch mit welchem Futterangebot sie sich wohl locken ließen? Regenwürmer schienen ungeeignet? die krabbelten weg, außerdem schienen die Sperlinge Vegetarier zu sein. Das Fallenbuffet bestand schließlich aus Haferflocken, Getreidekörnern und Brotkrümeln.

Die scharnierte Klappe wurde durch ein senkrechtes Stöckchen offengehalten. Angebunden ans Stöckchen führte eine 10 Meter lange Schnur bis zum Fenster des Kinderzimmers im ersten Stock. Dort saßen die beiden dann in stundenlanger Geduld, bis sich tatsächlich ein Spatz in die Falle gewagt hatte. Welch ein triumphaler Erfolg, als mit einem kurzen Ruck am Faden die Klappe zufiel und das Vögelchen gefangen saß.

Mit Kiste und raschelnder Beute zurück im Zimmer, kam nun die schwierige Aufgabe, den Spatz zu töten. Das kleine Tierchen saß so verschüchtert zunächst in der Kiste, dann in der Ecke unter dem Bett, dass die Kinder es nicht fertigbrachten, ihm etwas anzutun. Im Gegenteil erwachte so viel Mitgefühl in ihnen, dass sie es wieder frei ließen.

Wie in der Sage hatten sie ihr Herz für die Unterschicht entdeckt. Und die Spatzen galten weiß Gott als das Lumpenproletariat der fliegenden Sänger.

Die Empathie der Kinder ging sogar so weit, dass sie kurze Zeit später ein aus dem Nest gefallenes Spatzenjunges wochenlang aufpäppelten.

Schlapp und verschüchtert lag es in ihrer Hand, als sie es nach Hause brachten. Aus einem weichen Lappen bauten sie ihm ein Nest. Die Äuglein waren noch verschlossen. Am deutlichsten und größten an seinem weich behaarten Körperchen war der Schnabel mit seinem weichen gelben Rand. Doch womit füttern?

Auf Rat der Mutter hatten sie ein Gemisch hergestellt aus Eigelb, Haferflocken und Schabefleisch (vegetarisches Tofu war noch unbekannt). Nach vergeblichen Fütterungsversuchen fanden sie heraus, dass der Kleine seinen Schlund nur dann instinktiv weit öffnete, wenn sie ihre Hand mit dem Streichholzschaschlik so an ihn heranführten, als sei es der Anflug der futterbringenden Vogelmutter.

Besonders Sigurd nahm sich des Kleinen mit Eifer an.

Es war, als spüre er die gleiche Zerbrechlichkeit des hilflosen Wesens in sich selbst. Ihm war, als sei es ein Teil seines heranwachsenden Lebens, das er für immer verloren hatte. Zu schnell hatte sein eigenes Federkleid, sein Panzerchen, wachsen müssen. Die Tage der absoluten Hilflosigkeit waren für ihn schnell vorüber gewesen. War er durch den Wechsel von Brasilien nach Deutschland und den immer nähergekommenen Krieg nicht selbst aus dem Nest gefallen?

Als er dies dachte, öffnete das Spatzenjunge zum ersten Mal seine Äuglein. Konnte es Gedanken lesen?

Wie ein inneres Band erlebte er den Moment. Als gäbe es eine tiefe innere Verbindung zwischen dem zaghaft zerbrechlichen Lebenskeim in diesem kraftlosen Körperchen und dem zerbrechlichen Leben in seinem schon lebenstüchtigen Körper. Äußerlich war er schon viel weiter, seine Muskeln und Sehnen gaben ihm bereits Stärke, Ausdauer und Wendigkeit. Das hatte er in den spielerischen Rangeleien mit Harald oder seinen Mitschülern erprobt.

Mit Liebe gab er sich der Pflege dieser kleinen Lebenshülle hin. Welche Kraft trotz der Hilflosigkeit dieses fast noch nackten Körperchens in dem unproportionierten Schnabel zum Ausdruck kam, brachte ihn am meisten ins Staunen. *Wie ein Scheunentor*, dachte er und beeilte sich – im imitierten Anflug von Mutter Spatz – Portion um Portion für Nachschub zu sorgen.

Gespannt war sein erster Blick am Morgen, oder wenn er von der Schule kam, auf die Entwicklungen, die von Tag zu Tag deutlich abzulesen waren. Beobachtung, Anteilnahme und Hingabe wurden reichlich belohnt. Zunächst schaffte es das Vögelchen, seinen Körper auf eigene Füße zu stellen. Dann brachen die ersten Federkiele aus der Haut hervor und lösten den Flaum der Härchen ab. Schließlich machten die ersten zaghaften Piepsund Tschilp-Laute deutlich, wann es nach Essen verlangte. Ausdruck seiner wachsenden Lebensenergie. Sehr begrenzt war seine Form der Kommunikation, doch Sigurd lernte ihre Nuancen bald zu unterscheiden.

Je prächtiger das Spatzenjunge sich erholte, desto mehr hatten die Kinder an dem neuen Mitbewohner in ihrem Kinderzimmer ihre Freude.

Vom Käfig auf dem Fensterbrett aus antwortete es bald mit seinem Tschilpen den Artgenossen auf der Außenseite des Fensters.

Und was für ein ergreifendes Erlebnis war es, als sie dem Spatzen – flügge geworden – die Freiheit gaben und er sich unter die Überbevölkerung mischen konnte.

„Wie bei Opa Paul, mit dem Eichhörnchen", sagte Sigurd.

Der Erfolg, dem kleinen Wesen ins Leben verholfen zu haben, hatte bei ihm tiefe Spuren hinterlassen. Hier war ein Sinn sichtbar geworden. Anders als bei dem Zeitvertreib mit den Karbitbomben in Adorf hatte der Einsatz von Geschicklichkeit, Aufmerksamkeit, Ausdauer, Planung und Tat zu einem tiefen befriedigenden Glücksgefühl geführt.

Die Begriffe ‚konstruktiv' statt ‚destruktiv' kannte er nicht – er hatte sie erfahren.

So hatte ein kleiner proletarischer Spatz es vollbracht, Sigurds Gesinnung vom Saulus zum Paulus zu verändern.

Er überlegte, ob sie im Gegenzug zur Belohnung für einen toten Vogel bei der Stadtverwaltung nun 5 Pfennige für den Erhalt und die Vermehrung der Spatzenplage abgeben müssten.

Ihren Bedarf an Taschengeld deckten sie jedenfalls auf andere Weise.

Bei Tönneböhns-Teichen gab es eine Müllhalde. Beim Wasserholen kamen sie daran vorbei. Nachdem sie entdeckt hatten, dass dort neben Eisenteilen auch Kupferdraht, Messing- und Zinkabfälle zu finden waren, mussten die Eltern oft stundenlang warten, bis die Kinder mit dem Wasser, dafür mit einer zusätzlichen Metallladung auf dem Handwagen, im Garten zurück waren.

Beim Schrotthändler erhielt man dafür gutes Geld gegen Gewicht. Das Beste war: Einen Schrotthandel gab es am Ende der Sertürnerstraße, in der sie ja wohnten. Er war eingebettet in das Naturparadies eines verwilderten ehemaligen Obstgartens. Die Anziehungskraft dieser Symbiose aus Schrottplatz, Obstbäumen und verwildertem Gartenterrain war für Sigurd so groß, dass er sich kurzerhand mit dem Sohn des Schrotthändlers anfreundete.

Das führte zum jahrelangen unauflösbaren Konflikt zwischen Vater und Sohn. Der Vater war der Ansicht, dass es für seinen Sohn kein angemessener Umgang sei, mit dem Kind eines Schrotthändlers befreundet zu sein. So gab es manche Schimpfe, manchen Stubenarrest und sogar manchen Schlag, weil Sigurd sich von dem Spielparadies und seinem Freund partout nicht abbringen ließ.

Wie gesagt, er hatte sein Herz für die Unterschicht entdeckt.

Es war der erste (selbst-)bewusste Widerstand gegen die Doktrin seines Vaters.

Kapitel 15

WIE DAS MIT DEN BEATLES WAR

„Eins, zwei, drei im Sauseschritt
läuft die Zeit, wir laufen mit."

(frei nach Wilhelm Busch)

Die Zeit war nicht stehen geblieben.
Auch in der Nachkriegszeit häuften sich die Jahre.
Brachten Stück um Stück Abstand zur Vergangenheit, brachten Stück um Stück neue Perspektiven für die Zukunft.

Klein Sigurd war inzwischen zu einem gartenbraungebrannten drahtigen Jugendlichen herangewachsen. Die Fortsetzung der Adorfer Floßbauten, diesmal bei Tönneböhns Teichen in Hameln, die Erkundung des dortigen Naturbiotops und die Arbeit im Garten hatten Geist und Körper gutgetan. Die Spiel- und Rangeljahre der Volksschule mit der Molke als Schulspeise für arme Flüchtlingskinder waren vorbei.

Der Vater hatte seine gesellschaftliche Position gefestigt.
Beide trafen nun in unterschiedlichen Rollen am seinerzeit einzigen „Jungengymnasium" (der Schillerschule in Hameln) aufeinander. Der Vater als Lehrer, Sigurd als ziemlich eigensinnig lernender Träumer.

Oft saß er an seinem Fensterplatz im Klassenraum und hatte nur Auge und Ohr dafür, was draußen in den Bäumen passierte. Manchmal war ihm, als könne er ein heimliches Zwiegespräch mit dem Eichhörnchen im zittrigen Geäst vor dem Fenster halten. Und welche Freude, wenn die Strophe des Buchfinken erschallte – wie eine Aufmunterung, die Öde des Vormittags zu überstehen.

Die Lehrer reagierten unterschiedlich auf den Jungen. Die wenigsten überließen ihn sich selbst. Die mit einer pädagogischen Mission rissen ihn geradezu gewaltsam aus seiner Versunkenheit. Das Gymnasium war humanistisch geprägt. Der Vater hatte darauf bestanden, dass sein Sohn den Zweig mit Latein und Griechisch ‚wählte‘. Entsprechend war der Deutschunterricht orientiert an den von der griechischen und lateinischen Klassik inspirierten Dichtern wie Goethe und Schiller.

Den Zensuren zuliebe und unter dem Druck der Lehrer saß Sigurd dann oft zu Hause und ‚büffelte‘. So fanden die Sätze von Homers Odyssee in Originalsprache ebenso ihren Weg in ein kleines reifendes Gehirn in einem Hamelner Dachzimmer wie die aus Schillers Glocke und anderen seiner Strophen. Unbewusst, indem Sigurd und ein Schulfreund diese Texte in persiflierende Neureime umformten, offenbarten sie deren Fragwürdigkeit angesichts der realen neuen Zeit.

Bei der heranwachsenden Generation war das klassische Bildungsgut dabei, von dem traditionellen Flaggschiff auf ein simples zerbrechliches Kanu umzusteigen.

Das, was im Gedicht „Ring des Polykrates" lautete:

Er stand auf seines Daches Zinnen,
er schaute mit vergnügten Sinnen
auf das beherrschte Samos hin.
„Dies alles ist mir untertänig",
begann er zu Ägyptens König,
„Gestehe, dass ich glücklich bin."

Es wurde im Schülerjargon der 50er Jahre von Schillers heroischem Pathos heruntergebrochen zur profanen Gier:

Er stand auf seines Daches Zinnen
und blickte mit verklärten Sinnen
auf 10 belegte Brötchen hin.
„Dies alles ist mir viel zu wenig",
so sprach er zu Ägyptens König,
„gestehe, dass ich hungrig bin."

Krieg und NS-Herrschaft hatten mit der Diskrepanz zwischen Anspruch und Wirklichkeit die heroischen Leitsätze entwertet. Aus dem ‚Volk der Dichter und Denker' war ein ‚Volk der Richter und Henker' geworden. Ein Dammbruch der kulturellen Reflektion gegenüber der gesellschaftlichen Wirklichkeit war nicht mehr aufzuhalten. Ein erstes Zeichen war, dass die neue Schülergeneration in noch unbewusster Art das Profanalltägliche dem erhabenen Lebensgefühl der Klassik gegenüberstellte.

Erst als ein Lehrer, gerade aus russischer Kriegsgefangenschaft gekommen, Autoren wie Wolfgang Borchert und Hemingway in den Klassenraum trug, verloren Eichhörnchen und Buchfink ihre Vorherrschaft.

Kurze Zeit später kaperten die Rockmusik von Bill Haley und später dann die Beatles mit ihren Songs das Flaggschiff.
Bollwerke bröckelten – Generationenkonflikt war angesagt.
Es war nicht einfach für die heranwachsenden Jugendlichen, aus dem Abgrund zwischen Bollwerk und verheißungsvollem Neuland nach oben krabbelnd, sich eine Position zu erobern.

Immerhin hatte der Vater, bollwerkstark, hartnäckig sein Ziel verfolgt.
Mit demselben Elan, wie er einst den Brasilienaufenthalt durchgeführt und danach sein Berliner ‚Herrenzimmer' eingerichtet hatte, hatte er sich nun in der Hamelner Gesellschaft einen anerkannten Platz verschafft. 6 Jahre, nachdem die Familie als arbeitslose Habenichtse hier in der Fremde gestrandet

war, wagte er den großen Schritt zur Gründung eines eigenen Heims mit Garten und Haus.

Wer immer strebend sich bemüht, ...

Die im Kanugepäck geretteten humanen Leitgedanken und Überzeugungen kamen der ganzen Familie zugute.

Jeder bekam ein eigenes Zimmer.

Für die Kinder, nachdem sie vom Ausschachten bis zur Errichtung des Dachstuhls Hand angelegt hatten, war es wie eine spannende Eroberung einer Burg.

Die unterste Etage mit Küche, Esszimmer und Wohnzimmer mit Ausgang zur Terrasse war dem Gemeinschaftsleben vorbehalten, im ersten Stock residierten die Eltern mit Schlafzimmer, Bad, Vaters Arbeitszimmer und Oma Hulda und dann, dann, ja dann, eine Treppe nach oben:

Dort war das Reich der drei Jungen. Dachschrägen mit unverputzten Heraklitplatten, kleine Gaubenfenster mit wenig Lichteinfall. Doch immerhin:

Jeder hatte seine eigene ,Butze' – wunderbar.

Eine neue Ära der Dynamik konnte beginnen.

Mutters Reich waren *„par terre, la cuisine et la salle de séjour'"* – wie Oma Martha aus Berlin kommentierte, und damit die Bewirtschaftung des gesamten Haushalts.

Wenn es denn nicht zu profan gewesen wäre, hätte auf dem Küchenhandtuch im historischen Stil mit Frakturschrift stehen können:

Der Mann muß hinaus

ins feindliche Leben,
muss wirtzen und streben
und pflanzen und schaffen.
Da strömet herbei die unendliche Gabe,
Es füllt sich der Speicher mit köstlicher Habe,
Die Räume wachsen, es dehnt sich das Haus.
Und drinnen waltet
die züchtige Hausfrau,
die Mutter der Kinder,
und herrschet weise
im häuslichen Kreise –
Und reget ohn Ende
die fleißigen Hände,
und mehrt den Gewinn
mit ordnendem Sinn.

So hatte manche Antiquität ihre Bewährungsprobe bestanden. Wenn auch veraltet, bildete sie die Basis für eine Generation, die von hier aus aufbrechen konnte zu einer neuen Form der Lebensgestaltung.

Das gab natürlich Reibungen. Der Konflikt führte zeitweilig zu bedrohlichen Exzessen, wie zum Beispiel diesem hier:

Einer der drei Jungen hatte im neuen Gästeklo „par terre" danebengepinkelt.

Als Vater den ‚Übeltäter' nicht überführen konnte (die Kinder hielten zusammen), führte das zur Exekution.

Und bist du nicht willig, so brauch ich Gewalt!

Jedes der drei Kinder wurde bei heruntergelassener Hose mit dem Rohrstock malträtiert.

Die aufgeplatzte Haut und die blutigen Striemen waren schmerzhaft – doch waren sie nicht das Schlimmste. Das Schlimmste war das Ausgeliefertsein an den unbeherrschten Zorn – die entwürdigende innere Verletzung.

Die Würde des Menschen ist unantastbar – diese Maxime des neuen Grundgesetzes brauchte noch Zeit.

Es ist ein weiter Weg von Schillers Don Juan und Tell, Goethes Götz, Kleists Michael Kohlhaas, Lessings Nathan und Kants Moralischem Imperativ ... bis ins Kinderzimmer der Neuzeit mit drei wuselnden eigensinnigen Gören.

Wie ein Flaschengeist entstieg dem Bullauge des gesunkenen Flaggschiffes die noch kaiserlich nachwirkende patriarchale Doktrin von Zucht, Ordnung und Gehorsam.
Wir erinnern uns: Das richtige Pinkeln war ein Grundpfeiler für Ordnungsstruktur und Reinlichkeit.
Hier wurde die Basis gelegt!

Für ein Leben in Widersprüchen, zwischen Bollwerk und Pionierland, gab es noch kein Modell. Die alten Maxime lagen in Trümmern.
Selbstbesinnung war angesagt.

Auch Sigurd fing an, sich zu besinnen. In seinen pubertären Gefühlswelten, für die es keinen Ansprechpartner gab, wie etwa Opa Paul seinerzeit in Berlin, balancierte er eine Zeit lang auf gefährdetem Grad. Auf der einen Seite lag die Möglichkeit, sich den Verletzungen und der unzugänglichen Dominanz des Vaters zu entziehen, nach dem Motto:

Ihr werdet schon sehen, was Ihr davon habt, wenn Ihr Euer Kind zu Grabe tragt.

Auf der anderen Seite lag die schwierige Möglichkeit des Widerstands.

Sigurd entschied sich für diesen Weg.

Den Lockungen des Erlkönigs wollte er nicht nachgeben.
Das Leben war ihm lieber als die Klassik.
Heimlich hörte er Rock ‚n' Roll und später die Beatles.

Die ‚Butze' machte es möglich. Mit seinem Bruder Harald zusammen hatte er einen Detektor gebaut, über den sie Rundfunksendungen aus aller Welt empfangen konnten. Der Vater, als Physiker, hatte die Anleitung dazu gegeben und die Materialien beigesteuert.

Das Leben geht seine eigenen Wege. Es funktioniert nicht in der Polarisierung von Schwarz/Weiß. Es ist immer sowohl als auch. So hatte die väterliche Fürsorge, dass die Söhne jeder ein eigenes Zimmer zur Verfügung hatten und sich mit physikalischen Basteleien beschäftigten, dafür gesorgt, dass hier der Keim zu einem offeneren Denken entstand.

Es war ein idyllisches Bild:

Meist abends, wenn sie ins Bett geschickt waren, schlichen sie ins Zimmer des Bruders Harald. Halbnackt, nur mit T-Shirt und kurzer Schlafhose bekleidet, saßen sie mit ihrer braungebrannten Haut vor dem Detektor wie um ein Lagerfeuer. Es gehörte Feingefühl dazu, das Gerät zu bedienen. Eine feine Nadel an einer Stahlfeder wurde an einem kleinen Hebelarm – ähnlich wie bei einem Plattenspieler – über den Empfänger geführt. Der bestand aus einem Kristall mit unregelmäßiger Oberfläche. Es war immer Zufall, welchen Sender sie gerade erwischten. Es gab sehr viele, alle lagen eng beieinander und es gehörte Geschick dazu, einen bestimmten Sender anzuvisieren. Am besten waren die auf Langwelle zu erreichen. Das waren oft Sender von weit her, Japan, Russland, England ... Vater hatte ihnen erklärt, dass das an den Wellenlängen läge. Das leuchtete ihnen ein. Eine Kurve mit langen Tälern und langen Bergrücken konnte weite Strecken überbrücken. Ein Trafo und ein kleiner Verstärker brachten die Lautstärke.

„Och, jetzt hast Du den Sender wieder verruckelt, der hatte grad so gute Musik."
„Ich versuch ja nur, ihn deutlicher einzustellen."
„Ist doch verrückt, dass wir sogar Japan hören können."
„Dafür kriegen wir manche deutsche Sender überhaupt nicht."
„Gut, dass wir in der Schule schon Englisch haben, so können wir wenigstens auch viele andere verstehen. Bei guten Songs müssen wir mal versuchen mitzuschreiben. Einfach aufschreiben, was man hört, und später gucken wir dann im Wörterbuch nach, was das heißt."
„Och, mir reicht oft schon die Musik", meinte Sigurd.
„Ich möchte aber auch die Texte verstehen", setzte Harald dagegen.
„In der Schule haben die anderen auch immer die neusten Texte."
„Hast du was zu trinken hier?"
Harald wollte keine Auseinandersetzung, außerdem hatte er Durst. Im Sommer war es reichlich warm unterm Dach.

„Nee, soll ich mal runterschleichen und was holen?"

„Dann wissen sie ja, dass wir noch wach sind."
„Ich mach ganz leise, das kann ich, wie ein Indianer, der sich an die Beute schleicht."
„Und wenn die Treppe knarrt?"
„Ich weiß, welche Stufen knarren und wo man rauftreten muss, damit nichts knarrt. Sonst sag ich einfach, ich musste noch mal aufs Klo."
„Aber pinkel nicht daneben."
„ ,Ja, ich weiß – das wäre auch ein guter Songtext:
„Aber pinkel nicht daneben,
sonst wird's gleich was geben,
denn ein unbepisstes Leben
ist es doch, wonach wir streben.' "

„Blödmann! Nun schleich schon los und hol was zu trinken."
„Aye, aye, Sir."
„Ich suche inzwischen einen englischen Sender oder einen Ami."

Harald lauschte, ob der Bruder die Tür zur Treppe auch ohne Geräusche öffnen konnte. Doch vertraute er ihm, er kannte seine Vorliebe für amerikanische Ureinwohner. So war das abendliche Ritual um den Detektor ein heimlicher Zugang zur großen weiten Welt geworden.

Diese Gewohnheit war so eingefahren, dass sie sie auch in späteren Jahren nach dem Abitur, dann schon jeder für sich, mit einem weitaus besseren Radio beibehielten. Ganz glücklich und mit gezückten Bleistiften saßen sie dann da, wenn sie einen Sender mit Beatles-Songs gefunden hatten. In deren Musik und in manchen ihrer Texte fanden sie sich mit ihrer jugendlichen Gemütslage wieder.

Am nächsten waren ihnen die Lieder „Let it be ..." und „Yesterday ..."

Mit gemeinsamem Eifer machten sie sich an die Übersetzung, und schon allein die Beschäftigung mit der richtigen entsprechenden Formulierung brachte ihnen Halt, Selbstkonzentration und Ruhe:

„Wenn ich mich in Zeiten des Schmerzes befinde,
kommt Mutter Mary und flüstert mir weise Wörter zu:
Lass es sein (nimm's nicht so ernst),
Und in meiner dunkelsten Stunde
Steht sie direkt vor mir und flüstert mir weise zu:
Lass es sein (nimm's nicht so ernst),
Und wenn die Menschen mit gebrochenem Herzen
Sich einig sind,
gibt es eine Antwort:

Lass es sein (nimm's nicht so zu Herzen),
Obwohl sie verzweit (in Streit) sein mögen,
Gibt's noch immer eine Chance,
es gibt nämlich eine Antwort:
Lass es sein (nimm's nicht so wichtig)
LET IT BE"

Noch zutreffender für ihre Situation kam ihnen Melodie und Text vor in dem Song Yesterday von den Beatles.

Sie diskutierten und versuchten den richtigen Gehalt anhand des Englisch-Deutsch-Wörterbuch heraus zu filtern:

„Gestern schien all meine Betrübtheit so weit weg zu sein.
Nun sieht es so aus, als ob sie sich hier eingenistet hätte.
Oh, ich glaube an Gestern.
Plötzlich bin ich nicht mal mehr halb der Mensch, der ich zu sein glaubte,
Eine dunkle Wolke hängt über mir.
Oh, Gestern kam so plötzlich."

Mit den Songs der Beatles hatte das Empfinden ihrer Generation eine Stimme bekommen.

Kapitel 16

DER WALD

Da war dieser Junge.

Das Dachgaubenfenster öffnete sich.
Sie hatte es neulich schon einmal beobachtet. Kurz vor Dunkelheit. Erst der Kopf mit dem dunkelblonden Haarschopf. Wie ein Waldtier, sich nach allen Seiten sichernd. Eine braungebrannte Hand tastete heraus und verankerte sich im Fenstergebälk. Mit schnellen Bewegungen zog sie erst den Arm und dann mit großer Geschicklichkeit den gesamten schlanken Körper durch die schmale Öffnung nach außen. Behutsam überbrückte er die anderthalb Meter bis zur Dachtraufe, um sich dann geräuschlos an der Regenrinne und deren Halterungen abwärts auf das Garagendach zu lassen. Im Schatten der neu angelegten Büsche entschwand er ihrem Blick.

Frau Breitenbach hatte im Krieg ihren Mann und ihre beiden Söhne verloren. So saß sie an lauen Sommerabenden meist allein unter dem Kirschbaum in ihrem Garten. Die von Amselgesängen erfüllte Stille zwischen der kühlenden Blätterfülle ihres Gartens tat ihr gut. Sie mochte den Jungen der 3 Bauplätze weiter liegenden neuen ,Siedler', wie sie sie nannte. Ihr Haus war das älteste in der Straße, noch vor dem Krieg gebaut. Nun war das Gartenland um sie herum erschlossen und zum Bauen freigegeben. Hameln vergrößerte sich, nicht zuletzt wegen der zugezogenen Heimatvertriebenen.
Sie musste an ihre Söhne denken, wenn sie den Jungen beobachtete, wie er sich vom Dachfenster aus auf und davon machte.

Hier am Stadtrand war ja, besonders abends, nichts los. Was sie allerdings wunderte, war, dass er nicht den Weg Richtung Zentrum einschlug, sondern entgegengesetzt dem Waldrand am Ende der Straße zustrebte. Sie schmunzelte vor sich hin, als sie daran dachte, dass er sich unbeobachtet wähnte.

Hier draußen ist alles noch so ein bisschen wie in der Wildnis, kam ihr in den Sinn, *wie bei den Tieren im Wald. Sie wissen voneinander ohne sich zu erkennen zu geben. Wie ein kleiner Affenmensch,* spann sie ihren Gedanken weiter.

Damit hatte sie den Nagel auf den Kopf getroffen.

Tarzan wohnte nun in Hameln, in der Schillerstraße 15. Manchmal war es „Tecumseh" oder dessen Freund „Schneller Fuß". Manchmal war es ‚Mario' aus Waldemar Bonsels „Mario und die Tiere". Sigurd verschlang nicht nur die Bücher, er lebte sie mit allen Fasern seiner filmischen Einbildungskraft.

Es war das zweite Mal, dass er sich abends aus dem Hause schlich. Er verharrte einen Augenblick unter den Blättern des Vorgartens, um sicherzugehen, dass die Eltern nichts bemerkt hatten. Selbst ein zufälliger Passant hätte ihn nicht orten können, so homogen war er mit Blattwerk und Schatten der Pflanzen verwoben. Dunkle Kleidung, braune Haut, er hatte sich für die Begegnung mit der ‚Wildnis' im Wald gewappnet. Dorthin zog es ihn, nicht in die City, wie einst die Söhne von Frau Breitenbach. Auch den Zeitpunkt hatte er mit Bedacht gewählt.

Der Wald begann am Ende der Schillerstraße. Hier war der Zugang zu einem Terrain riesiger naturbelassener Wälder des gesamten Weserberglandes. Es war das ideale Erkundungsfeld für den Freiheits-, Bewegungs- und Beobachtungsdrang des Jungen. Es dauerte nicht lange, da waren ihm die Wälder zum zweiten Zuhause geworden.

50 Meter vom Haus entfernt ließ er sich in einen fast schwerelosen Trab fallen. Er hatte es eilig. Bevor es ganz dunkel wurde, wollte er an der richtigen Stelle sein. Die letzten Häuser der fast noch unbebauten Schillerstraße hatte er bald hinter sich gelassen. Mit dem Förster im letzten Haus vor dem Wald hatte er sich in den letzten Wochen angefreundet. Von ihm stammte der Tipp, dem er heute auf der Spur war. Bei Schliekers Brunnen hielt er sich linker Hand des Fahrweges, folgte dem kleinen Pfad, der eher ein Wildwechsel als ein Fußweg war, und strebte von dort aus zwischen den majestätischen Stämmen der Buchen bergan. Er wusste, mit der Dunkelheit erwachte der Wald zu einer anderen Welt als bei Tageslicht. Hinter einer kleinen Senke am Hang des nächsten Hügels lag sein Ziel. Hier musste er besonders achtsam sein, denn von der Vertiefung aus zog sich das Unterholz aus Himbeeren und stacheligen Brombeeren fast undurchdringlich bergan. Er wollte kein Geräusch machen. Ein Zaunkönig flog erschrocken von seinem Nachtlager auf, schimpfte aber nicht, so wie es eine Drossel oder Elster gemacht hätte. Der kleine Vogel hatte ihn nicht verraten. Sigurd bat ihn in Gedanken für die Störung um Verzeihung.

Behutsam bewegte er die Füße in den blauen Turnschuhen zwischen Farnen und Himbeeren hindurch. Fast wagte er nicht mehr zu atmen, um sich nicht zu verraten. Mit dem Spucke beleckten Zeigefinger prüfte er die Windrichtung, um dann den dunklen Hügel, den er jetzt schon erkennen konnte, in einem kleinen Bogen zu umrunden. Schließlich hatte er das Gefühl, den richtigen Standpunkt gefunden zu haben. Ungefähr 30 Meter von dem Hügel mit dem neu aufgeworfenen Lehmgemenge ließ er sich auf dem Moos zwischen einer Ansammlung von Adlerfarnen nieder.

Nun begann das Warten. Er kannte das und wusste, dass seine Ungeduld auf eine harte Probe gestellt werden könnte. In den nächsten zwei Stunden hieß es, mit der Stille und der Umgebung des Waldes so zu verschmelzen, als sei er ein umgefallener, schon lange vor sich hin modernder Baumstamm.

Zwischen den Zweigen war über den Kronen der Buchen noch das Graublau des Himmels zu erkennen. Nur ein einzelner Stern hatte sich schon durch das Dämmerlicht gekämpft. Im Wald, besonders im erdnahen Bereich, herrschte schon Dunkelheit. Viel später hätte er sich hier ohne Taschenlampe nicht mehr orientieren können. Ein geflügelter Schatten zog einige Meter über ihm seine Bahn zwischen den Buchenstämmen hindurch. Jedes Mal bewunderte er die Flugtechnik dieser Nachtkünstler. Unhörbar und fast unsichtbar fanden sie trotz Dunkelheit durch die Lücken der Stämme ihren Weg, als seien sie auf einer taghellen Autobahn. Nicht viel später hörte er, jäh die Ruhe durchdringend, ihren Eulenruf. Kurz darauf wurde er aus der Ferne beantwortet.

Pilzgetränkter Humusgeruch zog in Sigurds Nase. Besonders von der Stelle, von der er sich etwas Moos für seine Unterlage zusammengeklaubt hatte.

Der kommende Mond kündigte sich mit rötlich-gelbem Schein am Horizont an, bis dann im Osten seine unglaublich große Orangenscheibe hinter den Buchen emporstieg. Weiter rechts von Sigurds Lagerplatz raschelte etwas im Unterholz. Für eine Maus waren Rascheln und Tier zu massiv. Er wusste, dass sich hinter dem Hügel eine Kolonie mit Kaninchenbauten befand. Ihnen galt heute Abend jedoch nicht seine Aufmerksamkeit. Ein leichter Wind brachte die Blätter über ihm zum Säuseln.

Hoffentlich dreht er nicht, dachte er bei sich.

Ein unerwarteter Windumschwung hatte ihn schon manches Mal des gespannten Vergnügens beraubt, mit dem er auf Lauer lag. Erst kürzlich zum Beispiel, als er oberhalb des Engländerlagers hinter der alten verlassenen Obstbaumplantage unterwegs war. Geschützt durch die Geräusche des Wehler Bachs, hatte er sich in einer kleinen Schonung bis auf 10 Meter an den Schlafplatz einer Ricke mit ihrem Kitz herangearbeitet. Es war ein Balanceakt zwischen Verharren, Geräuschvermeidung, Windbeobachtung und Anschleichen. Ein wunderbares Bild bot sich ihm da unter den tiefhängenden Zweigen einer Fichte. In der regengeschützten Kuhle zwischen den hohen Gräsern versteckt lag die Ricke zum Tagesschlaf, während ihr Kitz mit hungrigem Mäulchen zwischen ihren Hinterbeinen nach Milch stöberte. Sigurd konnte sich nicht sattsehen an diesem friedvollen Bild, bis ... ja, bis plötzlich der Wind drehte, direkt von hinten kam, und damit der Ricke seinen Geruch entgegentrug. Mit einem Ruck stand sie auf den Beinen. Mensch war Feind, das hatte sie gelernt. Da konnte er sich noch so still und atemlos verhalten, ihre Besorgnis war nicht mehr zu beruhigen. Mit einem Satz in die entgegengesetzte Richtung war sie auf und davon.

Fluchttier, hatte Sigurd gedacht. Wie sollte die Ricke auch unterscheiden können, wer Freund, wer Feind ist.

Manchmal hatte er überlegt, ob er auf telepathische Weise, sozusagen von sendendem Gehirn zur hochsensibel witternden Antenne im Instinkt des Tieres, diesem suggerieren könne, dass er es gut mit ihm meine. Konnte nicht seine Freude an diesem Zusammenwirken von Geschöpf und Natur eine solch imaginäre Kraft haben, das Herz des Tieres zu erreichen? Doch bis jetzt hatte sich dieser Wunsch noch nicht verwirklichen lassen.

Da – DA WAR ES – aus seinen Gedanken gerissen, war nun seine Aufmerksamkeit wie ein Bogen gespannt. Ohr und Auge waren die geräuschlosen und unsichtbaren Pfeile, die er Richtung Hügel sandte. Unter der Erde hatte sich etwas geregt. Ein erstes Grunzen, von Rascheln begleitet. Im fahlen Mondlicht war der Hügel nun deutlich zu erkennen. Kurze Zeit Stille, dann wurden die Geräusche heftiger, lauter, unvorsichtiger. Jetzt klang es röchelnd, wie asthmatisches Schnaufen. Ganz im Hier und Jetzt lauschte der Junge. Da gab es keine Trennung mehr zwischen ihm und dem Spektakel, das nun vor ihm begann.

In hohem Bogen kam zunächst etwas Lehmerde aus dem Hügelloch geflogen und vermischte sich mit dem bereits vorhandenen Aushub. Dann erschien ein Kopf mit spitz zulaufender Nase, dekorativ begleitet von zwei weißen Streifen, über den Kopf in Richtung des borstigen Körpers verlaufend. Husten, Schnaufen und Kratzgeräusche machten deutlich, dass da jemand im Gang ist, der sich nicht ängstigt. Er war der Herr des Hügels. Nach kurzer Witterung drängte nun der ganze Körper aus der Röhre, machte sich unbesorgt, schnüffelnd und räuspernd auf den Weg zur Seite des Hügels, die Sigurd gegenüberlag. Als der Dachs dort verharrt und danach raschelnd den Ort untersucht hatte, wusste Sigurd, dass er dort sein Geschäft gemacht hatte.

Wie in Adorf, dachte Sigurd, seine private Obstplantage.

Tatsächlich hatte er an den Tagen vorher herausgefunden, dass auch hier neben dem Dachsbau ein Gemisch aus Stachelbeeren, Himbeeren und Johannisbeeren zu finden war, eingebettet in Weißdorn und Schlehe, die sonst nur am Waldrand wuchsen.

Ganz ruhig und bewegungslos lag Sigurd – kein Fremdkörper, der den Dachs beunruhigen könnte.

Der fing an, seine Runde um den Bau zu ziehen. Nach Art der Dachse gab es dazu eingetretene Pfade, deutlicher als normale Wildwechsel durch Wald und Wiese. Wie planierte Schmalspurwege war die festgetretene Erde dort von jedem Bewuchs befreit. Nach seinem Rundgang kam er gerade zu dem Zeitpunkt zurück, als es im Berg erneut zu rumoren begann. Als wenn er darauf gewartet habe, gab er mit kurzem keckernden Laut Signal. Er musste sich noch eine ganze Weile gedulden, bis dann schnaufend und räuspernd ein zweiter Kopf erschien. Nach kurzer beschnuppernder Begrüßung vollzog sich dasselbe Ritual wie beim Vorgänger.

Sigurd lag so gespannt im Windschatten des Hügels, dass er Angst hatte, die beiden Dachse könnten das Klopfen seines Herzens wahrnehmen. Mit wuchtigem Rhythmus hämmerte es im Brustkorb gegen seine Rippen.

Doch die beiden hatten mit sich zu tun. Zu zweit begann nun ein Liebesspiel, als sei der Hügel eine Arena, zu deren Programm der ganze Wald geladen war. Erst bestupsten sich Männchen und Weibchen gegenseitig, eingegliedert in kurze Etappen des Weglaufens und Annäherns wie beim Kriegenspiel von Kindern. Dabei wurde zunächst der Rundweg um den Bau benutzt. Doch weiter und weiter wurden die Kreise, wilder und wilder wurde die Jagd auf den eingetretenen Pfaden. Bei diesem Herumtollen, plötzlichem Verharren, Umkehren, wie bei einem Angriff Aufeinanderzusausen, Kehrtwende – dass die Erde aufstiebt –, fluchtartigem Galopp mit Rückkehr zum Eingang der Höhle, wurde klar, warum sich kein Keim auf den eingetretenen Wegen halten konnte. In das Repertoire an Grunzlauten, Schnaufen, Räuspern, Husten mischte sich schließlich wie ein Höhepunkt der wilden Jagd ein helles Keckern, immer und immer wieder, ein für Sigurd ungewohnter Laut – etwas nie Gehörtes, unerwartet Neues. Das ganze Spektakel war alles in einem: Liebeslust, unbändige Lebensfreude, Verausgabung der Körper und der Stimmen – die beiden gehörten nur sich selbst. Jede Vorsicht war vergessen. Wer sollte ihnen auch schon zu nahekommen. Eine Demonstration von Kraft und Übermut, wie Sigurd sie vorher noch nicht erlebt hatte.

Da kommt selbst die wilde Jagd von Boami im Garten der Tijouka nicht ran, tauchte es dämmernd in seinem Gedächtnis auf.

Oft verschwanden die beiden Dachse auf der anderen Seite des Hügels aus seinem Gesichtskreis, um dann doch gleich wieder in rasantem Tempo bis vor den Eingang Ihres Baus zurückzukehren.

Hoffentlich kommen sie bei ihrer Jagd nicht mal bis zu meinem Versteck getobt, überlegte er. Bei der Suche nach seinem Plätzchen hatte er schon sehr sorgfältig darauf geachtet, dass er dem Dachsrevier nicht zu nahekommt. Vorsichtshalber lag jedoch schon sein Taschenmesser mit der aufgeklappten Klinge in seiner Hand. Auch hatte er sich einen Fluchtbaum ausgespäht, dessen unterste Äste er zur Not mit einem Sprung erreichen könnte. Außerdem wusste er, dass die Tiere sich eher menschenscheu zurückziehen würden, als wie bedrohte Wildschweine auch mal zum Angriff überzugehen.

Er liebte dieses Eintauchen in die Natur und ihre verborgenen Gesetze. Folgten sie doch selbst in ihrer Unberechenbarkeit dem einen unverstellten Ziel, der Verwirklichung des Lebens. Hier, als Teil davon, fühlte er sich wohl, auf sich gestellt und geborgen.

Die Nacht und der Wald sind mein Nest, dachte er.

Wie bei Tarzan: Sein Revier. Eine Parallelwelt, die nur ihm gehörte.

Nest, Wald, Wildnis, Dickicht wurden ihm, ohne dass es ihm bewusst war, zu zusammengehörenden Symbolen jenseits der täglich erlebten domestizierenden Umgebung bürgerlichen Lebens.

So liebte er es, tagsüber, oft still – bis er nicht mehr wahrgenommen wurde –, unter einem Vogelnest zu liegen und zu beobachten, wie die kleinen Sänger mit Nestbau, Brüten, Füttern, Anflug und Abflug, Nestreinigung und gegenseitiger Unterstützung beschäftigt waren.

Sein Lieblingsplatz war das Schlehendickicht am Fuße einer solitären Eiche am Ende eines Hohlweges zwischen Engländerlager und Wald.

Es war nicht so einfach, sich dort einen kleinen Krabbelgang unter dem stacheligen Geäst der Schlehen zu schaffen. Doch nun konnte er, wann immer er wollte, seine verborgene Röhre benutzen, um von der Welt abzutauchen. Im Gebüsch öffnete sich dann ein kleines Paradiesplätzchen mit Gras und Moos, das genügend Raum für einen genügsamen drahtigen Körper bot. Es war ein Plätzchen, an dem er schlafen, sinnieren, träumen, nachdenken, sich eingebettet wohlfühlen konnte. Selbst ein Aufgebot von Suchenden würde ihn in diesem stacheligen Dickicht nicht finden.

Eventuellen Suchhunden könnte er sogar noch durch das Erklimmen der Eiche entgehen, die ihre Äste direkt bis ins Dickicht streckte. Sie war ein wunderbarer Kletterbaum und oben in der Krone, unsichtbar für jeden, hatte er sich in dem sich gabelnden Stamm einen Sitzplatz gebaut, der auch zum Schlafen geeignet war – sein eigenes Nest.

Das unglaublich Besondere an seinem Paradiesplätzchen inmitten unter den Schlehen war jedoch das Domizil eines Vogels. Er war so scheu und selten, dass man ihn sonst kaum zu Gesicht bekam. Ein Neuntöter hatte sich hier niedergelassen. Aufgefallen war Sigurd seine Anwesenheit zum ersten Mal, als er sich über die Sammlung von Heuschrecken, Schmetterlingen, sogar winzigen Mausbabys und anderen Insekten gewundert hatte, die auf den Dornen der Schlehen aufgespießt war. Das Zentrum dieser Speisekammer bildete das Nest. So lag Sigurd manchen Nachmittag auf seinem Paradiesplätzchen unter den Schlehen und beobachtete das Treiben des Neuntöterpärchens über sich in den Zweigen. Die Vögel hatten sich längst an den harmlosen Besucher gewöhnt. Sobald er hereingekrabbelt war und sich, auf dem Rücken liegend, ruhig verhielt, dauerte es jetzt keine 3 Minuten mehr, bis sich Männchen oder Weibchen wiedersehen ließen. Die Arglosigkeit ging bald sogar so weit, dass sich das Weibchen beim Brüten gar nicht mehr stören ließ. Das nahm schließlich auch dem Männchen die letzten Bedenken, versorgte in Sigurds Gegenwart ohne jede Scheu seine Partnerin mit Nahrung und mit der sich wiederholenden Strophe seines Gesangs.

Sigurd liebte diese Stunden der Welt- und Selbstvergessenheit. Mit all seinen Sinnen war er eingebunden in das Zusammenwirken der Natur auf dieser kleinen versteckten Insel. Ob ihm dunkel in seiner Erinnerung das paradiesische Gefühl im Garten der Tijouka auftauchte? Der Geschmack der Verbundenheit mit allem, der gleichzeitig der Geschmack der Freiheit war. Oder ob diese erinnernde Ahnung noch weiter zurückreichte?

Gibt es nicht ein substantielles und essentielles Eines, aus dem alles hervorgegangen ist?

Die Eiche, die Schlehen, das Gras und das Moos, der Neuntö-
ter, ja sogar die Wolken, der Himmel über und die Erde unter
uns. Ist es nicht derselbe Impuls, der sich im Keim der Eichel,
im Schlehenkern und im Vogelei rührt und zum Wachstum in
die Welt bewegt? Ist es nicht diese eine – nur in ihren verschie-
denen Gestalten sichtbare – Kraft, die uns hervorgebracht hat
und verbindet? Selbst der Stein, das Wasser, die Luft – ist es
nicht einfach das eine Sein, das in uns allen wirkt und sich in
unterschiedlichster Weise zum Ausdruck bringt?

Ohne solchen Gedanken irgendeinen Wert zu geben, fühlte er
sich eingewoben in das Vibrieren des Seins. Er genoss es, ein in
sich ruhendes, unbeschwertes, glückliches Teil davon zu sein.

Hatte nicht schon der hilflose kleine Spatz, seine Pflege verlan-
gend, Sigurd vom Saulus zum Paulus verändert? Als sein Mitgefühl mit jener „für 5 Pfennig Kopfgeld gejagten Kreatur" erwachte, hatte er verspürt, wie beglückend das Gefühl von helfender
Liebe sein konnte. Doch dieses Gefühl hier und jetzt war noch
grenzenloser. Es ging weit über die persönliche Fürsorgebezie-
hung hinaus. Es war das unbeschreibliche Glück, das Eine, das
in allem vorhanden ist, in sich selbst zu spüren.
    Es war seine Zuflucht. Oft genug sollte sie in künftigen en-
gen Lebenssituationen sein Halt werden.

Frau Breitenbach war längst zu Bett. Sie konnte den Schatten
nicht mehr wahrnehmen, wie er spät nach Mitternacht, über
Garagendach und Regenrinne kletternd, im angelehnten Mansardenfenster des neuen ‚Siedlerhauses' verschwand. Die Eltern schliefen unbesorgt unter der Kinderetage. Sie wussten
nichts von den Inspirationen, die ihr Sohn aus ‚Tarzans Welt'
abgeleitet hatte.

Kapitel 17

DIE BÜCHER

Mario und die Tiere. (Waldemar Bonsels, 1927)
Schneller Fuß und Pfeilmädchen. (Fritz Steuben, 1935)
Tarzan. (Edgar Rice Burroughs, 1924)

So wie er sich unbefangen und voller Neugier den Wald aneignete, fand Sigurd eine Begleitung seiner Erlebnisse in drei Büchern. Er las sie immer und immer wieder. Vieles schien seinen Erfahrungen so ähnlich, dass er schon begann sich mit den Figuren der Bücher zu identifizieren. Wen könnte das verwundern, wenn er z. B. bei Waldemar Bonsels „Mario und die Tiere" (1927) folgende Textstelle fand:

„Mario schlief im Wald, [...] Er träumte [...], er sei ein Wacholderstrauch an der Waldlichtung, und ein Vogel baute sein Nest im stacheligen Gezweig. Es war ihm lieb, dass der Vogel gerade ihn für seine Wohnungsstätte ausgewählt hatte, ja nun war es Wahrheit geworden, der Vogel baute. Zu Anfang war er nur immer forschend aus- und eingeflogen, suchend und prüfend hinauf- und hinabgehüpft. Mario lächelte im Wind, wie klug doch das kleine Tier die rechte Stelle in seinem Geäst gefunden hatte; die Gabelung der Zweige bildete sich hier wie eine Hand, deren fünf Finger man im Kreis nach oben hält, dorthinein senkte das kleine Tier den heimlichen Bau und verwob ihn kunstvoll [...] Mario brauchte mit keinem Wort, keiner Bewegung sein Wohlwollen darzutun, das Vogelpaar vertrau-

te ihm, huschte ein und aus, schnäbelte und trug Reiser und Federn in sein tiefes Schattenherz, das nun auf beglückende Art belebt wurde."[1]

Was Mario hier als Traum begegnete, erlebte Sigurd in geradezu handgreiflicher Wirklichkeit. Er war im Glück der friedlichen Fülle des Lebens verschmolzen mit Schlehen, Nest und Neuntöter. Nicht nur spannend waren die Geschichten für sein jugendlich aufgeschlossenes Herz – wie ein Lehrbuch führten sie ihm den Wald vor Augen, genau so, wie er sich auch ihm öffnete.

Ihm war schon klar, dass die Erzählungen von „Tarzan", „Schneller Fuß und Pfeilmädchen" oder von „Mario und die Tiere" Ausnahmesituationen beschrieben. Mit seinem eigenen, städtisch geprägten Leben waren sie nicht zu vergleichen. Doch taten sich mit ihren Wunschwelten Wahrheiten auf, die manche Ungereimtheiten seines zivilisierten Lebensrahmens in Frage stellten. Auch wenn die beschriebenen Abenteuer Sehnsuchtsorte blieben, leuchteten aus ihnen Einstellungen und Lebensimpulse hervor, die ihm richtig und nachahmenswert erschienen.

„Dommelfei" war die schrullige alte Kräuterfrau, mitten im Wald lebend, die Mario aufgenommen hatte. Wie hätte ihr Erziehungsmodell gegenüber Mario ohne Sigurds Beachtung bleiben können:

„Dommelfei ließ ihren Knaben laufen, wohin es ihn trieb, und nahm ihn mit sich, so oft er wollte. Niemals kam ein Verbot über ihre Lippen, niemals eine Mahnung, kaum eine Warnung, es sei denn, dass er sie fragte. Niemals sagte sie: Mario, tu dies, Mario, tu das. Sie nahm seine Hilfe in ihren Dingen an, aber sie trieb ihn nicht dazu."[2]

---

1 Waldemar Bonsels: Mario und die Tiere. Düsseldorf: Hoch-Verlag, 1950. S. 62 f.
2 Waldemar Bonsels: Mario und die Tiere. Düsseldorf: Hoch-Verlag, 1950, S. 50.

Wie ganz anders sah doch der Alltag der strengen väterlichen Erziehung bei ihnen zu Hause aus. Doch manchmal fand er auch Hinweise, die ihm den Vater verständlich erscheinen ließen. Bei Fritz Steuben hatten zwei Kinder einer Pionierfamilie im „Indianerland" auf ein Pferd aufzupassen. Der Vater wird als ziemlich raubeinig beschrieben. Sigurd las an dieser Stelle über ihn:

„Als der Vater gegen Abend zur Hütte hinaufkam, da fiel ihm erst ein, dass ja Lene den Jungen hatte rufen sollen. Er dachte, dem wolle er es schon besorgen, dem Jungen. Er sah das Pferd auf der Wiese vor der Blockhütte weiden, aber er sah seine Kinder nicht. Da ballte sich seine Faust, und er dachte: ‚Wart, Bürschlein! Wie leicht hätte die Liese davonlaufen können.'"[3]

Offensichtlich war: die Härte der Lebensumstände als Pionierfamilie im unerschlossenen Westen Amerikas hatten den Vater so unnachgiebig gemacht. Das war vergleichbar mit der Situation ihres Neuanfangs in Hameln.

Aber waren nicht auch Dommelfei und Mario ohne jede fremde Hilfe dem Wald und der Wildnis ausgeliefert, und hatten sie nicht ohne jedes Anzeichen von Groll oder Kampf diese Umstände mit Freude auf sich genommen und sich ein glückliches Leben darin eingerichtet?

Tarzans Urwald brachte ihn einer Antwort näher.

Ohnehin war Tarzan in seinen jugendlichen Phantasien sein Idol. Schon seine Klettertouren mit Seilen und anderen Kindern in Adorfs Bäumen waren eine vorweggenommene Erlebniswelt, wie sie sich nun mit der Tarzan-Lektüre erschloss.

---

3 Fritz Steuben: Schneller Fuß und Pfeilmädchen. Stuttgart: Kosmos Gesellschaft der Naturfreunde, Franckh'sche Verlagshandlung, 1935. S. 8.

Bezüglich der unerwarteten Temperamentsausbrüche seines Vaters hatte er eine Textstelle gefunden, die solche Verhaltensweisen im Rahmen eines Gesamtkonzepts beschrieben.
Dort wird erzählt, wie Kerchak, ein Königsaffe, Anführer der gesamten Sippe, sich plötzlich in unberechenbare Wut steigern konnte.
Bei der Flucht vor ihm hatte ein Weibchen dabei ihr Junges verloren, nur noch tot konnte sie es bergen.

„Dumpf stöhnend hockte sie da und presste den toten Körper an sich; Kerchak ließ sie nun in Ruhe. Mit dem Tod des Jungen war sein Anfall dämonischen Zorns ebenso schnell verraucht, wie er über ihn gekommen war."[4]

„Als die Affenhorde sah, dass Kerchaks Zorn verraucht war, kehrte sie langsam von ihrer Zuflucht hoch in den Wipfeln zurück und ging wieder den verschiedenen Beschäftigungen nach, bei deren Verfolgung er sie gestört hatte.
Die Jungen spielten und tollten zwischen den Bäumen und Büschen. Einige erwachsene Tiere lagen … auf dem weichen Teppich toter … Pflanzen, die den Waldboden bedeckten, während andere abgebrochene Äste … umdrehten und nach Insekten und kleinen Kriechtieren suchten, die einen Teil ihrer Nahrung darstellten. Andere wiederum suchten die Bäume ringsum nach Früchten, Nüssen, kleinen Vögeln und Eiern ab."[5]

Ein Bild des Friedens. Kerchak konnte beides, Groll und Angst einerseits und Kerchak konnte Frieden. So hielt er den gesamten Stamm auf Jahre zusammen.

---

4 Edgar Rice Burroughs: Tarzan. München. Deutscher Taschenbuch Verlag, 1999, S. 44.
5 Edgar Rice Burroughs: Tarzan. München: Deutscher Taschenbuch Verlag, 1999, S. 46.

Er wird als starker, durchaus fürsorglicher Führer der Sippe beschrieben, wobei seine unverhofften Zornanfälle einem unausgeglichenen Temperament zugeordnet werden. An solchen Beispielen dämmerte es Sigurd:

So wie es in der Pflanzenwelt Unterschiede zwischen systematischem Wachstum (dem Licht und der im Keim angelegten Form entgegen), andererseits dagegen ungehemmten Wildwuchs gibt, scheint es auch bei Tieren und Menschen diese zwei widersprüchlichen Seiten zu geben: Wildheit und Form.

Erst später wird er in der Beschäftigung mit Nietzsche dieses Gegensatzpaar des Apollinischen und des Dionysischen theoretisch erläutert finden.

Und noch viel später wird er im Buddhismus den Hinweis finden, dass Zorn eines der stärksten Störgefühle ist, andererseits eine Kraft, dessen Transformation in positive Stärke es erst ermöglicht, sie in eine allumfassende Liebe zu allen Geschöpfen zu verwandeln.

Zunächst jedoch war er im Lesen von Abenteuer- und Naturerzählungen gefangen. Schule, Walderkundung, nächtelanges Lesen – das Leben war so vielfältig. Das, was sich in seinem Inneren sammelte, drängte zum Ausdruck.

Zum Geburtstag hatte er sich Brehms Tierleben gewünscht. Die vielen bunten Abbildungen faszinierten ihn so, dass er zum Tuschkasten griff und versuchte die eindrucksvollsten Bilder zu kopieren. Bald hing seine Butze voll von Darstellungen der schillerndsten Tiere. Besonders Vögel wie Distelfink, Buntspecht, Eisvogel oder Eichelhäher hatten es ihm angetan. Es waren die Vögel mit den prächtigsten Farben, wie er sie auch draußen beobachten konnte. So gingen Aneignung, Beobachtung und Wiedergabe Hand in Hand.

Es war eine glückliche Zeit, unterbrochen und überlagert allerdings durch die abrupten Zornesausbrüche des Vaters. Die Kinder hatten es inzwischen gelernt, sich hinter den massiven Aktendeckeln der Akte Angst so zu verstecken, dass sie innerhalb des durchaus geförderten und toleranten Rahmens ein kreatives Eigenleben zu entwickeln und expansiv zu nutzen wussten.

Die Kinderzimmer wurden mehr und mehr Labor und Werkstatt. Aus ausrangierten optischen Linsen, die Vater aus der Schule mitgebracht hatte, bauten sie Lochkamera und Projektor. Ein anderes Mal hatte Sigurd in Reagenzgläsern, schräg mit Gelatine gefüllt, eine Kultur von Schimmelpilzen angelegt. Von überall her, vom Käse, vom Kompost, von schimmelnden und faulenden Früchten hatte er Sporen zusammengetragen. Welch Faszinosum, als sich die ersten Wachstumsspuren zeigten und sie sich binnen weniger Wochen zu einem kleinen botanischen Garten von bläulichen, grünlichen, gelborangen, rosa und rötlichen, völlig unterschiedlichen Gebilden mit wuchernden Fäden entwickelten.

Aus ausgeglühten Öldosen von der Müllhalde wurden mit Blechschere und scharfen Messern Masken geschnitten und gebogen. Zwischen Harald und Sigurd entstand ein regelrechter Wettbewerb, wer wohl die originellsten Masken fabrizieren konnte. Mit Pappmaché und Gipsbinden auf die eingecremte Gesichtshaut aufgelegt, erweiterten sie ihr Repertoire. Das Treppengeländer zu ihren ‚Butzen‘ hinauf musste ihnen als Trägersystem dienen. Wie durch einen schamanischen Tunnel mit Geistergesichtern erreichte man die Etage der Kinder.

Von einer Bekannten hatte Sigurd gehobelte Lindenholzbretter geschenkt bekommen. In kürzester Zeit war seine Butze in eine Holzschnittwerkstatt verwandelt, deren Druckstöcke er in der Waschküche auf der Wäschewringmaschine abzog. Vater hatte den Kindern gezeigt, wie sie mit rußgeschwärzten Glasscheiben die Sonnenfinsternis beobachten konnten oder wie man mit eben dieser Schwärzung aus Kerzenruß auf frischen weißen Lackfeldern am Fahrrad Verzierungen herstellen konnte. Was ihnen in die Hände kam, wurde aus Gestaltungsdrang auf seine kreative Verwendungsfähigkeit hin untersucht. Zahnpasta musste beim Malen das Deckweiß ersetzen, dessen Tuschkastentuben sich stets als viel zu klein erwiesen. Schwarze Farbe wurde aus Ruß, Eigelb oder Knochenleim mit Leinöl gewonnen.

In den Wäscheschrank hatte Sigurd sich eine Staffelei gebaut. Hinter seinen Flügeltüren konnten blitzschnell die Bilder versteckt werden, wenn die Eltern das Malen als zu große Ablenkung von den Schulaufgaben untersagt hatten oder mitten in der Nacht, von den Geräuschen über ihrem Schlafzimmer geweckt, nach ‚dem Rechten schauen‘ kamen.

Je enger der Käfig, desto einfallsreicher und virtuoser der Gesang des Kanarienvogels, musste Sigurd manchmal denken.

Doch er war kein Kanarienvogel, der sich mit dem Käfig zufriedengeben wollte. Sein kreativer Drang fing an, sich mit den Gitterstäben des Käfigs zu beschäftigen.

Die Gedanken sind frei.
Waren es nicht die in der Schule propagierten Klassiker, wie z. B. Schillers ‚Don Carlos‘, die so etwas folgerichtig formuliert hatten?

Mehr unbewusst, zunächst als Kritzelei, glitt Sigurds Kugelschreiber über ein altes Stückchen Packpapier auf seinem Schreibtisch in der Butze. Eigentlich hatte er griechische Vokabeln zu lernen. Ein trockener Stoff. Was lag da näher, als etwas abzuschweifen und den Impulsen freien Lauf zu lassen, um sich ein wenig zu entlasten.

Er war selbst fasziniert, was sich da unter seiner kritzelnden Hand fast wie von selbst formulierte.

Aus Rundungen und Schwüngen formten sich in wiederholten Strichen mehr und mehr die Formen von mächtigen Muskelpaketen einer Figur. Gebeugt stand sie mit den Armen nach unten greifend, so dass man über die Wölbung des hinabgebogenen Kopfes hinweg die massiven Rundungen der Rückenmuskulatur wie panzerhafte Pakete wahrnehmen konnte. Mehr an die Formen eines Gorillas als an die eines Menschen erinnerten sie Sigurd. Dann zwischen den groben Füßen der muskulären Gestalt formten sich wie zerbrechliche fragmentarische Teile zunächst einzelne kleine Formtücke. Mit jedem Strich wurden sie deutlicher, als flossen sie von selbst zielstrebig aus der zeichnenden Hand. Als sich an zwei parallelen Strichen eine knollige Rundung anschloss, war zu erkennen, dass sich hier ein Knochen herausbildete. Erst ein Beinknochen, daran angegliedert die Knöchel eines Fußskeletts. Auf der anderen Seite die Rippenbögen eines freigelegten Brustkorbs, an dem lose und leblos die Arme, Wirbel und ein kindlicher Schädel und aufgerissener Mund hingen. Zwischen Brustkorb und Hüftbecken klaffte eine Lücke. Dort hinein griffen jetzt die zangenhaften Hände der monströsen Figur und zogen, wie beim Schlachten, die Gedärme aus dem Leib des unter seinen Füßen verendeten Kindes.

So weit so gut. Sigurd maß der Zeichnung keinen besonderen Stellenwert bei. Es war eine der vielen Kritzeleien, die nichts weiter als eine Schattierung seiner Gemütslagen zum Ausdruck brachten. Keine fröhliche, keine aggressive, wie manche andere. Originärer Ausdruck seines pubertär reflektierten Leidens. Beiläufig ließ er sie zwischen anderen Kritzelzeichnungen auf seinem Schreibtisch liegen.

Bedeutung bekam die Zeichnung, als der Vater sie zu Gesicht bekam. Vermutlich hatte Mutter sie beim Aufräumen der Butze entdeckt und dem Vater gezeigt.

Was nun folgte, war ein Martyrium, ähnlich dem, wie er es vom Bettnässen her kannte. Der Vater wollte wissen, ob er das sein und ob das ihr Verhältnis zueinander darstellen solle. Sigurd hatte solche Angst vor der Bestrafung des Vaters, dass er das zunächst rundweg verneinte. Doch der Vater ließ nicht locker. Jeden Tag drängte er Sigurd erneut zu einer Antwort.

Wenn ich das zugebe, schlägt er mich tot, vermutete der Junge.

Schließlich hatte er sich mit diesem Schicksal abgefunden und leugnete nicht mehr. Die Gedanken sind zwar frei, doch muss man sie letztendlich doch verantworten.

Ganz anders fiel bei seinem Vater dagegen die Reaktion aus, als Sigurd sie erwartet hatte. Statt Prügel reagierte der Vater mit Betroffenheit, als habe es ihm die Sprache verschlagen. Es war wie ein Umbruch im Denken. Von da an schlug er die Kinder nie wieder.

Kapitel 18

SIGURDS ENTJUNGFERUNG

Es gab seinerzeit die ersten Comic-Hefte.

Klein waren sie noch, wie ein schmaler länglicher Briefumschlag. Billy Jenkins, Lucky Luke und vor allem die kleinen ‚Sigurd-Heftchen', die das Interesse der Kinder fanden. Für die Eltern zur Gattung Schundliteratur zählend, konnten sie nur unter der Bettdecke gelesen werden. Auch gegen Tabus finden sich Mittel und Wege, und manchmal, wie in diesem Kapitel zu erleben, findet die Natur sie selbst.

Die Sigurd-Saga kreiste um einen mittelalterlichen Helden, ähnlich wie sein Nibelungen-Pendant Siegfried. Er verkörperte die ritterlichen Tugenden Tapferkeit, Unbesiegbarkeit, ehrenhafte Minne und Eintreten für das Recht. Eine Geschichte zu seiner Entjungferung zu kreieren, wäre sicherlich hochspannend gewesen – doch hier geht es um viel Profaneres.

Die Zeit der Helden war mal wieder vorbei. Die meisten, wie Frau Breitenbachs Männer, lagen unter der Erde. Nur die mittelalterlichen Vorfahren der Helden fanden als verbotener Comic ein Leseplätzchen unter der Bettdecke.

Hier geht es um die Geschichte aus dem Leben eines Jugendlichen in der zweiten Hälfte des 20. Jahrhunderts in Deutschland.

So, wie Frau Breitenbachs Grundstück mit allerhand Obstbäumen und Beerensträuchern bewachsen war, waren auch auf den Nachbargrundstücken, trotz Bereitstellung als Bauland, noch Spuren alter Gärten zu sehen. Sigurd beobachtete außer den ungeliebten Wühlmäusen oft Kaninchen; sogar Füchse waren dort auf der Pirsch. Das Grundstück von Frau Breitenbach war etwa einen Steinwurf weit entfernt. Die beiden Grundstücke mit ihren Häusern ragten wie bewachsene Inseln aus dem Ödland heraus.

Auch Frau Breitenbach sah mit Wohlwollen, wie sich das Grundstück der neuen Nachbarn mehr und mehr mit grünenden Bäumen, Büschen und Hecken besiedelte. Sie freute sich, durch die neue Nachbarschaft nicht mehr so allein zu sein. Das Wahrzeichen des neu angelegten Siedlergartens war ein mächtiger eingewachsener Kirschbaum aus altem Bestand. So gab es wie ein unsichtbares Netz aus Flugbahnen zwischen den beiden Gärten einen regen Kontakt fliegender Besucher. Frühmorgens schon begrüßten die Amseln den Tag. Rotschwänzchen, Fliegenschnäpper, Grasmücken, Meisen, Buchfinken und Dompfaffen wachten sorgsam über die Revieraufteilung und übertrumpften sich von Baum zu Baum mit ihren Konzerten. Sogar einen Wendehals hatte Sigurd entdeckt, und nicht selten kam ein Schwarzspecht vorbei, um die Rinde des Kirschbaumes nach essbaren Insekten oder deren Larven zu inspizieren. Die Verbindung der beiden Anwesen bestand jedoch nicht nur in der Luft. Wenn man aufmerksam hinsah, konnte man eine Verbindungsspur auch am Boden erkennen – wie einen niedergedrückten Wildpfad.

Ein bisschen wie bei den Dachsen oder wie bei Boami, dachte Sigurd.

Nelly war nicht nur ein dackelähnlicher Begleiter und Mitbewohner von Frau Breitenbach, er war zudem ein äußerst pfiffiges und anhängliches Wesen.

Seine Intelligenz schien er den vielen genetischen Strängen zu verdanken zu haben, die sich zu seinem Stammseil (von Stammbaum war kaum zu sprechen) zusammengeflochten hatten. Natürlich hatte er bald Witterung der neuen Nachbarn aufgenommen und natürlich hatte er im Zaun erst des eigenen, dann des nachbarlichen Gartens die kleine Lücke unterm Zaun entdeckt, die sich mit etwas Buddelei ohne Weiteres zu einem Durchschlupf für dackelähnliche Vierbeiner vergrößern ließ.

Dass nicht auch Kaninchen diesen Durchschlupf benutzten, dafür sorgte er zudem mit wachem Auge und imponierendem Knurren. Und natürlich gab es ein Motiv für den Eifer von Nelly, diese Verbindung zu schaffen und aufrechtzuerhalten. Ähnlich wie Frau Breitenbach, hatte sie, denn Nelly war eine Hundedame, die Kinder der Nachbarn in ihr fellgeschütztes Herz aufgenommen. Das stieß auf Gegenliebe. Besonders Sigurd hatte einen Narren an der kleinen Hündin gefressen. Manchmal war er extra mit dem Rad zum Schlachthof gefahren, um von dort Leckerbissen aus den Abfällen der Schlachter zu besorgen.

Bald kannte sich Nelly in Garten und Haus der neuen Nachbarn aus, als wäre es ihr eigenes Heim.

Die Hündin hatte naturgemäß die Eigenschaft, erst einmal alles zu beschnüffeln. So wurde jede Ecke, aber auch jeder neu Ankommende zunächst unter Nasenmerk genommen. Wichtiger als das Augenmerk war, ob sich etwas gut riechen ließ. Besonders interessant waren für Nelly männliche Besucher. Trotz manchem „Pfui" der Erwachsenen ließ sich Nelly nicht beirren, erst einmal die Beine, die Schuhe und dann besonders die Gegend im Schritt zu beschnüffeln. Sigurd amüsierte sich im Stillen, wenn honorige Gäste zu Besuch waren, etwa Kollegen des Vaters oder der Direktor der Teppichfabrik Mertens, und diese ohne Respekt vor Standesunterschieden demselben Ritus der Beschnüffelung unterworfen wurden wie jeder andere auch. Man musste ja schließlich wissen, wer der Fremde ist, und offenbar konnte die Hündin das mit besonderer Hingabe an den Duft verbreitenden Hosenbeinen männlicher Besucher ermitteln. Nach dieser Leibesvisitation gab sich Nelly dann zufrieden und legte sich, wie nach dem Genuss eines Joints, zusammengerollt in eine Ecke, die Gesellschaft mit gemütlicher Anwesenheit begleitend. So war sie trotz ihrer Angewohnheit von allen geduldet und brach an manchen Tagen erst am späten Nachmittag wieder auf, um sich über ihren kleinen ‚Wildpfad' in Richtung des heimatlichen Gartens zu trollen.

Eines Tages am frühen Nachmittag hörte Sigurd sie wieder einmal, wie sie sich am Zaun zu schaffen machte, um zwischen Kirschbaum und Johannisbeere ihren Durchschlupf zu durchqueren. Er hatte keine große Lust, sich um sie zu kümmern. Eigentlich sollte er Hausaufgaben machen. Da die Gelegenheit günstig und sowohl Eltern wie auch Geschwister außer Haus waren, hatte er sich in den Garten geschlichen. Es war ein heißer Tag, viel zu schade, um ihn mit Schularbeiten zu vergeuden. Im Schatten des Kirschbaumes und eingebettet zwischen das Kühle spendende Grün der anderen Büsche hatte er sich ein Plätzchen auf dem Rasen gesucht. Dort lag er braungebrannt, nur mit seiner kurzen Turnhose bekleidet, und war gerade am Einschlafen, als er Nelly hörte. Er tat so, als bemerke er sie nicht und schlief wieder ein.

Nelly kam freudig auf ihn zugesprungen und bestupste ihn. Doch er rührte sich nicht. Was also tun? Kurzerhand begann sie mit ihrer Leibesvisitation. Sigurd hielt still, um zu sehen, was nun passiert, wie die Hündin sich verhält. Während sie an seiner Hose schnüffelte und stupste, war ihm erst zumute, als könne er ein Lachen nicht mehr zurückhalten. Das Drängen und Buffen von Nellys Nase war kitzelig. Doch dann bemerkte er, wie sich innerhalb der Hose etwas zu regen begann. Sein Geschlechtsteil wurde fester, länger und steifer. Seine Reaktion war hilflose Spannung. Weder Eltern noch Schule hatten ihn aufgeklärt. Sex war ein Tabuthema. Ohne eigenes Zutun oder Aufhalten schob sich sein Penis unter der Öffnung des Hosenbeins hervor. Die Vorhaut streifte zurück und dabei entblößte sich seine Eichel.

Für Nelly erschien das wie ein Angebot. Erst zaghaft, dann immer eifriger begann sie zu lecken. Ihrem Instinkt folgend war es ihr wohl gleichgültig, ob das nun der Penis eines Rüden war oder Sigurds. Geradezu gierig wurde ihre Leckerei, als sich ein paar Tröpfchen Urin lösten. Sigurd ließ es, verwundert über die Gefühlsschauer, die ihn durchrannen, geschehen. Scham und wohlig geile Gefühle kämpften miteinander, doch ließ er ihnen ihren Lauf. Nelly leckte, schlabberte und schleckte und unaufhaltsam durchströmten die wollüstigen Gefühle Sigurds Körper bis zur völligen Steigerung. Erst als mit dem Orgasmus der Samen aus seinem Penis schoss, überwältigte ihn das Schamgefühl und seltsamerweise hielt die Hündin genau in diesem Augenblick inne und zog sich zurück.

Beides blieb haften, sowohl das Schamgefühl (wie früher beim Bettnässen), als auch ein ungeahntes explosives Befreiungsgefühl. Ein unaussprechliches Tabu war berührt.

Das eruptive Befreiungsgefühl war einerseits körperlich orgastisch, eine Entlastung des angestauten Samens, doch andererseits bestand die Befreiung darin, genau das Tabu durchstoßen zu haben.

Übrig blieb neben dem abebbenden Gefühl der Scham eine ungeheuerliche Freiheit, die zu grenzenlosem Frieden führte.

Beide lagen still und friedlich nebeneinander im Garten.

Sigurd hatte sein befriedetes Glied in die Hose zurückgeschoben.

Kein Mensch, der jetzt dazu gekommen wäre, hätte erahnen können, was eben passiert war. Und doch, für den Jungen war etwas Unbegreifliches geschehen. Es sollte lange dauern, bis er es einordnen konnte.

Kapitel 19

DER NEUE SPIELRAUM –
GEWALTFREIER WIDERSTAND

Die Schillerschule in Hameln war ein querförmiger Klinkerbau aus dem 19. Jahrhundert. Er vereinigte auf gelungene Weise einen repräsentativen Stil mit dem Pragmatismus einer funktionalen Organisation. Schließlich mussten lärmende Schülerströme, sowie deren Lehrpersonal und die gemeinsamen Bedürfnisse nach Wissens- und Kulturvermittlung in einem reibungslosen Fluss unter Dach gebracht werden.

Auf der Frontseite hatte sich in die Architektur ein leichter Hauch von Festungscharakter eingeschlichen. Besonders unterstrichen wurde das durch einen erkerartig hervorgezogenen Mittelteil der Fassade. Neben diesen waren zwei symmetrisch angelegte Eingangstüren aus schwerer Eiche eingelassen. Sie markierten die fast uneinnehmbare Grenze zwischen Innen und Außen. Nach den Pausen hatten die geflügelten Tore keine Schwierigkeiten, den Andrang der Schülermassen aufzunehmen. Auch die weitläufigen Steintreppen und Gänge im Inneren des Gebäudes ließen einen geregelten und freizügigen Strom zu den Klassenräumen zu. So kam die kaiserliche Erfahrung von reibungslos funktionierenden Soldatenströmen auch dem Bildungssektor zugute. Auch der vorgelagerte Schulhof erinnerte daran. Trotz seines strengen rechteckigen Charakters im Stile des Exerzierplatzes von Garnisonsstädten kam kein Gefühl von Kasernierung auf. Auch wenn die Bepflanzung mit kugelförmigen Linden einer ähnlich strengen Geometrie folgte, so lockerte sie doch im Zusammenhang mit den umstehenden Bäumen der Nachbarschaft das Ensemble so auf, dass der Platz zu den üblichen Schülerspielen, wie Jagd um die Bäume, Fangen,

Gruppenbildungen, Diskussionen und Auseinandersetzungen in quirliger Ausgelassenheit animierte.

Die Sperlinge hatten sich auf einen Rhythmus von Ebbe und Flut eingestellt. In den Pausen erklang ihr Gezwitscher von den Bäumen, danach fluteten sie auf den Hof zurück, um die Krümel der Pausenbrote zu erhaschen.

Das Innenleben der Schule war ein Sammelsurium. Sowohl auf Seiten der Schüler wie auch auf Seiten der Lehrkräfte. Entsprechend brodelte es, wie im richtigen Leben.

Es gab verschiedene Motive, die dem Ganzen eine Art Struktur gaben.

Im Vordergrund stand für die Schüler aus Hameln und den Ortschaften bis zu 30 Kilometer Umkreis, dass ihre Eltern ihnen beste Berufsaussichten verschaffen wollten. Das hieß für die Kinder, unter dem Dach der Schule das Angebot zu nutzen für ihren Lerneifer, ihren Wissensdrang und ihre Neugier. Hier konnten sie eine Balance zwischen Lernfähigkeit, Arbeitswillen und freizeitlichem Leben trainieren für die Zeit der neuen Republik.

Der pädagogische Eifer der Lehrer bewegte sich zwischen mehreren Polen. Da waren jene, die auf Grundlage der klassischen Ideale an die Unabdingbarkeit der Vermittlung des Bildungsgutes glaubten, koste es, was es wolle. Daneben gab es eine Gruppe, die bereits in der Weimarer Zeit an dem revolutionären Gedankengut der Reformpädagogik beteiligt war und die Schüler eher als eine Saat ansahen, deren Talente es zu fördern galt. Eine Gruppe hantierte eher unbewusst im Ringen mit sich selbst und den Schülern damit, nicht unterzugehen. Dementsprechend pendelte der Umgang mit den Schülern zwischen neutraler Wissensvermittlung, liebevoller Zuwendung und einer bisweilen fatalen Art von Kriegsführung gegen die Schüler.

Die Schüler hatten sehr schnell gelernt, wer es gut mit ihnen meinte und wo die Front war. Manches Lehrerverhalten forderte geradezu den Generationenkonflikt heraus. Ein Beispiel mag deutlich machen, wo die Schüler sich in ihrer Würde und ihrem Gerechtigkeitssinn so verletzt fühlten, dass sie auf Rache sannen.

Sigurd und sein Klassennachbar Valentin waren mal wieder am Schwatzen. Der Musiklehrer fühlte sich mit Recht missachtet. Was allerdings dann folgte, spiegelte eher die Abgründe auf seiner Seite als auf Seiten der Schüler wider. Wütend kam er vom Podest des Musikraums heruntergestürzt, packte den Schüler neben Sigurd mit beiden Armen an den Schultern, zerrte ihn von seinem Sitz hoch, knallte ihn gegen die Wand des Musikraumes und rief:

„Solches Kruppzeug wie dich sollte man in den dritten Monat zurückbilden und abtreiben!"

In seinem Verhalten und in der Formulierung konnte er nicht verhehlen, auf welcher Grundlage seine pädagogischen Überzeugungen fußten. Wenige Jahre vorher war er noch Leiter einer Musikkapelle beim Militär der Nazis gewesen.

Obwohl die Schüler zunächst noch gar nicht so recht begriffen, was gemeint war, denn dies war, wie schon erwähnt, eine unaufgeklärte reine Jungenschule und der Begriff „Abtreibung" war noch nicht gesellschaftsfähig – so merkten sie doch am Verhalten und der unangemessenen Beschimpfung, dass hier eine Grenze überschritten war, die sie sich nicht gefallen lassen wollten.

So saßen Sigurd und Valentin mit einigen aus der Klasse am Wochenende zusammen und überlegten, wie der Denkzettel für den Musiklehrer aussehen könnte. Man traf sich öfter hier zum Klönen, Skat spielen und auch schon mal, um ein Bierchen zu trinken.

Sigurd erzählte von seinen Adorfer Erfahrungen mit den Karbitbomben. Die Runde war sich jedoch schnell darüber einig, dass Karbitbomben nicht in Frage kämen, außerdem war das Zeug hier schwer zu bekommen. Die Aktion sollte vor allem zu keiner Verletzung und zu keinem Schaden führen. Die Jahre der Erfahrung hatten in puncto moralischer Verantwortung, anders als in den Adorfer Zeiten, schon ihre Spuren hinterlassen.

Eine heiße Diskussion entspann sich mit sprudelnden kreativen Ideen. Wie von selbst ergab sich eine kleine Widerstandsgruppe auf der Suche nach einer angemessenen Methode der Ahndung für die unzumutbare Beleidigung.

Was später in den 68er Jahren zum offenen Aufstand gegen den „Mief unter den Talaren" zum Ausdruck kommen sollte, erfuhr hier eine Art Vorübung.

Das Ergebnis war eines, das Gandhi würdig gewesen wäre: Eines Abends wurde die Garage des Musiklehrers mit einer hüfthohen Mauer mit großen Hohlblocksteinen und Ceresit-Schnellzement zugemauert. Die Gelegenheit war günstig, weil die Garage neben dem Wohngebäude lag und von dort nicht einsehbar war. Bewegungsmelder oder gar Alarmanlagen gab es zu der Zeit noch nicht. Sigurd kam seine Erfahrung vom Bau des elterlichen Hauses zugute. Zusammen mit Valentin und drei Klassenkameraden hatten sie bei Einbruch der Dunkelheit mit einer Schubkarre in mehreren Schüben das Material herbeigekarrt. Möglichst geräuschlos gingen sie zu Werk. Das war nicht so einfach, weil ihre Vorfreude zu der bevorstehenden Überraschung des Musiklehrers sich immer wieder fröhlichen Ausdruck suchte und „Böckchen" dabei war, der ohnehin jede Situation mit einer flachsigen Bemerkung in einen Joke verwandeln konnte.

Über Nacht war das Bauwerk so hart abgebunden, dass der Lehrer am nächsten Morgen keine Chance hatte, mit dem Auto zur Schule zu kommen.

Sigurd, Valentin und seine Freunde warteten scheinheilig mit Unschuldsmiene und stiller Genugtuung auf den Beginn der Musikstunde. Der Klassensprecher wurde sogar zur Sekretärin geschickt, um nach dem Verbleib des Lehrers zu fragen.

Der musste die erste Unterrichtsstunde versäumen und später mit Bohrhammer und Abbruchwerkzeug die Mauer wieder entfernen. Um nicht der Lächerlichkeit preisgegeben zu werden, verzichtete er sogar auf eine Verfolgung der „Täter".

Die junge Generation machte vor, wie man sich mit gewaltlosem Widerstand der unrechtmäßigen Gewaltanmaßung widersetzen kann. Ein erster Keim von zivilem Ungehorsam, wie er in den zurückliegenden 12 Hitlerjahren keine Chance gehabt hätte. Der neue Rahmen der Verfassung machte es möglich.

So legte die Schule, ohne es zu ahnen, den Grundstein für ein Augenmerk auf die Machtkonstellationen eines Systems und für ein selbstbewusstes kreatives Handeln in Resonanz zu diesem System. Diese Keimzelle hatte Folgen. Die Gruppentreffen der Jungen bildeten so etwas wie eine Parallelwelt zur Schule. Als die Idee aufkam, man könne doch Caesars mit einer 2.000-Jahr-Feier gedenken (schließlich wurde im Lateinunterricht sein „De bello gallico" vermittelt), ging die Gruppe sofort mit Feuer und Flamme an die Planung.

Ihre Treffen wurden eine Art Geheimbund, in dem sich das produktive Gedankengut Luft machte, das in der Schule keinen Platz fand. Da war der nüchtern und strategisch denkende Volker, der stürmisch spontane Theo, Böckchen mit seiner unermüdlichen Art, die Atmosphäre mit Witz und Frohsinn zu füllen, ein paar Stillere und Sigurd und Rainer, die eher zurückgezogen, doch voller pragmatisch erfinderischer Handlungsbereitschaft Ideen zur Durchführung beitrugen.

Schließlich kristallisierte sich ein konkreter Plan heraus. Vor allem sollte er ohne Beteiligung der Lehrer als heimliche Schüleraktion vorbereitet und durchgeführt werden. Das endgültige Konzept sah schließlich vor:

Die Schüler wollten sich morgens vor Schulbeginn zu einer Art Festzug, mit Frack, Cut, Zylinder und ähnlichen Utensilien verkleidet, am Hamelner Bahnhof treffen, um dort die Fahrschüler in Empfang zu nehmen. Das Ganze sollte unter dem Deckmantel einer Würdigung der Antike das Aussehen eines Trauermarsches haben, mit dem die verstaubten klassischen Ideale, personifiziert durch die Figur Caesars, zu Grabe getragen werden. Der Zug sollte durch die Hauptstraßen von Hameln führen. Auf den Treppen der Weserbergland-Festhalle sollte er zu einem Gruppenfoto für die Presse posieren und dann im Laufe des Vormittags auf dem Hof der Schillerschule eintreffen.

Sigurd hatte mit einem Klassenkameraden zusammen den Hausmeister überredet, ihnen heimlich eine alte Dantebüste vom Dachboden zur Verfügung zu stellen. In ein paar Tagen lustvoller Gesichtschirurgie wurde das Gipsporträt von einer Dante- zu einer Caesarbüste umfunktioniert. Mit etwas Gipsbinde, weißer und grauer Farbe sowie einem echten Lorbeerkranz erhielt sie nach Vorbild römischer Herrscher das Image des Imperators. Auf ein Brett montiert wurde sie von zwei Trägern dem Trauerzug vorangeführt. Die meisten Schüler waren über Handzettel und Mundpropaganda einen Tag vorher informiert worden, dass morgen schulfrei sei und sie sich an dem Zug mit entsprechender Verkleidung beteiligen sollten. Die Presse war informiert, als sei es eine von der Schule durchgeführte Aktion. Diese jedoch hatte keine Ahnung.

Als die Lehrer an diesem Morgen die Klassenzimmer betraten, fanden sie nur ein paar ratlose Schüler vor, die entweder uninformiert oder zu ungläubig oder zu ängstlich waren.

Inzwischen war die Kolonne unter Beteiligung der abgeholten auswärtigen Schüler bereits unterwegs. Von dort riefen sie die Lateinlehrer an, sie mögen doch zum Pressetermin und gemeinsamem Foto zur Weserbergland-Festhalle kommen. In der Schule war die Aktion inzwischen durchgesickert. Sie wurde als Ungeheuerlichkeit verurteilt, ein aufständischer Akt, den man sofort unterbinden müsse, die Rädelsführer müssten sofort von der Schule verwiesen werden.

Allerdings gab es auch einige wenige Gegenstimmen. Ein junger Lateinlehrer und ein Deutschlehrer (eben der, der auch Borchert eingeführt hatte) erschienen sogar zum Pressetermin. Diese beiden setzten sich für die Schüler ein, sprachen begeistert von einer tollen Idee, die doch den Geist eines humanistischen Gymnasiums mit Lateinunterricht bestens verkörpere und versprachen den Schülern, sich für sie einzusetzen.

Nun waren bei der großen Menge der beteiligten Schüler ohnehin die „Rädelsführer" nur schwer zu identifizieren, außerdem war das Pressefoto mit seinem Text am nächsten Tag als Beitrag des Schillergymnasiums zu „2.000 Jahre Caesar" gedruckt und als Drittes waren ja auch einige Söhne von Lehrkräften beteiligt, was alles in allem einem Schulverweis erschwerend entgegenstand. So sah sich die Schulleitung gezwungen, der Minderheitenmeinung im Kollegium nachzugeben und die Sache als harmlos, bzw. eines lateinischen Gymnasiums angemessen, zu bewerten und auf sich beruhen zu lassen.

Den Schülern hat es in ihrem Selbstbewusstsein gutgetan, mit einer Aktion, die keinem weh tat, außer dass sie gegen die Regeln des Althergebrachten verstieß, einen ungeheuren Spaß zu inszenieren, dem unter dem Deckmantel eines vom Gymnasium propagierten klassischen Bildungsgutes die Gegenargumente aus der Hand genommen worden waren.

„*Non scholae, sed vitae discimus*", war ja den Jugendlichen oft genug gepredigt worden. Doch wenn das Leben sich zeigte, durfte es nicht zu viel davon sein. Vor allem nicht von Eigensinn untermauert.

Erst gut 10 Jahre später sollte sich der hier sichtbar gewordene Konflikt zu einem bundesweiten und internationalen gesellschaftlichen Aufbegehren konzentrieren.

Auf Grundlage humaner Ideale
bricht sich ein neuer Keim
Bahn durch verkrustete Schale.

Kapitel 20

DER EINFLUSS DES RUDELS

Erlen. Ja, es mussten Erlen sein, durch deren Zweige und Blätter mit den schwarzen Samenständen er einen Blick auf das Ufer der anderen Seite erhaschte. Der Blick zum Fluss war fast ganz verdeckt. Von der Uferzone aufwärts, wo Schilf und große Steine im Sandbett sowie ein angebundenes Boot den Fluss säumten, war der Hang mit Büschen, vor allem jedoch mit sanft ansteigenden Wiesen- und Weideflächen bewachsen, bevor die Bergkuppe dann die Ansammlung von Zelten, Pferden, herumlaufenden Menschen und den hier und dort aufflackernden Feuern erkennen ließ. Zelte, wie indianische Tipis, und soldatische Versorgungs- und Truppenzelte wechselten sich untereinander ab. Auch die Kleidung der Menschen, mal indianisch, mal wie Uniformen, bildete ein buntes Sammelsurium. Deutlich vernahm er den Klang der rufenden Stimmen, das Wiehern und das Schnauben der Pferde und das Klappern der blechernen Teller und Geschirre, mit denen die pummelig mit hellen Schürzen bekleideten Frauen an den Feuerstellen hantierten. Und das Singen hörte er – es war ein lustiges Völkchen, das dort unter der sinkenden Sonne den Abend verbrachte, während am Lagerrand die Hunde bellend und mit lang gezogenem Heulen ihre am fernen Waldrand hörbaren wilden Verwandten nachahmten.

Die Strophen, des letzten Liedes, das sie beim Jungenschaftstreffen gesungen hatten, hallte in Sigurds Brust auf dem Nachhauseweg durch Hameln zur Schillerstraße derart nach, dass in seiner Phantasie die gerade beschriebene Szene wie eine reale Filmsequenz vor seinen Augen ablief.

Es war sein Lieblingslied.

„Jenseits des Tales standen ihre Zelte,
zum roten Abendhimmel quoll der Rauch,
das war ein Singen in dem ganzen Lager,
die Marketenderinnen sangen auch."

Unter Marketenderinnen konnte er sich nicht viel vorstellen. Seine Vorstellung sah sie als eben jene etwas rundlichen Frauen in hellen Schürzen, die mit ihren Waren- und Dienstangeboten den Tross begleiteten. Erst später bei einer Berliner Aufführung von Brechts „Mutter Courage" wurde seine Interpretation in etwa bestätigt. Dass die anderen Figuren seiner Fata Morgana aus den verschiedensten Lebensbereichen zusammentrafen, eben Indianer, Trapper, Scouts, Waldläufer, Fallensteller und Soldaten, störte ihn nicht – halt ein Völkchen von Abenteurern, das sich zum gemeinsamen fröhlichen und friedlichen Lagerleben zusammengefunden hatte.

Als Panorama seiner Vision diente ihm die Weserkurve am Ohrberg, die er bei Besuchen der Tündernschen Warte mit seinen Eltern kennengelernt hatte, die Figuren stammten aus seinen Büchern. Besonders Karl May, ebenso unter der Bettdecke gelesen, hatte seine Spuren hinterlassen.

Die Jungenschaft war für Sigurd zu einem wichtigen Magneten geworden. Er war anfangs der Jüngste in der Gruppe gewesen und hatte bei seinem Vater lange darum kämpfen müssen.

Ihre Gründung könnte man als eine der ersten zivilen Bürgerinitiativen der Nachkriegszeit bezeichnen. Der etwa 6 Jahre ältere Fritz Seifert, Sohn eines Hamelner Buchhändlers, war mit dem üblichen Konfirmandenunterricht nicht zufrieden. In diesem Zusammenhang hatte er jedoch im letzten halben Jahr eine junge aufgeschlossene Vikarin aus Hannover kennengelernt. Unter ihrem inspirierenden Einfluss entstand die Idee, eine Gruppe für

Jugendliche ins Leben zu rufen, die näher an deren Interessen lag als der herkömmliche Konfirmandenunterricht. Gleichzeitig sollte sie von anderen älteren Jugendlichen geleitet werden. Revolutionäre Ideen im Rahmen der Kirche durchzusetzen, hatten schon Jesus, Vincent van Gogh und viele andere zur Verzweiflung gebracht. So erschien das Vorhaben zunächst fast aussichtslos. Die eifrig studierten Regeln der Kirche boten für ein solches Unterfangen keinen Weg. Es musste alles seiner normierten Ordnung entsprechen, das war nicht viel anders als beim Pinkeln oder beim Verhalten in der Schule.

Schließlich wurde doch noch eine vage Möglichkeit gefunden. Schon in der Weimarer Zeit hatte es im Rahmen der Wandervogelbewegung die Gründung von Pfadfindergruppen gegeben. Angelehnt an die Kirche galten solche Gruppierungen als „bündische Jugend". Allerdings mussten bestimmte Bedingungen streng eingehalten werden, damit das Ganze unter der Obhut der Kirche als deren Organisation anerkannt werden konnte.

Zum einen – verständlich aus der Verantwortung gegenüber den Jugendlichen und aus den Erfahrungen des Dritten Reiches – musste ein zuverlässiger Kirchenangehöriger (zu jener Zeit wurde alles männlich definiert) die Gruppe leiten, als Zweites musste die Gruppe mit einem kirchennahen Namen beim Kirchenamt in Hannover registriert werden, drittens musste eine Insignie die Gruppe als bündische Jugend der Kirche erkennbar machen, das hieß, es musste ein Wimpel her.

Punkt 1 übernahm formal die Vikarin, die fortan in der Jungenschaft wegen ihres Vornamens Elisabeth nur noch Tante E. genannt wurde. Punkt 2 erfand Fritz. Nämlich, weil er gerade ein Buch über den Markgrafen Gero las, der an der mittelalterlichen Ostgrenze die Christianisierung der Slawen vorgenommen hatte, sollte als Name der Gruppe „Evangelische Jungenschaft Markgraf Gero" eingetragen werden. Punkt 3 übernahm eine Tante der Jugendlichen. Sie nähte einen Dreieckswimpel, der befestigt an einem Wurfspeer wie eine Standarte bei den Gruppenaktivitäten mitgeführt werden konnte. Damit waren Verantwortlichkeit und Zuwendungen seitens der Kirche geregelt.

Auf diese Weise öffnete sich auch der Zugang zur Krypta des Hamelner Münsters. Die wöchentlichen Abendandachten gaben der Gruppe den Zusammenhalt in den Zeiten, wenn keine gemeinsame Fahrt anstand. Getragen waren sie von der Selbsttätigkeit der Jugendlichen. „Vom Aufgang der Sonne, bis zu ihrem Untergang …" als Kanon gesungen, ließ die Luft zwischen den frühromanischen Säulen und Würfelkapitälen so vibrieren, dass man sich kaum eine eindrucksvollere Symbiose zwischen Alt und Neu vorstellen kann.

Dass der Namensgeber „Markgraf Gero" sich als wenig verträglich mit der friedfertigen Gesinnung der Gruppe herausstellte, lag daran, dass Fritz, in seiner jugendlichen Begeisterung für des Markgrafen Elan beim Bau des Gerolstädter Doms dessen missionarische Gewalttätigkeit übersehen hatte. Er war noch nicht bis zu jenen Seiten seiner Biografie vorgedrungen, in denen sich der Markgraf als unbarmherziger Schlächter unter den als feindlich betrachteten Slawen entlarvte. Doch das wussten seinerzeit weder die Jugendlichen, noch nahm die Kirchenleitung Notiz davon.

Der erste Anlass für Sigurd, sich mit 10 Jahren für eine Aufnahme in die Gruppe ins Zeug zu legen, war die Ith-Wanderung gewesen. Sein Bruder Harald hatte sich dafür bei der Jungenschaft angemeldet. Das klang so abenteuerlich vielversprechend, dass auch Sigurd unbedingt dabei sein wollte. So war Fritz, der von Tante E. zum Gruppenleiter erkorene Verantwortliche, zu seinem Vater zitiert und auf Herz und Nieren geprüft worden. Zu Sigurds großer Freude mit Erfolg. Vaters Sympathie für die Wandervogelbewegung der Weimarer Zeit und Mutters Mitgliedschaft im Berliner Kanu-Club vor ihrer Zeit in Brasilien kamen ihm dabei zu Hilfe.

Sigurd bewunderte vor allem Velten Seifert, den jüngeren Bruder von Fritz, dem er während der Ith-Wanderung in der Nähe von Hameln nicht von der Seite wich. Für ihn war es das erste mehrwöchige jugendliche Gemeinschaftsabenteuer mit dem Geschmack von Freiheit, dem aufregenden Bestehen eventueller Gefahren, wie z. B. nächtlichen Wildschweinüberfällen und der Selbstständigkeit eigener Organisation und Versorgung. Dafür konnte er sogar zwei Angewohnheiten aufgeben, die ihn im gemeinsamen Zeltleben der Lächerlichkeit preisgegeben hätten: nächtliches Daumennuckeln und ins Bett pinkeln.

Zu einem hautnahen Erlebnishöhepunkt wurde die Wanderung, als er mit einem anderen Jungen die Nachtwache übernommen hatte. Die Geräusche des Waldes waren Sigurd ja vertraut, doch plötzlich hier im Ith-Wald war alles fremd und anders:

Die Wildschweine kamen nicht einzeln, das Brechen des Unterholzes und das galoppierend prasselnde Geräusch kündigte die Attacke eines vielzähligen Rudels von allen Seiten an. Angriff aus allen Richtungen.

Die Jugendgruppe hatte Vorsorge getroffen. Mehrere Stapel trockenen Holzes, mit dünnem Reisig unterfüttert, waren so aufgestapelt, dass sie einen Schutzkreis bildeten und schnell entfacht, die Angreifer fernhalten konnten. Bevor die heranpreschende Rotte sichtbar wurde, hatten die beiden Jungen die Holzstapel entfacht und Alarm geschlagen. Aufgeregt stürmten sie ins Zelt der schlafenden Gruppe, um sie zum Aufstehen und zur Gegenwehr zu bewegen. Doch keiner der anderen Jungenschaftler in dem Gruppenzelt dachte daran, sich aus dem Tiefschlaf wecken zu lassen.

Die grunzenden Eberzahn bleckenden Keiler und Bachen blieben aus. Der prasselnde Angriff entstammte einem Hagel heruntergepeitschter Tannenzapfen und Äste. Eine plötzlich aufkommende Sturmböe und die furchtsame Phantasie der beiden Jungen hatte die beiden Nachtwächter zum Narren gehalten. Die Nacht wurde dennoch so romantisch, dass sie zusammen mit der nächsten Schicht zweier weiterer Jungen noch lange aufblieben. Die Lagerfeuer und ihre Lieder zur Klampfenmusik erfüllten Sigurd mit ungekanntem tief empfundenen Glücks- und Friedensgefühl, getragen von Gemeinschaft und Natur.

Inzwischen waren seitdem mehrere Jahre ins Land gegangen. Die Wanderungen und Fahrten mit der Jungenschaft waren jährlicher Bestandteil der Sommerferien geworden. Der Ankauf eines amerikanischen Brückenbau-Schlauchbootes, mit etwa 8 Meter Länge, 8 großen, jeweils bei der Tankstelle aufzupumpenden Kammern und einer Tragekraft von 20 Tonnen, ermöglichte der Gruppe wochenlange erlebnisreiche Flussfahrten. Nach den Probefahrten zunächst die Werra und Weser abwärts bis Hameln, folgten später die Donaufahrten flussabwärts von Ulm bis Passau. Ein großes Militärzelt für die Nächte, auf dem Boden des Schlauchbootes mitgeführt, sowie Rucksäcke, Kochgeschirr, Kocher, Schlafsäcke, Regenzeug und Paddel begleiteten die jeweilige Gruppe von 14 bis 18 Jugendlichen, die ihren Platz auf den etwa einen Meter hohen prallen Schlauchkammern fanden.

Inzwischen war Sigurd in das Jungenschaftsleben so hineingewachsen, dass er nach Fritz, Velten und anderen die zweite Donaufahrt als Gruppenbetreuer leitete.

Die Organisationsstruktur war voll autokratisch, oft von geradezu anarchischer Selbstbestimmung. Die Regeln des Zusammenlebens, wie Zelt errichten, Latrine bauen, Einkaufen, Kochen, gemeinsames Singen, Morgenandacht, Planung der Wanderwege, Einhaltung von Terminen, gemeinsame Besichtigungen usw. waren aus der Praxis gemeinsam entwickelt und von Jahrgang zu Jahrgang weitergegeben worden. Das Liedgut stammte, den Jugendlichen entsprechend, z. T. aus dem sakralem Bereich wie z. B. „Dona nobis pacem" und aus der Tradition der Wandervogelbewegung wie etwa „Wildgänse rauschen durch die Nacht".

Eine demokratische Praxis mit einer undogmatischen Orientierung an friedfertigem, naturnahem und weitläufig christlich offenem Verhalten.

Nach der Hitlerzeit war der Umgang der Erwachsenen noch einerseits geprägt von dem antrainierten rigide dominanten Verhalten gegenüber den Jugendlichen. Andererseits keimte in der Bevölkerung ein sympathisierender Blick auf die kommende, oft vaterlose Generation. Der neuen Zeit entsprechend gab es den Jugendlichen gegenüber ein pionierhaftes Wohlwollen, bei dem klar war, dass nur gegenseitige Hilfe zu besserem Leben führt.

Nachdem das System einer rassistischen Auswahl und einer Erziehung zu Kruppstahl und Windhunden so fatal zum Nachteil der gesamten Bevölkerung gescheitert war, gab es bei den meisten ein Umdenken, das geradezu in einem Zyklus von **Selbstverständlichkeiten** zum Ausdruck kam:

So war es bei der Organisation der einwöchigen Unterbrechung der Donaufahrt **selbstverständlich**, dass kurzerhand ein Anrainer in Deggendorf gefunden wurde, der für eine Woche die Betreuung des Schlauchbootes übernahm.

So war es ebenso **selbstverständlich**, dass den Jugendlichen bei ihrer Wanderung durch den bayrischen Wald abends kostenloses Quartier bei einem Bauern angeboten wurde, entweder im Heustadel oder im Stroh der Scheune oder über dem Kuhstall, wo gar nichts zu finden war, auf dem dörflichen Tanzboden beim Dorfwirt. Und es war zum ersten Mal, nach langer Zeit, **selbstverständlich**, dass der jugendliche Nachwuchs der Nation aus eigenem frohgemuten Antrieb, ohne braune HJ-Uniform und ohne paramilitärische Lieder, fröhlich wandernd durch die Bergwelt der heimischen Bauern durch die Lande zog.

Ein besonderes Erlebnis war die Berghütte auf dem Falkenstein, wo die Gruppe mit 14 Mann ein separates Blockhaus beziehen und auf Strohmatratzen ungewohnten nächtlichen Luxus erleben konnte. Eine Quelle zum Waschen, zur Versorgung mit belebendem Trinkwasser und zur Essenszubereitung lag etwa 30 Meter bergab; die Wirtsleute des Gasthauses „Falkenstein" standen mit Ortskenntnissen, Ratschlägen, Essensangeboten und einer fröhlich derben liebevollen Fürsorge etwa 100 Meter oberhalb bereit, den Jungen in jeder Hinsicht zu helfen. Aus diesem Treffen ergab sich eine jahrzehntelange Freundschaft, die Sigurd in seinen Studienjahren, sei es von München oder Berlin aus, immer wieder zum Besuch des Falkensteins in den Bayrischen Wald zog.

Die Jugendlichen waren stolz, mithilfe ihrer Rucksäcke, ehemals militärischen Tornistern und Schlafsäcken die große Runde über Dreisesselberg, großen und kleinen Arber, Lusen, Falkenstein, d. h. von Berggipfel zu Berggipfel, bis kurz vor dem tschechischen „Osser" und wieder zurück nach Deggendorf in sieben Tagestouren bewältigt zu haben, bevor es mit dem Schlauchboot weiterging durch den Donaudurchbruch nach Passau.

Ebenso **selbstverständlich** war, dass das jugendliche Trüppchen bei dieser oder anderen Wanderungen, z. B. durch den Schwarzwald, bei den ländlichen Milchwagen Transportmöglichkeiten für größere Strecken fand. Eingekeilt zwischen den Milchkannen, wurde das Völkchen dann mit fröhlichem Singen durch die Berglandschaft gefahren.

Selbstverständlich im Schwarzwaldlager war auch, dass ein Bergbauer seine Wiese am Waldrand für das Jugendlager hergab, von wo aus die Jungen einen Wasserfall zum Duschen in 100 Meter Entfernung und einen Stausee zum Baden nach einem Kilometer Wanderung ins Tal erreichen konnten.

Selbstverständlich war, dass das Bauernehepaar für 3 Wochen kostenlos ihre Küche zum Kochen für 16 Personen zur Verfügung stellte, von wo aus die Jungen mit dem mittelalterlich frommen Essensritus der Familie vertraut wurden, bevor sie ihre eigenen Riesenpötte zum Mannschaftsessen in ihr Lager trugen.

Selbstverständlich war auch umgekehrt, dass die Jungen dem Bauern und seiner Familie bei der schwierigen Heumahd am Berghang halfen und ihn bei der steilhängigen Einfuhr in die Scheune über dem Wohntrakt mit von Seilwinden gezogenen Holzschlitten unterstützten.

Und **selbstverständlich** war auch, dass wöchentlich zweimal eine Abordnung der Jungenschaft (von etwa 5 bis 6 Jungen) den Weg von 10 Kilometer nach St. Märgen oder St. Peter durch Berg, Tal und Wald zurücklegte, um Proviant für die ganze Gruppe zu holen. Das war übrigens auch der tägliche Schulweg für die Kinder des Bauern, im Winter mit Schneeschuhen.

Sigurd hatte einen besonderen Pfiff mit dem 13-jährigen Sohn der Familie ausgemacht und fand ihn dank des Pfiffs, auf welcher Anhöhe auch immer er in seiner schulfreien Zeit gerade die Kuhherde weidete. Dann lagen die beiden oft stundenlang bei der Herde im Gras, berichteten sich von ihrem Leben oder beobachteten still die Figurationen der Wolken. Versunken in das Fluidum der Berge, aufgelöst im warmen nachmittäglichen Sein eines Universums, das sie als anfangs- und endlos erlebten.

Eine imponierende Begegnung für Sigurd war die mit dem ersten Aussteiger seines Lebens. Unten am Bach, geduldet und durchaus bewundert vom Bauern, hatte sich eine Familie wie im Niemandsland angesiedelt. Mann, Frau und zwei jüngere Mädchen. Der Bach versorgte sie mit klarem Wasser, die Wiesen mit vielerlei essbaren Wildkräutern, der Wald mit Beeren und Nüssen, so wie Sigurd das von Adorf her kannte. Nur hier war es nicht Not, die zu dieser Lebensweise geführt hatte, sondern freiwillige Abkehr von der Zivilisation. Eine Hütte hatte der Mann mithilfe der Baumstämme vom Bauern gebaut, eine Ziege mit fettem Euter weidete neben dem Häuschen, ein kleines Gemüsegärtchen zog sich vom Bach zur Hütte und hauptsächlich spielte sich das Leben draußen um die offene Feuerstelle ab.

Diese Lebensweise entsprach in etwa den inspirierenden Vorstellungen, wie Sigurd sie in den Büchern von „Mario und die Tiere" oder bei „Tarzan" gefunden hatte. Vermutlich war der Mann Schriftsteller, denn trotz Verzicht auf Elektrizität kommt man ganz ohne Geld auch in einem selbstgewählten Exil in Deutschland nicht aus.

Vieles von dem Pioniergeist gegenseitiger Hilfe, den die Jungen erfuhren, ist inzwischen, sei es aus **verständlichen (?)**, sei es aus **bedauerlichen** Gründen, wie Sicherheitsregeln, Besitzdenken, Bürokratie, Wohlhabenheit und Bequemverhalten verloren gegangen.

Für diejenigen, die daran teilhatten, waren es prägende Erfahrungen, die einen Lebenskurs bestimmen konnten.

Kapitel 21

ZWEI POLE: ERDE UND GEIST

Heute war Sigurd der Erste.

Er hatte den Schlüssel bekommen, weil er die Auslegung des Jesustextes und die Vorbereitung zur Gruppenandacht der Jungenschaft übernommen hatte. Als er die Tür zur Krypta im Hamelner Münster öffnete, dachte er zum ersten Mal darüber nach, wieso man zur Krypta über eine nach unten führende Treppe hinabsteigen muss, wo doch der darüberliegende Chorraum durch eine Vielzahl von aufwärts führenden Treppenstufen so hoch gelegen ist, dass die Krypta genügend Platz darunter hätte finden können.

Die Krypta war also ein Erdraum.

Metertief in den Boden versenkt, stellte sie die Urzelle des darüber gelagerten Kirchenbaus dar. Ein geheimer versteckter Raum aus der ,heidnischen' oder der frühchristianisierten Zeit.

Bei der Renovierung der Krypta vor einigen Jahren waren darunter Gebeine und Totenschädel gefunden worden. Dort lag also eine alte Grabkammer aus der Zeit früher Machtverschiebungen, wie sie das Wesergebiet über Jahrhunderte erlebt hatte.

Schon die Römer hatten hier vor dem Freiheitswillen der germanischen Sachsenstämme kapituliert. Und erst durch die Hinrichtung hunderter Sachsenfürsten in Verden an der Aller gelang es Karl dem „Großen", unter dem Mantel der Christianisierung, die hier lebenden germanischen Stämme in seine Vorstellung eines „Römischen Reiches deutscher Nationen" einzugliedern. Immerhin nahm er Impulse der hier gewachsenen Lebensform auf, indem er für den Rechtscodex seines Reiches Elemente des römischen Rechts mit Elementen des sog. Sachsenspiegels zusammenführte.

Die Geheimnisse dieser Anfangszeit verkörperte für Sigurd der „Erdraum" des Hamelner Münsters. Seine Gründung sollte der Sage nach auf Bonifatius zurückgehen. In Sigurds Phantasie spielten sich Szenen ab, mit welcher Neugier, aber auch welchem Widerstand, die frühmittelalterlichen Dorfbewohner den Mönchen mit ihren aus Rom importierten christlichen Ideen hier begegnet sein mochten. Ein gnädiger Gott? Odin und Donar schleuderten den Hammer, das hörte man doch am Donner. Auch Bonifatius traf dann der Hammer. Auch die germanischen Götter hatten ihre treuen Anhänger.

Für den Jungen war die Anwesenheit in diesem kryptischen Raum immer mit den Geheimnissen der Geschichten und Sagen seiner Entstehungszeit verbunden. Er hatte einmal gehört, dass die Mönche früher, bevor sie ihr Kloster oder eine Kirche errichteten, die geeignetste Stelle durch Ziegen ermitteln ließen. Ein halbes Jahr lang gaben sie ihnen den Platz zur Weide. Dort, wo die Tiere sich dann für ein dauerhaftes Lager entschieden, vermutete man die richtige Stelle für die ausbalancierten Energien zwischen den Kräften des Himmels und der Erde.

Die Gelegenheit, dass er eine Stunde vor der Gruppe Zugang zur Krypta hatte, nutzte Sigurd für ein Experiment. Er legte sich zwischen Altar und Vierung der letzten Säulen mit gebreiteten Armen in Form eines Kreuzes auf den Rücken. Er wollte ausprobieren, ob er, ähnlich wie die Ziegen, die Energien wahrnehmen könne, die mit diesem Platz verbunden sein sollten.

Zunächst spürte er vor allem die Kühle des Bodens und die feuchtkalte Luft. Alle Geräusche waren durch die Isolation der Erde und der fensterlosen Wände verschluckt. Ein Raum ohne Ablenkung. Eine Eremitenhöhle, in der nur der eigene Puls, der

Atem, die körperliche Wärme das Zentrum einer Belebung bildeten. Er spürte die Verletzlichkeit seines Körpers und empfand in aller Klarheit, dass dieses bisschen Leben nur durch Unterstützung zu erhalten war. Unterstützung durch Nahrung und Wärme, vor allem Unterstützung durch die Kraft der eigenen Gedanken, die sich im Bewusstsein, dass ja alles gegeben ist (aus der Luft, dem Wasser, der Wärmequelle Feuer und den Nahrungsmitteln des Landes) die lebenserhaltenden Hilfen nehmen können. Allein in unserer Verletzlichkeit und in unserem Denken liegt der Keim zu einer spirituellen Verbundenheit mit dem Kosmos, tauchte als Gedanke in ihm auf.

Mit diesen Gedanken fand er zu einem tiefen Frieden in einer Art Meditation. Sie lenkte seine Aufmerksamkeit auf seine nächste Umgebung. Der gesamte Raum lebte und beeindruckte durch seine Tonnengewölbe. Er dachte daran, wie die Menschen aus den natürlich gegebenen Gesetzen, wie z. B. der Schwerkraft, dank ihrer kreativen Phantasie zu erstaunlichen weitergehenden Erfindungen gekommen waren. Beispiel: der „römisch/romanische" Schlussstein. Ein einzelner konisch zugeschnittener Stein hält, im Kulminationspunkt angebracht, den ganzen Bogen. Weiter glitt seine Aufmerksamkeit auf die derben runden Säulen, deren Reihe die Bögen für die Gewölbekammern trug. Die einfache Logik der Verbindung machte ihm Spaß. In den Würfelkapitellen hatte diese Logik ihre greifbare Form gefunden. Die Verbindung zwischen runder Säule und viereckigem Punkt des Tonnengewölbes erschien ihm wie ein symbolisches Scharnier zwischen den Kräften von unten und oben. Wie einen in Stein ausgeführten tragenden Korb einerseits, wie eine vom Material losgelöste mathematische Inspiration andererseits empfand er dieses Element.

Kreis und Quadrat sind ja in erster Linie geistige Figuren, eine Art Schatz in der Schatzkammer unseres Denkens, die in dieser oder jener Form angewandt oder miteinander verbunden werden konnten, dachte er bei sich. *Eine Art Urform des lo-*

gischen Denkens. Der Kreis, symbolisches Zeichen für Sonne, und das Quadrat, der vier Himmelsrichtungen, als Zeichen für das Weltall, so wie er es in indianischen Zeichen oder auch in den germanischen Runen, z. B. des Sonnenrades, gefunden hatte. Das Würfelkapitell ist wie ein Korb spiritueller Kraft, in der sich Stein und Geist, Erde und Himmel, begegnen.

Es kam ihm vor, als hätte die Krypta ihm mit dieser Erkenntnis ihr Geheimnis offenbart. Es war ein Zugang zur spirituellen Kraft einer ganzen Epoche. Auf seinen späteren Reisen (vor allem nach Südfrankreich) entpuppte sich das Würfelkapitell als ein Samenkorn, von dem aus sich die romanischen und danach auch die gotischen Baumeister und Skulpteure zur Entfaltung eines vielgestaltigen Kosmos phantasievoller Vorstellungswelten inspirieren ließen. Oft wurde es zum Bilderbuch frühchristlichen Lebensgefühls in den Kreuzgängen klösterlicher Gemeinschaften. Materie und Geist, der Schlüssel zum Entwurf einer immer rasanter sich differenzierenden Vorstellungswelt und ein sehr spezieller Schlüssel zum Verständnis der vorgefundenen Schöpfung.

Liegt es an der Tradition der in Stein gehauenen Manifestation des Denkens, dass die westlichen Kulturen einen so zähen Zugang haben zu dem Element des Fließens, der Veränderung, z. B. des sich ständig verändernden Wassers, wie es für das Denken asiatischer Kulturen grundlegend ist?

Kapitel 22

KUNST – DER ERSTE FUNKE

Der Funke, der Sigurds Antennen für „Kunst" in Hameln berührte, war einer, der sich aus der Weimarer Zeit über das „III. Reich" hinübergerettet hatte in die Ära der Nachkriegs- und der Wirtschaftswunderrepublik. Sigurd erfuhr ihn in Form seines Kunstlehrers Hans Düne.

Hans Düne hatte seine künstlerische Ausbildung am Bauhaus erfahren, bevor es auf der Flucht vor den Nazis in die USA emigriert war. In Hans Dünes Studienzeit war es der „melting pot" der künstlerischen Avantgarde in Deutschland gewesen. Hier hatten sich die Freiheitsideen der jungen Generation nach dem 1. Weltkrieg getroffen.

In erster Linie war es angetreten, den Erneuerungselan des Jugendstils fortzuführen. Es ging um die Entrümpelung des Alltagslebens. Es ging darum, die Gestaltung von Möbeln, Inventar und Architektur auf den Boden einfacher und unbelasteter Formen zu stellen. Eine Absage an Repräsentation und Verschnörkelung. Damit verbunden war der Gedanke, das inspirierende Potential der Kunst auch den bisher kulturell ausgeschlossenen Gesellschaftsschichten zugänglich zu machen und zwar im Sinn einer aktiven Teilhabe in ihrem Alltagsleben. Der Alltags- und Lebensbezug der sich neu orientierenden Kultur sollte die Kunst aus der Abhängigkeit der zuvor kaiserlich-nationalen Vorgaben und Denkmuster befreien.
Dieser Impuls führte zur Auseinandersetzung zwischen zwei Lagern. Es stand zur Debatte, ob es eher um den sozialistischen

Ansatz ginge, der Bedürfnislage der Bevölkerungsmasse den Vorrang zu geben, oder eher um den individualistischen, den Bedürfnissen im Potential jedes Einzelnen Rechnung zu tragen. So fanden sich die Studierenden, wie Hans Düne und seine spätere Frau Ruth Thomaschewski, einbezogen in eine spannende brodelnde Gemengelage. Da war zum einen der Lehrer Johannes Itten, der mit seinen Studenten (indem er darauf setzte, dass eine Befreiung nur durch Bewusstseinsveränderung des Einzelnen erfolgen könne) in Anlehnung an indische und altpersische Riten mit orangegelben Langhemdgewändern durch den Campus zog, Mazdaznan-Meditationen und Krishna-Gesänge praktizierend. Da waren auf der anderen Seite die radikal sozialistischen Anhänger von Hannes Meyer, die mit der Idee einer für jedermann erschwinglichen und bedürfnisgerechten Wohnumgebung den Keim zu den späteren Architekturmodellen der „Wohnmaschine" von Le Corbusier und des „Plattenbaus" aus industriell gefertigten Modulen in der DDR gelegt hatten.

Zwischen diesen beiden Polen erlebten die Studierenden das Bauhaus als Labor einer Vielzahl unterschiedlichster Experimente und Ansätze. Es war das erste Modell einer Hochschule, bei der der Geist des Lehrens und Lernens geprägt war von der Idee, dass die besten Lösungen für die anstehenden Aufgaben in der Mobilisierung der Kreativität aller Beteiligten gefunden werden können. Dass eine solche Studienerfahrung einen ganzen Lebensweg beeinflussen kann, zeigte sich an Hans Düne.

Die Jahre unter den Nazis hatte er in der Rolle eines „Korkens" überlebt. Diese Schwimmstrategie hatte er den Lebensbeschreibungen des Impressionisten Renoir entnommen. Mit der Bemalung von Offizierscasinos mit landschaftlichen Wandbildern konnte Hans Düne sich durchschlagen. So wurde er durchgereicht, ohne sich verbiegen und ohne sich gefährden zu müssen.

Im Lehrerkollegium der Schillerschule galt er als Unikum. Mit 2 Maßnahmen hatte er dafür gesorgt, dass er den im Bauhaus erfahrenen Freiraum auch im beruflichen Alltag der Schiller-schule leben konnte. Vorgetäuscht, oder durch tatsächliche Schwerhörigkeit entlastet, überhörte er einfach den schwatz-haften Schülerlärm oder das argwöhnische Getuschel der Kollegen (typisch Korken). Zum anderen hatte er sich den Nimbus von der Narrenfreiheit des Künstlers geschaffen. Damit riskierte er zwar eine gewisse Geringschätzung der „wissenschaftlich orientierten" Kollegen, verschaffte sich jedoch den Freiraum, speziell die kreativen und kunstwilligen Schüler mit besonderen Methoden fördern zu können.

Sigurd verstand ihn sofort, wenn er bei der Erläuterung eines Bildes von Kandinsky in einer geradezu stammelnden Sprach-losigkeit landend, kurzerhand das Medium wechselte und damit demonstrierte, dass mit einer logisch erklärenden Sprache dem Kunstwerk nicht beizukommen war. Wie ein Opernsänger näherte er sich nun stattdessen dem Bild, indem er seine drei ansteigenden Schwerpunkte durch die Dreierfolge von tiefem Basston, Barriton und hohem Tenor nachahmte. Intuitiv schaffte er es so, auf tonaler Ebene nachvollziehbar zu machen, was sich der verstandesmäßigen Ebene entzog. Als Künstler machte er greifbar, was ihm als Kunstwissenschaftler nicht gelang. Für die meisten Schüler der Klasse hatte diese ungewohnte Form der Vermittlung einen Lacher, zumindest ein Lächeln, zur Folge. Sigurd empfand sie zusammen mit den anderen Kunstinteressierten als im tiefsten Verständnis folgerichtig.

Mit begeisterter Anteilnahme konnte er auch den anderen Impulsen folgen, die der Kunstlehrer in die Klasse trug. Sobald schönes Wetter es zuließ, war ein Unterrichtsgang angesagt. Bewaffnet mit Block, Stift und Farbe zogen die Schüler in die Hamelner Altstadt, wo der Lehrer ihre Aufmerksamkeit auf das Flair der mittelalterlichen Gassen lenkte. Eine entspannte und inspirierende Lernsituation war die Folge. Entlastung auch für den Lehrer; der ging von Schüler zu Schüler oder von Grüppchen zu Grüppchen und gab Ratschläge und Bestätigung.

„Knorke", war dafür sein Lieblingsausdruck.

„Einfach knorke, was ihr in euren jungen Köpfen für Ideen habt. Da merke ich richtig, wie alt ich geworden bin. Hier links könnte noch ein kleines Gegengewicht hin. Es macht nichts, wenn es in Wirklichkeit nicht da ist. Manchmal muss man eben ein wenig mogeln. Wichtig ist, dass das Bild stimmig ist, es hat seine eigene Logik. Cézanne hat mal gesagt, das Bild gibt nicht die Natur wieder, es ist eine Parallele zur Natur."

Das war Anreiz für die Arbeitswilligen. Konfrontiert mit der Übersetzung der Realszene in das Bild einer zweidimensionalen Darstellung, galt es Lösungen zu finden für Raum, Form, Farbe, Atmosphäre. Der Anspruch war, den gewohnten Anblick, anders als eine Fotografie, in ein neues interessantes Licht zu rücken.

Auch diejenigen Jugendlichen, die sich weder mit einer künstlerischen Auseinandersetzung noch mit dem Gedanken an eine Zensur im Fach Kunst beschäftigen wollten, fanden ihre (vom Lehrer) geduldete Nische. Sie nutzten die Zeit des Unterrichtsgangs für andere elementare Erfahrungen. In der Osterstraße hatte vor kurzem die erste italienische Eisdiele aufgemacht. „Monte Pelmo". Sie war in Windeseile eine Institution geworden. Noch bevor die Hamelner Schulen zur Form einer Koedukation fanden, hatte sich hier für das Mädchen-Lyceum und das Jungen-Gymnasium der koedukative Treffpunkt entwickelt. Im Verhältnis zu den dortigen „ästhetischen Erfahrungen" fiel für manche Schüler die ästhetische Erkundung der Altstadtgassen eher spärlich aus. Es war der Toleranz von Hans Düne zu verdanken, dass er den Impulsen dieser selbstbestimmten Erkundung zwischen den Geschlechtern auch einen durchaus berechtigten Erziehungswert beimaß.

Ein spektakuläres Unterrichtserlebnis wurde es wieder einmal, als Hans Düne mit zwei lebenden Hähnen in die Unterrichtsstunde kam. Kaum aus ihrem Käfig befreit, flatterten sie, im

Bemühen, sich in der ungewohnten Umgebung zu orientieren, hierhin und dorthin. Vom Pult zur Fensterbank – landeten auf einem Schülertisch oder gar im Pullover eines der Jungen. Die Aufgabe bestand darin, für die Bewegungen der gefiederten Derwische eine adäquate Umsetzung mit Pinsel und schwarzer Farbe oder Pittkreide auf das Papier zu zaubern. Es ging um Tempo des Auges und die reaktionsschnell hingeworfene Wiedergabe der wahrgenommenen Formen. Das Spreizen der Flügel, das Nachflattern der Schwanzfedern, die aufgeplusterten Daunen unter dem zusammengeduckten Körper, der Speedline-Schweif beim schnellen Flug und das Ausfahren der Krallen bei der stoppenden Landung. Eine Vielzahl von Bildmotiven wollte erfasst und mit spontaner Leichtigkeit festgehalten werden. Gebannte Aufmerksamkeit, die ganze Klasse im Hier und Jetzt.

Es war klar, dass das nicht ohne Stühlerücken, ohne Zuruf, Lachen und Lärm zuging. Die Kunststunde war zur erregten/erregenden Performance geworden. Erregt, ja aufgeregt war auch jemand anders. Mit rotem Kopf und Wutgeste stürmte der Lehrer der darunterliegenden Klasse zum Protest herein. Gegenüber der vorgefundenen Situation musste er streiken. Durch den „hohen Grad artifizieller Komplexität der Aufgabenstellung" (so musste er einsehen) war das Geschehen abgesichert. Narrenfreiheit der Kunst eben. Für manchen Schüler, so auch für Sigurd, hinterließ das Erlebnis einen Geschmack von der ernsthaften und wirksamen Freiheit der Kunst.

Intensiver wurde dieser Geschmack, als sich so etwas wie eine private Freundschaft zwischen Lehrer und Schüler entwickelte.

So wie es ein Naturgesetz aller Lebewesen von der einzelligen Pflanze bis zu den hochkomplexen Tierorganismen ist, ihre Eigenschaften und Erfahrungen an die nächste Generation zu vererben, so scheint das auch für einen anderen Bereich zuzutreffen. Wie unter einem unbewussten Impuls scheinen die geistigen sowie die spirituellen Eigenschaften und Erfahrungen, die zum Überleben nützlich waren und ihm Sinn und Glück gegeben haben, zur Weitergabe an empfangsbereite Nachkommen zu drängen. Dogmatisch vermittelt kann das zu schwerwiegenden Konflikten führen, als Angebot vermittelt, wird es ein Pool der Bereicherung.

Hans Düne verstand seine Weitergabe als Angebot.
So lag es nahe, dass er mit dem Gespür für das keimende Potential des Kollegensohnes, vielleicht auch in Kenntnis des kunsthemmenden zweckorientierten „Pragmatismus" seines Elternhauses, Sigurd kurzerhand zu einem Besuch zu sich nach Hause einlud. Er wollte ihm Bilder von sich und bekannten Künstlern zeigen.

Familie Düne bewohnte in einer Neubausiedlung am Basberg, dem hügeligen Nordrand von Hameln, ein Einfamilienhaus auf kleinem Grundstück. Äußerlich war es ähnlich den nachbarlichen „Musterhäusern" der gesamten Siedlung, die wegen fehlender Eigenheiten dem Besucher immer solche Verwechslungsschwierigkeiten machen.

Doch welche Überraschung war es für Sigurd, als sich nach schüchterner Begrüßung die Haustür hinter ihm geschlossen hatte. Vor ihm tat sich ein Anblick auf, den er von außen nicht für möglich gehalten hatte. Der Garten Eden lag in Hameln. In Form eines Innenhofes war ein Gärtchen mit Bambus und weiteren Pflanzen, mit Zonen aus Feld- und Kieselsteinen, mit einem kleinen Teich mit Springbrunnen und von oben einfallendem Licht angelegt. Ein Rundgang drumherum führte zu den einzelnen Räumen. Mitten im „Spießerhäuschen" des Siedlungsstils tat sich eine Welt von lichtdurchfluteter Freiheit auf. Die ganze Anlage war ein Hinweis darauf, wie die Dünes ihre Vorstellung einer freiheitlich orientierten Lebensart in der Umgebung der kleinstädtischen Nachkriegsgesellschaft zu schützen und zu verwirklichen verstanden (Korken).

Erst viel später lernte Sigurd den Begriff des Atriumhauses, im Zusammenhang seines Studiums und im Zusammenhang der Erkundung der Provence kennen. Dort in Glanum bei St. Remy-de-Provence kam ihm bei Besichtigung der römischen Ruinengrundrisse und den Rekonstruktionen antiker Villen Dünes Haus wieder in Erinnerung. Auch dort war es so offensichtlich: Schutz nach außen – freies, natürliches und lichtorientiertes Leben nach innen. Und so wie bei den mediterranen Villen aus römischer Zeit die Wände oft mit Freskomalereien junger anmutiger Frauen die gelassene heitere Lebensart unterstützten, so auch an den Wänden von Dünes Innenhof.

Sowohl in Ölmalereien von Hans Düne als auch in Holzschnitten seiner Frau Ruth Düne-Thomaschewski war das fröhliche und freizügige Heranwachsen ihrer vier Töchter zum Thema gemacht. Entsprechend freizügig hüpften die Töchter im Haus umher. Sigurd begegnete, vor dem Hintergrund seiner eigenen häuslichen Erziehung, diesem Einblick in das Familienleben zunächst mit Scheu. Erst später konnte er darin die Fortsetzung des Geistes jener Künstlerkolonien der Expressionisten wie Ahrenshoop erkennen, wie er sie in Bildern von Otto Müller, Erich Heckel, Ludwig Kirchner und Karl Schmidt-Rottluff fand. Wie die Kommune der Brüder Graser mit Erich Mühsam und seinen Mitstreitern auf dem ‚Monte Verita' am Lago Maggiore in den 20er Jahren, hergeleitet aus Jugendstil, Wandervogel, FKK-Bewegung und Dadaismus, hatten diese Projekte eine Spur hinterlassen, aus der die Dünes aus der nicht verlöschten Glut eine Fackel in die Nach-Hitler-Zeit trugen. Die Zeit für eine Öffentlichkeit dieses Keimlings war noch nicht gekommen, nur in familiärer Geborgenheit war er zu leben.

Im Rahmen der einladenden Sitzrunde zwischen Bambus und Plätschern (wie in Rio), mit warmem Tee und vertrauter Nähe in den Gesprächen über Kunst, über seine und Dünes Bilder, fand er Eingang in Sigurds Herz.

Hier wusste er, hatte er einen gleichgesinnten Freund auf vertrautem Boden gewonnen. Die Freundschaft hielt lange. Bei manchem Besuch in Hameln zu Zeiten seines Studiums oder seiner Lehrtätigkeit besuchte ihn Sigurd. In Dünes häuslichem Garten Eden saßen sie dann, zeigten sich ihre jüngsten Arbeiten und tauschten sich über Entwicklungen in der Malerei aus. Nach dem Tod seiner Frau und nachdem die Kinder aus dem Haus und er pensioniert war, besuchte Düne den jungen Kollegen ab und zu in seinem Atelier in Hannover. Hans war für Sigurd ein wichtiges Vorbild, von dem er die weitergereichte Fackel gerne annahm.

Mit zunehmendem Alter nistete sich bei dem vereinsamten Lehrer die Schlange Depri ein. Den größten Teil seines Lebens hatte er mit den 5 Frauen zusammen und für sie gelebt. Sie waren sein Lebenselixier gewesen, seine beflügelnden Musen. Nun ließ er die Flügel hängen.

Er drückte es so aus:

„Ach, weißt du, Sigurd, wenn ich keinen Anlass habe, morgens aufzustehen und mich zu rasieren, ist der Tag schon im Eimer."

Sigurd versuchte ihn aufzumuntern.

„Du hast doch deine Malerei und die vielen Bewunderer deiner Kunst in Hameln, du hast die ‚arche' und die Künstlerkollegen dort."
„Ach, das siehst du falsch", war seine Antwort, „seitdem der alte Seutemann gestorben ist, mit dem ich die Künstlergruppe mal gegründet hatte, machen sich nun andere dort breit und es gibt nur noch Querelen."
„Aber du hast trotzdem noch deine Arbeit", hielt Sigurd dagegen. „Ich seh noch die wunderbaren Bilder vor mir, die du am Süntel mit dem Blick auf Welliehausen gemalt hast. Dieses tolle Arrangement der farbigen Dächer, gesehen durch die dunklen verschränkenden Buchenstämme davor, eine gelungene Erfindung. Und du hast dein Haus, das mir immer wie ein Garten Eden erschien."

„Ja, da hast du Recht", entgegnete er, „aber was ist ein Paradies, wenn man nicht mal den verdammten Apfel mit jemand teilen kann."

Hans Düne hatte Sigurd auf den Weg gebracht. Er war der erste, von dem er sich gesehen, seinen kreativen Drang in die Welt anerkannt gefühlt hatte. Nun lernte er von dem Kollegen auch noch durch seinen Freitod, den er bei einem Besuch seiner Tochter in Hamburg gesucht haben soll:

Es ist nicht die Berühmtheit und die Bewunderung der anderen für die eigene Kunstproduktion, die einen trägt und Erfüllung bringt.

Es ist die Liebe anderer Menschen, vor allem auch die Liebe zu anderen und zu sich selbst. Und es ist die Gnade, tatsächlich im Paradies angekommen und ungeteilt, als Teil dieses Mysteriums, im Universum geborgen zu sein.

Doch zu dieser Erkenntnis bedurfte es für Sigurd noch einen langen Weg innerer Entwicklungen.

Kapitel 23

KONVENTIONEN – NEST ODER BEGRENZUNG?

Zusammengeduckt saß er in dem engen Unterschlupf, eingequetscht, hinter dem Rad verborgen. Der Regen prasselte wie aus Eimern um ihn herum. Bei jeder Sturmböe bekam Sigurd ihn trotz seines Verstecks ins Gesicht geschleudert. Blitz und Donner ließen ihn zusammenzucken. Vor ihm war der Regenvorhang so dicht, dass er nur schemenhaft den Platz mit den gegenüberliegenden Wagen erkennen konnte. Ein graues Unterwasserpanorama.

Schließlich ließ das heftigste Gepladder nach. Doch nun, nachdem das Peitschen und Grollen des Gewitters sich in die Ferne verzogen hatte, löste sich von der gegenüberliegenden Seite der Wagenburg ein grauer Schatten und kam wie ein Pfeil auf sein Versteck zugeschossen. Pfützen stiebend, in fliegenden Sätzen stürmte ein großer wolfsähnlicher Schäferhund über den braunen Platz und bezog wild kläffend Stellung vor Sigurds Versteck.

Der hatte dieses einzige trockene Plätzchen noch kurz vor dem Wolkenbruch erreicht. Dass es unter dem Wagen eines Zigeuners lag, störte ihn nicht. Dass die Zigeuner (oder wie man heute sagen würde: das Volk der Sinti und Roma) ihr Lager hier gegründet hatten, gefiel ihm. War es doch ein Zeichen für die Anziehungskraft des Ortes, durch den seit Jahren sein Weg zu „seinem" Eichenbaum im Schlehendickicht mit dem Neuntöternest führte. Von diesem, seinem, Refugium lag es noch weit genug entfernt. Von hier aus verlief der Weg durch weitere versteppte Wildnis und durch undurchdringliche Brombeer- und Schleheninseln Richtung Wald hinauf. Es war eine kaum betretene Gegend. Flankiert wurde sie auf der einen Seite durch das Engländercamp, auf der anderen von einer Schrebergartenkolonie. Überrascht hatte Sigurd die Wagenburg vor einiger Zeit entdeckt, als er den Neuntötern mal wieder einen Besuch abstatten wollte. Sein Schleichpfad führte genau am Rande der Senke vorbei.

Die Neugier für alles Ungewohnte und Fremde hatte ihn auch heute wieder hierhergetrieben. Schon allein die Anordnung der Wohnwagen (im Stil von Bau- oder Zirkuswagen) rief in ihm Bilder der Pioniertrecks hervor, wie er sie in Steubens Indianergeschichten beschrieben gefunden hatte. Wie eine Wagenburg waren sie um den braungelb versteppten Platz zwischen den Hügeln angeordnet.
Die typische Form eines Schutzringes.

In seinem zunehmenden Eifer für die Malerei hatte Sigurd sich angewöhnt, einen Rucksack mit Block und Malutensilien bei sich zu tragen. Mit dem Drang zur Erkundung und der Freude an der malerischen Umsetzung sammelte er die sich bietenden Motive seiner Umgebung Bild um Bild in seinem Block. Vom Rande der Senke aus hatte er sich heute das Zigeunerlager als Motiv vorgenommen.

Dann plötzlich der Wetterwechsel. Angesichts des aufziehenden Gewitters war er besonders darauf bedacht, seinen Malblock zu schützen. Durch die ständigen Streifzüge in der Hamelner Umgebung wusste er, dass die aus dem Wesertal heranstürmenden schwarzgrauen Wolken gleich eine Regenflut über ihm ausschütten würden. Als nächste Zuflucht war nur die Wagenburg zu erreichen. Gleichsam mit dem ersten Blitz und dem ersten Donner, der die Wolkensäcke aufriss, wurde er hinter das Rad des nächstgelegenen Wohnwagens gespült. Eng, aber trocken. Sein Block und Rucksack waren geschützt.

Nun, nach dem Regen, entlarvte sich sein Versteck als alles andere als eine sichere Zuflucht: vor ihm die bellende geifernde Bestie. Ihr Kläffen lockte die anderen. Einer nach dem anderen kamen sie angeprescht, sowohl aus ihren Verstecken unter den Wagen hervor, aber auch aus den Türen, die sich nun klappend Schlag um Schlag öffneten. Nicht nur einer ohrenbetäubenden Lärmattacke sah sich der Junge gegenüber, sondern auch einer Phalanx zähnefletschender Mäuler. Er war heilfroh, dass er eine Rückendeckung unter dem Wohnwagen hatte und versuchte mit Füßen und Rucksack den Zugriff der Bestien abzuwehren. Besondere Angst, stellte er erleichtert fest, hatte er nicht. Hatte er doch selbst jahrelang einen Schäferhund in der Schillerstraße gehabt und wusste mit Hunden umzugehen. Doch mit einer ganzen Meute, wie dieser hier, hatte er noch keine Überlebenserfahrung.

Gottlob näherten sich nun auch schimpfend, brüllend und neugierig palavernd die Bewohner der Wohnwagen. Sie riefen die Hunde zurück. Eine Schar Kinder hatte im Nu Sigurds Unterschlupf umringt, sie bildeten zwischen ihm und den Hunden eine Art Pufferzone. Im Handumdrehen war er zum Mittelpunkt ungläubiger Neugier geworden. Die Kleinsten standen mit großen unbefangenen Augen vor ihm, die größeren Kinder hielten sich misstrauisch im Hintergrund.

Doch nun wurden die Kinder von einer Gruppe dunkelhäutiger, erwachsener, schwarzhaariger Burschen mit rassigen Gesichtern zur Seite gedrückt. Sie kamen mit eindeutig feindlichen Drohgesten auf Sigurd zu. Außer barschen, aggressiven Rufen sah er sich einem geöffneten Schnappmesser gegenüber. Er konnte sich nur noch weiter in seinen Unterschlupf unter dem Wohnwagen drücken. Bedrohlicher erschienen sie ihm als die sich im Kläffen überbietende Hundebande.

Seine Befreiung aus der misslichen Lage kam in Form einer rundlichen Zigeunermami. Offensichtlich gelang es ihr, ihren

Stammesgenossen klarzumachen, dass das, was bei Ihnen dort in der Mausefalle saß, selbst noch ein halbes Kind war. Sie zog den Jungen hervor und führte ihn zu einem Wagen mit besonderen Verzierungen.

Das war vermutlich der Wohnwagen des Sippenführers. Tatsächlich verrieten die Gesten der Frau, der schwarz-wilden Burschen, der Kinder, ja, sogar die devot-gekrümmte Haltung und der respektvolle Abstand der Hunde, dass hier offensichtlich der Chef wohnte. Er hatte selbst schon, gelockt vom Tumult auf dem Platz, die Tür weit geöffnet. Wie einen abgeführten Delinquenten zog er Sigurd am Ohr in seinen Wagen und unterzog ihn einer halb misstrauischen, halb drohenden Befragung.

„Was hast du hier zu suchen? Was wolltest du stehlen, hier gibt es nichts für dich.
Du hast Glück, dass die Hunde dich nicht zerrissen haben."

Sigurd erzählte, dass er keinen anderen Unterschlupf vor dem Gewitter gefunden hätte. Als Beweis für seine Harmlosigkeit zog er den Malblock hervor, den er vor der Nässe ja hätte schützen müssen. Der „Chef" nahm ihm den Block aus der Hand und inspizierte ihn. Mit Schreck musste Sigurd wahrnehmen, wie seine Mimik sich verdunkelte und er in aufsteigendem Unwillen kurz davor war, die Blätter zu zerreißen. Die Zeichnungen und die Malereien von der Wagenburg gefielen ihm offensichtlich absolut nicht.

Oh, ein strenger Lehrer, dachte Sigurd und wandte ein, dass die Bilder ja in ziemlicher Eile entstanden seien. Sie hätten eher den Charakter von Studien und seien dazu gedacht, sie zu Hause zu verbessern.

Doch im Verlauf des weiteren Wortgeplänkels musste er erkennen, dass die bedrohlich aggressiven Einwände des „Chefs" sich nicht aus dem ästhetischen Missmut eines Kunstkenners herleiten ließen.

„Warum malst du so was? Warum gerade uns? Hier hast du nichts zu suchen. Geh lieber und mal eine schöne Villa oder einen Palast."

War das sein ästhetisches Leitbild?

Allmählich wurde Sigurd klar, dass er ihn für einen Spion hielt, der nur das Lager auskundschaften wollte. Offensichtlich hatte er schlechte Erfahrungen mit dergleichen gemacht. Die Hitlerzeit lag erst 8 Jahre zurück.

Doch Sigurd wusste zu dieser Zeit nichts von der Verfolgung der Sinti und Roma unter den Nazis. Auch kannte er noch nicht diese Bezeichnungen für das seinerzeit gängige Wort Zigeuner.
  Für ihn waren es Fremde und spannend Unkonventionelle, die seine Neugier geweckt hatten. Besonders das Arrangement eines einfachen Lebens in Beziehung zur umliegenden Natur fand er spannend und animierend.

Nachdem sich die Befragung ausgeplänkelt hatte und der Regen wieder einsetzte, nahm die Zigeunermami Sigurd bei der Hand und zog ihn mit sich hinüber zu ihrem eigenen Wagen. Die jungen Männer, auch die Kinder und Hunde, hatten sich weitgehend verstreut. Sigurd war dankbar für die Zuwendung der Frau und für einen besseren Schutz vor dem Regen als unter dem Wagen.

Es ging ein paar Stufen hinauf. Durch die geöffnete Tür offenbarte sich das Innere des Wohnwagens. Sein Blick fiel auf einen niedrigen Tisch mit Samowar und einer Runde kleiner Teegläser. Dahinter konnte er in der Dunkelheit des Raumes im Gegenlicht eines kleinen Fensters einen Haufen zusammenhockender Menschen erkennen. Mehrere Frauen verschiedenen Alters in bunten zusammengewürfelten Trachten und eine Schar Kinder durch alle Altersgruppen hindurch. Der Familienvater schien abwesend zu sein. Der einzige erwachsene Mann war der Bursche, der vorhin mit den anderen auf ihn losgegangen war und nun neben ihm und der Mutter verharrte. Er hatte lange schwarz gelockte Haare, passend zu schwarzem Hemd und Hose, ein markantes Profil, einen dunklen Teint und aufmerksame schwarzbraune Augen.

So wie er ihn vorhin mit den anderen erlebt hatte, war er für Sigurd ein Symbol für Wildheit, so wie die Wildheit einer Raubkatze, die man zwar fürchtet, doch deren drahtige und ungezähmte Kraft einem Bewunderung und Respekt abfordert. Er mochte diesen Typen. Der übernahm nun auch die Übersetzung. Er schien sich am besten in der deutschen Sprache bewegen zu können. Die Mutter hatte sich inzwischen zu den anderen gesellt und auf einer der Matten Platz genommen. Man saß auf Kissen, Polstern und Teppichen. Unter den Frauen hatte sich ein aufgeregtes Palaver entwickelt, unterbrochen nur von der Aufmerksamkeit, die sie ab und zu den Kindern widmeten.

Sigurd wurde genötigt, noch einmal seinen Block mit den Bildern vorzuzeigen, und anders als beim „Chef" lockten sie bei den Frauen Aufmerksamkeit und eine gewisse Bewunderung hervor. Auch die Kinder guckten neugierig und schienen sich über die Unterbrechung ihres Alltags zu freuen.

Nachdem die Mami den anderen Frauen den Vorfall geschildert hatte, wandte sie sich an ihren ältesten Sohn, der immer noch neben Sigurd stand. Sie machte ihm ein Zeichen, dass sie sich doch setzen sollten. Der Sohn übersetzte dies und auch die Einladung zu einem Glas Tee.

Es war für Sigurd etwas ungewohnt, auf dem Bodenkissen und dem Teppich Platz zu nehmen. Er wusste nicht, wo er die Beine lassen sollte, zumal ja alles sehr eng war. Er ließ seinen Blick durch den Raum wandern. Zwei sich verschränkende Wandteppiche verrieten den Zugang zu weiter hinten liegenden Zimmern. Alle Wände waren mit Teppichen behängt und eine Ecke war, wie bei einem Hausaltar, dem Bild der „schwarzen Sarah", in Silber gepunztem Rahmen vorbehalten. Drum herum hing ein Arrangement von allerhand buntem Zierrat, Fotos, Bildchen und

Zetteln. Sigurd erfuhr, dass das die Heilige ihres Stammes sei, eine Begleiterin der Maria Magdalena in frühchristlicher Zeit.

Die Mutter hieß ihren Sohn für den jungen Fremden etwas zu übersetzen, das sie wohl für eine wichtige Information hielt. Ein wenig machte ihm ihre Erläuterung die aufgeregte Reaktion auf sein „Eindringen" verständlicher.

Der Platz unter den Wohnwagen sei ein ähnlicher Platz wie der im Wagen selbst. Der Raum im Wagen sei eben sehr beschränkt. Es sei sogar so, dass eine Frau, die ein Kind bekommt, dieses unter dem Wagen entbindet. Von daher sei das eine Art heiliger Ort. Das gehöre zu ihrer Kultur. Auch wenn eine Frau ihre Regel habe, dürfe sie z. B. nicht das Essen vorbereiten, das gelte als unrein. Als sie Sigurds Erstaunen von seinem Gesicht ablas, ergänzte sie: Doch mit der Entbindung unter dem Wohnwagen sei die Frau ja nicht allein, andere Frauen aus der Familie hälfen ihr und sie habe mehr Ruhe als im engen Wohnwagen, wo sich die anderen und die Kinder aufhielten. Es gebe ja keinen speziellen Wagen für Geburt, Krankheit und Pflege. Alles spiele sich im engen Kreis der Familie ab.

Was Sigurd zunächst als entwürdigend erschienen war, nämlich die Geburt unter den Wagen zu verlegen, schien ihm auf diese Weise einleuchtend. Ein Zeichen für die Verbundenheit zur Natur. Bekamen nicht auch die Tiere ihre Jungen an geschützten Plätzen der freien Wildbahn?

Die aggressive Reaktion auf sein „Eindringen" konnte er nun zuordnen. Es war ja so, als hätte er sich ohne Anmeldung bei ihnen im Wohnzimmer breit gemacht. Es war verständlich, dass sie mit der ungezähmten natürlichen Wildheit von angegriffenen Tieren antworteten, und er war weiterhin fasziniert von der rassigen Ausstrahlung des erwachsenen Sohnes. Er fühlte sich wohl in dieser Umgebung, die ihn mehr an das Leben seiner früheren Leitbilder wie Tarzan, Marion und Tecumseh erinnerte als an das wohlgeordnete, regelhafte Alltagleben seines eigenen Daseins.

Der Regen hatte inzwischen nachgelassen. Mit dem überraschenden Einblick in eine ihm fremde Kultur lief Sigurd empathisch beseelt nach Hause. Wie Trophäen zur Erinnerung an das bedrohliche und doch bereichernde Erlebnis pinnte er seine Skizzen an die Wand seiner Butze. Angelehnt an den Malstil von Max Beckmann machte er sich am nächsten Tag an die Arbeit eines großen Ölbildes zum Thema „Zigeuner mit ihren Wagen".

Als seine Mutter beim Bettenmachen und Aufräumen in seinem Zimmer das Bild sah, reagierte sie mit der Frage:

„Warum malst du denn so was? Bei uns in Berlin auf dem Pferde-Ausspann-Hof meiner Großeltern Kleinschmidt hieß es immer: ‚Die Zijeunersche kommen, bringt die Wäsche ins Haus.' Nicht, dass es bei den Großeltern aussah wie bei ‚Zille sin Miljöh', aber die Wäsche wurde nun mal auf dem Hof getrocknet, und manchmal fehlte eben ein Stück oder ein Huhn, wenn Zigeuner da gewesen waren. Aber wir hatten ja auch Ukas, meinen heiß geliebten Schäferhund, der passte auf."

„Ja, mit Schäferhunden hatte ich auch gerade zu tun", kommentierte Sigurd.

Bei sich dachte er:

Warum spricht sie mit solcher Ablehnung von den Zigeunern? Warum betont sie das Trennende, das Andere? Als wäre es etwas Feindliches? Ist es nicht eher interessant und gibt es nicht etwas, was uns verbindet. Das Fremde macht mich neugierig. Sind wir nicht trotzdem nahezu gleich? Und ist es nicht spannend, zu erfahren, wie andere leben?

Jeder hat nur eine andere Art von Nest um sich gebaut. Doch deren Kern sind die Familie und der Zusammenhalt.

Im Grunde erlebte er die Ablehnung seiner Mutter gegenüber den Zigeunern nicht anders als das Verhalten der Zigeuner ihm gegenüber.

Wie kann man zu gegenseitigem Verständnis und Freundschaft kommen, wenn jeder einen Zaun um sich bildet und den anderen nicht hereinlässt?

Der Zaun im Kopf erschien ihm als das gegenseitige Hindernis.

Kapitel 24

KUNST – DER ZWEITE FUNKE

War Hameln durch seine Rattenfängersage und durch den Weserhafen schon ein wenig mit Reisenden vertraut, so sprengte der Zuzug von Fremden zu Ende des Krieges doch die geläufige Zumutbarkeit. Manch anstößiges Sandkorn quietschte im idyllischen Getriebe der Fachwerk- und Renaissancekulisse. Sigurd fühlte sich eher zu den Sandkörnern hingezogen als zu den Altbackenen. Sie buken nicht nur die traditionellen Hamelner Ratten zur Deko für die Auslagen ihrer Geschäfte, sie stempelten sich auch das Markenzeichen „Hamelner" auf die Stirn, im Gegensatz zu den neu zugezogenen „Hamelensern".

Sigurd hatte schon früh ein feines Gefühl für die Schwingung, die diese Unterscheidung begleitete. Ihm war es unangenehm, wenn seine Eltern beim Einkauf vom alteingesessenen Geschäftsinhaber ins Hinterzimmer gebeten und dort mit Preisnachlässen hofiert wurden, weil der sich das Wohlwollen des Studienrats für seine Söhne am Schiller-Gymnasium sichern wollte.

Sigurd waren die Unangepassten, die Unnormalen, die Exoten und Eigensinnigen lieber. So lag es nahe, dass er Bekanntschaft eher mit solchen schloss, die nicht der 100-jährige Treibsand der Weser, sondern die Nachwehen des kurzlebigen 1000-jährigen Reiches in die Stadt geweht hatte.

Zu ihnen gehörte diese faszinierende Frau. Dunkelhaarig, glatt zurückgekämmt, zwischen 40 und 50 war sie, als Sigurd sie in Hameln kennen lernte, grau-weiß und immer noch zurückgekämmt, als sie fast 100-jährig die Erde in Pretz verließ.

Frau von Tschirnhaus war die Mutter eines Jungen, der, einige Jahre jünger als Sigurd, in die Jungenschaft eingetreten war. Michael und Sigurd verband ein gleiches Interesse an Natur, Tieren, speziell Ornithologie und die Neugier an Entdeckungen. So war es kein Zufall, dass sie zusammenkamen und Sigurd, nach der ersten Fühlungnahme, in Person der Mutter spannende Ausblicke in die Welt der Kunst im Berlin der Vornazizeit erlebte.

Der erste Anlass der jahrelangen Freundschaft mit Frau von Tschirnhaus und ihrer Familie war ein Original von Paul Klee an der Wand in ihrer Wohnung. Eine DIN-A4-große Monotypie mit dem Titel „Der Seiltänzer". Der Bauhauskünstler hatte sie als Anspielung auf die unsicheren Zeiten kurz vor 1933 ediert. Es war nicht das einzige Kunstwerk in ihrer Wohnung, und es war vor allem ihre Haltung zu den Bildern, die Sigurd beeindruckte. Sie hingen nicht des Geldwertes wegen, sozusagen als Aktiendepot dort. Mit jeder der Arbeiten, von Karl-Otto Götz oder einem Hildesheimer Künstler namens Dix und eben dem „Seiltänzer" von Klee verband Frau von Tschirnhaus ein persönliches Erlebnis mit dem Künstler. So wurde ihre Wohnung auf der anderen Seite der Weser, nahe der Brücke, zur häufigen Anlaufstelle für Sigurds kunstgierigen Wissensdurst. Bei jedem Teetreffen erfuhr er neue spannende Dinge über das Zusammentreffen von Frau von Tschirnhaus mit einigen der bekanntesten Künstler aus Deutschland.

Der Krieg hatte, wie bei Millionen anderen Biografien in Deutschland, einen Riss durch ihre Lebensplanung gesetzt. Vor dem Krieg war ihre Wohnung in Berlin- Charlottenburg eine Art Künstlertreff in der Zeit der faschistischen Verfolgung gewesen. Sie erzählte, wie die Besucher oft abends durch das Nachbarhaus über das vorspringende Blechgesims, das die Dächer beider Häuser verband, bis zum Mansardenfenster ihrer Wohnung vorgedrungen und per Klopfzeichen Einlass gefunden hatten. So hatten sie unentdeckt der Verfolgung von SA-Trupps entgehen und sich zum Austausch mit Gleichgesinnten einfinden können. Dieser Treffpunkt hatte als ungefährlich gegolten, weil ihr Mann als Meldekurier für die deutsche Wehrmacht unterwegs gewesen war. Wie viele des Adels hatte er sich nicht aus faschistischer, sondern aus patriotischer Gesinnung zur „Pflicht für das Vaterland" aufgerufen gefühlt und hatte diesen Widersinn kurz vor Kriegsende mit dem eigenen Leben bezahlt.

So hörte Sigurd zum ersten Mal die Namen Otto Dix, George Grosz und anderer Künstler der damaligen Berliner Szene. Er erfuhr vom eher scheuen Auftreten Paul Klees, der wegen seines Berliner Kunsthändlers oft in der Stadt weilte. Mit den lebendigen und anschaulichen Erzählungen von Frau von Tschirnhaus konnte sich Sigurd ein Bild machen vom Aussehen und Gehabe der Künstler, von den Diskussionen über Widerstand und Emigration und die schließlich nur noch im Untergrund mögliche künstlerische Arbeit.

Zur Begründung ihres Wohnungswechsels nach Hameln berichtete Frau von Tschirnhaus über ihre seit der Kindheit erlebte Verbundenheit mit dieser Region in Niedersachsen. Als privilegierter Landadel (sie war eine geborene von Alten) besaßen ihre Eltern das Gut Posteholz, etwa 25 km von Hameln entfernt, im hügeligen Weserbergland. Das war das Paradies für die 5 Geschwister, die Eltern und die Großeltern während der Sommer gewesen. Die Winter hatte die Familie in einer Stadtvilla in Hannover verbracht. Dort waren die Kinder entsprechend ihren Fähigkeiten und Neigungen durch Hauslehrer, mit besonderer Vorliebe für Instrumentalmusik, unterrichtet worden. Mit dieser Mischung aus „vita rustica" mit ländlicher Naturerfahrung und städtischer Kultur war Frau von Tschirnhaus in einem von ihr hochgeschätzten idealen Verhältnis von Erdverbundenheit und internationaler Kultur herangewachsen.

Es war die Zeit, als Künstler wie Kurt Schwitters und die Dadaisten die Diskussionen der saturierten Verwaltungsstädtler aufmischten. Es war die Zeit, in der aufregende Bilder von Käthe Kollwitz gezeigt wurden. Und es war die Zeit, in der, ergänzend zum klassischen Repertoire, Gerhard Hauptmanns Bühnenstücke die sozialen Unterschiede zur öffentlichen Debatte machten. Den solcherart erfahrenen Fundus aus der Spannung beider Pole wollte Frau von Tschirnhaus ihren eigenen Kindern Michael und Johanna weitergeben.

Der Krieg hatte vieles verändert. Die hannoversche Stadtvilla war, wie auch ihr Mann, dem Krieg zum Opfer gefallen. Doch lebten Mutter, Schwester und Bruder noch weiterhin auf dem Gut Posteholz und sie selbst besaß ein Fachwerkhaus mit Grundstück zur Feldmark hin in eben diesem Dorf. Um als Kriegerwitwe sich den Beistand der elterlichen Familie zu sichern, aber mit den Kindern auch am städtischen Leben teilnehmen zu können, hatte sie zudem die Wohnung in Hameln erworben.

Ihr Bauernhaus in Posteholz wurde auch für Sigurd im Lauf der Zeit bis zum Abitur ein begehrtes Domizil. In manchen Ferien hatte er sich die Taschen voller Bücher aus der Hamelner Stadtbücherei gepackt und war für 2 Wochen mit dem Rad nach Posteholz gezogen. Angeregt von seinem Griechischlehrer Brandes hatte es ihm der Entwicklungsstrang angetan, wie es von dem Mythos der Orestie über die dramatischen Bearbeitungen von Phrynichos, Aischylos, Euripides und Sophokles zum aktuellen Theaterstück „Die Fliegen" von Sartre gekommen war. Das Lesen in der Stille und die Eigenständigkeit taten ihm gut. Es war eine Zeit der Konzentration und der Selbsterfahrung.

Allein fühlte er sich nicht. Fast konnte er hier leben wie sein Vorbild aus dem Buch „Mario und die Tiere". Eine kleine Katze gehörte zum Haus, und während er im Garten oder im Haus über den Büchern hing, lag sie schnurrend in seiner Nähe. Ja, fast wie ein Hund begleitete sie ihn, wenn er bisweilen ins Tal zum Gut hinunterging, um sich dort mit Eiern und Milch zu versorgen. Ab und zu kam auch Frau von Tschirnhaus selbst mit ihren Kindern Michael und Johanna nach Posteholz, um nach dem Rechten zu sehen und ihrer Familie einen Besuch auf dem Gut abzustatten.

Durch ihre Vermittlung war Sigurd auf dem Gut jederzeit gern gesehen und konnte sich ein Taschengeld verdienen, indem er dem Gutsherrn Sigi von Alten beim Aufforsten der Wälder oder beim Ernteeinsatz half. Vieles wurde noch von Hand gemacht. Bei der Ernte war dann jeweils eine ganze Crew von Helfern aus dem Dorf zugegen, um das Stroh zu bündeln, Garben aufzustellen, Kartoffeln aufzulesen und anderes mehr. Teamwork und Kartoffelfeuerromantik. Zur Vesper kam dann zur Versorgung aller ein Trupp mit Essen vom Hof aufs Feld getuckert. Abschließend gab es den obligatorischen mit Zucker bestreuten Hefekuchen. Ein Holzgestell mit Griffen, auf dem sich etwa 10 solcher Kuchenbleche stapeln ließen, gehörte zur Ausrüstung jeder bäuerlichen Großfamilie. Zur Vesper fand sich auch der Gutsherr ein, um den Verlauf der Feldarbeit zu besichtigen.

Dessen vornehmliches Hobby war jedoch eine Fasanenzucht. Dafür waren große Volieren im Gutspark angelegt worden. In den Wäldern ringsum ausgewildert, bildeten sie einen sich von Jahr zu Jahr vermehrenden Fundus an Beute für die Jagdleidenschaft von Sigi von Alten und seine Jagdfreunde.

Für Sigurd verband sich diese noch ursprüngliche Agrarwirtschaft mit Bildern, wie er sie später auf den Gemälden von Pieter Breughel wiederfand. Bis auf den Einsatz von Traktoren hatte sich in der Bewirtschaftung noch nicht so viel geändert. Vieles war noch wie zur Zeit der Handarbeit und der körperlichen Verbindung zwischen Mensch und Erde, Pflanze und Tier. Die industrielle Landwirtschaft mit ihren Saatgutmonopolen und ihren chemischen Steigerungen zu mehr Wachstum, Ertrag und Masse sowie die chemische „Feindvernichtung" gegenüber den Mitbewohnern an Insekten, Pilzen, Mikroorganismen und Wildkräutern standen noch auf der Startbahn – Höhenflug und Absturz waren noch mehreren Krankheitsgenerationen vorbehalten …

Der Gutshof war ein kleiner Kosmos auf dem und von dem noch eine große Zahl von Menschen und Tieren zusammenlebten. Kleinbauern, Pächter, Landarbeiter, Melker, Huf- und Wagenschmied, Schlachter und Gelegenheitsarbeiter fanden hier Unterschlupf und Auskommen. Zusammen mit Kühen, Schweinen, Puten, Gänsen und Enten, Reit- und Arbeitspferden bildeten sie ein ineinandergreifendes, lebendig pulsierendes Gefüge. Manches Faktotum, manche Eigenheit fand dort ihr geduldetes und nützliches Plätzchen.

So z. B. die dicke Elsa.

Auf ihrer Flucht aus den annektierten Ostgebieten hatte sie hier eine Bleibe gefunden. Ein kleines Zimmerchen mit Zugang zum Hof bewohnte sie neben dem vorderen Gutshaus – ähnlich wie eine Concierge. Sie lebte davon, dass sie außer kleinen Diensten auf dem Hof die Hühnereier der umliegenden Bauern zusammentrug und zweimal die Woche auf dem Markt in Hemeringen verkaufte. Dorthin kam sie samt ihrer großen geflochtenen Kiepe mit dem Bus.

Ihre Beleibtheit war nicht etwa ihren körperlichen Fleischmassen zuzuschreiben, sondern ihrer speziellen Form der Lebensführung. Vom Element Wasser als Möglichkeit der Körperpflege hielt sie nicht viel. Immer wenn ein Kleid schmuddelig geworden war, zog sie ein frisches darüber. So war sie zwar in etwa immer adrett, doch von Woche zu Woche auch voluminöser. Irgendwann einmal, es blieb ihr Geheimnis in welchen Intervallen, war dann der alles umfassende Waschtag angesagt. Von da an begann ihre Gestalt wie ein zunächst schlanker Phönix, ähnlich den zunehmenden Mondphasen, wieder zu wachsen und sich zu runden. Die Körperpolsterung der sich ansammelnden Bekleidung hatte seinen Vorteil. In ihrem Zimmerchen hatte sie außer Bett, Stuhl und Tisch keine Möbel. Die zusammengesammelten Eier bewahrte sie bis zum Markttag in ihrem Bett auf. Dank der weichen Polsterung ihrer Kleiderfülle gelang ihr das von Sigurd ungläubig verfolgte Wunder, dass sie nie beim Schlafen im selben Bett eines dieser doch so zerbrechlichen rohen Exemplare zerdrückte.

Im Dorf fanden sich mehrere solcher Lebensstrategen. So z. B. Petja und Arila. Als Aussiedlerpaar ehemaliger Wolgadeutscher lebten sie auf der Rückseite des Fachwerkhauses, das Sigurd zur Gartenseite hin bewohnen durfte. Unter der Herrschaft Stalins waren sie von ihren seit Zarin Katharinas Zeiten an der Wolga bewirtschafteten Ländereien vertrieben worden. Ihre gesamte Verwandtschaft hatte sich über Niedersachsen verteilt. Bei gemeinsamen Festen kamen sie in Posteholz zusammen, rauchten Machorka, tranken Wodka aus Wassergläsern und tanzten Krakowiak zur Melodie der Ziehharmonika, die Petja mit Inbrunst zu spielen wusste.

Sigurd begann den Alten lieb zu gewinnen. Oft kam er mit seiner „Quetschkommode" abends ums Haus und besuchte ihn mit seinem fröhlichen Lachen, das, eins fix drei, sein gesamtes Gesicht in eine Faltenlandschaft der Fröhlichkeit um seine glitzernden Augen herum verwandelte. Zwischen seinen russisch geprägten Liedern und einer Flasche Bier erfuhr Sigurd von seiner Odyssee.

Katharina die Große hatte seine Vorfahren aus Schwaben mit der Zuwendung großer Ländereien an die Wolga gelockt. Dort hatten die schwäbischen Bauern das Land urbar gemacht und im Schwemmland der Flussniederung ihre Pflanzen so vorteilhaft angebaut, dass sie außer Getreide, Kohl, Rüben, Bohnen, Machorka-Tabak und anderem, z. B. zwei Melonenernten pro Jahr, einbringen konnten. Das harte Leben in der verwilderten Natur und unter der Herrschaft der russischen Zarendynastien hatte sie zu harten Bauern gemacht.

Mit Schnaps und harten Sitten gegenüber den Untergebenen hatten sie versucht, das Leben zu überstehen. Mit demutvoller Offenheit erzählte der Alte, wie er als Tyrann mit der Peitsche das Gesinde und selbst seine Frau auf den Feldern angetrieben habe. Er habe meist schon vom frühen Morgen an mit Schnaps begonnen und sich als Herr aufgeführt.

Doch nun: DIE WUNDERSAME LÄUTERUNG. Sigurd bewunderte ihn für diese Wandlung und für seine Ehrlichkeit. Den Rest seines Lebens, so meinte er, lebe er nur noch dafür, seiner Frau seine Schuld abzubitten. Ihre Parkinsonkrankheit sei sicherlich dieser harten Zeit zu verdanken. Der Verlust seiner russischen Heimat habe ihm die Augen geöffnet. Jetzt verbringe er ein Leben in Sühne und Demut.

Doch in dieser Sühne verstand er sich nicht als sühnender Trauerkloß – er war ein Ausbund an Lebensfreude. Seiner geschundenen Frau war er mit Sicherheit ein Lebenselixier und verantwortungsvoller Halt geworden. Sigurd erlebte viele beeindruckende Geschichten mit ihm.

Eines Tages kam er stolz, das ganze Gesicht in grinsende Mimik gefaltet, herüber, in dem er mit der Hand ein kleines Geheimnis verbarg. Er blickte in das Gewölbe seiner Hände, sah Sigurd mit zwinkernden Augen an, machte dazu ein Geräusch wie ein knurrendes Tier, und dann offenbarte er mit einer öffnenden Geste, was er in der Hand verborgen hielt.

„Meine Rina, ich hab sie so vermisst. Letztes Jahr, musst du wissen, ist sie gestorben. 15 Jahre waren wir zusammen. Oh, was hab ich sie vermisst, seitdem sie tot ist. Vorn unter der Eiche haben wir sie begraben, so hab ich sie ein wenig bei mir, wenn ich aus der Haustür trete. Aber nun, sieh dir das hier an, nun habe ich sie noch ein bissel mehr bei mir."

Damit streckte er Sigurd die geöffnete Hand mit der Figur eines kleinen Hundes entgegen.

„Schade, dass du sie nicht gekannt hast. Dann könntest du sehen, wie ähnlich es ihr geworden ist. Meine Rina, jetzt hat sie einen Ehrenplatz bei uns auf dem Regal."

Dann erzählte er die Geschichte von der wundersamen Entstehung dieser Figur. Beim Zahnarzt sei er doch gewesen. Einer von den noch übrigen wenigen Zähnen in seinem Mund habe ersetzt werden müssen durch einen Kunstzahn. Dabei habe er die Knetmasse bestaunt, die der Arzt zum Abdruck seines Kiefers verwendet hatte. Ganz genau sei der Kiefer geformt gewesen und schon nach kurzer Zeit fest geworden. Da sei es ihm wie ein Blitz durch den Kopf geschossen. So oft habe er sich schon ein Foto von seiner Rina gewünscht, aber es habe keins gegeben.

„Dann mach ich es mir eben selber", habe er beim Anblick des Knetmaterials gedacht, *„im Kopf habe ich ihr Bild ja, nur wie kriege ich es nach draußen? Hier war die Antwort, ich war wie verrückt nach der Knete. Der Arzt wollte mir erst nichts davon geben, das sei zu teuer und nicht für die Nachbildung eines Hundes gedacht. Außerdem meinte er, ich krieg das sowieso nicht hin. Da hat er sich aber geschnitten. Siehst du, wie ähnlich die Figur meiner Rina sieht. Sogar die einzelnen Fellsträhnen ließen sich formen. Ich bin ganz glücklich. Als der Zahnarzt sah, wie gut mir der Hund gelungen war, ließ er sich sogar überreden, mir noch eine Portion von der Knetmasse zu geben. Jetzt hängt noch ein kleiner Jesus am Kreuz bei uns im Zimmer. Da haben wir so eine heilige Ecke. Wir haben eine Ikone, richtig in Silber gefasst, den Jesus, das Kreuz habe ich aus Lindenholz gebastelt und unsere Rina. Daneben die Fotos von unseren Kindern und Enkeln. Meine Frau ist auch ganz begeistert. Du musst unbedingt kommen und es dir angucken."*

So kam es zum Kaffeetrinken auf der anderen Seite des Hauses. Die schmale knarrende Stiege hinauf, ins warm-dunkle Reich des alternden Pärchens. Die Frau hatte Kuchen gebacken und ließ es sich nicht nehmen, den Kaffee selbst einzuschenken. Mit ihrer Parkinsonhand schwenkte sie die Kanne so sehr von Tasse zu Tasse, dass die Hälfte des Kaffees auf Tisch und Kuchen landete. Als Sigurd zu Hilfe eilen wollte, zog der Alte ihn zur Seite und sagte:

*„Lass sie, sie will das allein machen. Du bist unser Gast, was
sie noch selbständig machen kann, muss man ihr lassen. Das
Alter fordert von uns allen seinen Tribut. Ich mach hinterher
sauber. Dass Arila unseren Besuch bewirten kann, ist ein kleines Glück für sie. Wir haben nicht so viele davon."*

Zu einer späteren Zeit erfuhr Sigurd, dass der Alte wegen Ma-
gendurchbruch ins Hamelner Krankenhaus eingeliefert worden
war. Bei seinen nahezu 80 Jahren gab man keinen Pfifferling
darauf, ihn wieder gesund zu bekommen. Doch nach zwei Wochen wurde er geheilt entlassen. Petja hatte sich einer Selbstthe-
rapie unterzogen. Er hatte sich einen Liter Petroleum mitbringen lassen und getrunken. Das hatte ihm, seiner Auskunft nach,
geholfen. Er hatte seine eigenen märchenhaften Rezepturen.

Der Mangel an ärztlicher Hilfe im Wolgagebiet hatte zu einer Mixtur aus Naturheilkunde, schamanistischer Praxis, historischer Überlieferung, Kräuterwissen und Phantasie geführt.
Hinzu kam der unerschütterliche Glaube daran, dass der Herr
im Himmel ohnehin allein über die Lebenszeit entscheidet.

Ein Jahr später dasselbe Dilemma. Wieder war es der von früheren Wodkaexzessen und vom Machorka malträtierte Magen,
der ihm zu schaffen machte. Wieder hatte das Krankenhaus-
personal ihn aufgegeben.

Sigurd besuchte ihn im Krankenhaus. Seine Hündin Rina und
das Jesuskreuz auf seinem Nachttisch waren Petjas Beistand.
Sigurd bekam einen Auftrag von ihm. Ob er ihm von seiner Frau
aus Posteholz etwas holen könne, es wäre sehr wichtig. Hinkelmegen. Sigurd verstand nur so viel, dass es etwas mit Hühnern
zu tun hatte.

„Hühner sind wichtig", sagte er und erzählte von den Wun-
der wirkenden Kräften heimatlicher Hühnersuppe …
*„Kinder krank: Hühnersuppe, Gesinde schlapp: Hühnersuppe.
Sogar für die Frauen nach der Entbindung ist es das Wichtigs-*

te: lange gekochte Hühnersuppe. Als meine Frau unsere Kinder zur Welt gebracht hatte, bekam sie zur Stärkung sofort Hühnersuppe und dann stand sie nachmittags schon wieder auf dem Feld und half beim Garbenbinden mit. Ja, das war eine harte Zeit damals in Russland, hart aber schön. Die Sommer waren heiß, die Winter bitterkalt. Aber schön. Am meisten vermisse ich den sonntäglichen Kirchgang mit dem anschließenden Treffen der ganzen Dorfgemeinde. Wir waren ja alles große Familien und alle konnten feiern. Mein Gott – was haben wir gefeiert. Alle hielten irgendwie zusammen. Eine schwäbische Gemeinde im fernen Russland, das schmiedet zusammen. Man war oft auch hart im Umgang miteinander, aber alle waren näher beieinander.

Die Nächte im Winter zum Beispiel. Ein großer Raum wurde geheizt. Wir hatten einen riesigen Kachelofen mit mehreren Etagen. Darauf schlief ein Teil der Familie, besonders die Kinder und die Frauen im Wochenbett. Für unser Baby hing ein Körbchen an Stricken von der Decke. Es schlief dann direkt neben der Ofenschlafbank der Frau. Jedes Mal, wenn es außer den Milchzeiten anfing zu plärren, hat Arila einfach mit dem Fuß gegen den Korb getreten und dann pendelte das Kindle wieder in den Schlaf. Es war schön, diese Nähe, und man hatte so seine Tricks, das Leben zu bewältigen."

Seine Tricks hatte er auch hier zum Verdruss des Krankenhauspersonals. Sigurd holte also mit dem Rad das bestellte Päckchen von Frau Arila in Posteholz. Er wunderte sich, wie darin eine Hühnersuppe enthalten sein sollte. Doch es war keine Suppe. Die „Hinkelmegen" entpuppten sich als die bereits von der harten Innenhaut gereinigten Mägen von zwei Hühnern. In einem kleinen Leinenbeutel hängte sie Petja an der Heizung neben seinem Krankenbett auf. Als sie nach drei Tagen anfingen zu riechen, musste er seine gesamte Protestenergie aufwenden, um sie behalten zu dürfen. Zugute kam ihm, dass inzwischen das gesamte Personal dieses stets froh gelaunte und faltenlachende

Bündel Mensch mit seinem historisch holprigen schwäbischen Charme ins Herz geschlossen hatte.

Nach 14 Tagen Trocknung an der Heizung bestellte sich Petja eine Reibe und zerrieb die getrockneten Hühnermägen zu Pulver. Davon nahm er drei Mal am Tag einen Teelöffel zu sich, keine andere Nahrung, nur noch Trinken. Nach einer Woche konnte er als geheilt entlassen werden.

Zu Schnaps und Machorka ließ er sich künftig nur noch bei den jährlichen Familienfesten überreden, wenn seine gesamte Sippe aus allen Bezirken Deutschlands angereist kam und der Alte, wie ein Junger, Ziehharmonika spielte und, Hacke – Spitze – Kniebeuge, Krakowiak tanzte.

Für Sigurd ein Beispiel, wie man auch in einer zunehmend normierten Gesellschaft seinen Eigensinn leben konnte.

Zu dem Treffpunkt von divergierenden eigensinnigen Individuen gesellte sich in Posteholz einige Zeit später ein Mensch, der schon von Berufs wegen und aufgrund seiner surrealistischen Vergangenheit als schräg bezeichnet werden kann. Er kam im Schlepptau von Elida von Alten, der Schwester von Frau von Tschirnhaus, und fand hier auf dem Gut Posteholz seinen späten Frieden.

Elida von Alten hatte ihn regelrecht von der Straße aufgelesen. Es war eine jener romantischen mondbeschienenen Nächte in Worpswede, als Elida von einer Feier bei einem befreundeten Künstlerpaar in ihr angemietetes Worpsweder Häuschen heimkam.

Von dem dunklen Klumpen am Straßenrand hatte sie kaum Notiz genommen. Die Luft war lau und voller Aromen – ein schöner erfüllter Abend. Als sie den Schlüssel ins Schloss steckte, mischte sich ein fremder Laut in die Harmonie der späten Stunde. Sie schreckte herum und bemerkte, dass der stöhnende Laut aus dem Bündel am Straßenrand kam, dem nun auch eine kaum merkliche Bewegung folgte. Näher an das Bündel geschlichen, bemerkte sie, wie ein blutiger Arm aus dem Stoffballen heraus tastend nach Halt suchte. Hier war Hilfe nötig. In Worpswede ruft man nicht die Polizei, hier ist Nachbarschaftshilfe Gesetz. Entsprechend untersuchte sie das Kleiderbündel und schälte langsam die Gestalt eines blutverschmierten älteren Mannes daraus hervor. Er lag fast vor ihrer Haustür. Mit Anstrengung half sie ihm auf die Beine und unterstützte ihn über die Stufen in ihr Haus zu gelangen. Fast schien es so, als wolle die torkelnde Gestalt sich wehren und wies mit einem undeutlichen Laut auf das Nachbarhaus. Doch war der Mann zu geschwächt, als sich tatsächlich zur Wehr setzen zu können, und ließ sich schließlich bereitwillig von Elida in ihr Haus bringen und versorgen.

Nachdem sie ihn von den blutverkrusteten Kleidungsteilen befreit hatte, kam das gesamte Ausmaß der Verletzungen zum Vorschein. Sein Körper sah aus *wie unter die Dampfwalze gekommen*, musste Elida denken. Besonders sein Schädel, der Rücken, die Schultern und die Arme waren so zerschunden, dass es ein Wunder war, dass er den Körper überhaupt noch bewegen konnte.
Versammlung, Dorfkrug, Eisenketten, Neonazis von der NPD, waren die Brocken, aus denen Elida sich später die ganze Geschichte zusammensetzen konnte.

Bei einer NPD-Versammlung hatte er den jungen Leuten von seinen Erfahrungen aus der Zeit des dritten Reiches erzählen wollen. Dass auch hier in der Nähe ein Konzentrations- bzw. Arbeitslager gewesen sei, wo viele ermordet wurden und wo schließlich das Lied von den Moorsoldaten entstanden sei. Und auch er habe die Brutalität der Gewaltherrschaft deutlich zu spüren bekommen. Er sei froh, dass er mit heiler Haut davongekommen sei. Heute habe man die Wahl, stärker als in der Hitlerzeit – die Vergangenheit habe gezeigt, wohin die Verbohrtheit in nationalistisches Gedankengut führe.
Ungläubiges Staunen zunächst, dass so einer es wagte, in einer Versammlung der jungen NPD-Anhänger aufzutreten. Nach ersten Unmutsbekundungen und vom Bier gepushten Aggressionen sei die Versammlung schließlich unter Gegröle in allgemei-

nen Tumult übergegangen. Die ersten Rempeleien und Faustschläge – schließlich habe man ihn mit Eisenketten geschlagen, mit Füßen getreten, aus der Tür gestoßen und auf die Straße geschubst, wo er zerschlagen liegen blieb. Mit Mühe habe er sich dann bis hierhin schleppen können, sei aber vor Entkräftung zusammengebrochen.

„Beinah hätte ich es bis nach Hause geschafft."

Das war der Schlüsselsatz, der Elida aufhorchen ließ. Und dann kam eine für sie kaum begreifbare Wahrheit zutage. Seit über 10 Jahren wohnte dieser Mann in Elidas Nachbarhaus, ohne dass sie ihn je gesehen oder bemerkt hätte. Ein Einsiedler, ein Künstler des Versteckens. Und nicht nur das, ein Künstler auch der Malerei, wie es sich für Worpswede gehört. Sogar einer, der einen Namen gehabt hatte zur Zeit der Surrealisten. Richard Ölzes Bilder waren bei der legendären Armory-Show in New York gezeigt worden und seitdem fanden sich Bilder von ihm in internationalen Sammelwerken zum Surrealismus.

Aufgrund der Erfahrungen der Nazizeit hatte er sich so zurückgezogen, dass er geradezu unsichtbar blieb. Anders als viele Ausgewanderte war er in die innere Emigration gegangen und lebte nur in seiner unermüdlich fortgesetzten Malerei.

Elida pflegte den alten Mann gesund und da sie seit Jahren selbst mit Malerei beschäftigt war, interessierte sie sich brennend für die Arbeiten des nachbarlichen Künstlers. Es dauerte nicht lange, da wurden sie Freunde, eng, wie ein vertrautes Paar von Lehrer und Schülerin. Elida besann sich auf ihren elterlichen Gutshof, ließ über den Pferdeställen eine Wohnung mit Ateliers für sie beide ausbauen und zog mit Richard Ölze von Worpswede nach Posteholz.

Natürlich war dieses Ereignis für Sigurds Kunsthunger von Interesse und er drängte Frau von Tschirnhaus sowie ihre Schwester Elida von Alten zu einem Besuchstermin. Das stellte sich komplizierter heraus als gedacht, denn die Einsiedelei von Richard Ölze war Programm, dem er keine Zeitvergeudung opfern wollte. Er lebte, wie gesagt, nur für seine Arbeit. Nach einem festen Zeitplan begann er den Tag nach einer Tasse Kaffee allein in seinem Atelier und traf sich erst nach 5 Stunden intensiver Arbeit zum Mittag mit Elida. Eine kurze Ruhe, ein kleiner Spaziergang nach der Mahlzeit waren dann alles, was er sich an Unterbrechung mit Elida zusammen gönnte. Ein gemeinsames Leben begann erst mit den abendlichen Stunden. So war es eine der seltenen Ausnahmen, als Sigurd ihn zur Besichtigung seiner Bilder und zum Austausch bei einer Tasse Tee nachmittags besuchen konnte. Seine Bilder öffneten eine Welt märchenhafter Skurrilität. In einer altmeisterlichen Technik gemalt, erschien eine kaum fassbare Inszenierung von Augenpaaren, geheimnisvollen Gestalten, verschmolzen mit einer felsenhaften Umgebung, aus der sie wie Schemen hervortraten oder verschwanden. Auf Sigurds Fragen nach den Erfahrungen in der Hitlerzeit, ob er auch unter dem Berufsverbot zu leiden hatte, wie z. B. Emil Nolde, übernahm Elida das Wort und erzählte die Anekdote, wie er sich versucht hatte zu wehren und die Hitlerchargen in Verlegenheit gebracht hatte.

Auch Richard Ölze konnte sich in seinen jüngeren Jahren dem Aufruf zur Rekrutierung für Hitlers Feldzüge nicht entziehen. So sollte er nach seiner Musterung zusammen mit einem ganzen Bataillon neuer Rekruten im Rahmen des Reichsparteitages in Nürnberg auf den Namen des „Führers" vereidigt werden. Alle waren in Reih und Glied angetreten. Ein Massenaufmarsch von Tausenden vor der Tribüne mit der Reichsleitung um Hitler, Goebbels, Göhring, den Generalen usw. Als es zur Vereidigung kommen sollte, meldete sich ein schmales Männchen, trat aus dem Bataillon hervor an das Mikrophon und erklärte, er könne diesen Eid nicht leisten. Ein Eklat von unfassbarer Brisanz. Keiner war auf so etwas vorbereitet. Mundtot machen oder Verhaftung kamen angesichts der anwesenden Öffentlichkeit nicht in Frage. Aus der unterdrückten Empörung und der Ratlosigkeit der

Führungsriege schälte sich schließlich die Frage heraus: Warum denn nicht? Und Ölze trug in biederer patriotischer Treue vor, er habe doch schon einen Eid geschworen, damals im ersten Weltkrieg. Da habe er einen Eid auf den Generalfeldmarschall Hindenburg geschworen. So ein Eid sei ja ein unveränderliches Treuegelöbnis ein Leben lang, und wenn er nun einen Eid auf Hitler schwören solle, würde er sich ja eines Treuebruchs oder Meineides schuldig machen. Was könne denn so ein Eid noch wert sein, der auf einem Treuebruch basiere. Diesen Konflikt könne er allein nicht lösen, deshalb wünsche er von dem neuen Eid entbunden zu werden. Zu einer humorvollen Einwilligung waren die Herren auf dem Podium nicht fähig. Um ihre Ratlosigkeit zu überspielen, kam nur die zähneknirschende Einwilligung in Frage. Ganz im Schweykschen Sinn hatte ein kleines grau uniformiertes Männlein die Machtelite der Parteiführung auflaufen lassen.

Für Sigurd war dies eines jener seltenen Beispiele, wie man, wie Gandhi, mit Mut und intelligenter Strategie Widerstand entwickeln kann, ohne Kopf und Kragen zu riskieren.

Und wenn Richard Ölzes Bilder von anderen Kunstrichtungen überrollt wurden, war sein Schaffen für Sigurd doch ein Nachweis, dass Malerei ein Medium ist, in dem der Künstler mit Gewinn einen Dialog mit sich selbst hält. Er verhilft ihm dazu, aus der Vielzahl der Einflüsse, der Phantasien und der eigenen Gefühlswelten einen klaren Geist herauszukristallisieren – ein philosophisches, konzentrierendes und fließend gestaltendes Medium.

Malerei, eine Form der Selbstvergewisserung???

Oder nur Bestätigung einer ICH-Konstruktion?
Im Rahmen einer zu „Buche" schlagenden Meditation ist der Ort, eine solche Frage zu stellen.

Mit welchen Dimensionen sollte unser Geist verbunden sein, um das eigene SELBST zu erfahren???

Kapitel 25

MÜNCHEN – AUFBRUCH IN DIE FREMDE

Alle waren mitgekommen, um Sigurd zum Zug zu begleiten. Vater, Mutter, Volker und sogar Oma Hulda. Harald war schon im Studium.

Bahnhöfe waren Sigurd seit seinen Kindheitserlebnissen unbehaglich.

Erst in späteren Jahren, besonders durch die Bahnhöfe in Paris, fand er Zugang zu diesen monströsen Garagen. Am meisten beeindruckte ihn dabei, wie Monet es malerisch mit seinem impressionistischen Spürsinn für die Lichtnuancen geschafft hatte, den monströsen Hallen aus Gussstahl ein wattig weiches, erotisches Pendant mit dem wolkigen Dampf der Lokomotiven hinzu zu gesellen (Yin & Yang).

Doch im Augenblick fühlte er sich klein angesichts der dampfenden und zischenden Riesenmaschinen. Dazu mischte sich die Wehmut, dies alles hinter sich zu lassen: Das Elternhaus mit dem Garten, die Vertrautheit seiner „Butze", den strukturierten Rhythmus des Familienlebens, die Nähe des Waldes, die Freunde ...
Er hatte das Gefühl, der Docht in einer Kerze zu sein, von dem sich die vertrauten Gerüche wie Bienenwachs und Honig davonmachten und das Polster der Wandung weicher und weicher wurde, bis es sich schließlich auflöste. Würde er als Docht in der Fremde bestehen können? Er spürte beides: die Flamme, die von innen her zur Entfaltung drängte und die Einsamkeit

des verlorengehenden Haltes der äußeren Hülle. *Ein bisschen wie Sterben*, dachte er.

Zeit und Raum wurden mit jedem Kilometer Entfernung von Hameln zum Ablaufen einer Flut, ohne ahnen zu können, was die Ebbe darunter offenbaren würde.

Immerhin gab es zwei Haltepunkte. Ein Klassenkamerad hatte wie er auf seine Bewerbung hin eine Zulassung zur Prüfung an der Münchener Kunstakademie erhalten. Außerdem hatte sein Bruder Harald, inzwischen Architekturstudent in München, telegrafiert, dass bei seinen Wirtsleuten ein Unterkommen für den Klassenkameraden und ihn gesichert sei.

So ließ er sich in dem überfüllten Zug auf dem Gang am Ende des Abteils auf seinen Koffer nieder, um sich für die nächsten Stunden vom gleichmäßigen Ruckeln des Zuges in den Schlaf wiegen zu lassen.

Mit einem Lächeln auf dem Gesicht kam ihm in den Sinn, wie Mutter oft demonstriert hatte, welches Lied die brasilianische Eisenbahn monotoniert hatte:

Kaffeekompong, Kaffeekompong, Kaffeekompong, Kaffeekompong, Kaffeekompong …

(Was aus der Lautschrift gelöst so viel heißt wie: „Kaffee mit Brot" – ‚Café com Pâo'.)

Dabei kam ihm der Gedanke, wie es wohl für Vater gewesen sein musste, als er um 1928 herum nach Brasilien aufgebrochen war. Die inflationären Notzeiten boten keinen Job für den „frisch gebackenen" Assessor in Deutschland. Das Angebot der deutschen Schule in Rio kam da gerade rechtzeitig. Allerdings war die Stelle nur für Ledige gedacht. Die Lösung bestand darin, die geplante Hochzeit mit seiner Gretel zu verschieben. Wenn er erst einmal eingestellt war, konnte niemand etwas dagegen einzuwenden haben, wenn er in Rio heiratete. So war der Traum vieler Deutscher „Hochzeit in Rio" bei den beiden aus der Not heraus gewachsen.

Mit der Erinnerung an ein Foto aus jener Zeit, aus dem Vater, im Outfit seiner weißen Tropenkleidung mit Reithose und Tropenhut, ihn ansah und mit dem wohligem Gedanken an Mutters „Kaffeekompong" schlief er ein.

Es hatte sich alles gut gefügt. Harald hatte ihn vom Zug abgeholt. Bei Jochen Ufer, einem Schul- und Studienfreund seines Bruders, der in der Nähe vom Amalienplatz seine Studentenbude hatte, hatten sie ein Frühstück erhalten und waren dann mit dem Bus in Johanniskirchen gelandet. In diesem Vorort von München waren die Mieten preiswerter als in der Metropole. Das Zimmer kostete 50,00 DM. Bei dem schmalen Budget von 120,00 DM, was die Eltern den beiden Brüdern jeweils zahlen konnten, war jede Form der Ersparnis notwendig. Die beiden Geschwister waren sich bewusst, dass auch ihre Eltern damit am Limit lebten. So war Vater z. B. so sparsam, dass er seine täglichen Bartstoppeln aus dem Trockenrasierer den Pflanzen im Blumenfenster als Dünger zukommen ließ.

Durch die Nähe des Bruders im selben Haus in Johanniskirchen war die Schwelle von Trennung und Eingewöhnung für Sigurd kaum belastend. Mit Neugier und Erfahrungshunger suchte er sich in dem ungewohnten Nest zu orientieren. Durch den Familienanschluss an die Wirtsfamilie war das neue Heim tatsächlich so etwas wie ein Nest.

Zu Anfang machte Sigurd die etwas drastische Art der Wirtin und ihr niederbayrischer Dialekt (sie stammte aus der ländlichen Gegend von Passau) etwas Schwierigkeiten. Doch merkte er bald, dass dahinter eine herzliche Zugewandtheit verborgen lag. So konnte er sich unbelastet jeden Morgen mit seinem Hamelner Freund Hans auf den Weg zur Kunstakademie machen, um die Anforderungen der einwöchigen Aufnahmeprüfung zu erfüllen.

Sigurd brannte vor Tatendrang, und vor diesem Hintergrund hatte er keine Zweifel, dass er sich gegenüber den Aufgaben bewähren würde. Er fühlte sich durch seine jahrelangen eigenen

Studien in der Malerei gut vorbereitet und (egal, wo auch immer er war) in der Zugehörigkeit zum Universum gut aufgehoben.

Die Wirtsleute, eine Familie Gschneidner, hatten geschickterweise schon beim Bau ihres Hauses eine Untervermietung an Studenten geplant. Somit war das Dachgeschoss mit drei bewohnbaren Zimmern sowie einem gemeinsamen Bad mit Toilette eingerichtet. Zudem stand ein Fahrradkeller zur Verfügung und ein Gartenplätzchen für sonnige Tage. Kurz nach dem Krieg waren die Mittel knapp gewesen und jede Form des Zugewinns willkommen.

Frau Gschneidner hatte sich von den Studentengenerationen, die das Haus schon beherbergt hatte, den Namen „gnädige Frau" zugezogen. Das war eine ironische Groteske gegenüber ihrem tatsächlichen Habitus und der Direktheit ihres Verhaltens. Relativ klein, pummelig gerundet, meist in Arbeitskleidung in Haus und Garten beschäftigt, doch mit sehr eigenwilligen Regeln für die Benutzung des Hauses, hatte sie diesen Namen mit Humor akzeptiert.

Ihr Mann hieß für alle, sowohl für die Gschneidnerin selbst als auch ihre beiden Kinder Max und Guggi und für die Studenten, in einer ähnlich schalkigen Benennung, der „Herr Vater". Er war 1936 als Turner Olympiateilnehmer in Berlin gewesen und hatte, trotz der inzwischen ins Land gegangenen Jahre, den Garten mit Turngeräten, wie Reck und Barren – zur täglichen Übung, auch für die Studis – angelegt. Eine Blechkanisterdusche am Hühnerstall lud nach sonnigem Wetter zum warmen Duschbad ein. Als Maschinenschlosser war er nur abends und an den Wochenenden zugegen. Das Zepter in Haus und Garten hatte die „gnädige Frau" in der Hand.

Wie vehement sie dieses Zepter zu gebrauchen wusste, mussten die beiden Neulinge im Haus zu Beginn ihrer Prüfungswoche sehr drastisch erfahren. Da sowohl Hans als auch Sigurd ihr ohnehin schmales Budget sparsam einsetzen mussten, hatten sie sich überlegt, ihre Ernährung hauptsächlich mit Kartoffeln zu bestreiten. So hatten sie also, nachdem die Gschneidnerin außer Haus zum Einkaufen war, das Angebot zur Küchennutzung in Form einer intensiven Kochsession wahrgenommen. Kartoffeln reiben, mit Ei und Mehl vermischt, in die heiße Pfanne gefüllt, sorgten sie in gemeinsamer Fließbandarbeit für einen solchen Vorrat an Kartoffelpuffern, dass sie damit während der nächsten 3 bis 4 Prüfungstage auszukommen hofften.

Wie ein Gewitter und völlig unerwartet fiel dann die Heimkunft der Wirtin über sie her. Gegenüber ihrer opernhaft theatralischen Explosion hatten sie Mühe, aus einigen Brocken der Sprache herauszufiltern, worum es ging. Es fielen Worte wie „Saupreißn", „dammische Buan", „do flagst di hi", „Reiberdatschi" und „blaue Fleck" gepaart mit einem Temperamentsausbruch, der für die norddeutschen „Buben" absolut bühnenreif war. Eingeschüchtert, wurde ihnen klar, dass mit „blaue Fleck" und „Reiberdatschi" ihre Kartoffelpuffer gemeint waren und dass die Aufregung der „ungnädigen Frau" dem Geruch und den Ölschwaden galt, die von der Küche ins Haus gezogen waren. Es dauerte lange, bis der Zornesausbruch abgeebbt war. Die beiden Jungen hatten sich inzwischen in ihr Zimmer zurückgezogen, um wenigstens den Stein des Anstoßes dem Blick und den Attacken der Wirtin zu entziehen.

Was danach geschah, war dann wie ein Wunder der Verwandlung. Nachdem sich die „gnädige Frau" beruhigt hatte, kam ihre mütterliche Fürsorge zum Vorschein. Sie hatte in ihrem Kühlschrank ein Fach für die Reiberdatschi der beiden neuen Studis ausgeräumt und für die tägliche Ration jedem eine Aluminiumblechdose mit Pergamentpapier zur Verfügung gestellt, in der sie ihre „Brotzeit" mit in die Akademie nehmen konnten.

Sigurd musste zum Abschluss der Prüfungswoche feststellen, dass nicht das Selbstbewusstsein und der Wille die Garanten für Erfolg sind, sondern auch der Zufall und das Glück eine wesentliche Rolle spielen. Er hatte überhaupt keine Zweifel daran, die Prüfung zu bestehen. Dass der Himmel ihm dies als bevorzugtes Glück schenkte, wurde ihm erst bewusst, als sein Freund Hans abgewiesen wurde und er selbst zu den 5 Außerwählten gehörte, die von 365 Bewerbern schließlich aufgenommen wurden. Ein neuer Abschied. Hans kam an einer Akademie im Ruhrpott unter.

Das Konzept der Münchener Akademie sah seinerzeit vor, das Kunststudium mit einem Praxissemester in einer der Werkstätten zu beginnen. So wurde Sigurd in die Druckerei eingewiesen und machte sich unter Anleitung des Werkstattleiters mit den Möglichkeiten der verschiedenen Druckmaschinen für Buchdruck, Schriftsatz, Hoch- und Tiefdruck vertraut.

Von dem zuständigen Professor bekam er die Aufgabe gestellt, Varianten von Bucheinbänden für einen bestimmten Buchtitel zu entwerfen. Als Verfahren für den Entwurf war die Technik von Leimpapieren vorgesehen. Dabei konnte der Leim unterschiedlich mit Pigmenten, aber auch mit wasserunlöslichen Ölsubstanzen, Terpentinen, Harzen usw. kombiniert und so zu interessanten Ergebnissen geführt werden. Sigurds Eifer war geweckt. Sah er sich doch durch seine Experimente mit eben solchen Substanzen, wie sogar Zahnpasta, Ruß, Ölfarbe, Tempera, Quark sowie Eigelb und Eiweiß in seiner Butze in Hameln gut vorbereitet. Er hatte Dürers Rezepturen studiert und mit Knochenleim, Schlemmkreide, Alaun, Leinöl und Harzen ausprobiert, wie elastisch, wie saugfähig, wie beständig und auf welchen Untergründen sie am besten haltbar waren. So machte er sich mit Schaffensdrang an die Arbeit.

Der Werkstattmeister ließ dem neuen Studenten nach der ersten Einführung freie Hand. Von älteren Semestern erfuhr Sigurd die Finessen zum Setzen von Schriften und den Druck mit den herkömmlichen Tiegeldruckpressen, die die älteren Gewindedruckpressen abgelöst hatten. Gegenüber den inzwischen gebräuchlichen Rotationsdruckmaschinen für Offset-Druck waren sie für manuelle Anwendungen vielseitiger zu gebrauchen. Außer dem Kontakt mit den älteren Semestern war Sigurd weitgehend sich selbst überlassen und konnte sich mit unermüdlichem Elan der gestellten Aufgabe von Bucheinbänden kümmern.

Der Werkstattmeister hatte offensichtlich nicht mit der Arbeitsbesessenheit eines von teilweiser preußischer Abstammung beeinflussten Norddeutschen gerechnet. Als er zwei Wochen später nach dem neuen Studenten schauen kam, fiel er fast rückwärts wieder aus dem Werkstattraum heraus. Kniehoch lag der Raum voller Entwürfe zu Bucheinbänden, so dass er kaum zu betreten war. Sigurd hatte das gesamte Repertoire an Technikmöglichkeiten und an Variationen zum Thema durchgespielt. Er hatte ja mit unbändigem Arbeitswillen und hohen Erwartungen das Kunststudium begonnen und wollte die Zeit, die er nun zum ersten Mal allein für die produktive Umsetzung seiner künstlerischen Ideen hatte, nicht verschwenden.

Wieder kamen ihm vom Werkstattmeister die schon bekannten Slogans *„Do flagst di hi"* und *„dammischer Bua"* entgegen. Dann erfuhr er, dass er mit seinem Arbeitseifer schon viel zu weit über das Ziel der Semesteranforderungen geschossen sei und jetzt einhalten solle. Seine Frage nach dem Professor, dem er nun seine Ergebnisse zur Besprechung vorlegen wollte, wurde mit Staunen über seine Naivität quittiert. Der Professor sei auf Ischia und käme erst zum Semesterende wieder, um dann die Arbeiten zu besprechen.

Und dafür die aufwendige Aufnahmeprüfung, schoss es Sigurd durch den Kopf. Doch er ließ sich nicht entmutigen.

Er beschloss, das Semester zu nutzen, um München, die Jazzkeller, die Museen, die Galerien und die Stadt kennen zu lernen, sich seiner eigenen Malerei zu widmen, die Museen in Bern und Basel zu besuchen und sich im nächsten Semester an einer Kunstakademie zu bewerben, wo der Professor während des Semesters auch zur Verfügung stand.

Zunächst verlagerte er den Arbeitsschwerpunkt in das Anwesen seiner Wirtsleute und begann mit einer Serie Ölmalereien zu abstrahierten blühenden Bäumen. Dieses Vorhaben entpuppte sich als Januskopf. Einerseits konnte er sich ohne Ablenkung seiner Malerei widmen, andererseits trug die solcherart vermehrte Nähe zu seinen Wirtsleuten ein Potential in sich, das man als (nicht reibungslosen) Lehrgang in Bayrisch bezeichnen kann.

Der zweite Konflikt begann wie das noch nicht vergessene Kartoffelpufferdrama. Als Sigurd von seiner Fahrt nach München eines Abends nach Hause kam, empfing ihn die Gschneidnerin mit einer Kanonade bayrischer Beschimpfungen und Flüchen, von denen Sigurd gottlob wieder nur die Hälfte verstand. Wie letztes Mal hatte er Schwierigkeiten, herauszufinden, womit er solchen Unmut hervorgerufen haben sollte. Kurzerhand zeigte die „gnädige Frau" ihm einen Bettbezug, der von oben bis unten mit Farbe beschmiert war. Sigurd beteuerte, dass er das nicht gewesen sei. Nein, nein, sie selbst habe beim Bettenmachen das Oberbett auf den Tisch gelegt, nicht ahnend, dass das dort liegende Bild mit feuchter Ölfarbe bemalt war.

Sigurd überlegte kurz, ob er sich wie beim ersten Mal wieder eingeschüchtert entschuldigen solle. Doch dann kam ihm in den Sinn, er wolle doch einmal versuchen, mit gleicher Theatralik zurückzuschießen. Er plusterte sich auf zum völlig ungnädig erbosten Leidtragenden und beschimpfte die Gschneidnerin, sie habe sein Gemälde unwiederbringlich zerstört. So ein Bild sei ein Kunstwerk aus einem einmaligen Schöpfungsakt. Wie man nur so profan sein könne, überhaupt etwas auf ein Bild zu legen, geschweige denn auf ein frisch gemaltes. Das sei ein Sakrileg mit nicht wiedergutzumachendem Schaden. Sie könne froh sein, wenn er den Schaden nicht von der Miete abziehen werde.

Offensichtlich hatte er mit dieser Gegenkanonade den richtigen Ton getroffen. Von da an war Sigurd wie ein Sohn in die Familie aufgenommen und es entwickelte sich eine jahrelange

Freundschaft, in der Sigurd viel über bayrische Mentalität zu sehen, zu hören und zu lernen bekam.

Der „Herr Vater" belegte den drastischen, ja, anarchischen Freigeist seiner Frau lachend mit folgender Anekdote:

Kurz nach dem Krieg waren die Familien mit jungen Kindern per Vorladung aufgefordert worden, sich mitsamt Kind beim Jugend- und Familienamt in München zu melden. Die Gschneidnerin also mit der Guggi im Bus zum Amt. Das Schlangestehen hatte sie schon ungeduldig gemacht.

Als der Beamte dann äußerte, die Guggi sei ja total unterernährt, hatte er nicht damit gerechnet, dass frau als Abkömmling des Passauer Donaubeckens ohne den Untertanengeist einer wohlerzogenen Münchnerin reagiert. Ohne Umschweife hatte er eine „Watschen" im Gesicht. Die Gschneidnerin hatte von so einem Amt die Nase voll, wo man nicht würdigen konnte, dass die Familie alles (sogar mit eigener Kartoffel-, Gemüse- und Fleischversorgung) für die Kinder tat, was nur möglich war. Gegen den Protest des Beamten konterte sie, sie werde sich dafür beschweren, dass er nicht in Betracht zog, dass sich das Madel die angefütterten Kilo durch pausenlose Bewegung und Spiele mit anderen Kindern abgerackert haben könnte. Die Vorladung zerriss sie vor dem verdatterten Blick der Ordnungsmacht, packte ihre Guggi unter den Arm und war für unerreichbare Zeiten der Obrigkeit entwischt.

Die „gnädige Frau" revanchierte sich postwendend für diese Anekdote mit einer Geschichte über den „Herrn Vater":

„Ja mei", da habe sie doch eines Tages gesehen, wie der „Herr Vater" mit dem Schlauch durch den Gartenzaun des Nachbars Pflanzen gewässert habe. Ob er denn noch bei Trost sei, habe sie ihn gefragt. Die ganze Zeit hätten sie sich schon geärgert, dass auf der Südseite hinter ihrer Taxushecke nun auf einmal die Spitzen von bis dato nicht bemerkten Pappeln auf Nachbars Seite aufgetaucht seien. Sie haben sich schon vorstellen können, wie die Pappeln in 5 Jahren ihnen sämtliche Sonne wegnehmen würden.

Für eine Nachbarschaftsklage sei es zu spät gewesen, verjährt, da die Pappeln schon über drei Jahre alt gewesen seien. Nun habe der *„damischte Mo"* auch noch die verhassten Pappeln gegossen. *„Mach kein Geschrei"*, habe er nur gesagt, und *„wart's mal ab"*. Nach ein paar Tagen hätten die Pappeln die Köpfe hängen gelassen, danach seien sie eingegangen. Dem Nachbarn hätten sie zu diesem Verlust konduliert.

Der Herr Vater hatte natürlich nicht verraten, dass er Salzsäure gegossen hatte. Die Lektion für Sigurd: Regulierung auf Bayrisch.

Eine weitere Geschichte mit dem anderen Nachbarn erlebte Sigurd bei seinen späteren Münchenbesuchen unmittelbar. Das kam folgendermaßen:

Eines Tages hatte die „gnädige Frau" Sigurd gefragt, ob er nicht für sie ein Bild mit den blühenden Bäumen malen könne. Sie habe da einen Rahmen, für den sie das Bild gerne hätte. Der Rahmen, so stellte sich heraus, war mitsamt dem zugehörigen Bild ein Hochzeitsgeschenk gewesen. Das Bild darin stellte einen jungen Mann in Lederhosen dar, wie er mit der Hand die Augen überdeckend den Blick über das Alpenland schweifen lässt. Die Gschneidnerin nannte ihn geringschätzig den Xaverl. Sie habe das Bild im Gegensatz zu ihrem Mann nie so recht gemocht. Seit der Hochzeit hinge es über ihrem Ehebett. Doch nun mit einem Maler im Haus sei doch Gelegenheit, das zu ändern. Dazu hatte sie ihre eigene List, den Herrn Vater vom Xaverl zu trennen und ihm dafür ein Bild von Sigurd unterzujubeln.

Eines Tages war das Bild mit dem Xaverl verschwunden. Dem Herrn Vater erzählte sie, ihr sei beim Staubwischen das Glas zerbrochen, sie habe es aber schon zum Handwerker gebracht. Mit dieser Taktik konnte sich ihr Mann schon mal an das bilderlose Schlafzimmer gewöhnen. Nach zwei Wochen wartete sie mit der Schreckensbotschaft auf, der Glaser wäre beim Glaswechsel mit dem Stechbeitel in das Bild vom Xaverl gestoßen und habe es demoliert. Aber Sigurd hätte sich schon bereit erklärt, für den Rahmen ein neues Bild zu malen. So kam denn das Haus (zur Freude aller und auch mit dem völligen Einverständnis vom „Herrn Vater") zu einem Bild mit abstrahierten blühenden Bäumen. Es bekam einen Ehrenplatz an der weißen Wand im oberen Bereich des Hauses. Sigurd bewunderte die Strategie der „gnädigen Frau", wie sie ohne strittige Auseinandersetzung den Bilderwechsel inszeniert hatte. Alle waren ZUFRIEDEN! *Solche Menschen bräuchten wir in der Politik*, dachte Sigurd bei sich.

Das Bild stellte über Sigurds Münchener Zeit hinweg eine dauerhafte Verbindung zu Familie Gschneidner her. Sigurd freute sich bei jedem Besuch in München, diese Verbindung neu zu beleben. Nach Jahren dann die Überraschung: Statt des Bildes an der weißen Wand war dort nun ein Fenster. Sigurd suchte irritiert nach dem Bild und wunderte sich.

„Ja mei", erzählte die Gschneidnerin, „unser Nachbar hatte seine Fenster gewechselt und uns dieses ausgewechselte, doch noch gut intakte, geschenkt. Nun hatten wir gar keinen Platz dafür. Aber wir konnten es ihm ja nicht abschlagen. Es war ja eine gut gemeinte Nachbarschaftshilfe. Wohin aber mit dem Fenster? Der Platz von deinem Bild war die einzige Außenwand, die in Frage kam. Also haben wir da ein Loch in die Wand gestemmt und es dort eingebaut. Dein Bild hängt jetzt wieder im Schlafzimmer. Und der Nachbar hat seine Freude, dass sein Fenster noch einen Nutzen hat."

Wie gesagt, für jede Gelegenheit: Regulierung auf Bayrisch.

Mit seinem Bruder Harald und anderen Hamelnern, wie z. B. Velten Seifert, Jochen Ufer und Heinz Meyer war Sigurd bald in eine Klicke einbezogen, mit der man sich abends in den Münchener Jazzkellern traf, zum Trinken, Klönen, Tanzen oder eben auch zum Rotweingelage auf der Studie-Etage in Johanniskirchen. Heinz Meyer als wohlhabender Verwandter der Feodora-Dynastie wurde dazu bewogen, in seinem Zimmer ein

Rotweinfässchen zu installieren. Sigurd verpflichtete sich, für jedes neue Fass ein Bild an Heinz Meyer zu liefern. Durch Sigurds Trennung von München löste sich dieser Kuhhandel am Ende des Semesters auf.

München war eine quirlige Stadt, jedoch teuer. Zunächst lernte Sigurd ein paar profane Überlebensstrategien von seinen Freunden. In der Küche „Zum heiligen Löffel", so hatten die Studierenden einen kirchlichen Mittagstisch für Arme und Obdachlose getauft, bekam man einen billigen Eintopf. Verwunderlich war es für ihn, als sie ihn zum „Hahnschen Hof" in der Leopoldstraße mitnahmen. Es war ein ausgesprochenes Nobelrestaurant und Sigurd verschlug es beim Betrachten der Speisekarte die Sprache. Hier konnte er gut mit einer Mahlzeit sein gesamtes Monatsbudget ausgeben. Doch sie drängten ihn, mit hereinzukommen. Der Trick bestand in der Vornehmheit des Restaurants. Die Studenten bestellten eine Tomatensuppe für 3,60 DM. Dazu, und das war das besonders Vornehme, bekam man – mit Serviette zugedeckt – ein Körbchen mit Brot umsonst.

Der Kellner hatte die Aufgabe, auf seiner Patrouille stets für das Wohlergehen der Gäste zu sorgen. Das bedeutete, dass der Korb, sobald er leergegessen war, sofort durch einen neu gefüllten ersetzt wurde. So konnte man mit einem Teller Suppe und einer nicht enden wollenden Menge Brot reichlich den Magen füllen.

Vor allem hatte München interessante Künstlerkneipen und Cafés. Leider konnte Sigurd es sich nur begrenzt leisten, an den Diskussionsrunden mit anderen Künstlern und Literaten teilzunehmen. Doch öffneten sich für den bis dato eher Waldmenschen Sigurd durch die Freundschaft mit portugiesischen Schriftstellern und Malern der Blick Richtung romanische Länder.

Sigurd erfuhr, dass die Künstlerfreunde, der Maulkorbdoktrin ihrer portugiesischen Heimat unter der diktatorischen Militärregierung entflohen, zunächst in Barcelona studiert hatten. Durch die Toleranz, die Dalí von der Franco-Regierung erfuhr, hatten sie sich eine offenere Haltung gegenüber Künstlern und Literaten generell erhofft. Doch bereits kleine witzige Kritiken, wie z. B. die Ausstaffierung eines Skeletts mit der Militärmontur des Generals Franco in ihrer Wohngemeinschaft wurde mit harten Verhören und Gefängnisstrafen bestraft. Deswegen hatten sie sich aufgemacht nach Deutschland.

Juan und Theresa waren Sigurd so verbunden, dass er sie später nach ihrem Umzug in Paris besuchte. Doch bis dahin führte ihn sein Weg zunächst nach Berlin.

Er war froh in einem Land zu leben, dass nach ähnlichen Erfahrungen, wie von den portugiesischen Freunden berichtet, nun ein Spektrum an Wahlmöglichkeiten bot und dabei war, sich auf einen vielversprechenden demokratischen Weg zu begeben.

Kapitel 26

BERLIN, BERLIN – EINE ALTE BEKANNTE, NEU ERLEBT

„*Berlin ciudad morena,*
terra da distribución
con cuerpo devastato,
destacado de ruinas,
destacado de ruinas,
terra da resurrección,
Berlin ciudad multicolor."[6]

„*Berlin, braune Stadt,*
aufgeteiltes Land
mit verwüstetem Leib,
hervorkriechend aus Ruinen,
hervorkriechend aus Ruinen,
Land der Auferstehung,
Berlin bunte Stadt."[7]

Trotz der Beschwernisse – Insellage, Viermächtestatus, Luftbrücke mit „Rosinenbombern" zur Versorgung der Bevölkerung, täglich greifbare Präsenz der Besatzungsmächte, schwierige Erreichbarkeit mit Zug oder Auto, Kalter Krieg, Schikanen beim Grenzübertritt – hatte Berlin von seiner Anziehungskraft nichts verloren.

Da war zum einen der unerschütterliche Berliner Humor, mit dem sich Sigurd dank Mutter und Opa Paul (auch wenn der inzwischen tot war) allein schon durch die Tonart des Berliner Slangs innerlich verbunden fühlte, zum anderen war die Bindung aus Kinderjahren nie ganz verloren gegangen.

---

6 Nach dem portugiesischen Lied: „Grandola vila morena" von José Afonso.
7 Übersetzung des portugiesischen Liedes („Grandola vila morena") durch Sigurd Saß.

Außerdem hatte sich unter den Kommilitonen herumgesprochen, dass die Kunstakademie in Berlin ein spannendes und modernes Curriculum anzubieten hatte, das der Eigenständigkeit der Studis viel Spielraum ließ und die gesamte Berliner Künstlerszene trotz oder wegen der Insellage sehr lebendig war. Das alles war für Sigurd sehr verheißungsvoll.

Zudem hatte Mutter seit ihrer Schulzeit stets den Kontakt zu drei Freundinnen gehalten, an die sich Sigurd jederzeit wenden konnte. So konnte er bei „Tante Herta" ein Mansardenzimmer in ihrem Einfamilienhaus in Frohnau beziehen.

In Sigurds Brust kämpften zwei Pole, als er sich zum ersten Mal in dem grauen Quaderkoloss der HDK-Zweigstelle in der Grunewaldstraße einfand. Vorbei an der Pförtnerloge hatte man ihn in die 2. Etage hochgeschickt. MUTTERSEELENALLEIN kam er sich in den weiträumigen kahlen Gängen mit den fast an Kathedralen erinnernden Hochfenstern vor, wie er dort so verloren mit seiner großen Mappe unter dem Arm stand. Ratlos, an welche Tür er klopfen, an wen er sich wenden konnte. In seiner Sponti-Natur hatte er sich ohne Anmeldung auf den Weg gemacht. In seiner Mappe steckten die Argumente, auf die er baute. Schüchtern auf der einen Seite, wusste er, dass die Bilder in seiner Mappe Ergebnisse jahrelanger leidenschaftlicher Arbeit waren, wie sie nicht jeder in seinem Alter vorzuweisen hatte. Jetzt kam es auf das Quäntchen Glück an. Das Glück schickte ihm der Himmel in Form eines Engels, so erschien es ihm. Der Engel hieß Irene Dingeldein.

Dingeldein klang lustig wie ein Kinderreim und Irene war, so wusste er aus dem Griechisch-Unterricht, das griechische Wort für Frieden, Glück, Segen.

Die Studentin, offensichtlich schon etwas gestandenen Semesters, war kittelbeschmiert aus einer der Ateliertüren getreten. Im Handumdrehen hatte sie die Situation erfasst, als sie Sigurds große Mappe mit dem daran hängenden Arm des schüchternen Bürschchens wahrgenommen hatte. Sie war eine

Meisterin im Eisbrechen. Wo er denn herkäme, zu wem er wolle, ob sie seine Arbeiten einmal sehen könne ... sie war so angetan, dass sie sofort zu ihrem Professor lief, sich für Sigurd einsetzte und die Verhandlungen für Sigurds Anliegen so geschickt führte, dass er kurzerhand, nach knappem Gespräch mit Professor Folkert, in das Atelier der Studentin aufgenommen wurde. Zufällig war dort gerade durch den Abschluss eines Studenten ein Platz frei geworden.

Unkompliziert, unbürokratisch, pionierhaft war die Situation in dieser Nachkriegszeit in einer Stadt, die so viele Kriegsschäden zu beseitigen hatte, dass für überflüssige Bürokratie gar keine Zeit blieb. Professor Folkert war erst vor kurzem in diese Professur berufen worden, so dass auch er – jung im Amt – mit den Studenten zusammen am Tasten war, welches wohl der richtige Weg zur Förderung der jungen Talente war. Die gesamte Ausbildungssituation war von einer gegenseitigen freundschaftlichen und intensiven Lernatmosphäre getragen. Sigurd dankte dem Himmel und dem Engel mit dem lustigen und friedvollen Namen.

Schon bald war Sigurd in die Ateliergemeinschaft integriert. Sie war von gegenseitigem Interesse, Austausch über Kunsttrends und Materialerkundungen, Arbeitseifer und einem fröhlichen Miteinander geprägt, in der jeder der Studierenden seine Besonderheit leben und einbringen konnte. Sigurd merkte bald, dass er die richtige Entscheidung getroffen hatte, München den Rücken zu kehren, wo die Kunstprofessoren jener Zeit ihren Job offensichtlich im Sinn einer staatlich finanzierten Pfründe verstanden.

Man traf sich in der Schöneberger Umgebung abends in den nahegelegenen Kneipen zur Diskussionsrunde beim Bier oder bei Leydicke, der berühmten Berliner Traditionsdestille in der Mansteinstraße. Dort saß ab jedem Nachmittag an einem eigens reservierten Platz ein älteres Männchen in einer Haltung, und im abgeschabten Outfit, der man die Vereinsamung ansah. Als Sigurd das Gespräch mit ihm suchte, erfuhr er, dass es Schmidt-Rottluff war. Ja, tatsächlich, es war der Künstler aus der berühmten Expressionisten-Gruppe der „Brücke", von dem ihm sein Lehrer Hans Düne schon erzählt hatte.

Die Nazizeit hatte ihm übel mitgespielt. Seine Bilder, in den 20er Jahren zur deutschen Avantgarde zählend, zur Hitlerzeit als „Entartete Kunst" diffamiert, waren zum größten Teil in ausländischen Sammlungen gelandet. Erst sehr viel später wurde dann auch in Berlin ein Brücke-Museum gegründet.

Im Berlin kurz vor den 1960ern gab es für diesen diffamierten Künstler kein Forum. Bei Lucie Leydicke hatte er seine leidige Duldung gefunden. Mit ihrer burschikosen Art verstand sie es, den alten Herrn mit seinen klagenden Erinnerungen auf die Füße des Alltags zu stellen. Für Sigurd war sein Schicksal ein Zeichen, wie wenig Substanz für ein dauerhaftes Glück eine Karriere enthielt, die sich auf Bekanntheit und Berühmtheit in der Kunstwelt gründete.

Der Theorie von Schmidt-Rottluff, dass ein Künstler nur in der Zeit zwischen 20 und 50 Jahren eine kreative Schaffensphase habe und er von daher nun überflüssig sei, mochte Sigurd nicht folgen. Im Laufe seines Lebens kam er zu anderen Einsichten. Zum einen, dass die künstlerische Arbeit mit einem Einblick in das eigene Innere verbunden sein sollte, und dafür gibt es keine Ablaufzeit, im Gegenteil: ein Potential an Entwicklungen, das mit dem Alter zunimmt. Zum anderen, dass der Wert der Kunst darin besteht, für die Lebenserfahrungen, die man sammelt, eine Transformationsform zu finden. In ihr kann sich unser Potential an Gefühlen, Leidenschaft, Erkenntnis, geistiger Durchdringung und menschlicher Einstellung in kosmischer Verbundenheit zum Ausdruck bringen. Auch für diese Mosaiksteine gibt es keine Ablaufzeit außer dem Tod. Sie alle mögen sich ändern wie das Wasser im Fluss. Gerade das ist ja die Chance zur Entwicklung. Ihren Tod finden sie nur durch die begrenzenden Konzepte, wie der alternde Schmidt-Rottluff sie für sich zurechtgelegt hatte.

Im Laufe des Semesters wurde Sigurd klar, dass der Weg von Frohnau zur Akademie zu zeitaufwendig war. Jeweils 1,5 Stunden Fahrzeit benötigte er von Haus zu Haus. Mit dem Kommilitonen Henning Korn fand er in der Langenscheidtstraße eine kleine Wohnung hinter einem Friseurladen. Die Wohnung lag zwar im Hinterhof, war dadurch jedoch vom Verkehrslärm abgeschottet. Zur Akademie waren es nur acht Minuten zu Fuß. Das Beste war jedoch, dass der Friseur den beiden Studenten völlig freie Hand ließ bei der Einrichtung und Benutzung der Wohnräume.

Das Paradestück der Wohnung war einer jener schönen übermannshohen weißen Kachelöfen aus der Zeit der Jahrhundertwende. Er bildete das kuschelige Zentrum des Wohnzimmers, von dem die beiden Schlafräume abgingen. Küche, Bad und Toilette waren durch den Flur vom Treppenhaus zum Wohnzimmer zu erreichen. Ideal für die beiden Studenten. So ideal, dass sich immer öfter die Mitstreiter aus dem Atelier zu Treffen oder Feten einfanden. Nachdem Sigurd auf die Idee gekommen war, einige der weißen Fliesen des Kachelofens zu bemalen, hatte es sich eingebürgert, dass die Fetenbesucher ihr künstlerisches Werk auf einer der Fliesen hinterließen. So wurde der Ofen zu einer Kunstsäule mit Bildern etlicher Künstler, die später in der Kunstwelt bekannt wurden: Gerd Winner, Axel Dick, Reinhard Wagner, Werner Folkert, Peter Sorge, Leiv Warren Donnan, Helga Remling, Bozzi Kolb, Irene Dingeldein und andere mehr. Doch fern vom Geschäftssinn, dieses Prachtstück im Kunstmarkt zu vermarkten, lebten Sigurd und Henning Korn mit ihm wie Indianer mit ihrem Totempfahl und hatten bis zum Auszug aus der Wohnung ihre Freude daran.

Unter den Studierenden herrschte ein geradezu fanatischer Arbeitseifer. Es wurde gemalt, diskutiert, gefeiert und jeder rang in seiner Malerei um originelle und selbstbestimmte Lösungen für seine künstlerischen Vorhaben. Das kreative Potential, so wie es sich in Sigurds Wohnung offenbarte, suchte sich überall Betätigungsfelder.

So hatte man den vom Hausmeister abgeschwatzten Kellerraum der Hochschule kurzerhand zum abendlichen Treffpunkt und Fetenraum umfunktioniert. Vom Schrotthändler gegenüber hatten die Studis ein ausgebrauchtes Klavier geschenkt bekommen. Dass es keine Saiten mehr hatte, forderte ihre Erfindungsgabe heraus. Statt der fehlenden Saiten wurden Flaschen vor die Hämmer montiert. Jeder Tastenanschlag ergab auf dem Flaschenglas einen Ton. In wochenlanger Feinabstimmung wurden die richtigen Töne der Flaschenklangkörper durch unterschiedliche Füllung mit Wasser zu einer harmonischen Tonleiter abgestimmt. Das Ergebnis war schließlich ein bespielbares Klavier. Die Töne klangen nicht nach, wie bei angeschlagenen Saiten, doch war der kurze, harte, wohltönende Klang ein passabler Sound für eine Skiffle-Band. Mit Schlagzeug, Waschbrett, Guitarre und Saxophon ergänzt, war das die richtige Begleitung für die abendlichen Diskussionsrunden und Feten.

Beliebt waren die Wochenendfahrten zu Rhode im Wedding. Dort gab es „ne Molle und 'n Korn" für 50 Pfennige. Spannend war zudem das Publikum. Eine bunte Mischung aus Arbeitern, Zuhältern, Pennern, Straßenstrich und Studenten. Hier tobte das Leben, so dass manchmal nicht mehr sicher war, wie man nach Hause gekommen war. Zille sin Milljöh, wie Mutter es immer mit gerümpfter Nase von der Ackerstraße in den 1920er Jahren erzählt hatte.

Die Kneipe verkörperte authentisch einen Ausschnitt von diesem Berliner Arbeitermilieu der vergangenen Kaiserzeit. Um deren Zustände zu illustrieren, hatte Mutter ihrem Sohn einst eine Zeichnung von Zille gezeigt.

Unter der Darstellung zweier lumpiger Kinder mit einer toten Ratte stand der Text:

An wat isse denn jestorben? Unsre Wohnung is zu nass!

Kapitel 27

DIE 1968ER SIND NICHT VOM HIMMEL GEFALLEN

So wie zu Zilles Zeiten Künstlerinnen und Künstler wie Käthe Kollwitz und Max Liebermann ihre künstlerische Aufmerksamkeit auf die gesellschaftlichen Problemsituationen gerichtet hatten, blieb auch der Nachkriegsgeneration nicht verborgen, wo denn gesellschaftliche Reibungspunkte waren.

Durch die Kriegsjahre und die Schulzeit danach war ihre Sensibilität für Ungerechtigkeit und Machtstrukturen geschult. Es blieb nicht aus, dass sich auch ihr Widerstand dagegen entwickelte. Die 68er Generation bildete zwar den Höhepunkt der Auflehnung, doch – wie sich bei einem bevorstehenden Vulkanausbruch das Beben durch Grummeln bemerkbar macht – so gab es bereits Anfang der 60er erste Vorzeichen.

Der Anspruch auf ein selbstbestimmtes Leben während der Studienzeit war, wie beschrieben, nur ein kaum reflektierter Vorbote für kommende Veränderungen. Das erste Übungsfeld war die Hochschule selbst. Das später, 1967, von der Hamburger Studentenbewegung gedruckte Plakat *„Unter den Talaren – Muff von 1000 Jahren"* war zu Anfang der Dekade nicht weniger aktuell. Das traf vor allem auf die geisteswissenschaftlichen Fächer und die naturwissenschaftlichen Vermittlungsmethoden zu. Am ehesten prädestiniert für eine Erneuerung war der Kunstsektor, da ja kritische Eigenständigkeit das genuine Potential der Studierenden darstellte.

Wenn auch nicht durch kritische Theorien untermauert, traten Reibungspunkte und Diskrepanzen häufig zutage.

Ein Beispiel, das Sigurd mit Professor Schrieber erlebte, kann das anschaulich beschreiben. Schrieber war ein großkalibriger Bildhauer. Sein Selbstverständnis als Künstler lag in seiner plastischen Arbeit in Stein. Als Lehrer tat er es kund, indem er Studenten hin und wieder autoritär zurechtwies. Vor dem Auditorium des Lehrkörpers setzte er sich durch polternde Proteste in Szene, z. B. als er lauthals schimpfend den Vortrag eines Kollegen von der Düsseldorfer Akademie verließ. Den gesamten Hörsaal ließ er wissen, dass er das Gerede da vorn als bloße Zumutung und Zeitverschwendung empfinde.

Im Sinne einer kasernierten Übung hatten die Studierenden bei ihm wochenlang im Bildhaueratelier eine ballgroße Kugel aus Ton herzustellen. Sie sollte zunächst per Handformung, dann mit einem Kamm so lange bearbeitet werden, bis sie von einer industriell hergestellten Kugel nicht mehr zu unterscheiden war. Zweimal am Tag ging der Meister durchs Atelier, um zu kontrollieren, ob die Rundung perfekt und die Oberfläche ohne Dellen oder Erhebungen war. Was sicherlich als Grundlagenübung sinnvoll erschien, artete nach tagelanger Bearbeitung dann doch eher zu einer Disziplinierungsübung aus, deren Wert den Studenten nicht mehr einsichtig war.

Da jedoch ohne ein akzeptiertes Ergebnis kein Schein zu ergattern war, machte sich der Unmut der Studierenden damit Luft, dass sie anfingen kleine Tonkügelchen durchs Atelier zu werfen, dazu Witzchen zu erzählen oder sich durch Pfeifen und Singen zu entlasten. So gab es trotz der stupiden Arbeit eine lustige und fröhliche Stimmung unter den Studis, an der auch Sigurd sich pfeifend beteiligte.

Mit dem Rücken zur Tür stehend, hatte er nicht bemerkt, dass „der Meister" eingetreten war. Wie vom Donner gerührt musste er nichtsahnend über sich ergehen lassen, dass Schrieber plötzlich hinter ihm mit sich überschlagender Stimme, im Militärton brüllte:

„Sind Sie denn von allen guten Geistern verlassen, in meiner Gegenwart hier irgendwelche billigen Schlager zu pfeifen?"

Sigurd begriff völlig verdattert: Pfeifen in Gegenwart des Meisters, auch wenn diese völlig unerwartet war, galt als ein nicht wiedergutzumachendes Sakrileg – eine Art Majestätsbeleidigung. Dass Sigurd, nachdem er sich von der Brüllkanonade erholt hatte, dann auch noch einzuwenden wagte, das sei kein Schlager gewesen, sondern die Peer-Gynt-Suite von Edvard Grieg, war das des Guten zu viel. Er wurde handgreiflich (sozusagen hochkant) des Ateliers verwiesen.

Es gab eine Alternative. Sigurd belegte im nächsten Semester ein Seminar bei dem Bildhauer Bernhard Heiliger im Hauptgebäude am Steinplatz und kam so zu seinem Schein und zu einer professionellen Einführung in die Bildhauerei.

Doch damit war die Geschichte noch nicht zu Ende. Sie hatte ein unerwartetes Nachspiel, das geeignet ist, die Atmosphäre der damaligen Akademiezeit zu illustrieren. Einmal im Jahr war das ganze Gebäude zum Fasching umgestaltet. Es gab ein brillantes Fest, dessen Vorbereitung und Hauptveranstaltung sich nahezu eine Woche hinzog. Auch für Gesamtberlin war der „Zinnober" eine willkommene und gut besuchte Attraktion. Die Studierenden hatten allerhand Ideen, sowohl bei der Dekoration der Räume als auch für ihr eigenes Outfit, realisiert. Bier floss in Strömen. Sigurds Atelierfreund Leif hatte 90-prozentigen Rum aufgetan und trank ihn aus der Flasche, bis er umfiel. Sigurd hatte sich vom Schöneberger Schrotthändler einen Zylinder, Fahrradketten und andere Metallembleme besorgt. Mit ihnen hatte er sowohl seine Jacke als auch den Zylinder zu einem filmreifen Monstrum arrangiert. Der erste Punk oder ein frühes Beispiel für Heavy Metal.

Als er bei dem Fest in diesem Outfit Professor Schrieber begegnete, war dieser (wohl geschult für bildhauerische Extravaganz) so fasziniert von der Aufmachung, dass er sie sofort für sich reklamieren wollte. Er bot ihm auf der Stelle 50,00 DM dafür. Das wäre für Sigurd zwar viel Geld gewesen, doch wollte er dem Professor das Kostüm nicht sofort überlassen, er hatte es schließlich für seine Zinnoberbeteiligung gebaut.

Schrieber empfand das offensichtlich wieder einmal als Majestätsbeleidigung. Jedenfalls griff er nach dem Zylinder und wollte ihn unbedingt an sich bringen. Als Sigurd das nicht zuließ, entwickelte sich zunächst ein Handgemenge, das immer mehr in eine promillefundierte Prügelei ausartete. Inzwischen hatte sich schon eine Traube anderer Besucher um die beiden Kampfhähne gesammelt und feuerte in Sprechchören das Geschehen an. Es war schon eine gehörige (vor 1968er) Sensation: Student prügelt sich mit Professor.

Der Streit hatte sich inzwischen gefährlich nah an die Treppe verlagert, so dass schließlich beide ineinander verklammert mit Gepolter die Stufen hinuntertrudelten. Unten blieben beide erschöpft liegen, sahen sich an und mussten lauthals lachen. Schrieber nahm Sigurd plötzlich in den Arm, flüsterte ihm zu: *„Ich mag dich ja, ich mag nur keine Bärte."*

Und so vertrugen sie sich und waren von da an Freunde. Den Abkauf des Kostüms verschob Schrieber auf den folgenden Tag und beide waren zufrieden.

Bildhauerei war halt in dieser Zeit noch ein äußerst archaisches Medium mit entsprechend archaischen Kommunikationsformen.

Gut, dachte Sigurd, dass ich durch meinen Vater, durch die Tarzan-Lektüre und durch die Gschneidnerin eine gewisse Vorbereitung dafür hatte.

Kapitel 28

SABINE

Es mag erstaunen, dass das Kapitel über Sigurds Berliner Freundin im Zusammenhang mit der Politisierung der künftigen 68er auftaucht. Doch mit heutigem Abstand betrachtet, war eine Liebesbeziehung in der damaligen Zeit ein Politikum. Aufgewachsen in den nachwehenden Moralvorstellungen der Kaiser- und der Hitlerzeit war Sexualität so etwas wie Ferkelei.

Wieso bin ich denn schwanger geworden, ich bin doch gar nicht verheiratet – verrät den Bewusstseinsstand junger Mädchen, wenn sie sich denn getraut hatten, sich mit einem Jungen einzulassen.

Entsprechend hatte Sigurd in seiner Hamelner Zeit eine Beziehung zu einem Mädchen ohne Berührung. Ihre Sehnsucht nach dem schüchternen Jungen musste die Freundin kompensieren, indem sie sich seine Gedichte anhörte und als Buchhändlerstochter mit Verständnis kommentieren konnte.

Noch im Münchener Studium verwies Sigurd ein Mädchen des Zimmers, als sie es wagte, an seiner Hose zu nesteln. Das aufwühlende Ereignis mit dem Nachbarhund im Hamelner Garten hatte er seinerzeit durchgehen lassen, weil er dieser Spezies zubilligte, dass es für sie ok war, ihren natürlichen Instinkten zu folgen.

Erst sehr viel später wurde ihm bewusst, dass die anerzogenen Normen außer ihrer kulturellen Begründung stets vermischt waren mit dem Politikum Herrschaft und Untertan. Insofern ist es folgerichtig, dass die Nachkriegsgeneration sich genau dieser Fesselung bewusst war und sich dagegen wehrte.

Zunächst genoss Sigurd die Freiheit, selbstbestimmt und ohne Beeinflussung seine ersten erotischen Erfahrungen zu machen. So entstand eine zärtlich/chaotisch/kreative Liebesbeziehung zu Sabine, die, einige Semester jünger, im Atelier von Professor Thieler eingeschrieben war. Die Kombination von braunen Augen zu blonden Haaren und ihre leichte unbelastete Art hatten es Sigurd angetan.

Da er aus einem Haushalt ohne Schwestern stammte, kam seine Annäherung, getragen von einer ungekannten elementaren Sehnsucht, einer Entdeckung sowohl des anderen als auch des eigenen Geschlechtes nahe.
Sigurd beschäftigte sich viel mit französischer Poetik. Über Baudelaire, Verlaine und Rimdaud war er bis zu Francois Villon vorgestoßen. Die sprachliche Kraft in der Übersetzung von Paul Zech und die bohèmienhafte Lebenseinstellung in ihren Gedichten entsprachen seiner Abgrenzung von den regelhaften Normvorstellungen seines Elternhauses.

Er hatte es nicht gelernt, den unerwarteten Gefühlen in sich einen adäquaten Ausdruck geben zu können. So adaptierte er den „wilden Stil", den er bei Francois Villon gefunden hatte. In seinen Briefen bot er seiner Freundin seine Empfindungen in einer impulsiven Kunstsprache dar, adäquat den burschikosen Formulierungen Villons.
Man kann sich vorstellen, mit welchem Schock und welchen Warnungen Sabines Mutter reagierte, als sie (aus gut situierter Düsseldorfer Familie kommend) beim Besuch ihres Töchterchens in deren Berliner Zimmer Sigurds Briefe in die Hand bekam:

„Ich bin so wild nach deinem Erdbeermund, ich schrie mir
schon die Lungen wund nach deinem weißen Leib, du Weib.
Im Klee, da hat der Mai ein Bett gemacht, da blüht ein schöner
Zeitvertreib mit deinem Leib die lange Nacht. Das will ich sein
im tiefen Tal dein Nachtgebet und auch dein Sterngemahl.“[8]

Das war eines der Vorbilder, aus denen Sigurd seine Liebesbekundungen ableitete.

Doch seine vehemente Briefsprache wurde ergänzt durch eine tieffühlende Hingabe. Die Kombination zwischen geradezu ungezügelter Wildheit, unangepasster Kompromisslosigkeit im Freiheitsdenken, kreativer Originalität und sanfter, fast schüchterner Zärtlichkeit beim Zusammensein mag für Sabine eine Anziehungskraft gewesen sein. Aus dem tiefsten Inneren zauberte Sigurd aus der Glut seiner Gefühle seine Geschenke für Sabine. Zum Beispiel in Form von Bildern oder Gedichten. Einen in dunklen und warmen, geradezu glühenden Farben, gewebten Schal vom selbst gebautem Webstuhl hatte er ihr nach wochenlanger Arbeit zum Geburtstag geschenkt.

Das Unterpfand seiner Liebe floss aus ihm heraus, als habe er seinen Lebtag nichts anderes getan, als meditierend am Lagerfeuer vor der Höhle zu sitzen und mit dem Ritus der Webarbeit seiner Geliebten kundzutun, wie sehr er sie liebe und verehre.

Inzwischen hatte es sich ihm angeboten, einen Atelierraum für sich allein in der Goltzstraße mieten zu können. Die Miete war erschwinglich, lag das Atelier doch im Hinterhof über einer größeren Garage mit Bastelraum, war nur durch eine Treppe mit Klapptür zu erreichen und nicht heizbar. Immerhin standen

---

8 In Anlehnung an das Gedicht von Paul Zech „Eine verliebte Ballade für ein Mädchen namens Yssabeau d'Außigny" (1931). In: Paul Zech: „Die lasterhaften Lieder und Balladen des François Villon." München: Deutscher Taschenbuch Verlag, 1962.

eine Toilette im Erdgeschoss und ein Waschbecken im Atelier zur Verfügung.

Das Besondere war: Der Raum war proportional so harmonisch geschnitten, das jeder Fanatiker des goldenen Schnittes seine Freude daran gehabt hätte. Zudem war die gesamte Vorderseite als Fensterglas angelegt, während die Rückwand nur durch eine Reihe kleiner Schießscharten ähnlichen Fensternischen gegliedert war. Sie erinnerte an den Charakter einer massiven Wehranlage. Sigurd liebte diesen Raum. Endlich konnte er Privatheit, Malen, Zeichnen, Holzschnitt und Radierung, Lesen, Schreiben, Schlafen, Kochen, Beisammensein mit Sabine, Treffen mit Freunden, Vorlesen seiner Erzählungen, gemeinsame Musikabende und Vorführung kleiner Theaterproduktionen unter einen selbstbestimmt eingerichteten Hut bringen.

Ab 11.00 Uhr schien bei gutem Wetter im Sommer sogar die Sonne zur Fensterfront herein, was zeitlebens (vermutlich aus brasilianischer Vergangenheit herrührend) ein wichtiges Lebenselixier für ihn war. Für die Wintermonate hatte er sich einen Petroleumofen besorgt. Bei ganz großer Kälte konnte er sich für 2 Monate in der Barbarossastraße ein möbliertes Omazimmer mieten, bei dem das Toilettenpapier nach Stückzahl abgerechnet wurde.

Es war eine Zeit, in der politische Themen ähnlich tabu waren wie sexuelle. Man hatte genug vom Krieg. Mit Politik verband die Elterngeneration Hitler, Partei, Gestapo und Maul halten. Es musste erst Schorf über die unendlich vielen Wunden gewachsen sein, bevor die Idee Fuß fasste, dass nun eine Zeit angebrochen war, in der man sich um politische Mitsprache kümmern konnte bzw. musste. Vor dem Hintergrund einer politischen Abstinenz auch in seiner Erziehung fühlte sich Sigurd oft wie im Niemandsland. Erst langsam begann er seine Antennen Richtung politischer Wirklichkeit auszufahren.

Berlin war trotz der BRD-Hauptstadt Bonn ein politischer Brennpunkt.

1955 Hatte der Schah von Persien (Iran) eine Auszeichnung erhalten: Die „Sonderstufe des Großkreuzes des Verdienstordens der Bundesrepublik Deutschland",

1957: das „Großkreuz mit Collane des Ordens de Isabel la Católica",

1960: den „Großstern des Ehrenzeichens für Verdienste um die Republik Österreich".

Diese Marginalie der Geschichte, die im Zusammenhang mit den Interessen der amerikanischen Besatzungsmacht um Einfluss auf das Ölland Persien stand, hatte für die Berliner Studierenden zunächst keinerlei Bedeutung.

Bedeutung bekam sie erst, als sie auf iranische Studenten trafen, die sich auf den Weg nach Deutschland gemacht hatten. Sigurd hatte sich mit Moussa angefreundet. Er war ein brillanter Schachspieler, hatte das Herz am rechten Fleck und war ein lustiger und geselliger Kumpel. Von ihm erfuhr er, dass viele seiner Landsleute vor eben diesem Schah geflohen waren, weil sie wegen ihrer Vorstellungen von einer demokratischen und sozialen Gesellschaft im Iran von der SAVAK (dem vom Schah aufgebauten Geheimdienst) verfolgt und gefoltert worden waren. Die Schah-Besuche in Berlin hatten daher den Charakter eines zweischneidigen Politikums.

Als Sigurd mit Sabine, Leiv und einigen anderen Studienfreunden unterwegs beim Kudamm waren, um ihren Hunger bei Aschinger mit der obligatorischen Erbsensuppe zu stillen, gerieten sie in der Nähe vom Tauentzien in einen Auflauf von Menschen, Passanten, Straßensperren und Polizisten. Sie erfuhren, dass hier gleich ein Konvoi mit dem persischen Botschafter und einer persischen Abordnung erwartet würde. Mehr aus Daffke als mit Ernst überlegten sie, wie man dort wohl ein Zeichen setzen könnte, um den reibungslosen Ablauf des Konvois zu stören und zu zeigen, dass man mit dem Schah-Regime nicht unbedingt d'accord sei.

In der Eile ließ sich so schnell nichts organisieren. Die ersten Wagen der Stafette waren schon in Sicht. Da kam Sigurd eine Idee. Eigentlich ist der Begriff „Idee" verkehrt. Es war eher eine

Eingebung, die da in ihm auftauchte, indem sie –– wie in seinen früheren Walderfahrungen – blitzschnell die Gegebenheiten der Situation mit den zur Verfügung stehenden Möglichkeiten in Einklang brachte. Da kam nur ihre körperliche Präsenz in Frage. Schnell besprach er mit Sabine seinen Plan. Sabine fand das zwar verrückt, aber sicherlich wirksam. So ließ sie sich spontan darauf ein.

Beide eilten auf die Fahrbahn und legten sich mitten auf dem Kudamm hin, umarmten sich und simulierten einen Liebesakt. Natürlich waren sie dabei so beschäftigt, dass sie weder die vor dem Konvoi fahrenden Autos noch den Konvoi selbst bemerkten. Einige Fahrzeuge fuhren neben ihnen auf. Das Risiko, angefahren zu werden, war ihnen bewusst, doch dachten sie sich, dass angesichts der Menschenmenge am Straßenrand sie schon keiner verletzen würde. Ihre Rechnung ging auf. Der Konvoi kam zum Stoppen.

Es dauerte eine ganze Weile, bis sich die Polizisten bis zur Straßenmitte durchgekämpft hatten, und es dauerte noch eine Weile, bis sie dann die beiden „Liebesverbohrten" voneinander trennen und auf den Bürgersteig verfrachten konnten. Von ihren Gummiknüppeln machten sie glücklicherweise keinen Gebrauch. Sie wollten wohl vor der Presse nicht als Schläger gelten, obwohl in diesen frühen Jahren der BRD die Polizei nicht sonderlich zimperlich war. Es war ja auch deutlich zu erkennen, dass diese Straßenszene keine organisierte oder gar aggressive Aktion war, sondern eher eine Eulenspiegelei, die sich zwei dümmliche Studis erlaubt hatten.

So war es gedacht, es ging um den Joke. Es ging um ein kleines Zeichen privaten und zivilen Einspruchs. So wurde das Ereignis nach dem ersten Entsetzen durch einen Teil der Passanten auch gewertet. Sie konnten mit Berliner Aufmüpfigkeit den Spaß teilen. Andere dagegen ließen ihren allgemeinen Frust heraus. Sie schimpften über die Chaoten, die sich so etwas auf offener Straße erlaubten.

Die Szene hatte einen gewissen Symbolcharakter. Selbst einer Generation angehörend, die den diktatorischen Gebrauch einer

Geheimpolizei noch erlebt hatte, sprangen die Studis mit einer sympathisierenden Geste ihren Kommilitonen aus dem Iran zur Seite. Mit der Performance einer Liebesszene boten sie den heranrollenden Repräsentanten des gewalttätigen Regimes für einige Minuten Einhalt. Es gab eine für alle Anwesenden fühlbare Zäsur im Ablauf der Kolonne. Ein nicht eingeplantes Hindernis, bewusst hervorgerufen durch nicht ungefährlichen Körpereinsatz. Kein Gegenstand als Barriere, sondern ein Liebesdenkmal aus Fleisch und Blut. Ein kleiner sensationeller Vorfall, der, wie ein störender Haufen Dreck bald aus dem Wege geräumt wurde. Einmal an den Straßenrand gebracht, sorgten die begleitenden Kommilitonen und Kommilitoninnen durch ein Handgemenge dafür, dass Sigurd und Sabine in der Menge schnellstens untertauchen konnten. Gandhi hielt seine segnende Hand darüber.

Acht Jahre vor den öffentlichen Demonstrationen gegen den Schah-Besuch in Berlin, der mit der Erschießung von Benno Ohnesorg zur Revolte der Studentenbewegung führte, wurde hier (als Eulenspiegelei getarnt) ein Vorzeichen zivilen Widerstands sichtbar. Unbewusst war Sigurd eingetaucht in eine Strömung, die später zum gesellschaftlichen Engagement führen sollte.

Kapitel 29

PARIS I – JOBBEN FÜR DIE REISE

Obwohl Sigurd im Umgang mit anderen Menschen noch sehr reserviert und voll kantiger Skepsis war, passte zwischen Sabine und ihm Vieles zusammen. Sie waren voll jugendlicher Kraft, begeisterungsfähig, gingen mit kreativem Elan auf die Zukunft zu, sie waren wissensdurstig, arbeitshungrig und kunstgierig. Was lag näher, als die Fühler aus der Berliner Insellage heraus zu strecken und in die Welt einzutauchen, die vom Fluidum der Kunst geprägt war.

Es gab mehrere Anlässe, dem Magnetismus zu folgen, der von Paris ausging. An erster Stelle standen natürlich die in den Pariser Museen zusammengetragenen Kunstsammlungen und die aktuellen Ausstellungen der Pariser Galerien. Dann war da Sigurds Vorliebe für die französischen Dichter und Maler der Jahrhundertwende und deren bohèmehaften Lebensstil. Dazu kam die gesellschaftskritische Position der aktuellen französischen Denker und Künstler wie Sartre, Jean Cocteau, Picasso, Becket, Genet und anderen.

Angestiftet wurde er zudem durch Klaus Kinski. Der hatte als junger Schauspieler in Berlin eine Reihe von spektakulären Bühnenauftritten. Mit Sinn für eine dramaturgische Steigerung hatte er sich die Rezitation von Francois Villon und Rimbaud vorgenommen. Sigurd saß nach der Vorstellung mit einigen Schauspielerfreunden in deren Stammkneipe am Steinplatz zusammen. Es ging heiß her in den Kommentaren zu Kinskis Ein-Mann-Show. Kontrovers waren vor allem die Meinungen, ob es ein legitimes Mittel sei, die Steigerung der inneren Ergriffenheit bei der Rezitation bis hin zu einem epileptischen Anfall auf der Bühne in minutiös eingeübter Simulation (mit von Waschpulver erzeugtem Schaum vor dem Mund) dem Publikum anzutun. Im Laufe des Gesprächs lud ein Journalist Sigurd ein, am nächsten Tag an einem Interview mit Klaus Kinski in dessen Berliner Wohnung teilzunehmen.

Die Wohnung, ganz im Stil einer Studentenbude, war spartanisch eingerichtet. Kinski selbst gab sich ganz asketisch – wie ein Mönch. Entsprechend betonte er mehrfach im Gespräch sein karges, enthaltsames Leben und lästerte über das Spießerpublikum in Deutschland. Als Gegensatz hob er Paris hervor, seine Weltoffenheit und das kulturbrodelnde Leben. Damit setzte er in Sigurd, der ohnehin schon von der Rezitation der Villon-Balladen auf Kinskis Seite war, einen keimenden Wunsch – auf nach Paris!

Für das Metier eines Schauspielers fand er es durchaus legitim, dass Kinski auch seine Askese nur inszeniert hatte. Auf dem Gang durch die Wohnung, so der Journalist in seinem folgenden Artikel, hätte er versteckte Schinken und Schlemmereien entdeckt. Der spätere Erfolg Kinskis gab ihm für diese Inszenierungskunst Recht. In einem Interview sagte Kinski einmal zur Rechtfertigung der auf die Medienwirksamkeit zielenden Kicks, dass wir in einem Zeitalter leben, in dem ohnehin alles nur ums Geld geht.

Für Sigurd war klar, dass dieser Trend nicht seinem eigenen Ziel entsprach. Es dauerte allerdings eine Zeit, bis er (anders als Kinski) seinen eigenen Weg von der Außen- zur Innenorientierung gefunden hatte.

Eine Reise nach Paris wollte gut geplant sein.

Nun waren seinerzeit die Semesterferien nicht durch Studienaufgaben ausgefüllt. Viele Studierende benötigten die Zeit, um sich die Mittel für die Finanzierung von Studium oder Reisen zu verdienen. Auch Sigurd kam mit dem elterlichen Beitrag nicht aus. Seine Eltern hatten zeitweise die Ausbildung von drei Kindern zu finanzieren. Die Kinder wussten, wie schwer das den Eltern nach dem Neuanfang in Hameln fiel. Deswegen suchte sich Sigurd in den Semesterferien jeweils einen Job zu Hause, wo er das Elternhaus als preiswertesten Ausgangspunkt dafür nutzen konnte.

Am liebsten arbeitete er an der frischen Luft. Da kamen in Frage: Hoch- und Tiefbau, ein Kieswerk bei Tonneböhns Teichen, der Bau eines Wasserwerks auf einem Berg bei Wangelist, das Lager eines Eisenbetriebs, oder weniger attraktiv: ein Job in Reeses Puddingpulverfabrik oder in einem Hamelner Getränkeabfüllbetrieb.

Zu Anfang fühlte er sich gegenüber den Mitarbeitern wie ein Kaninchen vor der Schlange, wenn er (ungeübt im Umgang mit ihnen) von ihnen als Student provoziert wurde. Doch mit der Zeit liebte er deren direkte unverstellte Art und verschaffte sich Respekt dadurch, dass es er schaffte, beim Biertrinken mit den anderen mitzuhalten.

Man musste hart gesotten sein, um ihren derben Späßen zu widerstehen. Am Fließband beim Abfüllen von Limonade war der Takt so eingestellt, dass die linke Hand nach der leeren Flasche griff und sie in den Füllhahn einfädelte, während die rechte Hand inzwischen die vollgefüllte, verplombte Flasche herausnahm und aufs Transportband stellte. Man war sozusagen ein Rädchen im Sekundentakt der Abfüllmaschine. Konzentration und Durchhaltevermögen waren gefragt. Für manche der Beschäftigten tagelang, wochenlang, ein Arbeitsleben lang. So ließ sich nicht verdenken, dass sie den vorübergehenden Neuling als Abwechslung betrachteten.

Einen Heidenspaß machte es ihnen, den „Neuen" einer Art Äquatortaufe zu unterziehen. Die bestand aus einem Ritual: Einer der gerade freien „Springer" schlich sich mit zwei Bierflaschen von hinten an den „Neuen" heran, entplombte die Flaschen und steckte sie verkehrt herum in dessen Hosentaschen. Der war ja durch den vorgegebenen Takt mit beiden Händen an den Fließbandrhythmus genagelt. Er konnte sich demnach gegen die Attacke nicht wehren und musste nun zum Spaß aller erdulden, wie ihm das Bier in der Hose bis in die Schuhe hinunterlief. Zwar war Sigurd verärgert. Den Ulk konnte er jedoch ertragen und gute Miene zum bösen Spiel machen, weil er wahrnahm, wie eintönig und entwürdigend dieser Job für die Belegschaft war. Die Produktion hatte noch keine vollautomatische Fließbandarbeit erreicht, aber der Konsum verschlang schon industrielle Massenware. Persönlichkeit wurde zwischen ihren Zahnrädern zerrieben. Wer konnte verdenken, dass sie sich eine Kompensation suchte. Dass diese als destruktiver Spaß ausfiel, lag am Mangel anderer Gelegenheit: Für konstruktiven Spaß war der Spielraum zwischen den Fließbändern auf der Strecke geblieben.

Auf dem Bau und im Kieswerk war die Arbeit zwar körperlich anstrengender, doch die Spielräume waren größer. Auf dem Bau war viel Handwerkliches zu lernen, was Sigurd mit großem Interesse in sich aufnahm. Und im Kieswerk erlebte er eine abenteuerliche Nacht mit der buchstäblich warmen Nähe der derben Arbeitskollegen.

Der Nachtdienst war unter allen verpönt, doch wurde er mit fast doppeltem Sold entlohnt. Deswegen griff Sigurd zu, als er sich einigermaßen eingearbeitet hatte und das Vertrauen in seine Fähigkeiten gewonnen war. Der Bagger im Kiesteich lief die ganze Nacht unvermindert weiter. Er war mit zwei Facharbeitern besetzt. An Land genügte eine Person, die nur darauf zu achten hatte, dass das Fördergut über die Förderbänder den Rüttler erreiche und dass nach der Sortierung der Korngröße die Schieber an den Silos reguliert wurden. Diesen Job hatte Sigurd zu erledigen.

Das ganze Gelände war durch punktuelle, gleißend helle Scheinwerfer in eine gespenstische Kulisse mit den Gerippen der Silos, Förderbänder und den aufgeschütteten Kieskegelbergen verwandelt. Allein verantwortlich, hatte Sigurd ohne Pause zu tun. Doch es erfüllte ihn auch mit Stolz, dass man ihm diese Aufgabe anvertraut hatte. Der Bagger dieselte auf dem See vor sich hin. In monotonem Begleitrhythmus sorgte er mit

seinem Aggregat für Licht und schob Tonne um Tonne wasser-
geschleuste Kiessuppe durch die Förderrohre zum Band. Ab-
getropft ging die Fracht dann über die etwa 12 Meter langen
Förderbänder zur Höhe von Rüttler und Silos. Alles lief gut und
nach Wunsch, bis ...
Ja, bis ... der Regen kam.

Das Wasser pladderte vom Himmel so plötzlich und vehement,
dass Sand und Kies auf dem Förderband ins Rutschen kamen.
Zuerst versuchte Sigurd die Menge zu reduzieren und einen Teil
der Ladung mit der Schaufel herunterzuwerfen. Das klappte
zwar einmal, war aber von kurzer Dauer. Das Problem war, er
konnte sich mit den beiden Männern auf dem Bagger nicht verständigen, um die Produktion zu verlangsamen. Das Schwen-
ken der Lampe hatte keinen Erfolg. Es gab weder Sirene noch
Sprechfunkanlage.

Als einzige Möglichkeit blieb: Er musste versuchen, den Bagger auf den Förderrohren balancierend zu erreichen. Fast hatte er die 30 m bis zum Bagger geschafft, als eine Windböe ihn
ins Wasser warf. Regensachen und Gummistiefel ließen ihm
keine Chance zum Schwimmen. Wenigstens konnte er sich am
Baggerrohr festhalten und die letzten Meter bis zum Rand des
Baggers heranziehen. Endlich hatten die beiden Männer sein
Manöver bemerkt und zogen ihn an Bord. Als Erstes wurde die
Förderpumpe abgestellt.

Inzwischen war der Mond hinter den Bäumen hervorgekro-
chen und es begann eine unvergessliche Nacht. In der Kajüte
des Baggers sorgte ein rostiger eiserner Kanonenofen für bulli-
ge Wärme. Er wurde nun kräftig auf hohe Temperatur gebracht.
Die Männer trugen Holz herbei, stellten einen Kaffeepott auf
den Ofen, rissen Sigurd die triefenden „Klamotten" vom Leib,
wickelten ihn in warme Decken und freuten sich über die vom
Himmel geschickte unerwartete Pause.

Sie kamen beide aus Nachbardörfern zwischen Hameln und
Coppenbrügge. Sigurd erlebte, wie selbstverständlich es ihnen

war, von der harten Arbeit der Kiesförderung umzuwechseln in eine anteilnehmende Fürsorge, wenn es darum ging, sich um die Erhaltung eines Menschenlebens zu kümmern. Die Bedienung des Baggers war ihnen kurzerhand scheißegal.

Der Sturm, der auf das Blechdach prasselnde Sturzregen, das Schaukeln des Baggers, das monotone Stampfen seines Elektroaggregats, die monddurchbrochene Dunkelheit zwischen den gepeitschten Silhouetten der Bäume und die wohlige Wärme der vor Wasser, Blitz und Donner schützenden Kabine verleitete mit Kaffee, Bier und Schnaps zu einer Stimmung, bei der die Geister der uralten germanischen Wälder Niedersachsens wachgerufen wurden.

Von „Spökenkiekern" in ihrem Dorf, von Kalbgeburten mit zwei Köpfen, von der alten Kräuterfrau mit ihren erstaunlichen Heilkräften, mit denen sie Warzen mithilfe von Pfuhlwasser bei zunehmendem Mond zum Verschwinden bringen konnte, von dem alten Schafhirt, der fast alle Krankheiten durch Handauflegen heilte, von den nächtlichen Besuchen der Wildschweinrotten, wenn sie grunzend und schnaubend die Gärten wie zermanschte Suhlen und manchen Wachhund als Invaliden hinterließen, von Totgeburten, von Eifersuchtsdramen mit ungeklärten Mordfällen erzählten die beiden, sich jeweils mit einer nächsten Gruselgeschichte übertrumpfend. Nach dem Kaffee floss gläserweise sogenannter Aufgesetzter, Korn, bei dem es Sigurd jedes Mal schüttelte. Doch er musste mithalten und fühlte sich wohl, mitten in einem Stück Naturschauspiel, in freundschaftlicher Verbundenheit am Fluss der Gespräche teilnehmen zu können.

„Weißt du noch? Die flotte Susi, die sich immer für was Besseres hielt."

„Jo kloor weit ik dat. Un' in ihrem Drang nach Höherem hat sie versucht den Pfarrer zu verführen, sie wollte wat Akademisches."

„Aber dat war 'n feiner Kerl. Der hat in die olden Kerkenbökern jeforscht, weil er sik wunnerte, dat et so ville Kinnergrä-

ber hat geven, so um 1640 herum. Un min Jung, du kännst dir nich vorstellen", wandte er sich an Sigurd, *„wat er do funnen hät. Es war Krieg un de Lüt hätten viele Kinners und konnten sie nich' mehr satt kreegen, do hebben se die ganz Lütten zum Fluss geschickt zum Speelen. Immer mal ein Esser weniger, da kunnten de anneren satt wern. Do is der Modder bestimmt das Herz zerrissen. Aber es gab wohl keine Wahl. Einer musste geopfert wern, damit de anneren überleben konnten."*

„Schnack keen Platt, dat küt hei nit verstan. Do möt ik dir Recht geven."

„Ja, arm waren sie immer auf unseren Dörfern, Untertanen halt, aber trotzdem selbstständig. Hatten gewisse Freiheiten als Selbstversorger. Hatten ihre Gärten, ihre Felder und Tiere. Ein paar Schweine hatte jeder Hof. Neben Kartoffeln, Getreide und Rüben waren sie das, was die Kraft gab. Mal ein Huhn – und zu Weihnachten die Gans. Und die Butter nicht zu vergessen. Klar, Milch, Quark, Butter und Eier. Aber am wichtigsten waren die Swine. Als Kinner mussten wir sie noch im Herbst in die Wälder treiben, da gab's gutes Futter, Kastanien, Eicheln, Bucheckern, Wurzeln. Im Unterholz gab's Käfer, Mäuse und Kleingetier, da konnten sie wühlen wie ihre wilden Kollegen. Das war immer ein Spaß. Und dann erst die Schlachtefeste auf jedem Hof. Mit den aufgeblasenen Schweinsblasen und den Augen haben wir Kinner auf dem Dorfplatz Fußball gespielt."

„Und weißt du noch, wie der olle Klingbeil seine lütte Deern beim Schlachten verloren hat, verbrüht im Brühkessel? Und wie der Richter ihn dann fragte, warum er nicht zugesprungen wär und geholfen hätte, und wie er dann sagte: ,Mensch, det konnt ik doch nich, ik hät doch grad det Swin inne Hand.' "

Genetisch verankert war in erster Linie die Existenzsicherung zum Leben der ganzen Familie, war aus den Geschichten herauszuhören. Sigurd fühlte sich den beiden ganz nah und in ihren Bann gezogen. Er konnte nicht verstehen, wie sein Vater sich oft herablassend von den einfachen Leuten abgegrenzt hatte. Standesgrenzen kamen ihm abartig vor, jeder suchte doch irgendwie seinen Weg durch das Leben. Und wenn es mit Spaß und mit Wohlwollen gegenüber anderen verbunden war, war das doch wie ein Schatz, von dem alle profitieren konnten.

Aus den absonderlichen Erzählungen sah er Vergangenheit und Alltag der niedersächsischen Dorfgemeinschaften lebendig vor sich aufsteigen. Wie in einem Film fanden sich seine eigenen Eindrücke und die Geschichten der beiden zu einer Collage zusammen: Bauernkaten mit ihren tief gezogenen Schutzdächern, die engen Kopfsteinpflasterstraßen, der Dorfteich mit dem Löschwasser und dem Entenpfuhl, der Viehtrieb zu den Weiden, die Fachwerkhäuser mit ihren Lehmwänden und den großen Tenneneinfahrten, der Stalldurchgang zwischen den Kühen und den Pferden bis zu dem Platz vor dem Wohntrakt, wo sich alle vor dem Kamin mit seinen geräucherten Schinken und Würsten sammelten. Im Außenbereich fanden sich auf dem Dorfplatz die Alten und Kinder bei der Bank unter der Linde oder der Buche ein. Das Ganze ein Organismus, in dem ein soziales Gewebe voller Eigenheiten brodelte, Eigenbrötler halt mit Eigen- und Gemeinschaftssinn. Jedes Dorf ein eigener täglicher Film, was brauchte es da ein Kino, Fernsehen oder Unterhaltungsmedien? Man hatte alles vor seiner Tür und spielte mit im gemeinsamen Drama.

Anachronistisch kam es Sigurd vor, wie die beiden ehemaligen Bauernsöhne von Pferd und Wagen mühelos umgestiegen waren auf Auto und Bagger und doch so verwurzelt waren in der Erinnerung an ihre dörflichen Gemeinschaften.

Trotz der unproduktiven Ausbeute wurde Sigurd die Nachtschicht mitsamt Zulage bezahlt. Höhere Gewalt eben, Thor und Donar hatten ein Wörtchen mitzureden. Das wurde respektiert.

Insgesamt brachten ihm drei Wochen Job im Kieswerk etwa 400,00 DM ein. Für damalige Verhältnisse ein gutes Budget für eine sparsam geplante Reise.

PARIS, PARIS, WIR KOMMEN!

Mit Sabine, die aus Düsseldorf anreisen wollte, hatte er sich in einem kleinen Hotel am Gare Du Nord verabredet. 3 Tage vor dem Termin machte sich Sigurd mit einem verbeulten Koffer, einem neu erworbenen Mantel, mit dem Segen der Eltern und mit erwartungsfrohem Mut per Auto-Stopp auf den Weg.

Dass es ein abenteuerlicher Weg mit spannenden, doch auch gefahrvollen Lernerfahrungen werden würde, konnte er zu diesem Zeitpunkt noch nicht ahnen.

Kapitel 30

PARIS II – ANFAHRT MIT HINDERNISSEN

Mutter hatte, nachdem Vater im letzten Jahr einen VW-Käfer erworben hatte, mit 48 Jahren ihren Führerschein gemacht. Sie brachte den Jungen bis zur Autobahnauffahrt Lauenau. Das war von Hameln aus der nächstgelegene Anschluss an die Autobahn Richtung Westen. Die Strecke hatte außerdem den Vorteil, dass man zwischen den Bergrücken Süntel und Deister die Talstraße nehmen konnte und den Weg über Hannover vermied.

Sigurd hatte die Autobahn über Aachen und durch Belgien gewählt. Dem Atlas nach war das der naheliegendste Weg, wenn man von Norden kommend Paris erreichen will. Zudem hatte er im Herbergsverzeichnis gefunden, dass es kurz hinter der belgischen Grenze eine Jugendherberge in Valenciennes auf französischem Boden gab. Bis dorthin hoffte er am ersten Tag zu kommen.

Das Trampen war zu dieser Zeit der normale Reisetransport für Studierende. Von daher waren diejenigen Bundesbürger, die bereits ein Auto besaßen, darauf eingestellt. Nach den Kriegsjahren lebte noch der Pioniergeist gegenseitiger Hilfe, außerdem schätzten etliche Fahrer die unterhaltsame Abwechslung im monotonen Straßenschlucken. Der erste Fahrer nahm Sigurd bis nach Dortmund mit, wo ihre Wege sich trennten. Kurz hinter Aachen hatte er dann nach einigen Autowechseln Glück. Der Fahrer wollte ebenso durch Belgien nach Frankreich. Er meinte, es wäre kein Problem, bis 22.00 Uhr (dem Schlusstermin der Jugendherberge) in Valenciennes zu sein.

Der Grenzübertritt entpuppte sich als formalisierter Engpass. Statt Ausweis musste man den Reisepass vorlegen, der dann mit Stempel und Datum versehen wurde. Außerdem musste wegen Devisenbeschränkung das mitgeführte Geld vorgewiesen werden. Sigurd war nicht ganz behaglich dabei, dass er seine sauer verdienten 400,00 DM vor aller Augen ausbreiten sollte. Schnell verstaute er sie wieder in der Brieftasche seiner Hose. Auch die Öffnung seines Koffers und die Begutachtung dessen Inhalts hielt er für übertrieben.

Der Fahrer, ein Holländer oder Belgier, sprach gut Deutsch und schien sich auf belgischer Seite gut auszukennen. Es entwickelte sich während der Fahrt ein unterhaltsames und eloquentes Gespräch, so dass Sigurd bereits nach wenigen Kilometern Vertrauen zu dem Herrn gefasst hatte. In einem kleinen Ort hielt er an, um Zigaretten zu kaufen, und forderte Sigurd auf, sich doch etwas die Beine zu vertreten. Als Sigurd zum Wagen zurückkam, war der Fahrer schon zurückgekehrt, und Sigurd wunderte sich, dass sein Koffer auf der Rückbank geöffnet erschien.

Nachdem der Fahrer erfahren hatte, dass er es mit einem kunstinteressierten Studenten zu tun hatte, schlug er vor, bei der Zitadelle von Huy eine kleine Pause einzulegen und das historisch sehenswerte Bauwerk zu besichtigen. Valenciennes sei trotz allem rechtzeitig zu erreichen. So bestiegen sie den Turm der Zitadelle und Sigurd beschlich ein unangenehmes Gefühl, als der Fremde sich auf der Plattform des Turmes immer hinter ihm hielt. Instinktmäßig sorgte Sigurd dafür, dass er jederzeit eine Art Rückendeckung hatte.

Auf der Weiterfahrt äußerte der Fahrer dann, er sei schon etwas müde, außerdem beginne es bald, dunkel zu werden. Er fragte Sigurd, ob es ihm etwas ausmache, im Auto zu schlafen; er würde dann vorn schlafen und Sigurd könne es sich auf der Rückbank bequem machen. Für den Jungen war das kein Problem, war er doch durch seine Jugendreisen allerhand provisorische Nachtlager gewohnt und konnte auf diese Weise sogar den Jugendherbergstarif sparen. Der Fahrer bot ihm sogar einen schon etwas älteren Schlafsack an und drängte ihn dazu, doch seine Hose zu schonen und auf die hintere Ablage zu legen. Sigurd fand das zwar seltsam, brachte es aber nicht über sich, dieses Angebot abzulehnen. Es wäre in seinen Augen so etwas wie ein Misstrauensvotum gewesen. Also machte er es sich hinten im Auto, eingehüllt in den fremden Schlafsack, so bequem wie möglich. Als Rastplätzchen hatte der Fahrer einen Weg hinter einem Bauernhof unter einer Gruppe mächtiger Eichen gewählt. Als der halbe Mond in den Kronen erschien, merkte Sigurd, wie müde er war, und begrüßte die Schlafpause.

Mitten in der Nacht war er plötzlich hellwach. Der Fahrer hatte sich vorn hinterm Steuer eine Zigarette angezündet und blickte angestrengt nach draußen. Zu Sigurd sagte er, er wäre von Geräuschen auf dem Bauernhof wach geworden.

Dort war jetzt tatsächlich auch Licht im Stallfenster zu sehen. Vermutlich, so meinte der Fahrer, hätte der Bauer angefangen zu melken. Danach würden die Kühe auf die Weide getrieben. Das hätte er beim abendlichen Abstellen des Autos nicht bedacht. Hier ständen sie mit dem Auto genau im Wege. Und er kenne die hiesigen Bauern:

„Das sind Flamen und von rabiater Natur. Wenn wir ein Hindernis bilden, gehen sie auf uns los. Ich habe Angst um mein Auto und würde es gern zurücksetzen und zur Seite fahren."

Nachdem er mit dem Rückwärtsfahren nicht klarkam, bat er Sigurd, indem er ihm eine Taschenlampe reichte, ihm zu leuchten. Mit Sigurds Versuch, den Platz aus dem Rückfenster zu erhellen, war er nicht zufrieden. Er bat ihn, sich neben den Wagen zu stellen und von außen den Weg zu beleuchten, dann hätte er bessere Sicht. Den Schlafsack könne er anlassen, sie könnten ja gleich weiterschlafen.

„Wir sind ja noch mitten in der Nacht. Aber die Bauern müssen halt früh raus. Da muss man schon Rücksicht nehmen. Die sind bestimmt nicht gut gelaunt, wenn sie uns hier im Wege stehen sehen. Hinter uns steht ein alter Pflug, ich möchte mein Auto nicht riskieren. Seien Sie doch so nett."

Das klang plausibel und Sigurd stand nun neben dem Wagen bereit, um hinter sich das Gelände auszuleuchten. Der helle Schein der Taschenlampe fiel auf den verrosteten Pflug und riss ihn wie ein geheimnisvolles Skelett aus dem Dunkel der Nacht.

Als der Wagen dann plötzlich statt rückwärts nach vorn rollte, dachte Sigurd, der Fahrer hätte aus Versehen den falschen Gang eingelegt. Erst als er in den zweiten Gang hochschaltete und Gas gab, durchlief es Sigurd mit erschreckender Erkenntnis: **Das ist Absicht.** Mit Vollgas strebte der so „hilfsbereite" Fremde vom Hofgelände auf die Hauptstraße zu und verschwand im dunkelgrauen Niemandsland.

Schnell den Schlafsack abgestreift, versuchte Sigurd noch hinter ihm herzulaufen, natürlich ohne Chance. Ein Nachtbus, den er auf der Hauptstraße aufzuhalten versuchte, machte nur einen großen Bogen um den Typen, der da mitten in der Nacht mit nackten Beinen und Füßen, lediglich mit Pullover bekleidet, vermutlich besoffen, auf der Straße stand und winkte.

Sigurd war zum Heulen zumute.

So etwas Ausgebufftes hatte er sich nicht träumen lassen.

Weg war sein Koffer mit seinen Sachen, weg die Hose mit Brieftasche und Reisegeld, in Frage gestellt die gesamte Parisreise, mutterseelenallein im fremden Land, ohne überhaupt ein paar Worte der Sprache reden zu können.

WAS TUN???

Die Bauernhäuser standen wie aufgereiht an der Straße.

Sigurd klingelte beim erstbesten und wartete mit Ungeduld. Nach dem Anschwellen schlürfender Schritte wurde schließlich die Haustür geöffnet. Das Gesicht der Bäuerin erschien. Sigurds Aufregung und seinem Redestrom konnte sie die Wörter Polizei, Police, entnehmen und sich im Zusammenhang mit seiner spärlichen Bekleidung in nachtschlafender Zeit zusammenreimen, dass da eine Art Notfall vorläge. Zumindest rief sie bei der Gendarmerie an. Dann holte sie ihre Tochter aus dem Bett, die ein wenig Englisch konnte. Schnell hatte diese die Lage überschaut und informierte zunächst die Mutter, später dann die Polizisten.

Die Mitteilung des Fahrers, dass die Bauern hier rabiater Natur wären, entpuppte sich als Lügenbaustein in seinem gesamten kriminellen Plan. Das Gegenteil war der Fall. Die Mutter verschwand im Haus, um bald darauf mit einer Jeans und ein paar Halbschuhen zurückzukehren. Es wären Sachen ihres Sohnes, der zurzeit im Studium wäre, sie könnten ihm sicherlich passen und er könne sie als Geschenk behalten. Dankbar nahm Sigurd diese Erstausstattung nach dem Überfall an sich.

Die Gendarmen ließen sich auf Französisch von der Tochter informieren. Anschließend nahmen sie den deutschen Fremdling zur Aufnahme des Berichts mit zur Wache nach Liège. Dort wurde ihm zum ersten Mal bewusst, wie ausgefuchst der gesamte Plan des Fremden war, nachdem er an der Grenze das Geld in Sigurds Brieftasche und den Inhalt des Koffers gesehen hatte. Ihm war auch klar, wie knapp er einem Stoß vom Turm der Zitadelle in Huy entgangen war.

Er erfuhr, dass er nun zur deutschen Botschaft nach Brüssel müsse, um einen Pass und eine Rückfahrkarte nach Deutschland zu erhalten. Auf seinen Einwand, er müsse in zwei Tagen in Paris sein, konnten sie ihm nicht helfen. Stattdessen bekam er von der Gendarmerie eine Bestätigung über die Ausraubung. Dieses Dokument mit Stempel der Gendarmerie sollte sich in Brüssel dann als eine Art „Sesam öffne dich" bewähren. Noch von der Gendarmerie aus schickte er ein Telegramm an Frau von Tschirnhaus mit der Bitte, ihm 100,00 DM telegrafisch zur deutschen Botschaft nach Brüssel zu senden. (Seine Eltern mochte er nicht angehen, um sie nicht in Schrecken zu versetzen.)

Brüssel entlarvte sich als eine pulsierende Metropole mit Ober- und Unterstadt. Die Botschaft stellte ihm einen provisorischen Reisepass aus, für den er allerdings 7,50 DM zahlen sollte. Eine Leihsumme könne er nicht bekommen, auch keine Fahrkarte nach Paris, allenfalls eine Rückfahrkarte in seine Heimatstadt.

Die telegrafische Anweisung von Frau von Tschirnhaus traf am Nachmittag ein. Nach Abzug der 7,50 DM machte sich Sigurd damit auf den Weg zur Unterstadt. Dort, so hatte er erfahren, gab es nicht nur die „Armée du Salut", bei der er aufgrund seines Türöffners, dem Gendarmerie-Papier, nicht nur unentgeltlich Essen und Unterkunft in Aussicht gestellt bekam. Dort waren auch Trödlergeschäfte zu finden, bei denen er seine Garderobe ergänzen konnte.

Der Ladenbesitzerin beschrieb er auf Deutsch und Englisch, was er benötigte:

„Eine Jacke, die warm und regendicht ist und außerdem noch so chic aussieht, dass er damit in Paris ins Theater gehen könne."

Die Frau lachte und schüttelte den Kopf. Doch dann hatte sie eine Idee. Sie hätte da eine Freundin mit auch einem An- und Verkauf ... kurzerhand schloss sie ihren Laden, nahm den jungen Mann mit dem ausgefallenen Wunsch unter ihre Fittiche und brachte ihn durch die verwinkelten Gassen der Unterstadt (des Arme-Leute-Viertels) zum Laden ihrer Freundin. Dort fand Sigurd tatsächlich, was er suchte. Die Jacke passte zum Outfit eines Junkers. Eine grüngraue Allwetterbekleidung mit innerer Regenmembran und Pelzkragen für ein gehobenes Aussehen, das Ganze für 15,00 DM. Sein gesamtes Studium über mochte er sich nicht mehr von ihr trennen.

Auf dem Rückweg lud Sigurd die hilfreiche Trödlerin zu einem Kaffee ein und bedankte sich für so viel selbstlose Unterstützung. Dass sie ihren Laden geschlossen und Sigurd zum Geschäft ihrer Freundin geführt hatte, war ein wahres Geschenk des Herzens – wie eine Kompensation für das Gangstererlebnis der vorangegangenen Nacht.

Irgendwie gleicht der Himmel alles wieder aus, dachte er sich.

Als er nach wohltuender Suppe im Kreis der Obdachlosen sich auf seiner Liege in der „Armée du Salut" schlafen gelegt hatte, hörte er die anderen von einem jungen Mann sprechen, der unterwegs ausgeraubt worden war. Ihren flämischen Slang konnte er besser verstehen als das Französische. Mit dem Gedanken, ob er damit gemeint sein könnte, schlief er ein.

Bei der Gendarmerie hatte er eine exakte Beschreibung des an der Vorderseite eingebeulten schwarzen VW-Käfers und eine so genaue Phantomzeichnung von dem fuchsgesichtigen Räuber hinterlassen, dass dieser kurze Zeit später gefasst werden konnte. Erst nach langer Zeit konnte Sigurd dann später einige seiner Habseligkeiten inklusive verbeultem Koffer, über den Seeweg in Hamburg gelandet, in Empfang nehmen.

Der nächste Morgen gehörte zu dem Tag, an dem er sich mit Sabine in Paris treffen wollte. Um den Zeitpunkt nicht zu verpassen, gönnte er sich von dem telegrafischen Geld eine Fahrkarte von Brüssel nach Paris.

Als er, auf der Suche nach einem Sitzplatz, durch die Abteile ging – hoppla, das war doch nicht zu fassen –, stolperte er in einem der Abteile über ... SABINE.

Da saß sie, die er in Paris treffen wollte, im von Düsseldorf kommenden Zug leibhaftig und unerwartet vor ihm.

Sie fielen sich in die Arme und hatten sich soooooooooooo viiieeeeel zu erzählen.

Als sie Arm in Arm schließlich im Rhythmus des vertrauten brasilianischen Kaffeekompong, Kaffeekompong einschliefen, fiel Sigurd das Jesuswort ein:

„Sorget nicht für euer Leben ... ist nicht das Leben mehr denn Speise? Und der Leib mehr denn die Kleidung? Sehet die Vögel unter dem Himmel an: Sie säen nicht, sie ernten nicht, sie sammeln nicht in die Scheunen; und euer himmlischer Vater nährt sie doch."

Hatte er das nicht gerade am eigenen Leibe erlebt?

Kapitel 31

PARIS III – IM AUGE DER METROPOLE

Mit Sabines Reisekasse mussten sie haushalten. Zunächst kamen sie damit über die Runden. Doch mussten sie Vorsorge treffen. Erst einmal gaben sie sich jedoch dem Fluidum des Sehnsuchtsortes hin.

Das Hotel, eine kleine Pension in einem Gründerzeitgebäude, war einfach. Doch erfüllte es mit seinen grünen Fensterklappen, der schmalen verwinkelten Treppe, den engen Zimmern mit vergilbter Tapete und dem Blick über die Mansarden, Dächer und deren zylindrische Schornsteine die Erwartungen vom Charme einer Pariser Herberge für Studenten. Eben für wenig betuchte Leute, wie in dem Film „Ein Amerikaner in Paris" mit dem Tänzer Gene Kelly.

Schon früh am Morgen hielt es Sigurd nicht mehr im Bett. Er schlich sich, ohne Sabine zu wecken, aus dem Zimmer. Er liebte es, das beginnende Leben im Quartier zu beobachten und seinen ersten Erkundungsgang durch die nächstgelegenen Straßen zu machen. Beim Bäcker wollte er fürs Frühstück ein Baguette kaufen, musste zu seiner Überraschung jedoch feststellen, dass es eine Menge Variationen gab, die in Form eines Baguettes um die Gunst des Käufers wetteiferten. Da gab es die kleinen dünnen mit Namen Ficelle bis zu den großen dicken, die schon eher einem Weißbrot glichen. Ohne ein Wort Französisch kam er sich ziemlich unbeholfen vor. Was hatten die Eltern sich nur dabei gedacht, ihn in ein Gymnasium mit Griechisch und Latein zu schicken?

Eine Kundin vor ihm zeigte jeweils mit dem Finger auf eine Ware, murmelte eine Art Zauberwort und erhielt, was sie haben wollte. Sigurd prägte sich das Zauberwort ein und versuchte sein Glück damit. „Dscheprongßa" lautete es und tatsächlich, es funktionierte. Fingerzeig – „*Dscheprongßa*" – und schon war das Baguette in der Tüte, Fingerzeig, „*Dscheprongßa*", Croissant. Wunderbar. Und es funktionierte auch in der Epicerie de coin neben der Boulangerie: Fingerzeig, *Dscheprongßa*, Käse, *Dscheprongßa*, Wurst, *Dscheprongßa*, Butter, Confiture, Milch, alles ließ auf diese Weise den Besitzer wechseln. Mit seiner Beute kehrte er zu Sabine zurück, um sie mit Frühstück im Bett zu überraschen. So begann der erste verheißungsvolle Tag in Paris. Im Wörterbuch kam er dem Zauberwort auf die Spur: „*Je prend ca.*" (‚Ich nehme das.') Es war sein Anfang der französischen Sprache außer den Sätzen, die er zu Haus von Großeltern und Mutter aufgeschnappt hatte. Abendlich hieß es immer:

„*Wir machen noch eine Volter ums Caree.*"
„*Je prend ca, das hätte ich dir auch sagen können*", meinte Sabine nur.

Bei dem erlebnisreichen Angebot der Pariser Straßen und Viertel fiel es Sigurd nicht schwer, Sabine von seiner Vorliebe zu überzeugen, das Alltagsleben der Stadt zu Fuß zu erkunden.

Das bewährte sich vor allem dadurch, dass man im Vorbeigehen Plätze und Situationen entdeckte, die sonst verborgen bleiben, zumal sie auch keinem Fremdenführer der Erwähnung wert erschienen.

Ein Anziehungspunkt war natürlich der Montmartre. War es doch das Viertel, das durch Baudelaire, Verlaine, Aristide Bruant und vor allem durch die revolutionären Maler der Jahrhundertwende, wie van Gogh, Monet, Renoir, Toulouse-Lautrec, Manet und danach Picasso, Braque und viele andere, berühmt geworden war. Ein ehemals dörflicher Vororthügel von Paris. Zunächst Vergnügungsviertel der Ärmeren, war es nun inzwischen durch Bürgerhäuser der Jahrhundertwende, durch die „Zuckerbäckerkirche" Sacre Coeur und viele Boutiquen zum begehrten Viertel geworden. Geschäftssinn und die touristische Vermarktung der „Bourgeoisie" umfassten inzwischen Varietéprogramme von Moulin Rouge und Moulin de la Galette, Führungen durch die Ateliers von Picasso und Braque und den Verkauf von impressionistischen Stadtansichten im Stil Utrillos auf dem Place du Tertre. Durch preiswerte Pensionen, algerische Imbisslokale, kleine Antiquitätenläden und Kunstgalerien war der Montmartre vor allem für weniger Betuchte zum Magneten geworden.

Sie hätten auch mit der Metro zum Place Pigalle fahren können, um von dort den Hügel zu erklimmen, dann hätten sie jedoch nie jene in eine Häuserzeile eingebaute christlich-orthodoxe Kirche kennen gelernt, die ein unvergessliches Erlebnis werden sollte. Von außen unterschied sie sich vor allem durch das offenstehende, große hölzerne Portal von den umliegenden Bürgerhausfassaden. Irgendetwas war verwunderlich an der riesigen Holztür: Männer, Kinder, Frauen mit Babywagen verschwanden hinter dem Dunkel des Portals, aus dem der Klang gregorianischer Musik die Neugier unserer beiden Passanten lockte. Nachdem sie sich an das Dämmerlicht gewöhnt hatten, öffnete sich vor ihnen ein ungewohntes Schauspiel. Der Weg in ein mächtiges Kirchenschiff führte geradewegs gegenüber wieder hinaus in einen Hinterhof. Das Verblüffende war, der Hof schien durch keinen anderen Zugang zu erreichen zu sein. Der Hof war das Zentrum einer Wohnanlage. Jeder, der also über den Hof zu einer der Wohnungen wollte, musste somit die Kirche durchqueren. Der „Kirchgang" gehörte demnach zur selbstverständlichen täglichen Gewohnheit der in den Hofgebäuden wohnenden Gemeindemitglieder. Eine ungewohnte Verklammerung von Alltagsleben und Spiritualität. Sie legte handgreiflich den Gedanken nahe, dass Spiritualität nicht nur abgesondert zur Kirche gehört, sondern zum Leben generell.

Der geflieste Gang durch die Kirche zum Hof teilte den Raum in einen hinteren und einen vorderen Teil des Innenraums. Im hinteren Teil hatten sich, wie zu einer Verschnaufpause, Mütter mit ihren Babys zum Stillen oder zur leisen Unterhaltung eingefunden. Kinder spielten zwischen dem Gestühl und ältere Menschen nutzten die Gelegenheit zum Ausruhen von der Hektik der Straße.

Offensichtlich war dies ein Treffpunkt der Besinnung zwischen privatem Wohnen und öffentlichen Leben. Der offene, hochgewölbte Raum, Symbol des Heiligen, als eine selbstverständliche Zugehörigkeit zum Getriebe des Lebens.

Im vorderen Bereich der Kirche saß ein anderer Teil der Gemeinde und verfolgte andächtig das Geschehen im Altarraum. Auch Sabine und Sigurd hatten sich dort niedergelassen. Anders als in ihren heimatlichen Kirchen war der Altarraum vorn an der rechten und der linken Seite durch eine Ikonenwand verstellt. Die Porträts von Heiligen in byzantinischer Darstellungsmanier waren großenteils mit Goldgrund hinterlegt und verbreiteten das Flair von ehrerbietiger Kostbarkeit.

Nur die Mitte gab einen Blick in den Altarraum frei. Von dort war der sonore Gesang einer voluminösen Bassstimme, mit seltsam nahe beieinander liegenden Tönen, zu hören. Es klang fast wie ein monotoner Sprechgesang. Eine hellere, offenbar jüngere Stimme rankte sich wie eine Berg- und Tal-Attitude darum herum. Ein von Ober- zu Unterstimme wechselnder Trabant um den cantus firmus. Dieses Arrangement verbildlichte ohne Erklärungen den Inbegriff einer Priesterweihe. Ging es doch um die Übergabe eines tausendjährigen Schatzes an einen Novizen. Wie die Verschmelzung zweier Strömungen fanden sich die Töne zu einem Klangraum zusammen, um sich wie ein Flügelpaar in das Kirchenschiff zu erheben.

Beides zusammen, das Ritual der Priesterweihe und das sich im Hintergrund abspielende Alltagsleben verbanden sich für Sabine und Sigurd zum Symbol einer gelebten Gläubigkeit. Hier wurde das Leben geweiht, die Religion nicht als lebensfernes

Attribut verstanden. Ein Ort erlebter Epiphanie. Die auf den Ikonen dargestellten Heiligen wurden als präsent anwesende Vorbilder gesehen. Nicht Symbole waren sie, sondern Begleiter des eigenen Alltags.

Mit diesem Eindruck nachhaltig erfüllt strebten unsere beiden Paris-Entdecker weiter in Richtung Norden.

Am Montmartre beeindruckt die Anzahl der Treppen und Stufen, die von der Rue des Martyrs aus zu bewältigen sind, bis man die Höhe erreicht hat.

Auf den Stufen unterhalb von Sacre Coeur hatte sich eine bunte Schar junger Leute aus aller Herren Länder eingefunden und lauschte den Klängen einiger Gitarrenspieler. Andere waren in den Austausch neuster Informationen vertieft.

Auch Sabine und Sigurd hatten bald Anschluss gefunden und holten sich gute Tipps für ihren Aufenthalt in Paris.

Nach dem obligatorischen Besuch der Kathedrale Sacre Coeur bummelten sie zum Place du Tertre, wo die Künstler des Viertels ihre Bilder an den Mann oder die Frau zu bringen suchten.

Nach einer flüchtigen Umrundung des Platzes nahmen beide erst einmal in einem Straßencafé Platz. Sabine dürstete nach einem „Grand Crème", Sigurd dagegen wollte den hier üblichen geheimnisvollen „Pastis", der mit Wasser verdünnt zu einem milchigen Aperitif mutiert, erkunden. Bekannt war er ihm in Form von Absinth aus diversen Bildern von Degas, Toulouse-Lautrec, Picasso und anderen Künstlern, die sich die Lage der Bevölkerung zum Thema gewählt hatten – der Trost und das Elend der armen Leute, sowie ihr fragwürdiger Zipfel vom Glück.

Während sie glücklich beieinandersaßen und das Treiben der Künstler auf dem Platz in sich aufnahmen, kam einer der Porträtisten an ihren Tisch und bot sich an, Sabines Porträt zu zeichnen.

„Billig, billig, nur 30 Franc", versuchte er sie als Kundin zu gewinnen.

Es gab zwei Sorten von Porträtwiedergaben, mit denen die Porträtisten ihr Geschäftsglück versuchten. Bei der einen Sorte folgte der Maler dem Muster von Karikatur, indem er Eigenheiten des Gesichts, wie Nase, Kinn, Ohren so übertrieb, dass es als Witzfigur ins Lächerliche gezogen wurde, die andere orientierte sich an Mustern schmeichelnder Verschönerung, indem sie das Liebliche, fast Kindhafte, betonte.

Sigurd und Sabine gefielen beide nicht sonderlich, durchschauten sie doch als Kunststudenten die vom Künstlerischen abweichende, antrainierte Routine. Als der Bursche sich nicht abweisen ließ und immer aufdringlicher wurde, griff Sigurd schließlich in seinen Rucksack, holte seinen eigenen Zeichenblock, setzte den Aufdringling mithilfe eines kostenlosen Pastis auf den leeren Stuhl an ihrem Tisch und begann den Porträtisten selbst zu porträtieren. Der ausgegebene Pastis und die Neugier ließen ihn schließlich seine anfängliche Abwehr überwinden und dies ungewohnte Schicksal des Seitenwechsels annehmen.

Zunehmend wurde der Rollentausch von den umsitzenden Gästen und den gegenüber stehenden Künstlern mit Amüsement verfolgt. Mit der Zeit sammelte sich eine Traube von Schaulustigen um das Grüppchen, war es doch so etwas wie eine kleine sensationelle Begebenheit, dass ein potentieller Kunde es wagte, einen der jahrelang „erfolgreichen Künstler" des Platzes in der Art seines eigenen Metiers „vorzuführen". Die Umstehenden, manche vom Fach, manche Touristen, verfolgten die Entstehung des Porträts mit großem Interesse. Schließlich erkannten sie mit Bewunderung den Unterschied dieser Arbeit, die aus der Laune heraus, jedoch ohne Merkmale von Routine, dafür mit dem Temperament eines innerlich Engagierten, entstand. Der französische „Meister" bekam sein Porträt schließlich als Geschenk überreicht, signiert von einem Niemand, einem Allemand, der die Frechheit besaß, in die Domäne der Straßenkunst des Montmartre einzubrechen.

Die Aktion hatte ein unterhaltsames Nachspiel.

Nachdem der Porträtist, unsicher, ob er beleidigt oder geschmeichelt sein sollte, sich wieder in die Schar der Kollegen zurückgezogen hatte, kam aus dem Inneren des Lokals einer, der die Szene beobachtet hatte, und lud das deutsche Pärchen an seinen Tisch.

Es stellte sich heraus, dass auch er ein Deutscher war, der allerdings schon seit Jahren in Paris Fuß gefasst hatte. Der Bericht seines Werdegangs war eine aufschlussreiche Lektion für Sigurd und Sabine zum Stellenwert der Kunst als Überlebensmittel in Paris:

Zunächst hatte er versucht als Fotograph über die Runden zu kommen, doch war die Konkurrenz zu groß gewesen. Durch Kontakte mit der Foto- und Kunstszene hatte er schließlich in der ägyptischen Abteilung des Louvre einen Job zum fotografischen Archivieren und Dokumentieren bekommen. Das hatte ihm trotz schmalem Budget zumindest Miete und Lebensunterhalt gesichert. Ein zusätzliches Einkommen hatten ihm schließlich Touristenführungen eingebracht, die die Galerie Duncan für amerikanische Kunstfreunde organisiert hatte. Duncan beschrieb er als durchgeknalltes Unikum, der stets mit offenen grauen Haaren und Stirnband, einem bodenlangen Kaftan und Jesuslatschen im Quartier Latin zu sehen war, wo er in der Rue de Seine eine Galerie besaß. Hauptsächlich wurde sie von amerikanischen Sammlern besucht.

Der unerwartete Fremde war sichtlich erfreut, in Sabine und Sigurd zwei Deutschsprachige zu treffen, die sich nicht vom Nepp verführen ließen, sondern an Kunst offensichtlich ernsthaft interessiert waren. Schnell hatte sich ein freundschaftliches Gespräch entwickelt. Es tat unserem deutschen Pärchen gut, eine Kurzanalyse der Pariser Kunstszene zu erfahren von jemandem, der das Gehabe des Kunstmarktes mit einem distanzierten und schelmischen Augenzwinkern betrachtete. Und er hatte viel zu erzählen. Vor allem seine Erlebnisse mit dem amerikanischen Kunstpublikum, das er im Auftrag des Galeristen Duncan in Paris herumzuführen hatte.

Lebendig, wie in einer Filmszene, erschien Sabine und Sigurd der Zusammenhang von Pariser Attraktionen, Vermarktungsstrategie von Duncan und die mit Kunstgier gepaarte Oberflächlichkeit amerikanischer Kunstsammler vor ihren Augen. Ihr neuer Freund kommentierte die Einstellung der Pariser Künstler zu diesem Komplex durch das Bonmot von Jean Cocteau: „Ein amerikanischer Prothesenfabrikant bot sich an, den Marmorstatuen im Louvre bewegliche Gliedmaßen anzubringen." Darüber hinaus hatte er auch einen Haufen eigener Erfahrungen beizutragen. Eine seiner amüsantesten Erzählungen war diese:

„Der alte Duncan rief mich an, ich müsse unbedingt schnell zur Galerie kommen, ein amerikanisches Sammlerpärchen wäre nur kurzfristig in Paris. Er hätte sie fast so weit, eine kleine Plastik von Henri Laurens zu kaufen, doch sie seien noch zögerlich. Da hätte er den Einfall gehabt, sie durch den Eindruck des Friedhofs Père Lachaise auf dem Montparnasse gefügig zu machen. Dort sei ja die Grabstelle von Henri Laurens zu sehen. Im Ensemble der Gräber von Oscar Wilde, von Fryderyk Chopin und vielen anderen Berühmtheiten sei das doch sicher so beeindruckend, dass sie vom Wert der Plastik überzeugt sein müssten. ‚Kommen Sie schnell, es wird gut bezahlt.'"

„Ich hol die beiden Amis also von der Rue de Seine ab und auf geht's nach Montparnasse. Der ist ähnlich wie der Montmartre ein Kulturzentrum der Bohème gewesen, z.B. Modigliani lebte dort, und es gibt dort ähnlich wie auf dem Montmartre einen berühmten Friedhof mit den bekanntesten Namen der Pariser Vergangenheit. Er ist nach dem Pater Père Lachaise benannt, auf dessen Gärten er angelegt wurde.
Die Metro bringt uns also direkt zum Eingang. Nun muss man sich vorstellen, der Friedhof ist wie ein riesiger Park mit Jahrhunderte alten Gräbern und Pflanzen. Eine Gräberstadt. Man

kann sich verlaufen, wenn man keinen Plan hat. Das Ganze
ist umgeben mit einer 3 Meter hohen Mauer, dicht bewach-
sen mit Efeu.
Im Sinne von Meister Duncan führe ich die beiden also zu-
nächst an den berühmtesten Grabstellen vorbei. Imposant:
die riesige Skulptur über der Grabstelle von Oscar Wilde. Ehr-
furchtvolles Staunen bei den beiden. Ich merke, der fast 4 Me-
ter hohe Engel in Stein hat sie schon mal berührt. Dann noch
mehr Respekt am Grab von Fryderyk Chopin. Ungläubig re-
gistrieren die beiden, dass der Musiker auch nach 100 Jahren
seines Todes noch eine so große Schar von Verehrern haben
muss, denn die Grabstelle ist regelrecht begraben unter einem
Haufen vieler frischer Blumensträuße. Danach das Grab von
Balsac usw. Die Zeit zieht sich hin, bis wir zur Grabstelle von
Henri Laurens kommen. Es fängt an zu dämmern und zu mei-
nem Leidwesen auch noch an zu regnen. Doch Auftrag ist Auf-
trag. Die Skulptur auf Laurens Grab stammt von ihm selbst.
Weit hinten auf dem Friedhof haben wir sie endlich gefunden.
Trotz des Regens sind die beiden beeindruckt von der Anhäu-
fung so vieler erhabener Persönlichkeiten. Ich merke, die bei-
den haben genug, und Duncan wird zufrieden sein. Doch welch
Malheur – als wir zum Ausgang kommen, ist das Portal ge-
schlossen. Ich hatte nicht daran gedacht, dass der Friedhof
nur bis 20.00 Uhr geöffnet ist. Was also tun? Ein schnieker
Ami und seine beleibte Frau – an eine einfache Kletterpartie
über die Mauer war nicht zu denken.
Wie ein Blitz fiel mir plötzlich ein, dass wir eben an dem Mau-
soleum der Mme. Lafayette vorbeigekommen waren. Mit die-
sem Namen verband sich für mich eine Erinnerung. Vor Jah-
ren hatte ich einen Clochard fotografiert. Als wir ins Gespräch
kamen, verriet er mir auf meine Frage, wo er denn bei Regen
übernachte: ‚Bei Mme Lafayette.'
Was ich damals für eine großkotzige Aufschneiderei hielt,
dämmert mir in diesem Augenblick. Ich stelle meine beiden
Gäste also unter dem Vordach des Pförtnerhäuschens ab und
versuche mein Glück bei Mme Lafayette. Und tatsächlich, da

es regnet, finde ich hier im Mausoleum der Lafayette meinen Clochard. Der kannte sich bestens aus. Für 30 Franc macht er sich auf den Weg, eine Leiter zu besorgen. Mit deren Hilfe können wir also die Efeumauer überwinden. Allerdings besser gedacht als getan. Wir beschließen, die Frau des Kunstsammlers zuerst nach oben zu hieven und sie bis zur Höhe der Mauer zu begleiten. Endlich haben wir es geschafft. Wie ein ängstlicher Kloß sitzt sie nun oben auf der Mauer, eingerahmt vom Efeu. Wir anderen helfen ihr beim Abstieg auf der Außenseite. Die Beine zuerst lassen wir sie langsam hinab. Es ist schon stockdunkel, nur eine Straßenlaterne in der Nähe erleuchtet die Szene. Plötzlich ein markerschütternder Schrei von der Straßenseite her: ‚**Quel fantome, quel fantome.**‘ Ein Liebespärchen steht unter der Mauer im Efeu versteckt. In inniger Umarmung hat das Mädchen den Blick nach oben gerichtet. Plötzlich raschelt's im Efeu über ihr, zwei Beine erscheinen, weiß bestrahlt vom Laternenschein. Für sie ist klar: kurz vor Mitternacht, Geisterstunde, die Toten stehen auf. ‚Quel fantome, quel fantome.‘ Ohne sich beruhigen zu können läuft sie schreiend die Straße hinunter.

‚Quel Fantome!‘

Ihr Liebhaber konnte sie nicht mehr bändigen. Ob er sie wieder eingefangen hat und ob die weitere Liebesnacht gespensterlos verlief, entzieht sich meiner Kenntnis.
Immerhin waren Mister und Miss Americaine von dem Abenteuer so beeindruckt, dass sie ohne viel Kommentar am nächsten Morgen die Skulptur von Henri Laurens erwarben und mit ihrer abenteuerlich befrachteten Kunstkuriosität das Weite suchten, um in den Staaten wunderliche Geschichten über Paris zu verbreiten."

Sigurd nahm die Geschichte, ja, den Ablauf des gesamten Tages, in seine Sammlung glücklicher Zufälle auf. Ihm wurde im Lauf seiner Erlebnisse die Bedeutung des Wortes Zufall immer klarer. So wie die Geschichte vom Clochard, dem amerikanischen Sammlerpärchen und dem Fotografen sich gefügt hatte – das war nicht beeinflusst, nicht gemacht, weder vom Fotografen noch vom Clochard, noch von den beiden Amerikanern, noch von Duncan – es war einfach passiert. Es war als Möglichkeit vorhanden gewesen und hatte sich in Form dieses Zusammentreffens einfach gefügt. Es scheint so zu sein, dass alle Möglichkeiten im unendlichen Raum vorhanden sind.

Wir brauchen sie nur zuzulassen.

Wie ein erster Geschmack von etwas, was man noch nicht erfassen kann, dämmerte ihm, was im Lauf seines Lebens immer mehr zur Gewissheit kommen sollte, dass es das Potential der universellen Intelligenz ist, aus dem alles hervorgeht und in dem alles vergeht. Paris war ein wunderbares Experimentierfeld, sich dem hinzugeben, was von selbst passiert.

Kapitel 32

PARIS IV – EIN FEST FÜRS LEBEN

Unter diesem Titel ist das 1966 postum veröffentlichte Paris-Buch von Hemingway erschienen. Das Buch war für Sigurd und Sabine noch unbekannt, der Titel allerdings entsprach ihren Erlebnissen.

Nach kurzer Zeit waren sie völlig in das Fluidum der Stadt eingetaucht. Das Leben war allerdings nicht billig. Schon die Eintrittspreise in den Museen waren nicht gerade „studylike". Ein Café auf dem Boul. Mich oder St. Germain, vor allem jedoch die abendlichen Besuche in den Jazzkellern mit Größen wie Louis Armstrong am Place Odeon verlangten ihren Tribut und ließen die Kasse von Sabine schnell schmelzen.

Als Maßnahmen zur Abhilfe hatten Sie sich 3 Strategien überlegt:

1. Die Ernährung wurde weitgehend auf Baguette, Käse und Milch beschränkt.
2. Alle möglichen engen Freunde in Deutschland wurden angeschrieben und unter Hinweis auf die Notlage um einen postalischen Leihbetrag gebeten.
3. Beim französischen Studentenwerk der Sorbonne wurde nach Jobs gefragt, die mit 1 bis 3 Tagen Arbeit genügend einbringen konnten, um damit wieder eine Zeit lang überleben zu können.

Auf diese Weise lernte Sigurd den „Bauch von Paris" kennen: „LES HALLES".

Was auf Seiten der Kunden als erlebnisreiches und vielschichtiges Event genossen werden konnte, war auf Seiten der Anbieter oft ein Knochenjob.

Am unverständlichsten war für Sigurd, warum der Umschlag über die Markthallen in Paris für alle Waren Frankreichs immer noch so rückständig an die Zentralisation der Zeit Ludwigs des 14. und Napoleons gebunden war.

So kam es, dass Sigurd einen halben Tag lang Schweinehälften aus der Bretagne ablud, die nach der Versteigerung bzw. nach Registrierung, Begutachtung und Verkauf nach einigen Tagen möglicherweise wieder im Einzelhandel derselben Orte landeten, aus denen sie vorher per Großhandel nach Paris verfrachtet worden waren. Das Gleiche erfuhr er beim Thunfisch aus Marseille. Bei ihnen entlarvte sich das System der zentralen Registrierung in Paris als besonders problematisch. Es musste ein erheblicher Aufwand an Kühlung und Transporttempo betrieben werden, um sie möglichst frisch dann die 800 km wieder zurück zu transportieren, um sie dem Einzelhandel an der Mittelmeerküste (woher sie ja kamen) wieder zugänglich zu machen. Dieses monströse System hatte den Hallen in Paris den Namen „Der Bauch von Paris" eingebracht.

Immerhin kam es Sigurd in verschiedener Hinsicht zugute. Zum einen hatte er nach zehn Stunden Arbeit ein bemerkenswertes Sümmchen von 200,00 Francs in der Tasche, zum anderen hatte er mit dem Blick hinter die Kulissen einiges gelernt. Sowohl über die Situation der dort Arbeitenden als auch etwas, was praktische Handgriffe angeht. Auch wenn es ihm vielleicht niemals wieder von Nutzen sein würde, wusste er jetzt, dass es nur einen Handgriff gab, um so ein schwergewichtiges Tier vom eisgekühlten Wagen auf die bereitstehende Waage zu wuchten. Man musste mit der einen Hand in die Kiemen des Fisches greifen, mit der anderen die schmale Stelle umfassen, bevor die Schwanzflosse beginnt. Anders war der leblose glitschige Leib nicht zu beherrschen. Danach hatte dann der geschickte Wurf zu erfolgen, mit dem der Thunfisch wie auf einer Rutschbahn in die Reihe der Vorgänger gleiten konnte. Sigurd bewunderte die routinierte Geschicklichkeit, mit der seine professionellen Kollegen diese Arbeit mit Leichtigkeit meisterten.

Der schönste Job, den Sabine und Sigurd zusammen angeboten bekamen, bestand im Attrappe sitzen. In einem Restaurant an der Place de Bois du Luxembourg hatten sie nichts weiter zu tun, als zur Mittagszeit in dem Lokal ein Schauessen zu mimen. Am Fenster zur Straßenseite hin spielten sie als lebende Puppen die Lockvögel, von denen die Passanten sich angelockt fühlen sollten. Das Essen bekamen sie zusätzlich zum Lohn dazu. Als ohnehin hungrige Mäuler fiel es ihnen nicht schwer, ihr Bestes zu geben.

Bei diesen ersten Schritten in Paris sammelten sie manch hilfreiche Erfahrung über unbekannte Sitten.

Nach der schweren Arbeit in den Hallen hatte Sabine Sigurd abgeholt.

Im Anschluss wollten sie sich zur Belohnung ein gemeinsames Abendessen in einem der den Hallen vorgelagerten Lokale gönnen. Das preiswerteste Gericht war „Zwiebelsuppe", es gab ein Körbchen mit Brot dazu und kostete nach Angabe der Karte 12,00 Franc (so viel wie 4,00 DM), das war für Pariser Verhältnisse äußerst preiswert.

Die Suppe schmeckte köstlich. Noch ofenheiß brutzelnd kam sie in einem Tontöpfchen für jeden auf den Tisch, so voll, dass der geschmolzene goldbraune Käse malerisch über den Rand quoll. Sie ließen sich belehren, dass ein Glas Weißwein das passende Getränk dazu sei, weil ja auch die Zwiebeln der Suppe in Weißweintunke gegart waren. Für Sigurd war es ein beglückendes Gefühl, dass er Sabine von seinem ersten französisch verdienten Geld einladen konnte.

„Santé, mon chou chou", prostete er Sabine zu.

So viel hatte er bereits an seinem ersten Tag in den Hallen gelernt, dass Chou eigentlich Kohl heißt. In der Verdoppelung bekam es die neckende Bedeutung von „Liebling".

Und er fand seinen Liebling in der fremden Umgebung noch schöner als in Berlin. Er kam sich vor wie im Traum.

Sabines blonde Haare wurden vom Widerschein des letzten Sonnenlichtes so durchstrahlt, dass sie wie eine Gloriole die braune Haut ihres Gesichtes umrandeten. Die Atmosphäre rundherum, die sich lebhaft unterhaltenden Menschen beim Austausch ihrer Paris-Erlebnisse, die fremden Sprachen, die unterschiedlichen Paar- und Familienkonstellationen, die verschiedenartigen Kleidungen und die lebendige Freiheit der Gespräche durchschwämmten sie wie ein inspirativer Strom. Zusätzlich beseelt durch den Wein, entfaltete sich der Flow unfassbaren Glücks für diesen Moment in ihren Körpern und ihrem Geist.

Paris, ein Fest fürs Leben.

Die Ernüchterung folgte in Form der Rechnung, eine „addition", die es in sich hatte.

» 90,00 Francs war die Summe.

Das rechnete sich folgendermaßen zusammen:

» 2 x 12,00 = 24,00 Fr. – die beiden Suppen
» 2 x 12,00 = 24,00 Fr. – 2 Gläser Weißwein
» 2 x 9,00 = 18,00 Fr. – Gedecke, das waren, wie sich herausstellte, Bestecke, Teller ...
» 1 x 9,00 Fr. – Brot
» 15 Fr. – Service (20 %)

Damit hatten sie eine wichtige Lektion gelernt. Zwiebelsuppe war eigentlich Arme-Leute-Essen. Die dafür angemessenen 12,00 Francs waren nur das Lockmittel. Die Nähe der attraktiven Hallen erlaubte es, einen Touristenpreis zu nehmen, der sich mit ein paar Tricks auf das 4-fache steigern ließ. *C'est la vie.*

Mit lachendem Frohsinn über diese skurrile Erfahrung kehrten sie zu ihrer Form der geplanten Selbstversorgung zurück. Entsprechend saßen sie an einem der nächsten Tage mit einem Rucksack voll Picknicksachen auf einer der Bänke am Place L'Etoile. Im Grand Palais hatten sie eine Ausstellung besichtigt. Danach hatten sie dieses Plätzchen gefunden. Hier konnten sie in aller Ruhe ihre Essensachen auspacken: Baguette, Käse, Milch und Obst. Zudem bot der Place L'Etoile mit seinem Kreisverkehr ein Unterhaltungsprogramm. Er war wie eine Arena mit eigenen Spektakeln. Zunächst bewunderten die beiden die französische Fahrweise. Verblüffend, mit welcher Übersicht und Reaktionsschnelligkeit es den Fahrern gelang, sich in den Kreisverkehr einzufädeln.

Wieder einmal lernten sie bei dem kleinen Schauspiel, das sich dann vor ihren Augen entwickelte, eine Lektion der französischen Lebensart kennen. Da sie sich bei ihrem Imbiss Zeit ließen, konnten sie in aller Ruhe die Performance betrachten, die sich nun vor ihnen abspielte:
Wie der Name schon sagt, ist der Platz sternförmig angelegt, wobei jede Sternecke in eine Straße mündet. An jeder dieser Straßenmündungen war ein Polizist postiert. Der Flic vor der Bank unseres Piquenique-Pärchens hatte gerade einen dreirädrigen Lieferwagen angehalten, weil er ein schweres Vergehen festgestellt hatte. Den Lieferwagen hatte er bereits auf das Trottoir geordert und befand sich nun mit dem Fahrer in heftiger, mit theatralischer Gestik begleiteten, Diskussion. Es ging offensichtlich um ein fehlendes Nummernschild. Der Wagen war NUR an der Frontseite beschildert. Der Polizist hatte bemerkt, dass das hintere Schild fehlte. Das zog eine bühnenreife Szene nach sich. Laut, mit sich überschlagenden Pfeifengeschrill und wild rudernden Armen hatte der Gesetzeswächter den Lieferwagen zum Stehen gebracht. Aus dem Palaver mit dem Fahrer ging eine verblüffende Lösung hervor, die unserem deutschen Pärchen Verwunderung entlockte. Erst später konnten sie den tieferen Sinn der nun folgenden Aktion begreifen.

Der Flic beauftragte den Fahrer, hier zu warten. Er selbst machte sich auf den Weg um den Platz. An jeder Ausfallstraße beriet er sich mit dem dort postierten Kollegen und nahm ihn anschließend zur weiteren Beratung mit. So holte er also alle 5 anderen Polizisten der Aufsichtskolonne zusammen. Diese Wanderung um den Platz mit der jeweiligen Information zu dem Vorfall dauerte etwa eine Dreiviertelstunde. Beim Lieferwagen zusammengekommen, beratschlagten die 6 Cops mitsamt dem Fahrer, welches die angemessene Strafe für das Delikt sei. Die Lösung fiel schließlich salomonisch aus. Es wurde Recht gesprochen, ohne dass jemand einen Schaden davontrug. Der Fahrer wurde losgeschickt und kam nach 15 Minuten mit einem Holzbrett, einem Stück Kreide und Draht zurück. Alle achteten peinlich genau darauf, dass das Kennzeichen ziffergenau vom Vorderschild auf das Brett übertragen wurde. Dann wurde es mit dem Draht am Heck des Lieferwagens befestigt. In fröhlichem Einvernehmen trennten sich schließlich der Fahrer und die Polizistencrew voneinander. Die Flics weiteten die Erörterung noch um einen Nachspann aus, bevor jeder dann wieder zufrieden auf seinen Wachposten zurückkehrte. Die gesamte Aktion hatte anderthalb Stunden gedauert. Offensichtlich bestand die einzige Buße für den Fahrer in seinem Zeitverlust für die Performance. Wenigstens das musste er schon in Kauf nehmen bei einem solchen Verkehrsdelikt.

Sabine und Sigurd dämmerte, worin der Sinn dieser Maßnahme bestanden hatte. Es war nicht so sehr um die Verfehlung gegangen, es hatte sich eine Gelegenheit zu einer Art unterhaltsamem Zusammentreffen gefunden. Die Flics hatten eine Veranstaltung zu ihrer Unterhaltung inszeniert, um dem langweiligen Stundenjob durch eine Abwechslung zu entkommen.

Die Lektion für unsere beiden Beobachter bestand darin:

Der Unterhaltungswert und der kommunikative Spaß an der gemeinsamen Diskussion hatten Vorrang vor einer juristischen Ahndung. Man wollte dem tüchtigen Mitbürger (an seiner simplen Karre ja deutlich als arm zu klassifizieren) nichts Böses, man wollte nur, dass das Recht respektiert wird, und man wollte sein Vergnügen damit verbinden.

C'est la vie.

Eines der Hauptanliegen für Sigurd und Sabine bestand in der Besichtigung der Pariser Kunstsammlungen. Im Louvre gefielen Sigurd am besten die Skizzen von Fragonard, Corot und Rubens, während er mit der endgültigen Ausführung der Malereien dann in Form von käufertauglichen „Schinken" weniger anfangen konnte. In den Skizzen fand er die Leichtigkeit der französischen Lebensart wieder, die er eben bei dem Event der Polizisten hatte beobachten können.

Entsprechend fühlte er sich auch im Rodin-Museum wohler als in den gigantischen Sammlungen des Louvre oder der geballten Präsentation der Impressionisten, die seinerzeit noch im Jeu de Paume zu sehen war. Im Rodin-Museum, zumal noch eingebettet in einen schattigen Park, waren das Atmosphärische und die Arbeitssituation des Künstlers nachvollziehbar. Ähnlich wie Michelangelo bei seinen Sklaven hatte Rodin zudem die Spuren des Arbeitsprozesses als Stilmittel, als eine Art Infinitum, in die fertigen Plastiken einbezogen. Das Flüchtige, Hingehauchte der Impressionisten und ihrer Vorgänger, wie Corot, fanden sich auch hier. Es korrespondierte mit Sigurds und Sabines Vorliebe, sich dem Zufall, oder dem Reiz des Augenblicks, hinzugeben, statt unbedingt mit Gewalt etwas Gigantisches erschaffen zu wollen.

Im Laufe der Zeit ging das Geld zu Ende. Es reichte schon nicht mehr, um das Zimmer zu bezahlen. Durch einen Anruf bei Frau von Tschirnhaus erfuhr Sigurd dann, dass sie die erbetene Hilfe postlagernd an die Hauptpost von Paris geschickt hatte. Dort fand Sigurd dann auch die Zuwendungen der anderen Freunde vor, so dass sie sich plötzlich in einer Geldschwemme von 800,00 DM fanden. In französischer Währung war das eine Summe von 2.400,00 Frcs. Damit hatten sie nun schon gar nicht mehr gerechnet.

Sie beschlossen, von dem Überfluss zwei Geschenke zu finanzieren. Zum einen für Joan und Theresa, zum anderen für Frau von Tschirnhaus.

Die beiden portugiesischen Freunde, die Sigurd aus seiner Münchener Zeit kannte, hatten Sabine und Sigurd zum Essen eingeladen. Dabei wurde sichtbar, mit welch knappen Mitteln sie zu kämpfen hatten. Obwohl Joan als Journalist für eine Zeitung in Paris arbeiten konnte, war sein Budget so knapp, dass sie sich in den anderthalb Jahren ihres Paris-Aufenthaltes noch keine Wohnung in der Stadt hatten leisten können. Preiswerter lebten sie in einem billigen Hotelzimmer. Dort hatten sie sich einigermaßen wohnlich eingerichtet. Theresa, eine Portugiesin mit rassigem Backen-Flaum-Bart, war eine Zauberin der Unterstützung für Joan. Als sie das Menue für die Einladung der beiden deutschen Freunde herrichten wollte, standen ihr nur eine fast kinderkopfgroße Zwiebel und ein Ei zur Verfügung. Doch mit großem Spaß nahm sie das als Herausforderung an.

Es gab zunächst eine Zwiebelsuppe als Entré, dazu gab es geröstete Brotstückchen. Der Hauptgang bestand aus dem Zwiebelfleisch, das im Ofen mit einer Spur Käse überbacken worden war. Wieder wurde es mit geröstetem Brot serviert. Den Nachtisch hatte sie aus Mehl mit Ei schaumig geschlagen, mit etwas Marmelade garniert. Als Getränk war ein Krug voll kaltem Wasser mit Blüten aromatisiert worden. Das erstaunliche war, alle 4 Personen wurden satt davon, und man hatte einen lebhaften Austausch über die Zeit in Paris miteinander.

Sabine und Sigurd waren sich einig, dass sie die beiden mit 100,00 DM unterstützen wollten.

Für Frau von Tschirnhaus kam ein Kunstwerk in Frage. Dafür stöberten Sabine und Sigurd tagelang in den Galerien und Buchhandlungen des Quartier Latin herum. In einer kleinen Galerie in der Rue de Seine, nicht weit von der besagten Galerie Duncan, wurden sie fündig. Für 900,00 Francs konnten sie eine Originalradierung von Marc Chagall erwerben.

Den Abschluss ihres Paris-Aufenthaltes wollten sie mit einem kleinen festlichen Essen feiern. Inzwischen kannten sie sich mit den Gepflogenheiten der Pariser Gastronomie etwas aus und gingen vorsichtig zu Werke. Von Joan hatten sie ein kleines Restaurant genannt bekommen, in dem Pariser Künstler zu verkehren pflegten, weil es preiswert und gediegen war. Außerdem hatte die Wirtin ein großes Herz für die Künstlerszene. Dem entsprach die Wirklichkeit. Schnell kamen sie mit der Wirtin ins Gespräch, immerhin konnte sie Englisch und Sabine Französisch, so dass es ein genussreicher und unterhaltsamer Abend wurde.

Zum Abschluss erzählte sie eine Geschichte, die inzwischen in Pariser Kreisen gängig geworden war:

Picasso pflegte häufig als Gast in diesem Restaurant zu speisen. Einmal war er mit Jean Cocteau und zwei Freundinnen zugegen. Während des gemeinsamen Gesprächs versuchte Picasso etwas zu erklären und wollte das bildhaft demonstrieren. Da jedoch kein Papier zur Hand war, ließ er sich von der Wirtin ein paar Servietten bringen. Kurzerhand waren die Servietten bekritzelt und landeten am Ende des Essens im Abfall. Picasso war zu jener Zeit schon berühmt und im Kunstmarkt begehrt. Die Wirtin holte also die Servietten aus dem Abfall, glättete sie vorsichtig und ging damit an den Tisch von Picasso, als er um die Rechnung bat. Sie fragte ihn, ob er nicht die Servietten, oder wenigstens eine davon, für sie signieren könne. Picasso antwortete schlagfertig, er wolle eigentlich nur das Essen bezahlen und nicht das Restaurant kaufen.

Mit dieser amüsanten und aufschlussreichen Anekdote machten sich Sigurd und Sabine am nächsten Tag, diesmal per Zug, auf die Heimfahrt nach Berlin. Später, als Sigurd Picasso persönlich kennenlernte, konnte er dessen ichbezogene Seite, im Gegensatz zu der von Cocteau bestätigen.

Kapitel 33

EINSIEDELEI IN BERLIN-SCHÖNEBERG

Es gab nicht nur beglückende Zeiten in Sigurds Berliner Studium. Die Beziehung zu Sabine stand nicht auf festen Füßen. Sie war erst kurz in Berlin und wollte sich umfangreicher orientieren. Das war für Sigurd ein Problem. Die mangelnde Geborgenheit in den Kriegs- und Nachkriegsjahren seiner Kindheit hatte ein Vakuum hinterlassen. Die Liebe, die er zu geben bereit war, verstand er als absoluten Anspruch, dasselbe zu erhalten. Das konnte keine Grundlage sein, zumal nicht für einen suchenden Geist wie Sabine. Gegenüber den faszinierenden Seiten, wie seiner Kreativität, Unternehmungslust und Originalität, fehlte ihr wohl eine zuverlässige Gelassenheit und die Sicherheit einer selbstlosen Liebe. So weit war Sigurd noch lange nicht.

Nach den glücklichen Tagen der harmonischen Zusammengehörigkeit in Paris fiel er durch die Umstellung auf den Berliner Alltag in ein Loch. Hinzu kam, dass er durch seinen anschließenden Arbeitseifer, angeregt durch die Pariser Eindrücke, mehr Farben und Arbeitsmaterial benötigte, als er finanzieren konnte. Gottlob hatte er einen Farbenhändler mit Herz gefunden, der ihm für mehrere Wochen Kredit gab.

Das bedeutete jedoch auch, dass Sigurd alle Mittel, die er zum Lebensunterhalt benötigte, schon kurz nach Monatsbeginn für Farben aufgebraucht hatte. Mutter hatte in weiser Voraussicht Tüten mit Haferflocken geschickt. Doch auch die waren nach Versuchen, sie in Form von Brei, Müsli, Suppe, gebackenen Fladen und ähnlichen Variationen zu sich zu nehmen, bald aufgebraucht. Hunger, Missmut, das Gefühl der Verlassenheit,

Kraftlosigkeit, verbunden mit nicht zufriedenstellenden Malversuchen, zehrten an seiner Substanz und trieben ihn in einen Zustand der Apathie.

Das einzige energetische Lebenszeichen um ihn herum war der tropfende Wasserhahn. Da er ohnehin nicht schlafen konnte, stellte er sich innerlich auf diesen Impuls ein. Eine Tasse mit Wasser auf seinem Tisch wurde zu seinem Gegenüber. Da es bis zum Monatsende keine Aussicht auf etwas Essbares gab, beschloss er die nächsten 14 Tage nur von klarem Wasser zu leben. Am wenigsten Energie verbrauchte er, wenn er seinen Körper nicht bewegte und seinen Geist, statt der Erinnerungen und Vorstellungen an Essen, auf nichts konzentrierte. Dazu diente ihm die Tasse Wasser als Objekt. So saß er Tag und Nacht, nur wenig von Schlafphasen unterbrochen, einen Tag nach dem anderen in Konzentration auf die Tasse.

Einige Male bei Tag und bei Nacht diente sie ihm gefüllt und getrunken als Lebenselixier. Sozusagen als Elixier sine qua non. Es wurde ihm bewusst, welch lebenserhaltendes Geschenk des Himmels allein dieses eine Element darstellte. Nicht von Menschen gemacht, lediglich von Menschen via Wasserleitung in eine verfügbare Form gebracht. Dank ans Universum durchflutete ihn. Er bemerkte, wie im Laufe der 2 Wochen Gedanken kamen und gingen, wie Gefühle sich einstellten, zu Flutwellen verdichteten und mit der ablaufenden Zeit mehr und mehr abebbten. Nach mehreren Tagen stellte sich völliger Gleichmut ein, auch Gleichmut gegenüber essen oder nicht essen. Es machte ihm fast Mühe, in bestimmten Intervallen die Tasse zu füllen und das Wasser durch seinen Körper rinnen zu lassen. Er fühlte den Gleichklang zwischen den Molekülen des Wassers und seinen Energien und den Zellen seines Körpers, bis auch diese Unterscheidung sich aufhob.

Der Gang zur Toilette wurde seltener. Schließlich hatte der Darm seine Tätigkeit ganz eingestellt. Wo nichts mehr zu verdauen war, musste nur noch die Leere verwaltet werden. Die Kopfschmerzen der ersten zwei Tage waren vergangen und einer faszinierenden Klarheit gewichen. Zunächst zogen allerhand Gedanken durch sein Gehirn, doch er lernte, sie zu beobachten, wie den Wechsel seiner Gefühlszustände. Sie kamen und gingen, bis es ihm wieder gelang, sein Denken auf die Tasse zu konzentrieren. Angeregt durch die Form der Tasse fand sich die Kette ihrer Entstehungsgeschichte in seinem Kopf ein. Zunächst sah er die Urmenschen eine getrocknete Kürbisschale als Trink- und Schöpfgerät benutzen. Dann mag es die Beobachtung nach einer Feuersbrunst gewesen sein, die sie hatte bemerken lassen, dass Klumpen von Tonerde durch die vorübergezogene Hitze hart werden, so dass sie sich im Wasser nicht mehr auflösen. Vielleicht war das überhaupt nach der Feuersteinproduktion der erste Schritt zu einem von Menschenhand hergestellten Gebrauchsgegenstand gewesen.

TONERDE GEFORMT UND GEBRANNT ERGIBT SCHALE.

Schon war die Basis zu einer gesamten Kulturentwicklung gelegt, denn mit Ton ließen sich allerhand Formen bilden, wie auch die Nachahmung von Tieren, menschlichen Abbildungen, Götterbildern, Symbolen, schließlich Tafeln mit eingeritzten Schriftzeichen, Gefäße, Kannen, Konservierungsbehälter und eben diese Tassen. Es war nur ein kleiner Schritt der Erfahrung, dann einen Henkel zu erfinden, damit der heiße Inhalt nicht die Hand schmerzt.

Doch auch das, was fast wie ein Film in seinen Gedanken ablief, löste sich wieder auf, um mehr und mehr einer gedankenfreien Leere Platz zu machen.

Am Ende der 14 Tage fühlte er sich, als seien er und alles andere um ihn herum <u>nichtig</u>, mehr noch, als sei das Nichts in ihm und er mittendrin. Gleichermaßen erschien ihm der Raum des Nichts der einzige Wert, der Bestand habe. Er war schließlich wie in einem Zustand von Delirium. Sphärenmusik begleitet von Engelschören zog durch seinen Körper und Geist. Ein Zustand unbeschreiblichen Glücks und der Befreiung hatte sich in ihm eingefunden. Befreit fühlte er sich auch vom Ballast der Nahrung und vom Ballast des Überflüssigen.

Mit jedem Stück Zuviel, das der Mensch meint zu benötigen, vergrößert er seine Belastung und seine Abhängigkeit, kam ihm in den Sinn.

Es war für Sigurd ein erster Hinweis, dass Glück und Zufriedenheit, sowie die sich regenerierenden Lebensenergien, in uns selbst liegen, nicht außerhalb von uns.

Am Monatsende kam mit dem monatlichen Geldwechsel auch der tatsächliche Wechsel für seine momentane Situation. Dankbar setzte er sich hin und schrieb einen Brief an die Eltern.

Kapitel 34

DEUTSCHES TRAUERSPIEL –
GEISTERSTUNDE FRIEDRICHSTRASSE

Sigurds Bericht verschaffte den Eltern jedoch mehr Sorgen als Beruhigung. Kurzerhand kam Mutter nach Berlin, um nach dem Rechten zu sehen und die Gelegenheit zum Besuch ihrer Mutter (Großmutter Martha) zu nutzen. Diese lag seit zwei Jahren mit Oberschenkelhalsbruch in einer Pflegeklinik in Berlin. Opa Paul war schon vor Jahren an einem Blinddarmdurchbruch gestorben.

Mutter hatte aus ihrer Berliner Schulzeit noch drei Klassenfreundinnen, die sich jedes Mal über ihren Besuch freuten und sie gern beherbergten. Mutter kam in Sigurds Atelierwohnraum mit fünf neuen Tüten Haferflocken (Notration) und einem Plan der Verwandtschaftszusammenführung. Den hatte sie schon seit einiger Zeit brieflich vorbereitet.

Der Bahnhof Friedrichstraße in Ostberlin war der einzige Bahnknotenpunkt, an dem sich Berliner S-Bahnen und Fernzüge begegneten. Sigurd kannte ihn gut, da er von dort aus in der sozialistischen Buchhandlung Ostberlins des Öfteren Literatur kaufte. Vor allem der Blickwinkel von Seiten der arbeitenden Bevölkerung auf die Geschichte interessierte ihn brennender als die Geschichte vom Blickwinkel der Herrschenden, wie er im Westen üblich war. In den „Drei gottlosen Malern von Nürnberg" zum Beispiel fand er das politische Engagement der Dürerwerkstatt mit ihren gewagten und kritischen Flugblättern und Drucken zugunsten der reformatorischen Bewegung Luthers viel detaillierter und überzeugender dargestellt, als er es in irgendeinem Westverlag gefunden hatte.

In diesem Bahnhof, den also Besucher West- wie auch Ostberlins kreuzen konnten, hatte Mutter ein Treffen zwischen einer der vielen Cousinen und Cousins aus der Verwandtschaft von Vaters Stammfamilie (seine Mutter war eines von neun Geschwistern) arrangiert. Es war Sigurds Mutter einfach zu wenig und zu absurd, nur jedes Jahr zu Weihnachten und Geburtstagen Pakete in die „Ostzone" zu schicken. Ihr fehlte die Möglichkeit persönlicher Treffen mit den Verwandten und der Austausch mit deren Familien.

Sigrun Eydam, ein Ableger der Frölich-Familie (Vaters Mutter war eine geborene Frölich), war aus Dresden herangereist. Um 14:00 Uhr, so war der Plan, sollten also die Osttochter von Tante Hedwig Eydam und der Westsohn von Mutter Margarete Saß, genannt Grete, aus ihrem Ostzug und seinem Westzug aussteigend sich auf dem Bahnsteig am Wartehäuschen treffen. Das Ganze war nicht ungefährlich, weil verboten, und weil die Begegnung direkt unter den Augen der massenhaft patrouillierenden Vopos (Volkspolizisten) stattfinden musste.

Das Verlassen des Bahnhofs war ohne spezielle Genehmigung für Wessis nämlich verboten und der Austausch von Waren, Zeitungen oder gar Informationen war den Ossis streng untersagt. Wem es passierte, dabei erwischt zu werden, musste mit tagelangen Verhören in Haft und sogar mit längerfristiger Bestrafung rechnen. Das wollten weder Sigurds Mutter noch Sigurd, noch die Cousine Sigrun riskieren.

So hatten Mutter und Sigrun sich zwar erkannt, mussten jedoch in der Befürchtung, ihre Begegnung aufzudecken, mit äußerster Vorsicht vorgehen. Zunächst galt es, das Verhalten der Vopos zu beobachten und sich deren Routinewege einzuprägen, bevor man es dann in einer der offenen Lücken wagen konnte, auf sich zuzugehen und einander zu begrüßen.

Mutter Saß versuchte krampfhaft, die möglicherweise in dem vierjährigen Gedächtnis von Sigrun Eydam verankerten Spuren früherer präostzonaler Begegnungen zu wecken und ihr einzureden, dass sie ihren Cousin Sigurd doch aus Kindertagen her kenne. Mit derselben Vergeblichkeit wandte sie sich dann an Sigurd. Diese fremde junge Frau, deren Namen noch deren Gesicht ihm ein Begriff waren, sollte eine seiner nahestehenden Verwandten sein.

So wie das Nahestehen schon allein äußerlich durch die flutende Präsenz der uniformierten arbeiter- und bauernstaatlichen Gesetzeshüter blockiert war, war auch im Erinnerungsvermögen von Cousin und Cousine keine Nähe wachzurufen. Mit der Angst im Nacken, jederzeit aufzufliegen, befand sich Sigurd in dem zwieträchtigen Gefühl, einerseits seiner Mutter diesen Gefallen einer „Familien-Zusammenführung" schuldig zu sein, andererseits dem brennenden Drang „bloß weg hier".

Sigrun hastete im Gespräch mit Tante Grete im Telegrammstil die Situation und die Befindlichkeit des Eydamschen Familienzweigs in Dresden durch, Mutter den ihrer Familie in Hameln mit den Kindern, deren eines sie hier in Form des Berlinstudenten vorzuweisen hatte. Der stand eher wie ein unbeteiligter Stockfisch daneben, war mit seiner Aufmerksamkeit mehr bei dem Bewegungsprofil der Vopos als bei der Familiensache, verabschiedete sich schließlich mit einer mehr linkischen Umarmung von der angeblichen – oder wirklichen? – Cousine und war froh, als sie sich endlich trennen und in die nächste S-Bahn Richtung Westberlin steigen konnten.

Das Projekt Familienzusammenführung war für diesen Augenblick gescheitert. Das blieb es auch Sigurds gesamtes Leben lang. Wie hätte aus dieser geisterhaften Szene auch etwas Anderes hervorgehen können als eine dumpfe, mit ängstlichen Spannungen durchsetzte Erinnerung. Selbst nach dem Fall der Mauer war zu viel Efeu über die Höhe der Trennungen gewachsen, als dass ein verwandtschaftlich gefühlter Neubeginn entstehen konnte. Die Namen waren dann schließlich mit dem Tod der Eltern verblasst.

Eine Unfähigkeit, die Sigurd sein Leben lang zu schaffen machte, hatte hier ihren Ursprung. In eine Verbindung mit nahestehenden Verwandten war er nie hineingewachsen. Entsprechend vermisste er es, das Gefühl verwandtschaftlicher Verbundenheit kennengelernt zu haben. Es gab zwar ein weit verzweigtes Geflecht von Onkeln, Tanten, Großonkeln und Großtanten und deren gesamter Nachkommenschaft, doch der Ableger Saß war durch seinen Aufenthalt in Westdeutschland zu einem Solitärdasein in einem getrennten Gewächshaus verurteilt. Familie war demnach nur die Elternfamilie.

Eine Folge des unseligen Hitlerkrieges, die man sich nie klargemacht hatte, die jedoch einen Großteil der gesamten deutschen Bevölkerung bis zur heutigen Zeit betrifft.

Kapitel 35

IM DEUX-CHEVAUX NACH LYON

Die Berliner Zeit war für Sigurd eine Epoche der Selbstfindung und erheblicher Entwicklungen. Neben seiner intensiven künstlerischen Arbeit und dem Studium von Kunstgeschichte, Philosophie und Pädagogik war ein maßgeblicher Erfahrungshintergrund vor allem der Austausch mit Künstlerkollegen und Kommilitonen.

Neben Künstlern wie Axel Dick, Gerd Winner, Peter Sorge war es vor allem Helmut Bromm, seit seiner Schulzeit in Wilhelmshafen Tadeus genannt, mit dem ihn eine enge Freundschaft verband. In ihren eigensinnigen Ideen für künstlerische Projekte inspirierten sie sich gegenseitig.

So kam es, dass sie im Laufe der Semester planten, ihre Sommerferien mit gemeinsamen Erkundungen zu verbringen. Beide waren sie an Frankreich interessiert. Beide hatten durch die Beschäftigung mit den Impressionisten und mit Van Gogh, Picasso, Matisse, Chagall von dem Faszinosum des provenzalischen Lichts gehört. So war es kein Wunder, dass sie sich – von diesem Magneten angezogen – zu einer gemeinsamen Reise in den Süden Frankreichs entschlossen.

Bei beiden war außerdem das Budget ähnlich begrenzt. Auch das schuf eine Verbindung zwischen ihnen. Sie hofften, per Autostopp den Süden zu erreichen und dort eventuell durch Mithilfe in der Weinernte einiges für ihren Unterhalt zu verdienen. Außerdem vertrauten beide auf ihre Füße. Sie waren jung, drahtig und voller Unternehmungslust. Das erste gemeinsame Ziel war

Colmar. Beeindruckt von Grünewalds Isenheimer Altar genossen sie das schon wärmere Klima der Rheinebene. Abends rollten sie am Fuße der Vogesen ihre Schlafsäcke aus und diskutierten das lustige Ereignis, dass sie gerade eben in einer Kneipe in Colmar erlebt hatten.

„Das ist schon ein lockeres Völkchen hier. Das würde man bei uns in Deutschland nicht machen."
„Nein, bestimmt nicht, eher anstößig finden."

Der Wirt hatte sie nach ihrem Bier zu einem besonderen Elsässer Schnaps überredet.

Dabei hatte er das Schnapsglas mit dem nach außen gewölbten Rand so vollgeschenkt, gleichsam „mit Berg", dass es ohne einen Tropfen zu vergießen nicht zu bewegen war.

„Wie sollen wir das denn trinken?", war ihre gemeinsame Frage.
„So trinkt man das bei uns", war die Antwort des Wirts, *„und zwar ohne etwas zu verschütten. Passt auf, ich zeig's euch."*

Kurzerhand senkte er den Kopf bis auf die Höhe der Theke und schlürfte dann – seine Lippen an je ein Glas führend – ein Drittel des Glases leer. Mit einem genussreichen Schmunzeln zog er sich hinter seine Theke zurück und forderte die beiden auf, es ihm gleichzutun. Sie erwarteten, dass er ihnen nun ein neues Glas servieren oder zumindest die Gläser wieder vollfüllen würde – doch weit gefehlt. Unmissverständlich drängte er sie, es ihm nachzumachen und sich an den angetrunkenen Gläsern zu bedienen. Was in Deutschland nicht nur aus Anstand und Sitte, sondern vor allem aus Hygienevorschriften nicht denkbar gewesen wäre, stellte sich hier als völlig problemlos dar. Mein Glas ist dein Glas, dein Glas ist mein Glas. Jede Formalität oder gar gesetzliche Bestimmung wurde offensichtlich als kompliziertes Hindernis gegenüber einer inneren Verbundenheit erlebt. Einfachheit galt als Selbstverständlichkeit. Die beiden verblüfften

Freunde fügten sich in das Spiel der fremden Sitte und stießen zum Auftakt eines feuchtfröhlichen Abends an.

In ihrer Rückschau, eingekuschelt in ihre Schlafsäcke, schliefen sie schließlich belustigt und in wohliger Stimmung im fremden Land ein.

Es waren eigentlich die so klangvoll und ungewohnt klingenden Namen der Vogesendörfer, wie z. B. „Guebwiller", „Bollwiller", „Rouffach" und „St. Amarin", die sie am nächsten Morgen dazu verführten, die Berge zu Fuß zu ersteigen. Sie brannten darauf, sie vom Großen Belchen, dem Grand Balsac, aus zu erleben. Stolz auf die Mühen der Besteigung nannte Tadeus die dort aus den Bussen steigenden Besucher abschätzig nur *„Käsbohrer"*, vermutlich wegen des Namens der Herstellerfirma von Reisebussen. Den Klang des elsässischen Dialekts in den Ohren machten sie sich von dort ihrem Ziel, dem Süden Frankreichs, entgegen.

Bei Belfort besichtigten sie die Kirche von Le Corbusier. Sie waren beeindruckt von den Ideen, die Wände, ganz anders als in Kirchen gewohnt, als meterdicke Umrandung mit nischenhaften Fenstern zu konzipieren. Zum Staunen brachte sie das Dach. Wie ein darüber schwebender Schiffsrumpf schien es zu sein. Genial, das Schweben durch ein zwischen Wänden und Dach durchgezogenes Oberlichtband zu erreichen. Spaß machten ihnen auch die Wasserspeier. Obwohl sie an die Tradition romanischer und gotischer Wasserspeier anknüpften, waren sie eher inspiriert von den rustikalen Regenableitern tunesischer und marokkanischer Lehmbauten.

Da die Autostraße in den Süden zu jener Zeit noch das Tal des Doubs durch eine wunderschöne Landschaft hinabmäanderte, kamen sie auf den Gedanken, die Strecke auf Nebenwegen zu Fuß zu durchwandern. Über Besancon und Dôle erreichten sie wandernd und trampend schließlich bei Chalon sur Soane die im Bau befindliche Autobahn. Über Macon in den Süden führend wird sie schließlich vorbei an Lyon aus zur Rhone-Autobahn. An einer Tankstelle hatten sie Glück. Ein französischer PKW-Fahrer nahm sie mit bis etwa 30 km vor Lyon.

Dort standen sie allerdings Stunde um Stunde. Sie konnten sich nur mit gegenseitigen Sprüchen bei Laune halten. Sie hatten die Hoffnung aufs Weiterkommen für diesen Tag schon aufgegeben, als schließlich ein „Deux Chevaux" neben ihnen anhielt. Die sogenannte „Ente" aus der Citroën-Flotte war eines der kleinsten Autos auf dem Markt. Das Auto war bereits vollgepackt mit 5 Personen. Als Tadeus und Sigurd das erkannt hatten, bedankten sie sich für die nette Geste und wollten sich wieder zum Winken postieren.

Doch da hatten sie die Rechnung ohne den Wirt gemacht bzw. ohne die angeheiterten Insassen des „Deux Cheveaux":

„Non, non, non, ah – vous êtes Allemands? Un moment, nous avons de place pour vous." Mit diesem fröhlichen Ruf aus dem Inneren des Wagens begann für die beiden Anhalter eine unerwartet abenteuerliche Fahrt ...

Vorn auf dem Fahrersitz saß der Patron der Familie. Neben ihm eine der Töchter. Auf der Rückbank hatten Mutter und zwei weitere Töchter ihren Platz.

Das Arrangement mit den beiden Trampern sah schließlich so aus: Sigurd wurde vorn untergebracht, wobei sich die Tochter und Sigurd den Beifahrersitz teilen mussten, sein Rucksack fand im Gepäckraum Platz. Für Tadeus war eigentlich kein Platz vorhanden. Doch die angeschäkerte Familie war in solch fröhlich-kreativer Laune, dass sie überhaupt kein Problem darin sah, auch den zweiten Gast noch unterzubringen. Tadeus wurde liegend auf dem Schoß der drei Frauen auf der Rückbank platziert. Sein Rucksack passte noch oben drauf.

Mit Gejohle und Spaß ging die Fahrt weiter. Es waren ja nur noch 30 km bis Lyon, das ließ sich wohl aushalten.

Doch weit gefehlt – der Patron hatte andere Vorstellungen. Beim nächsten Dörfchen an der Straße wurde angehalten. Der Patron musste einen alten Freund begrüßen. Es war der Wirt einer Gaststätte an der Straße. Die ganze Mischpoke also raus aus der Ente, hinein in die Gaststätte. Umarmung, Rotwein, Pastis, gemeinsame Tischrunde, Gespräch über die vergangenen Wochen und den Tag und natürlich über die beiden Deutschen. Ein bisschen Deutsch konnte der Wirt, ein bisschen Englisch die Töchter, ein bisschen Französisch die beiden Tramper. So wurde es ein unterhaltsames Treffen von knapp einer Stunde. Dann wieder Verfrachtung in das Auto, nach bewährtem Muster. Ab nach Lyon?

„Non non, que pensez vous?"

Der Patron war früher Bierfahrer gewesen, dementsprechend hatte er viele Freunde an der Strecke. Die nächste Kneipe war bereits in Sicht. Noch drei Mal mussten die Insassen die Prozedur über sich ergehen lassen. Das Aussteigen war kein Problem, doch fürs Einsteigen hätten sich Sigurd und Tadeus gern zwei große Schuhanzieher gewünscht. Immerhin wurde die Stimmung von Halt zu Halt noch lustiger und unsere Freunde bekamen Informationen übers Land, Lyon, gute Rotweine aus der Region Bourgogne und die Mentalität einer französischen Familie. Alles schien so easy zu sein. So auch das Schlafen, wo man doch nun mitten in der Nacht in Lyon ankam.

Es war selbstverständlich, dass die beiden Deutschen ins Gästezimmer der Familie aufgenommen wurden.

Doch auch beim Gedanken an Schlafen erneut: weit gefehlt. Wieder hatte der Patron andere Vorstellungen. Nachdem Frau und Töchter in der Wohnung abgeladen waren, wurden Sigurd und Tadeus noch einmal ins Auto genötigt. In schlingernder Fahrt ging es durch halb Lyon. Dort wurde der Schwager des Patrons aus dem Bett geklingelt. Nach kurzem Pallaver verlagerte sich die ganze Gruppe in den Hof, um den beiden Deutschen eine „*extra ordinäre sensation*" vorzuführen: die größte Sehenswürdigkeit der Familie! Doch es war nicht etwa ein neugeborenes Baby, Enkel oder Urenkel, das den Stolz der Verwandtschaft verkörperte.

Mit gespannten Blicken hingen die beiden Franzosen, Bewunderung erheischend, am Gesichtsausdruck der beiden Allemands. Die konnten sich erst zu dem erwarteten Staunen durchringen, nachdem ihnen klargeworden war, worum es ging.

Die Sehenswürdigkeit war ein MERCEDES. Nigelnagelneu und im Besitz des Schwagers. Der Stolz auf dieses Prestigeobjekt war dem Patron eine Nachtfahrt durch Lyon wert gewesen.

Schließlich kamen Sigurd und Tadeus dann doch endlich zur ersehnten Nachtruhe.

So waren die 30 km bis Lyon ein kleiner Einblick in die überwundenen historischen Ressentiments und die neue verbindende Völkerverständigung auf Französisch – bonne nuit.

Kapitel 36

ODYSSEUS AUF DER RHONE

Nach einem typisch französischen Frühstück, einem Croissant und einem riesigen Michkaffee hatte eine der Töchter Sigurd und Tadeus zur Ausfahrtsstraße von Lyon gebracht. In nächster Nachbarschaft der Rhone hatten die beiden anhand der Ausmaße der Flussbreite zum ersten Mal einen Eindruck, welche Bedeutung diese Lebensader aus den Alpen für den südlichen Teil des Franzosenlandes hat. Nicht nur für die Schifffahrt und die Energiegewinnung, auch für die gesamte Vegetation im Becken zwischen Lyon, Marseille und Arles waren ihre Wassermassen die lebensspendende Grundlage. Die beiden sollten selbst kurze Zeit später davon profitieren.

Zunächst teilten sie die Freude der Autofahrer über die bereits freigegebenen Autobahnabschnitte parallel zur Rhone und zur alten Route Nationale. Zum Verhängnis wurde ihnen diese Freude allerdings, nachdem ein Franzose sie südlich von Montelimar auf der Höhe von Donzère abgesetzt hatte.

Hier gab es eine längere Strecke ohne Tempolimit. Alle Autofahrer hatten sich darauf eingerichtet, den Fuß nun endlich durchgedrückt mit fest gekrampftem Muskel auf dem Gaspedal zu fixieren. Ein Gefühl der Empathie für zwei winkende Tramper hatte keine Chance, diese Blockade zu durchbrechen.

Der Ort Donzère selbst war außerdem zu klein, als dass ein kommender oder abfahrender PKW-Fahrer, der sie hätte mitnehmen können, sich dorthin verirrt hätte. Das Warten verwandelte den Tag in einen monotonen Rhythmus der an- und abschwellenden Heulgeräusche vorbeifliegender Autos. Auch der Zugang zu LKWs war versiegt, weil diese wegen der Autobahngebühren der neuen Straße die alte Route Nationale bevorzugten. Stunde um Stunde zog sich hin.

Für unsere beiden Tramper war es die erste Erfahrung, was es bedeutet, im Midi zu sein, dem provenzalischen Mittelmeerbecken. Die Sonne knallte, der Himmel war postkartenblau, kein malerisches weißes Wölkchen. Schatten verriet nur der weit entfernte Saum des Rhone-Ufers mit seinen Pappeln, Zypressen, Weiden, Erlen und Espen. Ab und zu unterbrach eine majestätische Pinie mit ihrem dunkelgrünen Nadeldach die Baumreihe. Davor wurde das Schwemmland der Rhone-Ebene bedeckt von zahllosen Weinfeldern. Wege und Freiflächen dazwischen hatten sich in gelbbraune Steppenteile verwandelt, aus denen die Weinstöcke mit ihren sattgrünen Blättern als Symbol der Vitalität hervorleuchteten. Einzelne Mandelbäume flankierten hier und dort die Wegränder. Grillenzirpen bildete das konstante Konzert, in das sich die auf- und abschwellenden Laute der vorüberflitzenden Fahrzeuge hineinfraßen. In der flimmernden Luft löste sich der Bewuchs des Rhone-Ufers auf in ein pointilistisches Bild von Monet, bevor die verschwimmenden Blautöne der noch entfernteren Berge ohne Abgrenzung in die Farbe des Himmels übergingen.

Selbst die Mädchen, die schon mit der Traubenernte begonnen hatten, waren vor der sengenden Mittagshitze in die Schatten ihres Dörfchens geflüchtet.

Erst als die Hitze nachließ, kehrten sie an ihre Arbeit zurück. Das Mitgefühl mit den beiden an der Autobahnauffahrt ausharrenden Trampern veranlasste sie dazu, Sigurd und Tadeus einen Korb frisch geernteter Trauben zu bringen. Dankbar nahmen sie diese als Durstlöscher entgegen.

Ihr Winken und Warten wurde durch keinen haltenden Wagen belohnt. Doch ließen sie keine Ungeduld aufkommen. Sie nahmen es als eine Schule des Gleichmuts.

Tief ließen sie zusammen mit der sengenden Sonne die Farben, Formen und Bilder der Landschaft in sich einbrennen. Sie unterhielten sich darüber, wie Cézanne in der Schichtung seiner Bilder versucht hatte, der Tektonik dieser mediterranen Landschaft nahezukommen. Es war offensichtlich, dass dabei der Wahrnehmung unseres Auges sein vorrangiges Interesse galt. Er konzentrierte sich allein auf die Aufmerksamkeit des Auges ohne jegliche Interpretation. Die Schichtung mit den sich entfernenden Größen- und Farbveränderungen war, konsequent bedacht, eine Konstruktion unseres Gehirns. Eine intellektuelle Hilfe, um der Räumlichkeit der Landschaft habhaft zu werden.

Nur die vorurteilsfreie Versenkung in die Phänomene des Naturschauspiels konnte dank der ästhetischen Erfindungen unseres Gehirns das Zusammenwirken der Kräfte zwischen Himmel und Erde fühlbar machen.

Dagegen sah das Konzept in den Bildern van Goghs ganz anders aus. Die beiden Freunde dachten an den realistisch-dynamischen Stil des Holländers.

Sein Bild „Die Weinernte" sahen sie hier leibhaftig in Gestalt der Reben erntenden Mädchen vor sich entstehen. Ihn hatte an erster Stelle die Arbeit der Menschen interessiert. Sein Blick war darauf gerichtet, wie sich unter deren Wirken und unter dem Einfluss von Sonne und Natur das Land entfaltete.

Cézanne dagegen: Den beobachteten Phänomenen menschliche Bedeutungen zuzuordnen fand er verfälschend. Sein Experiment lief darauf hinaus, die menschlichen Bedeutungsaspekte aus der Beobachtung der natürlichen Grundformen und ihrer Farbsymphonie herauszuhalten. Im Gegenteil schulte er sich darin, in meditativer Behutsamkeit, ihnen in seinen Bildern auf dem Wege einer „Nicht-Einmischungs-Ästhetik" ein geistiges Forum zu bieten.

Van Gogh betonte im Gegensatz dazu deren Bedeutung als göttliches Geschenk für die reale Lebensgrundlage der Menschen: Getreidefelder, Olivenhaine, Heustapel, Weinfelder und deren überwältigende Formenvielfalt durch die Formkraft der Sonne.

Erst als die Mädchen die Weinfelder schon verlassen hatten, machten auch Tadeus und Sigurd sich auf den Weg in das Dorf, um in der Dorfkneipe ihren Durst zu löschen.

Es schien so, als seien die beiden Étrangers schon längst bekannt. Der Aufmerksamkeit einer kleinen Dorfgemeinschaft in der Provence blieb ein Fremdkörper nicht lange verborgen. Nur kurz wandten sich die Blicke den beiden zu, um die unterbrochenen Gespräche dann gleich wiederaufzunehmen.

Ein Platz schien wie einladend für die beiden frei zu sein. Ein älterer grauhaariger Mann saß dort vor seinem Pastis und deutete den beiden an, bei ihm Platz zu nehmen. Die Verständigung war schwierig. Immerhin erfuhren sie so viel, dass er aus Donzère stammte und seine Abende, weil alleinstehend, hier verbrachte. Nachdem sich Tadeus und Sigurd ein Bier bestellt hatten, zum ersten Mal lernten sie den Begriff „pression" (Fassbier) kennen, wandte sich der Alte wieder sich selbst – einer Art Innenschau – zu. Den Wörtern und Sätzen, die er vor sich hinmurmelte, entnahmen sie, dass er pausenlos Gedichte rezitierte. Gedichte von Verlaine, von Baudelaire und von Rimbaud, wie z. B. das „Bateau ivre". Dieses immense Wissen stand in keinem Verhältnis zu seinem abgewetzten Habitus, das eher an einen Clochard erinnerte. Noch verwunderlicher, dass dieser Wissensschatz in Gestalt des Alten seinen Weg in eine stinknormale Kneipe in einem kleinen Dorf der Provence gefunden hatte.

Sigurd musste an die Rolle von Jean Gabin denken, die er in dem Film gespielt hatte „Im Kittchen ist kein Zimmer frei". Als abgerissener Bettler hatte er dort einen neureichen Möchtegern mit unerwarteter Fachkenntnis belehrt, dass seine mit Stolz präsentierten Gemälde Fälschungen waren.

Später erfuhren die beiden, dass der ältere Tischgenosse der ehemalige Lehrer des Dorfes sei. Seit dem Tod seiner Frau wurde er als Gedichte rezitierender Stammgast an eben diesem Tisch gern geduldet. Jeder hatte seinen anerkannten Platz in dieser

Gemeinschaft, der alte Dorflehrer genauso wie die nach der Arbeit hereindrängenden Feldarbeiter und Handwerker, wie die sich an der Kleidung unterscheidenden Geschäftsleute und Bürger. Besonders auffällig für unsere beiden Freunde war, wie sich das Gespräch an der Theke mit Aufmerksamkeit zwei etwa 15-jährigen Jugendlichen zuwandte, als sie hereinkamen und von ihrer Moped-Tour berichteten. Mit Interesse stellten die Älteren den beiden Jungen Fragen, kommentierten ihre Erzählung mit eigenen Erfahrungen und luden die beiden zum Bier ein.

Eine solche Akzeptanz aller Generationen und Schichten war unseren beiden aus Deutschland her ungewohnt. Sie fingen an, sich mit der Mentalität der Provenzalen anzufreunden.

Es war gut, dass einige der Gäste vom Nachbartisch auch ihnen ein paar Biere ausgaben. Auf diese Weise waren die Mückenstiche, die sie später in ihrem Schlafsack im Weinfeld erlebten, mit alkoholisierter Gelassenheit zu ertragen.

Das Warten an der Autobahneinmündung begann am nächsten Tag genauso erfolglos, wie der vorige geendet hatte. Am frühen Nachmittag begannen die beiden sich Alternativen fürs Weiterkommen zu überlegen.

Sie hatten beobachtet, dass die Züge, nachdem sie mithilfe der Eisenbahnbrücke die Rhone überquert hatten, ihr Tempo erheblich verlangsamen mussten, um in einer fast 90°-Kurve die Parallele zur Rhone wieder zu erreichen. Das brachte sie auf den Gedanken, wie aus Wild-West-Filmen bekannt, den Aufsprung zu versuchen. Leider waren der geschotterte Hang zu den Schienen zu steil, der Rucksack zu schwer und das Tempo des Zuges immer noch zu schnell. Ohne Lebensgefahr zu riskieren, konnten sie den Aufsprung nicht schaffen. Nach mehreren vergeblichen Versuchen gaben sie auf.

War es die hörbare Nähe der Rhone oder war es der Impuls von Arthur Rimbauds „Le Bateau Ivre" aus dem Zitatenschatz des alten Lehrers? Auf einmal stand es wie selbstverständlich vor ihren Augen. Als nächster Transportweg kam der Fluss in Frage.

Wie in dem Gedicht des betrunkenen Schiffes die Denkmuster abfielen, verschwanden sie urplötzlich aus dem Kopf der beiden Freunde. Hatte Rimbaud anfangs die Hindernisse der Konventionen noch als ‚unbewegliche Flüsse' gesehen, so formulierte er in der Symbolform des Bootes den Aufbruch zu den Ufern einer neuen Poesie mit dem Vers: „Die Flüsse erlaubten mir, dort hinunter zu gehen, wo ich wollte". Dieser Satz entspricht dem befreienden Gefühl von Tadeus und Sigurd. Aufbruch ins „Unverfügbare", wie es Hartmut Rosa als Mangelerscheinung der Gegenwart beschrieben hat.[9]

So öffnete sich für Sigurd nicht nur in den Akten seines Gehirns die verborgene Erinnerung an die jugendlichen Floßbauten in Adorf und in Hameln, es öffnete sich mithilfe von Rimbaud deren symbolische Transformation eines Sprungs in neue Erfahrungen.

Heute kommt mir die geniale Übersetzung von Paul Celan („Das trunkene Schiff", 1957) in den Sinn:

Statt:

„J'etais insoucieux de tous les équipages, ...
Les Fleuves m'ont laissé descendre où je volais",

formulierte er:

„Ich scherte mich den Teufel um Männer und um Frachten ...
hinunter ging's die Flüsse, wohin, das stand mir frei."[10]

---

9 Vgl. Hartmut Rosa: „Unverfügbarkeit." Essay in der Reihe: „Unruhe bewahren." Wien, Salzburg: Residenz Verlag, 2018.
10 Vgl. Arthur Rimbaud: „Le Bateau ivre. Das trunkene Schiff." Übertragen von Paul Celan. Hg. v. Joachim Seng. Frankfurt a. M.: Suhrkamp, 2008.

Auf der gegenüberliegenden Seite des Flusses hatten sie, ein ganzes Stück unterhalb einer „Ferme", einen im Wasser liegenden Baumstamm wahrgenommen. Eine Fußspur auf der Eisenbahnbrücke ermöglichte es ihnen, dorthin zu kommen.

Mit dem im Wasser treibenden Baumstamm ein Floß zu bauen, erschien ihnen vielversprechend. Nur, voll Wasser gesogen, lag der größte Teil des Stammes unter der Flussoberfläche. Ihn mit zwei Personen und zwei Rucksäcken zu belasten und dabei trocken zu bleiben, war unmöglich. Nach kurzer Beratung war ihnen klar, was sie zusätzlich für ein intaktes Floß benötigten. Ein zweiter trockener Baumstamm musste her und zwei bis drei leere Ölfässer, die als Auftrieb dazwischen gebunden den Floßkörper bilden sollten.

Ein trockener Baum stand am Ufer ganz in der Nähe. Beim Bauern erhielten sie Säge und Axt und die Erlaubnis, den Baum zu fällen. Ein Schrottplatz mit Ölfässern lag nach Auskunft des Bauern etwa 2 km entfernt. Der dortige Verwalter war bereit, ihnen drei leere Ölfässer zu geben. Nur sollten sie dazu die Erlaubnis des Eigentümers einholen. Der wohnte im nächsten Dorf, ungefähr 6 km entfernt. Sigurd und Tadeus sagten zu, sich auf den Weg zum „Patron" zu machen.

Stattdessen kehrten sie jedoch zum Ufer zurück und machten sich an das Fällen des abgestorbenen Baumes. Nachdem sie auch noch den Stamm von seinen Ästen entgrätet hatten, konnten sie zufrieden daran denken, dass er einen stattlichen Floßbalken abgeben würde.

Den bereits im Wasser treibenden Stamm zu filetieren, war nicht so einfach. Er hatte sich zwischen Schilf, Weiden und wilden Brombeeren verfangen. Immerhin war das Ufer an dieser Stelle flach genug, um ihn barfuß zu erreichen. Einige empörte Wasservögel beschimpften sie, waren sie es doch nicht gewohnt, dass sich jemand von der Uferseite her ihrem Aufenthaltsort näherte. Fast knietief versanken die beiden im Morast. Losgetretenes Methangas blubberte um sie herum. Das Wasser hatte, wie im gesamten Fluss, eine leicht lehmige Färbung. Teils stehend, teils schwimmend gelang es ihnen, die sich abspreizenden Äste zu entfernen. Eine aufgescheuchte Bisamratte verließ erst im letzten Augenblick mit pfeifendem Protest das schützende Dickicht ihrer Wasserburg. Schließlich war auch der Baum im Fluss auf einen astlosen Balken reduziert. Damit waren die beiden Floßflanken schon einmal gesichert.

Zurück zum Schrottplatz. Sie gaben an, die Bewilligung vom Patron erhalten zu haben. Mit drei leeren Fässern und einer Rolle Draht kehrten sie zum Ufer zurück. Der Plan ging auf. Kaum hatten sie, mit vereinten Kräften und im Wasser stehend, die leeren Ölfässer zwischen den beiden Baumstämmen befestigt, erhob sich das Floß durch den Auftrieb so weit aus dem Wasser, dass es nun mit Leichtigkeit ihr Gewicht und das der Rucksäcke tragen konnte.

Mit Dank brachten sie die Werkzeuge dem Bauern zurück. Der hatte seinen Spaß an der Initiative der beiden Deutschen und lud sie zum Abschied auf ein Glas Rotwein ein.

Da es schon Abend wurde, beschlossen Sigurd und Tadeus, erst am nächsten Morgen mit dem Abenteuer der Flussfahrt zu beginnen. Am Ufer rollten sie ihre Schafsäcke aus. Mit dem beruhigenden Gefühl, dass das Plätschern des Rhone-Wassers an ihren leeren Ölfässern gleichzeitig das Ende der Wartezeit in Donzère und den Aufbruch zur Weiterfahrt signalisierte, schliefen sie ein, dem nächsten Abenteuer entgegen.

Lange Haare hatten sie, der damaligen Protestmode entsprechend, ohnehin. Nun war durch die tagelange Reise zu den Bärten auch noch Vollbewuchs der Kinnpartien hinzugekommen. Das gab den beiden ein verwegenes Aussehen. Da sie sich in Deutschland nicht vorstellen konnten, dass im Midi fast unentwegt die Sonne scheint, hatten sie zudem weder an Mütze noch Käppi gedacht. Stattdessen hatten sie jeweils die Ecken eines Taschentuchs verknotet und es als Sonnenschutz auf den Kopf gestülpt. Wer sie vom Ufer aus mit ihrem Floß in die Fluten der

Rhone stechen sah, wie z. B. der alte Dorflehrer, als er vom anderen Ufer aus zum Abschied winkte, musste mit Sicherheit an Piraten oder an die Argonauten vom Boot des Odysseus denken.

Das Wasser des Flusses hatte zwar eine einheitliche gelbbraune Färbung, doch gab es sehr unterschiedliche Strömungszonen. Zur Mitte hin wurde die Fließgeschwindigkeit regelrecht reißend. Es dauerte eine Weile, bis sie herausgefunden hatten, den Strömungsverlauf zu ihren Gunsten zu nutzen. Mit der Zeit lernten sie, das Floß-Ungetüm mit Hilfe von zwei Brettern, die ihnen als Paddel und Steuerung dienten, im gemäßigten Fahrwasser zu halten. Kamen sie zu nah an eines der Ufer, hatte die Strömung oft den Effekt des Rückwärtstrends. Das verlangsamte das Tempo bis zum Stillstand. In der Mitte waren sie hoffnungslos ausgeliefert und nur mit äußerster Mühe manövrierfähig. Immerhin kamen sie gut voran. Die Sonne schien. Das Wasser war warm genug, um das Floß auch schwimmend zu begleiten. Schiffsverkehr gab es auf diesem Rhone-Abschnitt so gut wie keinen.

So wurden sie von dem Stolz geleitet, dass sie es geschafft hatten, aus eigener Kraft den erzwungenen Aufenthalt in Donzère zu beenden. Kilometer um Kilometer glitten sie der Bouche du Rhone entgegen.

Tadeus versuchte als versierter Segler noch anhand eines provisorischen Mastes aus einem kleinen Baumstamm mithilfe einer Decke ein Segel zu basteln. Doch scheiterte der Versuch, weil mit dem Brett kein genügend starkes Steuer zum Gegenhalten zu installieren war. Anfangs hatte Sigurd Bedenken, dass die Strömung sie unkontrolliert mitreißen könnte. Doch nachdem Tadeus ihm die abenteuerliche Story erzählt hatte, wie er mit einer Jolle von Wilhelmshaven bis Helgoland gesegelt und dort einer unerklärlichen Woge entkommen sei, vertraute er sich den Navigationskünsten seines Freundes voll an.

Der Platz neben der leeren Öltonne regte Sigurd an, sie als Musikinstrument zu benutzen. Erst zaghaft, dann immer versierter, konnte er darauf einen Trommelrhythmus intonieren. Auf der

Suche nach passenden Liedern kamen ihm die Jungenschafts-
lieder ihrer Donaufahrt in den Sinn. So konnte man die auf der
Rhone treibende Barke nicht nur sehen, sondern auch hören:

„Hejo, hejo,
alle Männer hier an Bord,
setzt Segel, kappt das Tau,
stoßt ab, hejo."

Nach kurzer Zeit hatte auch Tadeus Text und Melodie erfasst,
so dass sie das Lied jetzt als Kanon singen konnten. Mit schmet-
ternden Stimmen, angeregt durch das Gurgeln und Schmatzen
der Strömung, beherrschte das Floßduo als Symbol purer unge-
bändigter Lebenslust für einen Moment die Mitte der Rhone.

„Hejo, hejo,
alle Männer hier an Bord,
setzt Segel, kappt das Tau,
stoßt ab, hejo."

Doch selbst das Lied war noch zu sehr gewohntes Korsett. Inspiriert durch die geradezu grenzenlose Freiheit, ließen sie auch
ihren Stimmen freien Lauf. Das, was die Trommelgeräusche aus
ihren Lungen hervorlockte, brach sich freie Bahn.

Lang gezogene Laute, mal wie Wolfsgeheul, mal wie madri-
galer Trauerrhythmus, wechselten mit schnellen Stakkatophasen
ab. Leise Töne, gefolgt von donnerhalllautem Crescendo, ent-
rangen sich ihrer Brust. Das Ganze klang wie ein vom Trommelrhythmus begleiteter ritueller Gesang der Urvölker, gemischt
mit seit der Gregorianik entwickelter Sakralmusik. Ihre Lungen
waren zu Orgelpfeifen geworden, vom Atem des Universums erfüllt. Ein Gesang befreiter Stimmengewalt begleitete die unter
ihnen glucksende „Wassermusik" des Rhone-Orchesters.

Statt einer Navigationskarte half ihnen dabei ihr Instinkt, richtig
zu manövrieren. Das war ihr Glück, als sie schließlich von wei-

tem den Rhone-Lauf sich so verbreitern sahen, dass sie keinen Überblick mehr hatten. Es war nicht einzuschätzen, ob sich der Fluss dort teilte oder gar ein Wehr oder eine Schleuse die Weiterfahrt behindern würde. Linker Hand hatten sie einen kleinen Flussarm neben einem Werder ausgemacht. Mit aller Kraft versuchten sie deshalb das Floß dorthin ans Ufer zu lenken. Um aus der reißenden Strömung herauszukommen, mussten sie ihr ganzes Geschick aufwenden. Einer der beiden paddelte mit dem Brett, während der andere ins Wasser glitt und mit Schwimmstößen versuchte, das Ungetüm nach links aus der Flussmitte heraus zu lenken. Wenn der Schwimmer erschöpft war, wechselten sie die Rolle. Nicht nur vorbeitreibende Äste und Baumstämme, auch der voluminös aufgedunsene Leib eines herabschwimmenden Schweinekadavers machte ihnen die Gefährlichkeit des Stromes deutlich. Schließlich waren sie der gefährlichen Zone entwischt und konnten nun im ruhigen Gewässer das Floß gezielt an das Ufer treiben.

Die Uferböschung war an dieser Stelle, wie bei einer Kanalbegrenzung, mit Pflastersteinen befestigt. Erschöpft legten sie an und vertäuten ihr Gefährt an der Mauerböschung. 2 Meter oberhalb des Wasserspiegels fanden sie über der schrägen Befestigungswand ein Plätzchen, an dem sie erst einmal verschnaufen konnten. Aus ihrem Rucksack hatten sie vom Floß einige Picknicksachen geholt und gaben sich einer wohlverdienten Pause hin.

Der Wasserarm ihres Anlegeplatzes wurde etwa 100 Meter flussabwärts von einer Brücke überspannt. Sie verband das Ufer mit dem Werder, das sie von der Flussmitte aus gesehen hatten. Nun beobachteten sie, dass sich auf der Brücke etwas tat. Zu ihrer Verwunderung drängte ein Trupp uniformierter Soldaten, vom Werder über die Brücke kommend, das Ufer entlang im Laufschritt auf sie zu. Bewaffnet und in voller Montur bauten sie sich mit martialisch drohenden Gesten vor ihnen auf. Der Anführer herrschte sie mit ihnen unverständlichen Befehlen an. Das einzige ihnen verständliche Wort war „Passeport".

Doch auch nach einem Blick in ihren Reisepass ließ sich der leitende Offizier nicht beruhigen. Die beiden hatten eher das Gefühl, als würde das seine Aggression noch steigern. Ihre Pässe steckte er ein und trieb die beiden Freunde, die Mündung seines Maschinengewehrs in ihren Rücken bohrend, vor sich her. Richtung Floß. Die Situation war so unberechenbar, dass Sigurd fürchtete, eine unbedachte Bewegung (vor allem des Anführers) könnte sie das Leben kosten. Unerklärliche Wut geiferte ihnen aus der aufgebrachten Gestik des Offiziers entgegen. Dazu forderte er die beiden Freunde, unterstützt mit Gebärdensprache, auf, das Floß an Land zu ziehen.

Um ihren guten Willen zu bezeugen, holten Sigurd und Tadeus zunächst das Segel, die beiden Bretter und Ihr Gepäck ans Ufer. Danach versuchten sie ihm klarzumachen, dass es ihnen unmöglich sei, die schweren Baumstämme mit den leeren Ölfässern die schräge Böschung nach oben zu ziehen. Von dem Vorschlag, doch seine Soldaten mit anfassen zu lassen, wollte er nichts wissen. Wieder ging er mit erhobener Waffe auf die beiden los. Sie konnten sich nur aus der Gefahrenzone retten, indem sie sich am Floß zu schaffen machten. Sie taten so, als würden sie sich mit aller Kraft verausgaben, das Ungetüm am Ufer zu bergen.

Die Maßnahme endete schließlich im Patt. Die beiden Freunde hatten sich darauf eingerichtet, immer mal wieder einen Bergungsversuch zu starten, um die Unmöglichkeit des Unterfangens zu demonstrieren. Die Soldaten hatten sich auf einen länger währenden Belagerungszustand eingestellt. Sigurd flüsterte Tadeus zu:

„Wir machen damit so lange weiter, bis er mal Hunger oder Durst kriegt. Irgendwann wird er das Feld schon räumen. Mal sehen, was dann passiert."

Der Plan ging auf. Alle 20 Minuten starteten die beiden Freunde das Theaterstück „Floßbergung am Hang", mit dem vorhersehbaren vergeblichen Ausgang. Zeit und Geduld flossen dahin.

Irgendwann fing Sigurd an zu summen. Tadeus nahm diesen Impuls sofort auf.

Um ihren guten Willen, doch die Vergeblichkeit der gegenseitigen Pattsituation zu unterstreichen, fingen sie erst leise, dann anschwellend lauter an, den auf dem Fluss eingeübten Kanon der Männer an Bord zu singen. Das hatte zwei Reaktionen zur Folge. Einerseits war es eine gewisse Provokation gegenüber der Autorität des Offiziers, andererseits vermittelte es ihre Friedlichkeit und machte damit den Befehlshaber ratlos.

Sigurd fiel ein, dass die meisten Franzosen, besonders die südlichen, katholisch sozialisiert waren. Das hieß, dass sie mit dem Lateinischen vertraut sein müssten. Er dachte, vielleicht könne ihn der Inhalt eines Liedes wohlgesonnen stimmen, wenn er es verstehe. Kurzerhand stimmte er „Dona nobis pacem" an, jenen wunderschönen Kanon, der regelrecht zum Leitbild der Jungenschaft geworden war. Zuerst leise, dann mit mehr Mut beladen ließ er der Stimme freien Lauf. Und siehe da, das Wunder geschah, ein paar Soldaten stimmten mit ein. Die lateinische Sprache im Kleid eines christlichen Liedes war selbst nach dem Mittelalter noch ein internationales Kommunikationsmittel.

Schließlich hatte es auch der französische Offizier begriffen. Er musste in dem festgefahrenen Theaterspiel seine Rolle wechseln. Ob die Unfähigkeit zur Bergung des Floßes nun Wahrheit oder vorgetäuscht war – so gab es keine Chance, das Problem zu lösen und seinen Willen durchzusetzen. Nach drei Stunden gab er auf, erteilte der Kompanie einen weiteren Belagerungsbefehl und zog sich auf das Werder zurück.

Kaum hatte der Chef die Bühne verlassen, löste sich das Theaterstück aus seiner stagnierenden Sackgasse. Einige der Soldaten sprachen elsässisch Deutsch, einige ein paar Worte Englisch. So erfuhren die beiden Freunde, dass der leitende Offizier früher in deutscher Kriegsgefangenschaft gewesen und daher sein Deutschenhass zu erklären sei.

Außerdem war die Truppe in Alarmbereitschaft. Im Gefolge des Algerienkrieges habe die algerische Widerstandsbewegung

„AOS" in Paris etliche Sprengstoffanschläge durchgeführt und weitere im ganzen Land angekündigt. Nun hatten sie Befürchtung, dass die auf dem Werder gelegene Kaserne ihrer Garnison in die Luft gesprengt werden sollte. In den Ölfässern von dem Floß hatten sie Dynamit vermutet. Deswegen die Vorsicht und die Aggression ihres Offiziers. Plötzlich ließ sich alles ganz einfach lösen. Die Soldaten packten mit an. Im Verlauf einer halben Stunde war das Floß auseinandergebaut, seine Einzelteile aufs Ufer gehievt.

Die Soldaten zeigten sich in bekannter französischer Freundlichkeit. Sie wollten dafür sorgen, dass die beiden Deutschen ihre Pässe von der Gendarmerie des Ortes wiedererhielten und stellten einen Kontakt zu den Gendarmen her.

Da es inzwischen schon fast Nacht war, boten die Polizisten den beiden ihre Ausnüchterungszelle zur Übernachtung an. Ein gemeinsamer Pastis brachte den Tag mit der erlebnisreichen Flussfahrt schließlich zu einem guten und friedlichen Ende.

Die Resonanz mit den Naturgewalten (während der Floßfahrt) war, wie schon so oft erlebt, in eine Resonanz mit den Bewohnern des Landstrichs übergegangen.

Kapitel 37

LES BAUX – KÜNSTLERDORF IN DEN ALPILLEN

Die Vegetation war anders, seitdem sie die Ölbaumgrenze überschritten hatten. Nach dem Autobahn-Autowahn-Erlebnis hatten die beiden beschlossen, ihr Tramperglück mehr auf den Landstraßen der Provence zu suchen als auf der Autobahn. Platanen begleiteten die Ränder der Fahrbahn. Das Rhone-Becken war der Wein- und Obstgarten des Midi. So gab der Blick durch die grauen Stämme die Sicht frei auf Aprikosenbäume, Plantagen mit Apfel-, Birnen-, Pfirsich-, Pflaumenbäumen und Melonenfelder. Doch je mehr es in die Höhenlagen der Alpillen ging, dominierten Mandeln, Olivenbäume, Weinfelder, Zypressen, Pinien und am Fuße der weißen Kalkfelsen verströmte die typische Wildflora von Garrigue und Macchia ihren würzigen Duft von Thymian, Rosmarin, Lavendel und Salbei. Kleine verwinkelte Dörfer mit dominanten Kirchen und ihren kleinen natursteinbelassenen oder ockerfarben verputzten Häusern. Die Dächer gedeckt mit „Mönch" und „Nonne", den ockerroten Pfannen, die in ihrer bäuchlings und rücklings ineinandergeschobenen Umarmung sich gegenüber den heftigen Mistralwinden, wie auch gegenüber der Hitze und den plötzlichen Gewittergüssen, bewährt hatten.

Auf dem Weg nach Saint Remy hatte ein Obsthändler sie in Egalière abgesetzt. Die „Perle der Alpillen" hatte er diesen Ort genannt. Malerisch sahen die beiden Freunde von der Kapelle St. Sixt aus den Ort bergan steigen. Ein Schäfer trieb seine riesige Herde über den versteppten Vorplatz von St. Sixt. Von ihm erfuhren sie, dass ganz hier in der Nähe der Widerstandskämpfer Jean Moulin sich vor der deutschen Besatzung in Sicherheit gebracht hatte. Seine Hütte war inzwischen zu einem Wallfahrtsort der ehemaligen Resistance geworden. Der Größenwahn Hitlers hatte überall seine Spuren hinterlassen.

Viel interessanter war für die beiden Deutschen, dass seine Spuren nicht auch in den Köpfen der meisten Franzosen nachwirkten, wie z. B. bei dem Erlebnis mit dem Offizier auf der Rhone-Insel. Mit blitzenden blaugrauen Augen im braungebrannten faltigen Gesicht erzählte der Schäfer voll Stolz von seinem beglückenden Leben in dieser Region der Provence. So erfuhren sie von ihm manche Besonderheit der Schäferei. Als einen Trick verriet er ihnen, dass er seiner Schafherde immer 2–3 Ziegen als Leittiere zugesellte.

„Les Chèvres mangent tout, aussi les plants aux piques de la Garrigue."

Aha, so fanden die Freunde heraus, weil die Ziegen auch die stacheligen und hartblättrigen Pflanzen der kargen Trockenzonen fraßen, ließen sich die Schafe aus Futterneid dazu verleiten, es ihnen nachzumachen. So ernährten ebenfalls sie sich von Blättern und Rinden, die sie normalerweise nie gefressen hätten.

Nach einem Café au Lait in einem der Cafés von Egalière fanden sie am Parkplatz der Dorfkirche einen Autofahrer, der sie mitnahm nach Saint Remy.

Diesen Ort hatten sie als Ziel gewählt, weil Vincent van Gogh hier einige seiner beeindruckendsten Bilder gemalt hatte, wie z. B. „Die Sternennacht" mit ihrer spiralisch ozeanischen Atmosphärenvision, oder die wie lodernde Flammen in den Himmel strebenden „Zypressenbilder", die wogenden „Getreidefelder" und die widerständiges Leben verkörpernden „Olivenbäume". Außerdem war es der Ort, an dem er einen Teil seiner provenzalischen Zeit in der psychiatrischen Abteilung des Klosters St. Paul de Mausol in seinem Ringen um den Zugang zur universellen Wirklichkeit verbracht hatte.

Posthum war der gute Vincent, dessen magnetischen Pole ihm zu Lebzeiten fast ausschließlich Abstoßung und Ablehnung eingebracht hatten, durch die Radikalität seines Ausdrucks zu einer Anziehungskraft für eine ganze Generation geworden. Gerade seine unnachgiebige Radikalität war der Impuls für die Nachkriegsgeneration, die es satthatte, unter den alten herrschaftlichen Beschwichtigungsmustern zu leben.

Auf dem Marktplatz bei der gewaltigen Kuppelkirche von St. Remy und auch auf dem Platz beim römischen Triumphbogen vor dem antiken „Glanum" trafen Tadeus und Sigurd auf Häufchen Gleichgesinnter aus aller Herren Länder. Hauptsächlich waren es naturgemäß Holländer und Franzosen, doch auch Engländer, Deutsche, Schweizer, Österreicher, ein paar Amerikaner, Spanier und Portugiesen. Sie alle verband das Interesse an einer Kultur, die ihre Aufgabe nicht mehr im Bereich des Repräsentativen sah, sondern im selbstbestimmten Ausdruck von Mitgliedern einer aktiven demokratischen Gesellschaft.

Manche hatten Zelte auf dem Platz beim Triumphbogen aufgeschlagen oder im Gelände neben den Ruinen von Glanum, der ursprünglichen griechisch-römisch-gallischen Siedlung. Zu Glanum wurde unseren beiden deutschen Freunden berichtet, dass dies (vermutlich neben Marseille, dem damaligen Massilia) die einzige Stadt war, in der sich Kelten, Griechen und Römer auf der Grundlage gegenseitigen Handels zu einer friedlichen Gemeinschaft zusammengefunden hatten. Einen spannenden Tipp erhielten sie von einer Gruppe Hamburger Akademiestudenten. Etwa 10 km südlich, nach einer Wanderung durch die Alpillen, gäbe es bei der Felsenstadt Les Baux riesige bewohnbare Höhlen, in denen man gut kampieren könne. Sie selbst hätten mit etwa 12 Studierenden aus Hamburg einen verlassenen Bauernhof dort in der Gegend bei Maussane aufgetan, wo sie seit 3 Wochen lebten.

Über Les Baux erfuhren sie, dass dort in einer der Höhlen Jean Cocteau den zweiten Orphee-Film gedreht hatte, „Das Testament des Orpheus". Der Orphee-Film und auch seine Fortsetzung waren für Sigurd und Tadeus längst Kultfilme, die sie mehrfach in ihrem „Puschen-Kino" in Berlin-Schöneberg gesehen hatten. Sie verbanden in einer spannenden experimentellen Form von realistischen und surrealen Gestaltungsmitteln die Bereiche erfahrbarer Wirklichkeit mit dem Bereich des verborgenen Psychisch-Unbewussten. Dazu eignete sich die Transformation der Orpheus-Sage in die moderne Welt der aktuellen Wirklichkeit ausgezeichnet. Zudem war es Cocteau gelungen, die Schauspieler Jean Marais und Yul Brunner für die Filme zu engagieren. Auch das machte sie zu einem Juwel der Filmkunst.

Bei einer Besichtigung von St. Paul de Mausol fanden sie als einzigen Hinweis auf van Gogh eine Bronzeplastik des belgischen Künstlers Zadkine vor. Die heute vorfindbaren Tafeln (zu einigen Bildern des Künstlers) entstanden mit zunehmendem Tourismus erst Dekaden nach ihrem Besuch. Mit der Enttäuschung, dass so gut wie keine Spuren oder Hinweise auf Vincent van Gogh zu finden waren, hieß es also:
Auf nach Les Baux.

Ein Autofahrer mit dem Ziel St. Martin de Crau nahm sie mit bis ins Tal unterhalb der Felsenstadt. Wie ein flaches Becken, eingefasst von den kalkweißen Höhenzügen der Alpillen mit ihrem geringen Baumbestand von vereinzelten Pinien und Zypressen und ihrem niederen Bewuchs von Ginster, Rosmarin und den typischen Macchia-Pflanzen umgab sie die Fülle der Weinfelder. Von hier machten sie sich auf den Weg empor nach Les Baux. Zwei Hinweisschilder auf die Weingüter „St. Berthe" und „Mas de la Dame" signalisierten, wovon die Gegend hauptsächlich lebte. Dazu begleiteten sie Mandelbäume und Aprikosenplantagen.

Die Olivenhaine waren allerdings in desolatem Zustand. Später erfuhren sie, dass der Winter von 1956 mit einer langen Frostperiode von -18 Grad den Olivenbäumen so zugesetzt hatte, dass ihm selbst Jahrhunderte alte Exemplare zum Opfer gefallen waren. Viele Bauern hatten aufgeben müssen. Die gebliebenen hatten schweren Herzens die dickstämmigen Ölbäume fällen müssen und waren nun dabei, aus dem intakten Wurzelwerk der verlorenen Riesen neue daumendicke Triebe zu ziehen. Das ist der Grund, warum man in der Provence heutzutage hauptsächlich einen Kranz von jüngeren Olivenbäumen, statt der (im Süden gewohnten) zum Teil 1000-jährigen majestätischen Giganten vorfindet.

Die Straße aus dem Tal führte von der Ostseite her auf die Silhouette der Felsenstadt zu. In der Sonne des Spätnachmittags erschienen die Felsformationen und Ruinen der alten Stadt wie eine Kulisse bizarrer dunkler Figuren und Riesen im umrahmenden Gegenlicht. Im Näherkommen erkannten sie, dass es ein Ort war, ideal für eine Festung, um sich gegen das Umland zu verteidigen.

Die beiden Freunde hatten keinen Führer und kein Buch zu der Gegend (außer ihrer Kunstlektüre) gelesen. Sie wollten ihre Erkundungen auf unmittelbare Erfahrung gründen. Insofern waren sie zunächst erst einmal offen für das Schauspiel, das sich vor Ihren Augen und unter ihren Füßen entwickelte. Im Laufe der nächsten Wochen lernten sie so auf geradezu unvoreingenommene Weise die Besonderheiten dieser Gegend kennen.

Da gab es auf dem Niveau des Hochplateaus eine alte verlassene Ruinenstadt mit intakten Spuren früherer Besiedlung. Darunter hatte sich ein Dorf an den Berg geschmiegt, in dem sich verlassene Ruinen, stattliche renovierte Gebäude, wie zwei Kirchen, ein Museum und liebevoll restaurierte, in den Felsen gehauene Höhlenhäuser abwechselten. Das ergab als Symbiose von Natursteinmauern, Terrassen, Freiplätzen, engen Durchgängen und einigen wenigen verwilderten Gartenflächen ein malerisches Ambiente zum Wohlfühlen.

Ein kaum spürbarer Tourismus, hauptsächlich französischer Besucher, war in den Anfängen begriffen. Dementsprechend hatten sich einige Galerien eingefunden. Es gab ein kleines Cocteau-Theater, es gab eine Druckwerkstatt, in der auch andere Künstler als der Gründer arbeiten konnten, es gab einige Künstlerateliers, es gab Restaurants und Cafés und erste Läden mit provenzalischen Produkten.

Von hier aus konnte man Richtung Westen auf das nächste Tal sehen, noch malerischer eingefasst von der Felsenkulisse der Tuffsteinberge. Hier lag das Les Baux der Bauern, jedoch auch einiger wohlhabender Bürger. Deren Anwesen mit Swimmingpool rahmten eine für den Autoverkehr zugängliche Straße. Das Ganze offensichtlich eine Welt für sich, die mit dem historischen Dorf auf dem Berg wenig zu tun hatte.

Der Zugang zu der ehemaligen Besiedlung des Hochplateaus war noch frei zugänglich. Erst der Touristenboom der kommenden Jahrzehnte führte zu einer Barriere mit Eintrittsverlangen. Dort auf dem Plateau waren Spuren zu erkennen, die auf Jahrhunderte lange Bearbeitung der Felsen zu Wohn- und Verteidigungszwecken schließen ließen. So erfuhren sie, dass hier schon lange vor der Römerzeit ein keltisches Oppidum gelegen hatte. Im Mittelalter, zur Zeit der Troubadoure, war die Burg zu einem Treffpunkt der Minnesänger avanciert. Danach trotzte das provenzalische Grafengeschlecht Bauthezar lange Zeit der französischen Invasion, bis unter Richelieu die Burg schließlich eingenommen und „geschliffen" wurde.

Beeindruckt, so viel geschichtsträchtigen Boden unter den Füßen zu haben, machten sich Tadeus und Sigurd auf den Weg zu den Höhlen, um sich ein Schlafplätzchen für die Nacht zu suchen. Das fanden sie etwa 1 km nördlich in der von der Straße her zugänglichen Höhle, die Cocteau als Kulisse für seinen Film gedient hatte. Über dem gigantisch großen Höhleneingang hatte, als Hinweis auf die griechische Mythologie, Cocteau das Löwentor von Mykene in den Felsen einarbeiten lassen. Darunter hatte sich im Höhleneingang ein Haufen junger Leute um ein Lagerfeuer geschart. Informationsaustausch, Unterhaltung, Picknick, Rotwein, Bier und Tabak. Andere lagen drum herum in Schlafsäcke gehüllt. Erste Anzeichen der Hippiebewegung. Die

Jugend hatte begonnen, sich nach ihren Vorstellungen von freiem Leben öffentliche Plätze anzueignen. Unsere beiden Freunde gesellten sich dazu und waren schnell mit den anderen in einen spannenden lebendigen Austausch vertieft.

Erst am nächsten Morgen, als sie aus ihren Schlafsäcken gekrochen waren, staunten sie darüber, welche hallenartigen Ausmaße die Höhle hatte. Wie in einem Labyrinth führte sie von einer Halle zur nächsten. Verwundert über die glatt geschliffenen Wände, erfuhren sie, dass die Höhlen zum Abbau von Tuffsteinblöcken als Baumaterial seit der Zeit der Römer genutzt worden waren. Das gipshaltige Gestein ließ sich relativ leicht sägen und spalten und wurde erst nach der Verwendung als Mauermaterial im Laufe der Zeit durch Einfluss von Luftfeuchtigkeit immer härter.

Heutzutage ist speziell diese Höhle nach Verwendung durch Cocteau und die Hippiegeneration unter dem Namen „Cathedrale d'Image" zu einem Kulturevent ausgebaut worden. Jährlich wird ein künstlerisch aufwendiges, neu inszeniertes Spektakel mit Bild- und Tonprogramm zu einem jeweils anderen Thema angeboten.

Die Umgebung war ein Eldorado naturgeformter Steinplastiken. Unsere beiden Freunde konnten sich nicht sattsehen. Tagelang streiften sie mit ihren Zeichenblöcken in dem Felsparadies herum und ließen sich inspirieren. Etwas abseits der Cocteau-Höhle hatten sie weitere gefunden in kleineren Ausmaßen. Für einige Zeit bezogen sie dort Quartier an einem Platz, der so abgelegen war, dass sie ihre Rucksäcke und Utensilien unbesorgt dort liegen lassen konnten.

Von nun an waren sie fast tägliche Gäste auch in der Felsenstadt Les Baux.

(Der Name, so lernten sie, wurde ebenso Namensgeber für das Mineral Bauxit. Es wurde hier entdeckt, dass sich daraus Aluminium gewinnen lässt. Seit dem 18. Jahrhundert wird in den Alpillen das rotbraune Gestein in großen Minen abgebaut und von Fontvieille aus zur Aluminiumgewinnung verfrachtet.) Sie genossen es, bei den Aufführungen des Cocteau-Theaters ihre Französischkenntnisse zu erproben. Oft ließen sie sich in der Druckwerkstatt sehen und arbeiteten an Radierungen. Ihre emotionale Vehemenz, mit der sie die Kupferplatten bearbeiteten, führte zur Diskussion mit den französischen Kollegen. Für sie war die Kunst expressiver Kraft vorbei, sie hielten sich an das Kalkül der surrealen Bilder von Dali.

Ein besonderes Erlebnis war für Sigurd die Freundschaft mit einer älteren Galeristin. Wie so oft war die Begegnung aus einer Laune des Himmels heraus entstanden. Sigurd hatte sich auf einem Treppenvorsprung an einer Natursteinmauer zum Zeichnen niedergelassen. Die Mauer umspannte ein kleines Anwesen mitten im Bergdorf Les Baux. Aus dem Inneren des zur Umfriedung gehörenden Gebäudes klang Musik. Es war eine Suite von Bach. Da sie Sigurd geläufig war und er sie zudem sehr mochte, hatte er, mehr unbewusst, angefangen, die Melodie laut mit zu pfeifen. Plötzlich stand eine ältere Dame vor ihm, hocherfreut, dass jemand ihren Musikgeschmack teilte.

Mit einem Schwall französischer Sätze überhäufte sie den jungen Mann, in der Annahme, dass er ihren Wortschwall verstehen konnte. Das war jedoch nicht der Fall. *„Lentement s'il vous plait. Je ne parle pas Francais, seulement un peut",* versuchte Sigurd ihr klarzumachen.

„Ah vous êtes Allemand – pas de problème."

Einige Worte Deutsch, einige Worte Englisch, einige Worte Französisch, schon klappte die Verständigung. Sie winkte und machte dem jungen Deutschen verständlich, dass er ihr ins Innere des Hauses folgen solle.

Was Sigurd dort vorfand, verschlug ihm die Sprache vollends (auch die deutsche). Die Musik erschallte hier in voller Lautstärke aus der höhlenartigen Tiefe einer Felsennische. Alle Wände, direkt in den Felsen gehauen, waren weiß gekalkt. Und was das Verblüffende war: Bilder.

Bilder über Bilder bedeckten die Wände aller drei Räume, die zu dem Wohnensemble gehörten. Sigurd konnte es nicht glauben, es waren alles Originale – keine Kopien, keine Drucke. Bilder von Picasso, Bilder von Cocteau, Bilder von Lurçat und vor allem gewebte Tapisserien dieses Künstlers. Dazwischen kleine Zeichnungen von Cocteau, Marais, Picasso, Matisse.

Sie betreibe diese kleine Galerie seit drei Jahren. Befreundet, vor allem mit Lurçat, hätten er und Picasso sie auf die Idee zu dieser Galerie gebracht. Nun kämen sie ab und zu vorbei und brächten ihr ihre neuesten Werke.

Den Charakter dieses Wohnensembles konnte Sigurd mit seiner Vorstellung einer Galerie kaum in Einklang bringen. Schon allein die alte Dame war außergewöhnlich. Hager, lebendig und emsig wirbelte sie zwischen den Bildern umher. Ebenso außergewöhnlich war die Einrichtung des Hauptraumes: An der Wand, eingehauen in den gewachsenen Felsen, ein platzgreifender Kamin. In ihm brannte, um die Kühle des Höhlenraumes wohnlich zu machen, ein behagliches Feuer. Doch mit diesem Feuer hatte es etwas Ungewöhnliches auf sich. Es waren keine Holzscheite, die dort das Feuer nährten, sondern das Ende eines Baumstamms. Vom Kamin aus zog sich der ganze Baumstamm schräg durch den Raum bis zur anderen Seite der Höhlenwohnung. Von der Mitte an verzweigte er sich in eine Anzahl grober Äste, die sich dann zur Krone hin in immer kleinere aufteilten. An diesen Ästen hatte die Galeristin ihre Wäsche zum Trocknen aufgehängt. So war der Baum nicht nur Feuernahrung und Wärmespender, er war gleichzeitig eine raumbeherrschende Plastik, Dekor und Aufbewahrungsmöbel. Der Baum werde jeden Tag ein bisschen in den Kamin nachgeschoben und halte so das Feuer am Leben, erklärte sie Sigurd.

Inzwischen hatte sie im Kamin Tee gekocht und lud den deutschen Gast dazu ein. Dazu griff sie wiederum in die Krone des abgestorbenen Baumes und zauberte von dort zwei Henkelbecher hervor. Sie hatten ebenfalls zur Aufbewahrung ihren Platz im Geäst des so praktischen Ungetüms gefunden. Das Ende der Krone war so im Raum arrangiert, dass sowohl die Galeristin als auch Galeriebesucher leicht gebückt den Baum umrunden mussten, um auf die andere Seite des Raumes und der nachfolgenden Kammern zu kommen. Die Kunstschätze an den Wänden wurden noch ergänzt durch zwei große Papierschränke voller Grafiken der genannten Künstler.

So hatten Sigurd und die Galeristin bei Musik und Tee mit der Betrachtung der Kunstsammlung einen unvorstellbaren Nachmittag. Sigurd versprach der Dame immer mal wieder, auch mit seinem Freund, hereinzuschauen. Sie versprach vor dem nächsten Besuch von Picasso und Cocteau, die meistens zusammenkamen, Sigurd Bescheid zu sagen.

Als sich die beiden Freunde abends in ihrer Höhle trafen, hatten sich beide viel zu erzählen. Tadeus freute sich auf den Besuch bei der Galeristin, Sigurd war gespannt auf das Häuschen, das Tadeus entdeckt hatte.

Er war von Les Baux aus in Maussane gewesen, dem nächstgelegenen Dorf.

„Endlich normales Leben", hatte er zu berichten, *„nicht so viel abgehobenes Treiben, nichts Künstliches, keine Kunst. Die Kunst machen wir selbst"*, meinte er.

In der Nähe von Maussane hatte er auf einem völlig zugewachsenen Gelände ein verlassenes Häuschen entdeckt, benachbart von einem offensichtlich verlassenen Bauernhof. Es schien ihm geeignet, dort unterzukommen.

„Vielleicht können wir dort auch kochen und haben einen Raum, in dem wir abends zeichnen und malen können."

Sie beschlossen, das am nächsten Tag zu erkunden.

Kapitel 38

DAS SKORPION-HÄUSCHEN BEI MAUSSANE

Das Gelände war vielversprechend verwildert. Es lag am nördlichen Ende eines verlassenen Bauernhofes mit einer ehemals herrschaftlichen Allee. Deren Anlage kündete von vergangenem Wohlstand.

Durch einen Mauerspalt hatten sich die beiden Freunde dem abseits gelegenen Häuschen genähert. Das Dach war eingefallen, der übrige Zustand erschien brauchbar. Denselben Hinweis auf ehemalige Wohlhabenheit, wie bei der Allee, fanden sie in der Umgebung des Häuschens. Durch verwilderte Vegetation arbeiteten sie sich entlang den Ruinen eines alten Aquäduktes. Von ihm war offensichtlich einmal ein noch erkennbarer Swimmingpool mit Wasser versorgt worden. Nun lag er verfallen zwischen seinem abgebröckelten Mauerwerk. An einer Ecke mit Erde gefüllt, erinnerte der Rest an seine ursprüngliche Funktion. Am Grund des Beckens fristete in einem kleinen Tümpel eine Schar Frösche mehrerer Generationen ihr Leben. Wie im Paradies gefangen, waren sie umschwärmt von Libellen, Faltern und anderen fliegenden Wasserbesuchern. Ein Biotop, mit dem die Natur Vergänglichkeit und unaufhaltsames Wachstum neuen Lebens vor Augen führte.

Mitten in diesem kleinen Reich hatte sich ein riesiger Karpfen, durch Kaulquappen, Frösche und Insekten gut versorgt, zu beachtlicher Größe herangefressen. Ein Poseidon im kleinsten Meer der Welt. Herrscher über ein Reich, das zunehmend kleiner wurde.

Beachtenswertes Symbol: Es lag nicht an der Verkleinerung seiner Welt, es lag an der Ausweitung seiner Größe.

Aquädukt, Poolruine, die Reste ehemaliger Natursteinmauern, verwilderte Orangen- und Mandelbäume, überall Efeubewuchs – das gesamte Areal war mit undurchdringlichen Brombeersträuchern und Stachelginster besiedelt. Ein Zeichen, dass hier seit Jahren keine pflegende Hand eingegriffen hatte. Ein verheißungsvolles Zeichen für das Vorhaben unserer beiden Freunde.

Allerdings war das nicht ohne Beschwerlichkeit zu erreichen. Je näher sie dem Häuschen kamen, desto dichter wurde das Gewirr der fransigen Dornenbüsche. Nur mit ihrem Taschenmesser ausgerüstet, brauchten sie für die letzten zwei Meter etwa zwei Stunden, um sich bis an die ehemalige Tür heranzuarbeiten. Mitten im Stacheldickicht gefangen, wo es weder Vor noch Zurück gab, wurden sie plötzlich von aufgescheuchten Hornissen, wie von einem Geschwader Tiefflieger, umrundet. Die einzige Chance, die aufgeschreckten Geister zu beruhigen, war, sich ganz still zu verhalten. Es funktionierte tatsächlich. Die Hornissen beruhigten sich. Sigurd und Tadeus hatten eine erste Lektion in bewegungsloser Meditation absolviert, in der nicht einmal das eigene Atmen zu viel Bewegung und Störung verursachen durfte.

Nach fast einer Stunde des Ausharrens konnten sie es wagen, die angefangene Bresche Richtung Häuschen weiter voranzutreiben. Schließlich hatten sie einen Durchschlupf durch das Dickicht freigelegt. Die verwitternde Tür in ihren verrosteten Angeln stellte kein Hindernis mehr dar.

Was sie vorfanden, war wie ein Geschenk des Himmels. Ein Raum mit Kamin und verstaubtem Mobiliar. Zwar war das Dach im Obergeschoss eingebrochen, doch der untere Raum war so bewohnbar, dass er auch bei Regen genug Schutz zu bieten versprach. Im Kamin erstöberten sie Zeitungen, Briefe und Rechnungen. Deren Datum wies darauf hin, dass das Häuschen seit wenigstens 8 Jahren nicht mehr bewohnt worden war. Eingebettet in die verwilderte Umgebung und fast unzugänglich wie ein Dornröschenschloss, konnten sie ziemlich sicher sein, hier eine Zeit lang wohnen zu können ohne behelligt zu werden. Sie richteten sich, so gut es ging, für ihre Wohn- und Arbeitszwecke ein. Der Kamin diente ihnen abends zur Beleuchtung, so dass Lesen, Zeichnen, Malen bis in die Abendstunden gesichert waren.

Das Feuer im Kamin hatte allerdings zwei unvorhersehbare Nachteile. Zum einen war das Schlafen in ihren Schlafsäcken durch die gesteigerte Wärme bei dem ohnehin kaum erträglichen Klima fast unmöglich. Andererseits wurden durch die verfallene Tür und das offene Dach allerhand Fluginsekten, vor allem Mücken, herbeigelockt, die sich nur durch Rückzug in den Schlafsack vom Leibe halten ließen.

Als Sigurd am Boden sitzend seine Zeichnungen vom Tage bearbeitete, stellte er beim Blick auf die Wände etwas Erstaunliches fest. Am Abend waren die Wände noch relativ weiß gewesen. Eine Stunde später hatte sich etwa 1 Meter unter der Decke ein grauer Streifen gebildet. Noch hatte er sich nichts dabei gedacht. Mit Erstaunen reagierte er erst, als er bemerkte, dass der graue Streifen sich nach einer weiteren Stunde um einen weiteren Meter nach unten verschoben hatte. Außerdem war der nun noch dunkler und massiver als vorher.

Als die beiden Freunde das Phänomen untersuchten, mussten sie bemerken, dass der Streifen durch eine Ansammlung von Skorpionen, Heimchen und anderem Kriechgetier gebildet wurde. Durch das Feuer war es ihnen im oberen Teil des Raumes zu warm geworden. Deswegen hatten sie sich aus den Mauerritzen und ihren Verstecken auf die Wanderung abwärts in die erträglichere Zone begeben. Da sie sich jedoch nicht aggressiv, sondern geduldig ruhig verhielten und die Streifenzone bei abnehmender Hitze wieder nach oben wanderte, beschlossen Sigurd und Tadeus, sich mit den Mitbewohnern zu arrangieren und ihr Erstbesetzungsrecht zu akzeptieren.

In dieser Nacht träumte Sigurd von Myriaden von Skorpionen. Von allen Seiten kamen sie auf ihn zu gekrabbelt. Schweißgebadet wachte er auf. Lange Zeit sinnierte er, ob es nun die Hitze der Provence, die Wärme des Kaminfeuers oder die Erregung seiner Phantasie war, die ihm zu schaffen gemacht und ihm den Schlaf geraubt hatte.

Der Zufall wollte es, dass sie ganz in der Nähe des Häuschens die Gruppe der Hamburger Studenten wieder trafen, denen sie in St. Remy begegnet waren. Der leerstehende Bauernhof, wo sie sich eingenistet hatten, lag etwa 800 m entfernt. Dort konnten sich Tadeus und Sigurd mit Trinkwasser versorgen. Außerdem hatten sie damit ein kleines Diskussionsforum zum Austausch über ihre künstlerischen Erfahrungen und Ansichten.

Kapitel 39

ST. REMY, DIE NACHT DER ZECHER

Das Quartier erwies sich als ideal zur Erkundung der Gegend. Die Landschaft mit ihrer Vegetation von knorrigen Weinstöcken, Mandel- und Olivenbäumen sowie den umgrenzenden Felsformationen der zu bizarren Figuren ausgewaschenen Kalk- und Tuffsteine bot eine Unzahl anregender Motive und Erlebnisse für die Augen der beiden Kunststudenten. Das Klima, das bis in die Abendstunden zu leicht bekleidetem Aufenthalt im Freien einlud, sorgte, begleitet von mancher Flasche Rotwein, für ein unverbrauchbares Maß an Freiheitsgefühl und Wohlbefinden.

Die Erkundung der Welt wurde zur Erkundung inneren Glücks.

So konnten sie es genießen, auf dem Platz der Kathedrale in Maussane von den Einheimischen zu einem Pastis eingeladen, mit ihnen ins Gespräch zu kommen. Die Stimmung im Schatten der Platanen, durch deren Blätterwerk die Sonne mit einem Mosaik tanzender Muster auf die Tische fiel, erinnerte Sigurd geheimnisvoll entfernt an das Leben in Rio. Das Licht, sich in den milchigen Pastisgläsern in ein grünliches Fluidum verwandelnd, öffnete die Sinne so, dass Innen und Außen miteinander verwoben waren.

Diese Stunden in der lauen Abendluft fühlten sich einfach so verbindend, harmonisch und richtig an, dass es keine Mühe war, im Hier und Jetzt aufzugehen. Es gab kein Gestern, kein Morgen, es gab nur die schwebende Leichtigkeit des Augenblicks.

Entsprechend dem Gesetz des Ausgleichs gab es auch die andere Seite der Provence. Es gab in den Mittagsstunden diese fast unerträgliche Hitze, es gab die plötzlich unerwartet hereinbrechenden Regenschauer und vor allem, es gab den vom Zentralmassiv mit Kälte herunterpreschenden Mistral. Sigurd erlebte ihn in einer solchen Wucht, wie er es nicht für möglich gehalten hatte.

Er hatte sich eines Tages mit seinen Malereiutensilien auf den Weg durch die Alpillen nach St. Remy gemacht. Schon im Tal unterhalb von Les Baux empfing ihn eine erste Ankündigung der Sturmgewalt. Der Himmel hatte sich verdunkelt, aus schwarzen Regenwolken zuckten Blitze. Die Luft heiß und kalt in Aufruhr.

Sigurd wollte sich von seinem Vorhaben nicht abbringen lassen. Es war schließlich auch nicht zu kühl, trotz des einsetzenden Sturms.

Wie eine losgelassene Meute schossen die Windböen über das Land. Trockene Erde wurde zu Staubwolken hochgepeitscht, Gräser und Pflanzen duckten sich in Richtung Boden, erste Blätter, von den Bäumen gerissen, fegten zusammen mit trockenen Zweigen durch die Luft.

Doch dies war erst der Anfang.

Immer dichter hatten sich die einzelnen Meuten der Böen zusammengerauft und stürmten nun, wie eine zusammenhängende Herde, galoppierend durch das Tal. Bei dem wenigen, was Sigurd mit abgedeckter Hand gegen die mit Staub, Sand und Blättern heranbrausenden Sturmmassen erkennen konnte, war undeutlich der Rand des Felsenzuges der Alpillen auszumachen. Dort strebte er hin, versprach der doch einen gewissen Schutz.

Das Dach eines Schuppens flog an ihm vorbei. Sigurd stemmte sich mit vorgezogenen Schultern den Sturmwellen entgegen. Der zum Dach gehörende Schuppen tauchte enthauptet vor ihm auf. Auf einem Hinweisschild des vor ihm kaum noch erkennbaren Weges begleitete ein passender Name dieses Inferno des plötzlichen Wetteraufruhrs. Zu lesen war dort „LA MAISON DU DIABLE". In der fast nachtschwarz verdunkelten

Beleuchtung standen plötzlich Riesen vor ihm auf und versperrten ihm den Weg. Zypressen, vom Sturm fast bis zur Erde gedrückt, richteten sich in den Pausen zwischen den Böen zu ihrer ganzen Größe wieder auf. Zusammen mit der sandgrauen, staubgeschwängerten Dunkelheit mit ihren blitzhellen Blendungen inszenierten sie ein Geistertheater, durch das sich Sigurd hindurch zu kämpfen versuchte, um den Rand der rettenden Felsen zu erreichen. Mittendrin. Kaum konnte er sich auf den Beinen halten. Mit aller Macht musste er sich dagegen werfen, um vorwärtszukommen. Das Bild von van Gogh kam ihm in den Sinn, wie der sich mit seiner Staffelei und den Malutensilien auf dem Rücken auf der Straße von Arles nach Tarascon gemalt hatte. *Armer Kerl.*

Freiluftmalerei bei solchem Sturm. Immerhin: „*Au premier coup*", wie Manet es nannte. Dem Midi abgerungen.

Schließlich hatte Sigurd den schützenden Rand der Alpillen erreicht. Bei diesem Sturm war die Straße nicht befahren. Im Schutz zwischen Felsen und Pinien verlief sie allmählich steigend in Richtung St. Remy. Die Energie des Sturmes hatte Sigurds Lebenswillen angeturnt. Es machte ihm Spaß, sich gegen seine nun abgeschwächte Form zu stemmen. Bis er ihn mit voller Bugseite noch einmal erwischte. Auf der Berghöhe verlief die Straße über eine unbewaldete kahle Stelle. Hier war die Wucht des anstürmenden Orkans wieder so stark, dass er nicht im aufrechten Gang gegen ihn ankam. Zeitweise musste er auf allen Vieren kriechen, um vorwärtszukommen. Heimlich musste er schmunzeln: *Im Vierfüßlergang nach St. Remy.*

Wenn er Tadeus das erzählte. Wo der sich wohl bei dem Sturm aufhielt?

St. Remy begrüßte ihn mit Musik. Durch die Häuser war der Mistral erheblich abgeschwächt, außerdem war der Höhepunkt nun wohl schon vorbei. Es wurde bereits Abend. Auf dem Marktplatz gab es ein Fest mit Buden, bunter Beleuchtung, Kinderkarussell, Musik, Gauklern und jeder Menge Volk. Tout le monde.

Ein Teil davon hatte sich vor einem Wagen mit Gauklern versammelt. Ein etwa 40-jähriger schrotiger Kerl führte mit nacktem Oberkörper seine Kunststücke vor. Sigurd blieb interessiert stehen und staunte nicht schlecht über dessen Tricks. Sein Hauptkunststück bestand darin, die Leute so in Spannung zu versetzen, dass sie gewillt waren, ein Geldstück auf seine Decke zu werfen, um zu erleben, wie es weitergeht. *Eine Art Eulenspiegel*, dachte Sigurd fasziniert.

Das Prinzip seiner Tricks war immer dasselbe. *Geradezu genial*, empfand es Sigurd.

Aus einer Kiste holte er gerade eine schwere eiserne Kette hervor. An den braungebrannten Muskeln seiner Brust und seiner Arme ließ er die Bizepse spielen. Dann schlang er die Kette um den Brustkorb inklusive Oberarme und winkte zwei junge Kerle aus dem Publikum heran. Diese hieß er, die Enden der umschlingenden Kette jeweils an der linken und der rechten Seite seines Körpers in die Hand zu nehmen. Alle warteten gespannt darauf, was nun geschehen würde.

Mit großem Stimmaufwand folgte nun eine Ansprache des Artisten an sein Publikum. Die Fortführung der Demonstration sei nur möglich, wenn sie mit einem Obolus von 2 bis 5 Franc belohnt würde. Andererseits würde er nicht weitermachen. Alle waren gespannt. So flogen die Geldstücke wie ein Regen auf seine Decke. Währenddessen ließ der Gaukler seine Muskeln spielen. Mit diesem imposanten Bild setzte er die Phantasie der Zuschauer in Gang. Jeder sah in Gedanken, wie er die Kette sprengte. Er forderte die beiden jungen Männer tatsächlich auf, die Enden der Kette so fest zu ziehen, wie sie nur konnten. Er holte tief Luft, blähte den Brustkorb auf, bewegte die Bizepse, bis die Adern aus Hals und Stirn traten. Die Aktion strebte dem Höhepunkt zu. Da, unerwartet für jeden aus der Runde, winkte er plötzlich ab, schob den beiden jungen Männern den schwarzen Peter zu, sie hätten nicht genügend Kraft in ihren ziehenden Händen, nahm ihnen die Kette aus der Hand und packte diese behutsam wieder in seine Holzkiste, als wäre es eine Schlange, die ihren Dienst getan hätte.

Bevor er mit der nächsten Nummer begann, sammelte er das Geld von seiner Decke ein. Dabei brabbelte er die ganze Zeit, ans Publikum gewandt, französische Sätze, die wohl sein Tun rechtfertigen und das Publikum bei Laune halten sollten. Manche verließen enttäuscht die Runde, die meisten gaben sich jedoch damit zufrieden, dass die Kette zumindest in ihrer Phantasie bereits den Punkt der Sprengung erreicht hatte, und warteten gespannt auf die nächste Nummer.

Diese erfolgte nach dem gleichen Muster. Aus der Utensilienkiste holte er eine Schachtel Streichhölzer. Es war eine jener übergroßen Schachteln mit ebenso übergroßen Streichhölzern, so dass sie vom Platz des umherstehenden Publikums gut zu erkennen war. Wieder posierte der Artist auf seiner Decke, machte ein paar versteckende Zaubertricks mit der Schachtel, um sie dann wie in einem Ritual zu öffnen. Ebenso rituell platzierte er sie kniend auf der Decke. Mit geübter Theatralik holte er nun eine Handvoll Hölzer aus der Schachtel. Behutsam legte er sie im Abstand von etwa einem Zentimeter Hölzchen um Hölzchen nebeneinander. Er konnte sicher sein, dass die Aufmerksamkeit der Zuschauer an dem Geschehen hing. Alle blickten gebannt auf die sich vergrößernde Reihe der Streichhölzer. Mit jedem Hölzchen, mit jeder Bewegung stieg die Spannung. Was passiert jetzt?

Nachdem er alle Hölzchen platziert hatte, kam wieder die Aufforderung, den Beitrag zu bezahlen, sonst könne es nicht weitergehen. Der Regen der Francs-Stücke ging auf der Decke nieder. Alles harrte gespannt, was nun passieren würde.

Beide Arme breitete der Gaukler aus, ließ noch einmal seine Muskeln spielen, um dann mit einer schnellen Bewegung die Reihe der Streichhölzer mit rechter und linker Hand im Schwung einzusammeln und in die Schachtel zurückzulegen. Bei einigen machte sich Unzufriedenheit breit, sie schimpften mit Worten wie „Betrug". Einige wenige machten sich mit Schmunzeln davon. Es schien so, als hätten sie die Botschaft verstanden und die Lektion gelernt, dass sie ihr Geld für die aufgebaute Erwartung bezahlt hatten und ihr Frust, wie so oft im Leben, das Ergebnis davon war, dass sie einem Eulenspiegel, der mit ihrer Erwartung gespielt hatte, auf den Leim gegangen waren.

Sigurd hatte diese Form der eulenspiegelnden Vorführung irgendwie imponiert. Mit wenig Aufwand Geld verdienen, auch das will gekonnt sein – obwohl er sich nicht vorstellen konnte, dass der Artist mit diesen Nummern nachhaltigen Erfolg haben könnte.

Da sollte er sich jedoch getäuscht haben. Abends traf er ihn am Rande des Marktplatzes wieder. Er kam mit ihm ins Gespräch, erfuhr, dass er aus dem französischen Jura stammte, einer Gegend, in der es kaum Arbeit gab. Immerhin sprach er ein wenig grenznahes Deutsch. So freundeten die beiden sich an und bezogen ein Plätzchen im Bistro am Rande des Platzes. Zu dem verdienten Geld, das er in einem Lederbeutel bei sich trug, hatte der Jura-Gaukler kein sonderlich habgieriges Verhältnis. Es machte ihm Spaß, Sigurd zu einem Pastis nach dem anderen einzuladen – zu nötigen, fast bis das Säckchen leer und der Kopf hackevoll war. Es war eine unterhaltsame Nacht, bei der Sigurd viel über französische Mentalität erfuhr.

Es war fast Morgen, als er sich schwankend auf den Weg zurück nach Maussane machte. Der Mistral hatte nachgelassen. Ab und zu unterstützte ein Lufthauch mit Rückenwind den Heimweg des Wanderers. Auf dem Hochplateau, das er vor Stunden im Vierfüßlergang erlebt hatte, fand er eine Bank, auf der er seine „vier Füße" ausstrecken und seinen Rausch ausschlafen konnte.

Kapitel 40

MIT COCTEAU UND PICASSO IN DER PROVENCE

Die Galeristin mit der Baumhöhlengalerie hatte Wort gehalten. Eines Tages kündigte sie an, dass Picasso und Cocteau sich anlässlich eines Stierkampfes in Arles zu einem Besuch angesagt hätten. Sie hätte dazu einige Sammler, Künstler aus der Region und Freunde eingeladen. Auch ein Freund, der Deutsch sprechen könne, wäre zugegen. Durch den Dolmetscher dürfte die Verständigung keine Schwierigkeiten bereiten. Tadeus und Sigurd waren gespannt.

Wer war Picasso?

Erst mal ein Maler, der sich im Pariser Kunstmarkt durchgesetzt hatte.

Inzwischen war er eine Legende, die er mit seinem Auftreten kräftig unterstützte.

Für Sigurd und Tadeus war er – außer seiner Berühmtheit – der Künstler, der dem Franco-Regime den Rücken gekehrt hatte. Mehr noch: Mit seinem Bild „Guernica" hatte er auf der Pariser Weltausstellung den faschistischen Vernichtungspakt zwischen Hitler und Franco angeprangert. Mit diesem Bild hatte er das Leid der Opfer des zerbombten Guernica in einer Form thematisiert, die über die lokale Bedeutung des zerstörten Ortes hinauswies. Partei nehmend für die Opfer war es ihm gelungen, das Leid als Folge der aggressiven Zerstörung des Menschen durch den Menschen generell deutlich zu machen.

Außerdem war Picasso der Künstler, der mit der Versetzung und Neumontage der Formen eine bisher ungekannte, ausdrucksstarke Bildwirklichkeit kreiert hatte. Damit hatte er die überkommene abbildhafte Wiedergabe der Wirklichkeit ad absurdum geführt.

Diesem Faszinosum sollten sie also leibhaftig begegnen.

Der Vorhof der Galerie war schon mit Gästen gefüllt, als die beiden Deutschen hinzukamen. In der Galerie allerdings hatte das Treffen der Galeristin mit Picasso und Cocteau einen eher privaten Charakter. Wieder war der Höhlenraum mit zurückhaltender klassischer Musik gefüllt, wieder war Madame dabei, das Teeritual zu zelebrieren. Und wieder verbreitete das Feuer im Kamin wohlige Wärme zwischen den prähistorischen Tuffsteinwänden.

Picasso und Cocteau hatten ihre neuesten Druckgrafiken vorgelegt. Sie waren mit der Galeristin in ein Gespräch vertieft. Mit lebhaftem Witz versuchten sie dabei, sich mit „Bon Mots" und Pointen zu übertreffen. Offensichtlich hatten beide ihren Spaß daran, sich gegenseitig zu inspirieren. Von den beiden Deutschen nahm Picasso nach deren Vorstellung durch die Galeristin keine Notiz.

Anders dagegen der ihn um reichlich Kopfgröße überragende Cocteau. Er wusste angesichts des Dolmetschers mit seinem Wissen eloquent zu brillieren. Er war der geborene Schauspieler, der sowohl mit seiner schlanken aufrechten Gestalt als auch mit seinem vergeistigten Habitus und seiner Gestik die Zuhörer in seinen Bann zu ziehen verstand.

So erfuhren die beiden Freunde via Dolmetscher, dass Cocteau und Picasso über Marseille angereist waren. Cocteau schwelgte in Begeisterung für den Midi und dessen variantenreiche Landschaften. Und er wäre nicht Cocteau gewesen, wenn er seine Anreise nicht mit dem Hintergrund seines historischen Wissens zu verbinden gewusst hätte. So erfuhren Sigurd und Tadeus, dass die „Crau", etwa 30 km südlich von Les Baux gelegen, eine

Steinlandschaft mit besonderen endogenen Tieren und Flora war. Cocteau schwärmte für die Erklärungsmuster der griechischen Antike, die anders als die moderne Naturwissenschaft viel spiritueller und erlebnishafter mit der Erde, ihren Formationen, ihren Geistern und energetischen Kräften verbunden war.

Als Beispiel dafür führte er die Herculessage an:

„Sie steht für die Erkundung dieses Landstriches durch die griechischen Pioniere. Die Sage beschreibt, mit welchen Hindernissen und Widerständen sie sich herumschlagen mussten, auf eine geradezu theatrale, mythische Weise.

Au premier war da dieser Drache, der sich Hercules und seinen Leuten in den Weg stellte. Es war nicht so einfach, ihn zu überwältigen. Denn immer, wenn sie ihm einen Drachenarm und Kopf abgeschlagen hatten, wuchs dem Ungeheuer ein neuer, der ihnen tödlichen Widerstand leistete.

Und nun aufgepasst meine lieben Freunde: Die moderne Geographie nennt dieses Phänomen Rhone-Delta. Das ist die sachliche erkenntnisgeleitete Begrifflichkeit der Neuzeit. Doch es lässt sich nachweisen, dass die Griechen in ihrer dichterischen, mythischen Phantasie eben dieses Rhone-Delta mit seinen ungezähmten Flussarmen meinten.

Ähnlich setzt das keltische Wort für Drachen die mythische Vorstellung der ersten Griechen hier im Süden Frankreichs fort. Das vom Keltischen entlehnte Wort für Drachen heißt „Tarasque". Nicht umsonst hat die an der Rhone gelegene Stadt des späteren Königs René den Namen „Tarascon". Und nicht von ungefähr wird dort jedes Jahr mit einem Umzug der Besiegung der „Tarasque" gedacht. Die vielen versumpften Arme des Rhone-Deltas waren für einen Fußtrupp mit Gepäck und Waffen ein erhebliches Hindernis voller abenteuerlicher Gefahren. Kein Wunder, sie zum schier unüberwindlichen Phantom einer Drachenfigur aufzublähen.

Ähnlich verhält es sich mit dem Gebiet der „Crau". Als Hercules und die Griechen dort hindurchzogen, stellte sich ihnen der Riese „Albion" in den Weg. Nachdem es den Griechen nicht gelang, ihn zu besiegen, flehten sie die Götter um Hilfe an. Hercules war schließlich ein Halbgott, von Zeus gezeugt. Und so hatten die Götter ein Einsehen und schickten einen Regen von kinderkopfgroßen Steinen. Für ihre Schleudern hatte nun das Häuflein um Hercules genügend Munition, um mit ihren Waffen (ähnlich wie bei David und Goliath) den Riesen Albion zu besiegen. Dies ist die mythische Erklärung für die Entstehung des Steinfeldes der Crau.

Der Riese Albion war nichts anderes als der Volksstamm der Albier, der im Gebiet von Crau und dem heutigen Marseille zu Hause war. Und das Steinfeld ist aus unserem heutigen Verständnis, naturwissenschaftlich betrachtet, das alte Flussbett der Durance. Früher floss sie ins Mittelmeer. Doch durch die aus den vergletscherten Alpen mitgeführten Geröllablagerungen hatte sie sich das Flussbett selbst so zugeschwemmt, dass sie sich ein neues suchen musste. Heute fließt sie auf der Höhe von Avignon in die Rhone.

Meine lieben Freunde, haben Sie gemerkt, wieviel Poesie bei unserer heutigen Betrachtung verloren geht? Es liegt an uns, diese Landschaft mit den verzauberten Augen der Poesie immer wieder neu zu entdecken.

Mit ihrem Schwemmland hat die Durance nordwestlich von Marseille eine einzigartige Steinlandschaft hinterlassen, die spannend ist für Geographen, Biologen und nicht zuletzt pour la imagination der Bildhauer. Die Provence generell est une imagination pour les sculpteurs et les artistes. Voilà visités nos images."

Im Übrigen hätten die griechischen Pioniere mehr auf verträgliches Zusammenleben gesetzt als die Unterwerfungsstrategie der Römer. Cocteaus Sympathie für die griechischen Wurzeln unserer abendländischen Kultur atmete aus jeder seiner Poren.

In dieser Liebe zu den griechischen Wurzeln unserer Kultur war auch die Inspiration für seinen Film „Orphee" zu finden.

Picasso hatte sich inzwischen von dieser Gruppe abgewandt. Er führte das Wort in einer kleinen Gruppe von Galeristen und Interessenten an seinen Arbeiten. Besucher, die sich nicht um seine Arbeiten scharten, waren für ihn uninteressant.

Roter Wein von „Mas de la Dame", gereicht mit Oliven der Region, anregende Gespräche und die Kommentare der Künstler zu ihren neuesten Arbeiten, geleitet von der Galeristin, sorgten dafür, dass die Besucher, die Einheimischen, die Angereisten und die Fremden sich auf der Grundlage des Kulturinteresses zu einer spannenden energetischen Verbindung zusammenfanden. Ein Beispiel, wie die anregende Sichtweise künstlerischen Denkens in Verbindung mit den Gegebenheiten des Ortes und des Augenblicks zu einer Transzendierung der sonst üblichen Alltagserfahrungen führen kann.

Als die Galeristin darauf aufmerksam machte, dass am nächsten Tag Picasso das Protektorat für den Stierkampf in Arles innehatte, war für Sigurd und Tadeus klar, dass sie sich das nicht entgehen lassen wollten.

Kapitel 41

BREAK I

Der Verlauf der Erzählung verlangt an dieser Stelle nach einem Bruch. Schon die Ökonomie einer Geschichte schreit danach, den großen Berg eines biografischen Rückblickes nicht nur zu sortieren, sondern wie in einem Waschgang mit beiden Händen zu packen und das Gewusel, dass sich über Jahrzehnte angesammelt hat, in eine klärende Mangel zu nehmen, sozusagen mit beiden Armen auszuwringen.

Für mich stellt sich die Frage, was mich am bisherigen Werdegang der Biografie so fasziniert hat, dass mir die Erinnerung an die geschilderten Episoden so präsent ist, als wären sie Gegenwart.

Das hauptsächliche Faszinosum besteht wohl darin, dass mit dem Rückblick verbunden ist, in der damaligen Zeit meiner Entwicklung mit einem unvoreingenommenen Blick auf die Geschehnisse zugegangen zu sein, wie sie auch immer kamen. Simplizissimus von Grimmelshausen kommt mir dabei in den Sinn. Das staunende unverbrauchte Gehirn eines jungen Menschen. Frei noch von berufsbedingten Mustern und den von den gesellschaftlichen Lebenserwartungen geprägten Verhaltensnormen. Bis auf die Prägungen einer von Krieg und Überlebensreaktionen beeinflussten Umwelt war das eine Zeit ergriffener Freiheiten und Entdeckungen.

Dementsprechend werde ich den Verlauf der weiteren Erzählung auf jene Geschehnisse konzentrieren, denen bezüglich der Zeit und bezüglich eines Lebens in ihr eine besondere Bedeutung zukommt.

Ich lasse mich dabei von der Präsenz der Erinnerungen leiten und werde den Blick mit dem Auge eines Er-Erzählers auf die Ereignisse gelenkt halten.

Den Wechsel von Ich- und Er-Erzähler werde ich mir trotz allem vorbehalten. Das hat etwas mit Nähe und Distanz zu tun, manchmal jedoch auch einfach mit der Laune des Schreibimpulses.

So wie das Leben fließt, fließt der Erzählstrom des Gehirns.

Das Leben ist der Bach, an dessen Ufern wir uns zur Besinnung einfinden.

So wie jetzt bei diesem Break.

In die Zeit des bisherigen Erinnerungsstroms gehören noch einige markante Ereignisse. Auch wenn sie nicht genau chronologisch eingeordnet sind – gegenüber dem erlebenden Blick des Simplizissimus sollen sie nicht unterschlagen werden.

Kapitel 42

DAS MITTELMEER

Von Arles an Richtung Süden empfing die beiden Tramper die Camargue. Gesäumt war sie von zwei Rhone-Armen des Deltas. Ihr Uferbewuchs begleitete das Auge der Besucher am Horizont mit Buschwerk, Pappeln, efeubewachsenen toten Baumskeletten, einigen Pinien und Zypressen. Sie standen in eigentümlichem Kontrast zur flachen Sumpfregion der sich weitenden Ebene.

So wie die Arena in Arles, die antike Gräberstraße und die beiden verlassenen Brückenpfeiler am Rhone-Ufer von der Römerbesiedlung gekündet hatten, führte die Camargue-Ebene mit ihren umrahmenden Flussarmen die Erzählung Cocteaus zur Herculessage den beiden diesmal in Natura vor Augen.

Kanäle mit simplen Klappbrücken, wie auf dem Bild von van Gogh, verrieten ebenso wie die gefluteten Becken der Reisfelder hinter dem südlichen Stadtrand von Arles, dass Wasserstand und die Entwässerung der Camargue noch immer die Erfindungskraft ihrer Bewohner zur Urbarmachung herausforderten.

Die Sonne brannte. Der kleine Lieferwagen, der sie mitgenommen hatte, setzte Sigurd und Tadeus bei einer kleinen „ferme" etwa 2 km vor Aigues Mortes ab.

Mit ihrem anschließenden Fußmarsch tauchten sie mitten in das Flair dieser urigen Landschaft ein. Der Boden, entwässertes Schlamm-Sand-Gemisch, war von niederwüchsigem salzverträglichem Queller und Serradelle, ein schleierkrautartiges Heidegewächs, erobert worden. Kleine und größere Etangs (Brackwasserseen) sowie „schilfbeuferte" Kanäle und unwegsame Sumpfpassagen gaben die Richtungen vor, an denen Wege und eine Straße sich durch die Landschaft schlängeln konnten. Im flachen Wasser der größeren Etangs suchten sich Flamingos ihre Tagesmahlzeit. Von weitem erblickten die beiden Freunde die typischen schwarzen Stiere auf den kanalumzäunten Weideflächen. Auch die seit der Römerzeit speziell für diese Region gezüchteten weißen Pferde gehörten zum bekannten Bild der Landschaft um sie herum.

Die Straße Richtung Aigues Mortes führte an einem größeren Kanal entlang über eine kleine Brücke, von der aus sie strikt auf die Mauer der mittelalterlich erhaltenen Stadt zulief. Neben der Brücke am Rande einer Cabane (eines jener für Camargue typischen weißgetünchten Häuschen mit Schilfdach) lud ein wilder Feigenbaum die beiden Wanderer zum Picknick ein. So reif und süß waren die meisten Früchte, dass sie regelrecht in den Mund flutschten.

Das Konzentrat dieser Eindrücke rief bei Sigurd, zusammen mit dem Wohlgeschmack der Früchte und zusammen mit der flimmernden Luft um ihr Schattenplätzchen unter dem Feigenbaum, die Assoziation von Pieter Brueghels Schlaraffenland hervor. So lagen sie, Tadeus und er, wie jene um den Stamm herum ausgestreckten Burschen, in wohliger Zufriedenheit eingebettet im zeitlosen Augenblick des Jetzt.

Aigues Mortes überraschte sie damit, dass es das Jetzt auf geradezu selbstverständliche Art mit mittelalterlicher Präsenz verband. Nachdem sie die meterdicke Natursteinmauer durch den Eingangsbogen durchquert hatten, bot der Ort das Bild einer sich zwischen die Mauern drängenden Zufluchtsstätte. Dicke und Höhe der völlig intakten Verteidigungsanlage mit ihren wehrhaften Türmen setzten bei den beiden Besuchern automatisch eine filmische Phantasie in Gang, wie sich das Leben im

Mittelalter hier wohl abgespielt haben mochte. Kleine schmale Natursteinhäuser duckten sich am Rande der engen Gassen aneinander. Im Gegensatz dazu war ein schöner Zentralplatz, mit Cafés und Restaurants ausgestattet, mit Sicherheit den späteren Ansprüchen feudaleren Bürgertums zu verdanken. Hier fühlten sie sich als heutige Besucher zum Verweilen eingeladen. Bei einer Mahlzeit mit „Boeuf Gardian", dem provenzalischen Nationalgericht der hiesigen Einwohner, erfuhren sie, dass die gesamte Anlage im 13. Jahrhundert zur Ausrüstung eines Kreuzzuges nach Jerusalem von Philipp dem Frommen errichtet worden war. Direkt am Meer habe der Ort mit Hafen seinerzeit gelegen. Die heutigen 15 km Entfernung bis zum Meer habe erst die Zeit der folgenden Jahrhunderte angeschwemmt. Totes Wasser, so die Bedeutung des Namens Aigues Mortes, sei aus der Verlandung des Hafens hergeleitet. Der Zugang der hier gebauten Schiffe zum verschwindenden Meer wurde von da an durch einen Kanal gesichert.

Eine Eigenheit der Herkunft wurde ihnen an einem Beispiel aus der Historie der Stadt demonstriert. Gemeint war der unbeugsame Eigensinn dieses Völkchens. Im 14. Jahrhundert hatten sich einige Waldenser (frühe reformatorische Gegner der Papstkirche) hier in Aigues Mortes verbarrikadiert. Unter dem Druck der Inquisition konvertierten die Meisten. Nur eine Frau ließ sich nicht darauf ein, ihrem Glauben abzuschwören und landete bei Brot und Wasser in einem der unbezwingbaren Türme. Dort saß sie, alle Foltern und Angebote überstehend, 40 Jahre in Gefangenschaft. Erst kurz vor ihrem Tod wurde sie, dem Sterben nah, begnadigt. Tour de la Resistance ist in ehrender Erinnerung ihrer Standhaftigkeit der heutige Name des Turms.

Der Rotwein zur Mahlzeit tat sein Übriges, dass die Tischnachbarn mit hitzigem Stolz diese Geschichte erzählten.

Nachdem die beiden Freunde Mauer und Städtchen gebührend durchschritten und zu manchem Pastis eingeladen worden waren, machten sie sich auf den Weg in Richtung Meer. Sie wollten unbedingt die Nacht in den Dünen nahe dem rauschenden Wellengang des Mittelmeers verbringen. Der nächstliegende Küstenort war Grau du Roi.

Er entpuppte sich als Fischerort.

Angesiedelt war er an den von Aigues Mortes herbeiführenden Kanal. In seiner Mündung hatten die Fischerboote mit Netzen ihre Liegeplätze. Auf der Kaimauer herrschte geschäftiges Treiben mit der Entladung des Fangs, der Säuberung und Ordnung der Netze sowie der Reinigung und Spülung der Bootsplanken. An Land wurde der Fang gleich in Kisten mit zerstampften Eisbrocken gefüllt und zum Abtransport in die wartenden Lastwagen verfrachtet.

Sigurd dachte an die sinnlosen Transportwege nach Paris und zurück.

Crau du Roi bot im Ganzen ein lebendiges Bild. In der Nachbarschaft der Kanalmündung lud eine Reihe von Hafenkneipen, Bistros und Restaurants zum Verweilen ein.

Tadeus und Sigurd machten ein wenig die Mücken zu schaffen, eine unvermeidbare Zugabe zum Besuch der Camargue. Ein alter Fischer, der neben ihnen am Tisch seinen Rotwein trank, amüsierte sich über die Mückenabwehrversuche der beiden Deutsch sprechenden Fremden. Doch verriet er schließlich auch sein Rezept gegen die Plagegeister:

Nach einer Flasche Rotwein sei das Blut so getränkt, dass die Mücken es nicht mehr möchten und Ruhe gäben. Der Trick bewahrheitete sich. Tatsächlich, hervorragend, super. Kein Ärger mehr durch die Quälgeister!

Nur kam den beiden nach einer Weile dann der Verdacht, dass nach der Flasche Wein die Ruhe vor den Mücken nicht deren Ausbleiben, sondern der beeinträchtigten Wahrnehmung der Zecher und deren Zuwachs an Gelassenheit zu verdanken waren.

Wie dem auch sei, ein probates regionales Rezept!

Ein Stückchen ostwärts des Ortes fanden sie das erträumte Plätzchen zwischen den Dünen. Ihre Schlafsäcke erwiesen sich als viel zu warm für diese Region. Doch gab es wegen der erwähnten Mücken keine Chance, ohne sie in den Schlaf zu finden. Der Rotwein von innen, eine kühle Brise von außen und das gleichmäßige Rauschen der Wellen verhalfen schließlich zur verdienten Nachtruhe.

Wo sie gelandet waren, entlarvte sich bei Tagesanbruch als eines der letzten Paradiese der französischen Mittelmeerküste. Ostwärts von Grau du Roi erstreckte sich ein unbesiedelter Strand von etwa 25 km bis zur Mündung des einen Rhone-Armes bei Port St. Louis. Ungefähr 6 km von dem Fischerort Grau du Roi entfernt stießen die beiden bei ihrer Strandwanderung auf einen Leuchtturm. Phare de L'Espiguette. Einsam und malerisch lag er zwischen den Dünen, am Rande eines kleinen Gärtchens, das dem Sand abgetrotzt war.

Der Leuchtturmwärter begrüßte sie mit der warmherzigen Freude eines Okzitaniers, froh in seiner Einsamkeit, endlich eine kleine unterhaltsame Unterbrechung zu haben. Sie schlugen ihr Lager neben seinem Gärtchen auf und genossen seine Freundlichkeit.

Zunächst war es ihm wichtig, sein Arbeitsfeld vorzuzeigen. Ein schwindelig machender Wendeltreppenanstieg führte sie nach oben und die Erklärung des Leuchtturmwärters ebnete eine freundschaftlich zugewandte Verbindung zwischen ihm und seinen Gästen. Nachdem er voller Stolz den technischen Standard des Leuchtturms erklärt hatte, lud er die beiden zu einer Grillmahlzeit in seinem Gärtchen ein.

Doch, doch, unbedingt. Besuch wäre angesagt, da wäre in dieser Einsamkeit ein gemeinsames Mahl selbstverständlich.

Frau und Tochter kamen mit einem klapprigen Deux Chevaux die 6 km lange Sandpiste von Grau du Roi herbeigehoppelt, um am Fuße des Turms einen Tag am Strand zu genießen und dem Wärter Gesellschaft zu leisten.

Diese Einladung war wieder einmal, wie das Erlebnis mit dem Wirt in Colmar, ein Hinweis darauf, wie einfach ein Leben sein kann, wenn man die Etikette weglässt. Der Tisch im Gärtchen, an dem das Mahl stattfinden sollte, war der urigste, dem Sigurd und Tadeus je im Leben begegnet waren. In der runden hellen Sandsteinplatte gab es 6 muldenartig eingelassene Vertiefungen. Während das Fleisch auf dem Grill brutzelte, wurde in diesen Mulden die Suppe serviert. Nach der Vorspeise kam der Leuchtturmwärter als Patron der Familie mit einem Wasserschlauch herbei und spülte mit strammem Strahl die Vertiefungen der Mulden sauber. Schon war der Abwasch getan und die vom Steinmetzen eingearbeiteten Teller waren für den nächsten Gang wieder bereit.

„Le soleil, le soleil", so schwärmte der Leuchtturmwärter. *„C'est le cadeaux de ciel!"*, wurden die beiden belehrt. („Die Sonne trocknet und desinfiziert.") Sie sei, zusammen mit dem Wasserstrahl, so etwas wie eine Spülmaschine ohne Elektrizität. Den Rest besorgten die Ameisen, sie wollten schließlich auch leben. Das Leben in der Provence sei eben einfach, wenn man verstehe, es sich einfach zu machen.

Diese Lebensweisheit leuchtete auf handgreifliche Weise ein. Als Grillfleisch gab es Lammrippen. Mit hiesigem Knoblauch und Kräutern gewürzt eine Delikatesse, zu der der einheimische Rotwein, ein Vin de Sable, nicht fehlen durfte. Alles war so erdgebunden, unkompliziert und selbstverständlich, dass Sigurd auch hier wieder der Inbegriff des Paradieses vor Augen trat. Was brauchte man mehr, um mit dem Leben zufrieden zu sein?

Ähnlich paradiesisch gaben sich Strand und Meer. Jeden Tag erlebten die beiden Freunde als eine Bereicherung. Jeder Tag vergrößerte das Gefühl maßloser Freiheit. Klima und Wasser waren so warm, dass sie sich angewöhnt hatten, den ganzen Tag nackt am Strand entlangzulaufen. Im Gegensatz zum heutigen Ansturm von Badegästen gab es kaum einen Menschen auf dem

25 km langen Terrain bis zum östlichen Rhone-Ufer. Nördlich der Dünen begannen die Weinfelder des berühmten Vin de Sable. Am südlichen Rand des Strandes hatten die heranrollenden Wellen allerhand Treibgut ans Ufer getragen. Für den kreativen Drang der beiden Kunststudenten boten sie ein inspirierendes Baumaterial. So entstanden auf ihren Strandwanderungen von Tag zu Tag meterhohe plastische Gebilde aus angeschwemmtem Treibgut. Ein Eldorado für bildhauerische Phantasie. Baumstämme, Schiffsplanken, Paletten, Kisten, Taue, Bojen, kalkbesetzte Glaskugeln, wie die Fischer sie vor der Kunststoffära für ihre Netze verwendet hatten, und Tang verwandelten sich in übermannshohe Plastiken.

Es machte ihnen großen Spaß, an jedem Morgen zu kontrollieren, ob die Kunstgebilde durch die Nachtstürme gelitten hatten. Mit erfinderischem Eifer gingen sie ans Werk, sie wieder auszubessern und sie mit jedem Tag durch neue zu ergänzen. So entstand eine kilometerlange Reihe in Richtung Port St. Louis.

Braungebrannt und nackt waren sie aus der Zivilisation in den Zustand einer Robinsonade gesprungen, wurden vom Leuchtturmwärter versorgt, revanchierten sich mit Kanistern Rotwein vom angrenzenden Weinbauern oder durch Einkäufe in Grau du Roi, wie Pastis, Lammfleisch und Thunfisch vom Boot.

Als ihr Geld knapp wurde, hatten sie Brandbriefe nach Hause geschrieben und um 200,00 DM gebeten. Die ließen jedoch auf sich warten. Alle paar Tage fragten sie bei der Post in Grau du Roi nach, ob der annoncierte Geldsegen nicht endlich da wäre.

Da sie weiterziehen wollten, überlegten sie, wer hier im Ort Grau du Roi ihnen die Summe gegen beglaubigte Bürgschaft vorstrecken könnte. Von einer Frau an der Uferpromenade erfuhren sie, dass das Strandhotel einem deutschen Besitzer gehörte, der hier eingeheiratet hatte.

Als sie das Foyer des Hotels betraten, war der Hotelier gerade damit beschäftigt, seinen halbjährigen Sohn die Treppe hinauf in den Oberstock zu bringen, um dessen Windeln zu wechseln. Im Vorbeigehen nahm er das Anliegen der beiden Freunde zur Kenntnis und hieß sie warten. Wie erstaunt waren sie, als er nach einer Viertelstunde mit einem Päckchen Banknoten herunterkam und ihnen 2.000 DM anbot. Es war die Zeit der Währungsumstellung und er hatte die französische Währung fälschlicherweise beim Umrechnen mit 10 multipliziert. Er war so in die Gastfreundlichkeit der Provenzalen eingetaucht, dass es kein Problem für ihn darstellte, den beiden eine solch große Summe vertrauensvoll als Vorschuss auszuhändigen. Er war eher erstaunt, dass die beiden sich mit 200 DM begnügten.

Diese Zeiten sind längst passé.

Heute ist der Strand von Grau du Roi bis weit über den Leuchtturm hinaus mit Hotels, Reitangeboten, Imbissrestaurants und Geschäften mit Badeausrüstung bebaut. Der Leuchtturmwärter hat die „Gunst der Stunde" genutzt und einen streng abgeschotteten kleinen Campingplatz neben seinem Gärtchen errichtet (wie so oft stellt sich die Frage ob Gunst oder Ungunst). Aus dem ehemaligen Fischerort ist inzwischen ein touristisch überbordender Badeort geworden. Nur im Vergleich mit der überdimensionierten Ferienanlage La Grand Motte auf der anderen Seite des Kanals verrät er noch ein wenig vom Charme des normalen provenzalischen Lebens ihrer Bewohner in dieser Region.

Das Ereignis mit dem Hotelier war ein Beispiel für die selbstverständliche provenzalische Hilfsbereitschaft, wie Sigurd sie Zeit seines Lebens erleben durfte.

In späteren Jahren war es ihm einmal passiert, dass sein R4 durch eine Sandfahrt am Strand verreckt war. Sein Auto rollte in eben diesem Ort Grau du Roi mit seinem letzten Seufzer vor einen neugebauten Bungalow. Ein gut gekleideter Herr saß vor dem Bungalow und studierte die Morgenzeitung. Der Motor seines Citroen lief bereits, er war auf dem Weg zu seinem Job bei der Bank. Nachdem Sigurd ihm sein Dilemma geschildert und nach der Adresse einer Werkstatt gefragt hatte, antwortete er wie beiläufig:

„Oui, je viens toutesuite."

Wie selbstverständlich (geradezu, als hätte er auf diesen Vorfall gewartet) rief er in seiner Bank an, dass er sich verspäte, holte ein Abschleppseil aus der Garage und brachte Sigurd im Schlepptau zur Werkstatt in Aigues Mortes. Weil er bemerkt hatte, dass das Französisch des Deutschen sehr rudimentär war, verhandelte er mit dem Werkstattleiter und sagte, Sigurd könne den Wagen repariert um 16.00 Uhr abholen.

Wieder ein Beispiel für die Selbstverständlichkeit und Einfachheit gegenseitiger Hilfe. Wie schön könnte die Erde sein, wenn diese Art allgemein geläufig wäre.

Im Weinladen von Aigues Mortes hatte Sigurd nach der Reparatur einen der teuersten Rotweine seines Lebens erstanden, doch das war es ihm wert, dem freundlichen Bankangestellten aus Grau du Roi diese Flasche als Dank vorbeizubringen.

Kapitel 43

JENSEITS DER PYRENÄEN

Von dort an trennten sich die Wege. Tadeus wollte weiter Richtung Côte d'Azur, Sigurd zog es mehr in Richtung Pyrenäen und Spanien. Unterwegs wollten sie versuchen, durch Hilfe bei der Weinernte ihren Unterhalt zu verdienen. Für Anfang des Semesters hatten sie sich wieder in Berlin verabredet.

Per Autostopp war Sigurd über Carcassonne und Perpignan zum Rand der Pyrenäen gelangt. Es reizte ihn, den östlichen Pyrenäenhang zu Fuß zu erkunden, um den Weg nach Barcelona zu finden.

Den gesamten Weg entlang begleiteten ihn Weinfelder. Im Languedoc und in der Corbières-Gegend war es kein Problem, für ein oder einige Tage Arbeit und Verdienst bei der Weinlese zu finden.

Die Pyrenäen aufwärts wurde die Gegend immer schroffer, wilder, ursprünglicher. Großteils menschenleere Hänge und Wege. Hirten- und Ziegenwege wiesen dem wandernden Fremden den Weg, wo die Felsen begehbar waren. Er fühlte sich, als tauche er in eine andere Welt ein. Waren es Homers bukolische Beschreibungen der griechischen Antike, die ihm die Gegend so bekannt und so beliebt erscheinen ließen?

Auf etwa halbem Weg über die Pyrenäenhänge kündigte sich ein abgelegenes Dorf an: „Port Bou". Munter und fröhlich, wie Sigurd war, wunderte er sich zunächst nicht darüber, als der erste Hund ihm zaghaft und misstrauisch entgegenkam. Na klar, die übliche vierbeinige Dorfgendarmerie. Doch war das nur der biedere Auftakt zu der Performance, die nun losbrechen sollte. Nicht nur ein zweiter, ein dritter schlossen sich dem ersten Kläffer an, aus jeder der zur Hauptstraße führenden Seitenstraßen kläffte ihm eine zusätzliche Meute entgegen. In Blitzeseile war er umringt von einem Inferno zähnebleckender und bis zur Heiserkeit bellender, fauchender, zähnefletschender und hochspringender Köter. Von freundlicher Begrüßung keine Spur. Ihr Outfit ließ eher darauf schließen, dass sie kampferprobt waren und schon manchem räudigen Gegner den Garaus gemacht hatten. Irgendwie kam er sich verwechselt vor. Er führte ja nichts im Schilde.

Der einzige Schutz war sein Rucksack. Kurzerhand hatte er ihn vom Rücken gerissen und wirbelte ihn wie wild um sich herum, um sich die Meute von den Beinen zu halten. Seine Rettung war schließlich die Tür eines Ladens. Ein paar Stufen hochhechelnd stürzte er sich auf die Klinke und war im Nu hinter der Ladentür in Sicherheit. Puh!!!

Erst jetzt bemerkte er, wo er gelandet war. Ein Frisörsalon oder Barbier. Ein Herr ließ sich von dem Geschäftsinhaber gerade den Bart einseifen. Zwei andere hatten es sich mit einer Tasse Kaffee zum Klönschnack bequem gemacht. Dorftreffpunkt offensichtlich. Und wie der funktionierte, merkte Sigurd an der nun folgenden Szene.

Auf die laute Post der Kläffer folgte nun die stille Post der Dorfbewohner. Immer mehr füllte sich der Laden. Offensichtlich war hier seit 100 Jahren kein Fremder mehr vorbeigekommen. Eine solche Abwechslung wollte sich keiner aus dem Dorf entgehen lassen. Es war immerhin die Zeit, in der das Fernsehen in Europa erst am Anfang stand und es keineswegs bis in dieses spanische Pyrenäendörfchen geschafft hatte. Der Laden war kaum groß genug, um den Andrang der Dorfbewohner zu fassen. Rasierte und Unrasierte, Bärtige und fast Zugewachsene, Glatte und Faltige, schwarzhaarig fast alle, bis auf die ergrauten Alten. Um Platz zu schaffen, hatte der Barbier den Fremdling einfach auf einen der Frisierstühle gedrückt. Angesichts seiner zottelig langen Mähne und seines zerzausten Bartes schien es für den Friseur und sein inzwischen angesammeltes Publikum keine Frage zu sein, wozu er sich hier im Laden eingefunden hatte.

Es begann ein lebendiges allgemeines Palaver. Alle aus dem Dorf machten ihren Vorschlag, wie die Haare des fremden Aleman geschnittten werden sollten. Mit großem Ernst wurde diskutiert, wo der Barbier sein Messer ansetzen müsse, um dem Bart die akzeptable spanische Note zu geben. Wie an einer Theaterpuppe markierten sie mit dem Finger die Konturen der Frisur und des Bartes. Welche Leitbilder, ob dabei Don Quichote oder Sancho Pansa den Haardesignern vorschwebte, ließ sich nicht ergründen. Da er wenigstens vor den Hunden in Sicherheit war, ließ Sigurd mit sich geschehen, was sie ihm anpassen wollten. Nur dass eine gewisse Länge beibehalten würde, war ihm wichtig. Die Ladenmeute war in solch aufgeregtes Palaver verfallen, dass ihr Spektakel der Auseinandersetzung einem Parlament alle Ehre gemacht hätte.

Was schließlich dabei herauskam, hätte einem Operntenor aus Bizets Carmen sicherlich gut gestanden. Auch Sigurd gab sich zufrieden. Es war schließlich ein faires Geschäft: Seine Sicherheit vor den Hunden gegen ein unterhaltsames Dorfevent und ein Styling-Theater, an dem alle beteiligt waren.

Nun kam allerdings der zweite, der eigentliche Teil von Sigurds Anliegen. Mit einem Kauderwelsch aus Latein, Französisch, Englisch und Deutsch versuchte er seine Not mit den Hunden zu schildern und um Rat zu fragen, was denn zu tun sei, um die Meute loszuwerden. Die Frage rief Heiterkeit hervor, womit er absolut nicht einverstanden war.

Die Antwort war ganz einfach und plausibel: Während ihres ganzen Lebens hatten die Hunde des Dorfes keinen Menschen mit unbekleideten Beinen, also mit kurzen Hosen gesehen. Sie hielten die nackten Beine des Fremden für große schmackhafte Leberwürste und fühlten sich zum Schmaus eingeladen. Ein

Spanier trägt grundsätzlich keine kurzen Hosen, schon gar nicht in den Bergen und erst recht nicht öffentlich im Dorf. Nachdem der Aleman also für die Friseurleistung einen geradezu unbedeutenden Betrag bezahlt hatte, packte er seine Jeans aus dem Rucksack, zog sich vor aller Augen und zur Genugtuung aller um und wanderte schließlich mit bekleideten Beinen unbehelligt von lechzenden Zähnen durch das Dorf seinem Ziel Barcelona entgegen.

Das Spanien der Pyrenäen war auf jeden Fall ein Abenteuer. Nicht nur die Landschaft mit ihren zerklüfteten Felsen, Geröll, verdorrtem Gras und einer spärlichen Vegetation, auch manch einsamer Hirt mit seiner Ziegenherde oder ein Bauer auf sackbeladenem Esel verrieten, dass hier die Wildnis sich noch mit Recht gegen den Ansturm der Zivilisation zu behaupten wusste.

Die Nacht kam schneller als erwartet. Da gab es nicht die einleitende Dämmerung, wie in deutschen Breitengraden gewohnt, sondern einen sturzartigen Überfall undurchdringlicher Schwärze, wie Sigurds Mutter es oft von Brasilien erzählt hatte. Das raubte ihm unerwartet jegliche Orientierung. Der Zeitpunkt war denkbar ungünstig, war er doch gerade in einer Art Steinwüste gelandet, voll mit Opuntien bestanden. Zwischen den Stacheln der Feigenkakteen war schon bei Licht das Vorwärtskommen beschwerlich; nun, nachdem das Pyrenäenmassiv die letzten Strahlen der im Westen entschwundenen Sonne verschluckt hatte, war es unmöglich, ohne Verletzungen weiterzukommen. Hinzu kam, dass Sigurd schon so nah an der Küste war, dass er in der Tiefe das Grummeln und Rauschen des Meeres vernahm. Kurzerhand ertastete und scharrte er mit den Füßen eine Stelle frei, breitete seinen Schlafsack aus und war unter der Begleitung des Sternenhimmels von oben sowie des Meeresrauschens von unten bald in tiefsten Schlaf geglitten.

Der nächste Morgen offenbarte ihm, welches Glück an seiner Seite gestanden hatte. Anderthalb Meter, nur geschützt durch eine Opuntienhecke, lag er von einem Steilhang entfernt. In etwa 60 Meter Tiefe konnte er direkt unter sich die Brandung gegen die Felsen klatschen sehen. Ein kleiner Sandstrand auf dem Grund der Bucht fing die abgeprallte Gischt neben den Felsen auf. Nach Osten öffnete sich die unendliche Weite des Mittelmeeres. Strahlend erschien die Sonne am Horizont und leitete eine Bahn glitzernder Feuerklingen über das Wasser bis zum Fuß des Felsens unter ihm. Welch ein Tag!

Der Ehrgeiz hatte sich mit Sigurds Wanderlust gepaart. Er wollte versuchen, zu diesem schönen einsamen Strand einen Abstieg zu suchen. Wieder waren es die Ziegenwege, die ihm die Richtung wiesen. Je tiefer es ging, desto mehr war die Luft von der Brandung mit salzig sprühender Feuchtigkeit gefüllt. Er spürte die Wohltat in den Lungen, ein Labsal gegenüber der zu erwartenden trockenen Hitze des kommenden Tages.

Es machte ihm großen Spaß, endlich einmal die derben Wanderschuhe von den Füßen zu streifen und barfuß mit hochgekrempelten Jeans den feuchten Sand der Wasserkante entlangzulaufen. Die Schuhe hatte er an seinen Rucksack geknotet, um mit Händen und Armen bessere Bewegungsfreiheit zu haben. Er registrierte, wie toll es ist, sein Haus gleich immer bei sich zu haben und zu erleben, mit welch wenigen Utensilien man auskommt, wenn das Klima einem wohlgesonnen ist. Der Trail der Westgoten zur Zeit der Völkerwanderung kam ihm in den Sinn. Ihren Drang vom Norden in den Süden konnte er mit fuß- und handgreiflicher Erfahrung in diesem Moment nachvollziehen.

Die Welt ist voller Dämonen, guter Geister und Feen.

Zum ersten Mal begegnete ihm, was ihm später zur Gewissheit und zur verlässlichen Dauererfahrung werden sollte. Dabei gab es gar keinen Grund, wieso sie gerade jetzt und an diesem Ort auftauchte. Ein völlig unbesiedelter einsamer Strand an einer zerklüfteten Steiluferküste ohne Haus, ohne Hotel, ohne Straßenzufahrt, ohne Auto – und doch war sie da. Eine Figur aus geträumtem Märchen. Schlank gewachsen, mit braungebrannter Haut und dem faszinierenden Gegensatz von braunen Augen zu braunblondem wellig langem Haar. Aufgetaucht aus dem Nichts, mit einer Selbstverständlichkeit, als wäre sie dazu bestimmt, ein Leben lang an dieser Stelle auf einen herumvagabundierenden Aleman zu warten. Hatte das Universum sie an diese Stelle gestellt, um Sigurd das Potential der Vereinigung der nordischen und der südlichen Rassen vor Augen zu führen?

Sie hatten Schwierigkeiten, miteinander ins Gespräch zu kommen. Sie konnte nur Spanisch und Sigurds Latein war weder für eine Transformation in die Alltagssprache des 20. Jahrhunderts geeignet, geschweige denn für ein so kompliziertes Sujet wie der Anziehungskraft zwischen Männchen und Weibchen an einem weltabgelegenen Strand jenseits aller Konventionen. So begnügten sie sich mit staunendem Betrachten der jeweils anderen Seite und dem fast hilflosen Gestammel einiger Sprachfetzen von allgemein verständlichen Idiomen. Immerhin gab es eine andere Ebene der Verständigung. Zum einen der schüchterne Respekt gegenüber dem fremdartig Unbekannten der anderen Person, zum zweiten die Reduktion auf den Pragmatismus der gegenwärtigen Situation. Aus ihrer Umhängetasche zauberte die fremde Schöne eine Picknickdecke hervor und lud den unverhofft dazu gesellten Aleman zum Frühstück ein. Da die Sonne nun schon höher stand und anfing zu brennen, bestand sein Beitrag darin, mit zusammengesuchtem Treibgut aus hölzernen Stöcken und seinem Schlafsack eine Art Sonnenschutz zu bauen, in dessen Schatten sich gut sitzen ließ. Neben Orangensaft tischte sie Leckerbissen der typisch spanischen Küche auf, wie Feigen, Oliven, harten Käse, ein Glas Artischockenherzen, gefüllte Weinblätter und sogar ein kleines Fläschchen Rotwein, das wohl bei keiner mediterranen Mahlzeit fehlen darf.

Obwohl sie Sigurd wie eine begehrenswerte Fee aus 1000 und einer unerreichbaren Nacht vorkam und sich die Sehnsucht des Mannes in ihm regte, verstand sie es, auf souveräne Weise mit Charme und Distanz jeden Gedanken an die Möglichkeit einer

Berührung bzw. liebevollen Annäherung undenkbar zu machen. Von beiden Seiten streckten ihre Sprachversuche die Tentakel aus, um wenigstens einige Informationen auszutauschen und einander kennenzulernen. Doch war die Fremdheit zu trennend und das Glück im Genuss des Augenblicks, wie er sich in dieser Form der Begegnung zeigte, so stark, dass sie es dabei bewenden lassen konnten. An den vorangegangenen Sätzen kann man erkennen, dass das Glück der Begegnung bis heute in der Erinnerung nachhallt.

Es regte sich in Sigurd der Gedanke: *Sollte man nicht lernen das Glück einer solch schwebenden Begegnung zu genießen, bevor man es mit seinen Erwartungen und übergriffigen Bedürfnissen von der Picknickdecke stößt?*

Sie trennten sich schließlich, wie sie sich getroffen hatten. Keiner wusste, woher der andere kam, wohin er ging, wozu er/sie gehörte und war damit zufrieden. Dass die Begegnung in Sigurd einen Funken der Sehnsucht geweckt hatte, blieb so lange ein verborgener Edelstein in ihm, bis er erkannte, dass dieser Edelstein zu ihm gehörte.

Erst viele Jahre später begriff er die Lehre, die diesem Ereignis innewohnte. Man kann seine Sehnsucht nicht (wie eine Projektion) im Außen stillen, man kann den Funken nur in sich selbst zum Feuer entfachen und damit sich selbst und andere wärmen.

Der Tag floss wie Honig. Die salzige Mittelmeerluft, das warme Klima öffnete alle Poren und Sinne. Das Gefühl, sich in Raum und Zeit aufzulösen, beförderte Sigurd in einen Level der Leichtigkeit, unter dem die Kilometer in Richtung Süden anstrengungslos dahinschmolzen.

In Girona beschloss er, die restliche Strecke bis Barcelona mit dem Zug zu fahren. Das entpuppte sich als Erlebnis der besonderen Art. Moderne Technik und die Mentalität der Katalanen sowie deren Jahrhunderte lang gewachsener Lebensrhythmus fanden zu einer widersprüchlichen Symbiose zusammen. Zunächst war es auf dem Bahnhof gar nicht so leicht, den nächsten Zug nach Barcelona ausfindig zu machen. Die Fahrkarten, hieß es, gebe es erst eine halbe Stunde vor Abfahrt des Zuges. Wartezeit also, mit Stadtbummel. Als Sigurd sich gut eine halbe Stunde vor dem zuständigen Schalter einfand, wartete dort bereits eine unübersehbare Schlange von Leuten. Pünktlich 30 Minuten vor Zugabfahrt begann der Kartenverkauf und jeder schob sich zusammen mit der Schlange Schritt um Schritt in Richtung Schalter, der junge Aleman mittendrin ...

Doch etwa 10 Meter vor Ankunft am Schalter hieß es plötzlich *„basta, finito"*, es gebe keine Karten mehr, das Sortiment sei ausverkauft.

Demonstrativ schloss die uniformierte Autorität hinter dem Schalter das ovale Fensterchen und verriegelte den Schiebekasten zur Herausgabe der Fahrkarten. Sigurds Frage, ob er nicht schon eine Karte für den nächsten Zug erstehen könne, wurde mit staunender Rigorosität abgelehnt. Also weitere Wartezeit, ohne Stadtbummel. Zwei Stunden vor Abfahrt des nächsten Zuges stand der Aleman diesmal vor dem Schalter. Die Erziehung hatte gewirkt. Er bekam seine Fahrkarte.

Auf dieser Zugfahrt begriff Sigurd zum ersten Mal realiter, was Mutter mit der Nachahmung der brasilianischen Eisenbahn gemeint hatte:

„Kaffeekompong ... Kaffeekompong ... Kaffeekompong ... Kaffeekompong ... Kaffeekompong ... Kaffeekompong"

Neben dem Pfeifen und den Dampfwolken der Lok waren es die Dehnungsfugen der Schienenanschlüsse, die den Takt der Reisemelodie vorgaben. Klappernd und schnaufend ging es durch das nördliche Pyrenäenvorland.

Die Fahrgäste, zumeist im ländlichen Outfit, machten den Eindruck, als wenn sie von einer Marktreise kommend auf dem Heimweg waren. Ohne Mitgefühl für die erstandenen Hühner hatten sie diese der Reihe nach mit zusammengebundenen Füßen an die Stange der Gepäckhalterung über den Fenstern gehängt. Kopfunter hatten sich die meisten, bis auf zeitweilig flatterndes Aufbegehren, in ihr Schicksal gefügt und hingen wie tot zwischen Gepäck und Fahrgästen.

Eine geschickte Methode, um Komplimente zu erheischen, konnte Sigurd in seinem Abteil beobachten. Gegenüber saßen sich zwei Mütter mit ihren Kindern auf dem Schoß. Nicht etwa über sich und ihr Kind begann die eine Mutter das Gespräch. Sie bewunderte die pflegeleichte Gelassenheit des Bambinos gegenüber. Das war nicht nur eine versteckte Botschaft an ihr eigenes unruhiges Kind, sondern der Impuls zu einer ebenso netten Erwiderung. Die ließ nicht auf sich warten. Die Mutter gegenüber wusste, was sie schuldig war: „*Die lebendige Aufmerksamkeit und das schöne lockige Haar des Jungen gegenüber.*" Und schon floss ein Strom gegenseitiger Komplimente durch das Stakkato der Zuggeräusche.

Auch die Gespräche aus den anderen Abteilen schwollen allmählich zu einem immer lebendiger werdenden Austausch der Markterlebnisse an. Dies war keine Fahrt, um von A nach B zu kommen, dies war der Unterhaltungsexpress der Landbevölkerung. Höhepunkt des Events war schließlich, als eine langgezogene Frauenstimme von einem weit entfernt gelegenem Abteil durch den gesamten Zug zog und in der Art eines Madrigals den Rhythmus des Zuges als monotonen Taktgeber für eine darüber gelagerte, klagend melancholische Melodie nehmend begleitete.

Irgendwann auf der Strecke hielt der Zug plötzlich an. Es war kein Bahnhof erkennbar. Sie befanden sich mitten in der Pampa. Kein Mensch nahm sonderliche Notiz von diesem unerwarteten Aufenthalt. Die Pause gehörte wohl zum gewohnten Programm des Unterhaltungsexpresses.

Nach circa 20 Minuten setzte sich der Zug wieder in Bewegung, doch nicht etwa in Richtung Barcelona, sondern im Rückwärtsgang. Irritiert fragte Sigurd, ob denn dies nicht der Zug nach Barcelona sei. Doch, doch, alles in Ordnung, kein Grund zur Beunruhigung. Das sei oft so auf dieser Strecke, es läge an den Gleisen. Offensichtlich konnte der Zug eine Reparaturstelle nicht passieren. Er musste also 20 km zurückfahren, bei einer Weiche das Gleis wechseln, um dann mit neuem Anlauf die Strecke nach Barcelona zu bewältigen. *Irgendwann wird es schon klappen*, dachte sich Sigurd und bewunderte die Gelassenheit der Katalanen – Unterhaltungsexpress, wie gesagt, jede Abwechslung wurde genossen.

Ob diese Gelassenheit bis heute überlebt hat?

In einer Reportage über Spanien verbreitete kürzlich das Fernsehen, dass Spanien mit das modernste Eisenbahnnetz in Europa hat, mit dem man von Madrid aus jede Region Spaniens (also auch Barcelona) in einer Fahrzeit von etwa 2 Stunden erreicht. Was macht man mit der Zeit, die man auf diese Art eingespart hat? Gegenüber dem Unterhaltungsexpress ein Gewinn? Oder nur für die psychotherapeutischen Kliniken?

Von Barcelona blieb Sigurd außer der Gaudí-Kirche und seinen Jugendstilhäusern sowie dem Blumenboulevard (La Rambla) vor allem in Erinnerung, dass die heiße und einmalig schmackhafte Schokolade, die er in einem der Cafés serviert bekam, so breiig war, dass der Teelöffel darin stehen konnte.
Eine spanische Spezialität.

Kapitel 44

BREAK II

Beim Schreiben dieser Erlebnisse frage ich mich, warum gerade diese mir so lebhaft im Gedächtnis geblieben sind, dass sie über 60 Jahre nichts von ihrer Intensität verloren haben.

Nun gut, ich war am Anfang eines selbstständigen Lebens, doch reicht das zur Erklärung? War es im Nachhinein betrachtet nicht die Art und Weise, mit der ich das Leben, wie es um mich herum und in mir passierte, einfach fließen ließ? War es nicht die Unvoreingenommenheit, mit der ich staunend wie ein Kind am Ufer stand und dem Fließen zusah und mich ihm anvertraute? Lag es nicht daran, dass mein Leben noch frei war von dem ganzen Register der Beurteilungskategorien, wie sie sich später dann, geprägt vom Studium, vom Wissen, von den „eingebürgerten" Erwartungen, von den Aufgaben des Berufslebens und dem Kodex des familiären und gesellschaftlichen Zusammenlebens, vor jede Art des unschuldigen Staunens geschoben haben?

Sicher, es gab und gibt da einen gewissen Stolz darüber, was mir passierte und wie ich mich zu den Situationen verhielt. Doch damit beginnt eine Kette von Ich-Identifikationen, die sich im Laufe der Zeit mit den verschiedenen Rollen als Studierender, als Lehrer, als Vater, als Freund, als Mitglied von sozial engagierten Gruppen, als Reisender durch entfernte Länder, als Lebenspartner, als Künstler und Ausstellungsmacher, als biologisch-dynamischer Gartenbauer und Schafhalter, als Eigner eines provenzalischen „Mas", als Autor von Artikeln, Vorträgen und Katalogen, als Betreiber eines Ateliers und einer kleinen Galerie und anderem ansammelten und häuften.

Erst mit dem Durchlauf dieser vielen Erfahrungen wurde mir – nicht zuletzt durch Impulse meiner jetzigen Lebensgefährtin und durch Erkenntnisse des Buddha – bewusst, über den Wert dieser Erfahrungen und der damit verbundenen Identifikationen nachzudenken. Darüber, inwieweit sie Erfahrungen waren von der Großartigkeit des Lebens, von der ungebundenen Freiheit und Weite des Erfahrungsspielraums und seines Potentials, inwiefern sie der greifbare Zipfel dieses unendlichen Potentials des universellen Geistes oder inwiefern sie nur der Stolz auf die eigene Großartigkeit waren, die Bestätigung des eigenen an den Körper und die intellektuelle Bewältigung der Alltagsanforderungen gebundenen Egos. Erst das schrittweise Loslassen dieser Dimension verschaffte und verschafft meinem Bewusstsein den Blick für die wahre Bedeutung unserer Erfahrungen im Fluss des Lebens. Es ist die Rolle der Teilhabe.

Jede Identifikation läuft auf die Identifikation des Egos, auf Ich-Identifikationen hinaus. Das Leben verläuft, wie es will – auch ohne uns. Jeder Versuch, die Wirklichkeit an uns, an unser Selbstverständnis zu binden oder an unsere Sicht der Dinge – ihre Interpretation – ist eine Form der Einbildung, die auf das Bewusstsein wie ein Gefängnis wirkt. Das auf das Ich fixierte Bewusstsein kann die Großartigkeit, die Weite, unser ursprüngliches Wesen nicht erkennen.

Deswegen werde ich den Fortgang der Erzählung auf jene Ereignisse konzentrieren, in denen ich einen größeren Anteil an Selbstlosigkeit erkennen kann als an anderen. Sie sind trotzdem Zeugnisse der Zeitentwicklung und lenken, gefiltert durch persönliche Erfahrung, den Blick darauf, wie die Verhältnisse gewesen sind und wie sie sich verändert haben.

Kapitel 45

EMPATHIE. RÜCKBLICK. DER 13-JÄHRIGE SIGURD

Zurück in Berlin, war das Treffen zwischen Tadeus und Sigurd wie ein kleines Fest. Es wurde entsprechend zelebriert. Sigurd hatte in seinem Atelier den Petroleumofen in Gang gesetzt und Tee gekocht. Bett, Stuhl und Tisch reichten, um zusammen mit einer Kerze eine behagliche Atmosphäre zu schaffen.

Im Mittelpunkt standen ohnehin ihre Reiseberichte. Sie hatten sich sooo viel zu erzählen.

Tadeus war über Italien nach einer Fährfahrt in Griechenland gelandet.

Sein eindrucksvollstes Erlebnis war die Gastfreundschaft der griechischen Bevölkerung auf dem Lande. Irgendwo war es ihm gelungen, für billigstes Geld eine kleine Hütte zu mieten. Von dort konnte er jeden Tag seiner Malerei nachgehen.

Apfelsinenbäume, Mandel- und Olivenbäume, braungebrannte Menschen mit lederner Haut und fröhlichen Gesichtern sowie die in blauer Ferne zerklüfteten Berge im Kontrast zu sonnenbeschienener Vegetation auf den trockenen Plantagen waren seine Motive.

Jeden Morgen, wenn er zur Arbeit in die Landschaft zog, kam ihm schon einer der Nachbarn entgegen mit dem Ruf:

„Germano, Germano, heute musst du in mein Orangenfeld gehen. Du kannst so viel Orangen essen, wie du willst und heute Abend kommst du zu uns zum Essen."

Manche konnten von Gastarbeiteraufenthalten in Deutschland etwas Deutsch. Tadeus war schließlich so von Einladungen überhäuft, dass er das Weite suchte.

Er schilderte Tanzabende mit den griechischen Tänzen, bei denen er lernte, dass immer ein Taschentuch zwischen der Hand des Mannes und der des Mädchens sein musste, sonst galt man schon als verlobt. Die Gastfreundschaft bezog sich also nicht nur auf Essen und Trinken, er musste regelrecht aufpassen nicht vereinnahmt zu werden.

Als Begründung für die überbordende Gastfreundschaft gab er die Geschichte mit dem Stuhl an.

„Vor jedem griechischen Haus steht mindestens ein Stuhl. Der Stuhl ist gedacht für den vorbeikommenden Fremden. Ihm gebührt die Aufmerksamkeit und die gebefreudige Empathie des ganzen Hauses. Ganz gleich, ob der Fremde nun ein vornehmer Mensch oder ein armer Bettler ist. Die Begründung ist: Es könnte ja Zeus sein, der sich so oder so, also auch als Bettler, verkleidet hat."

Die beiden Freunde diskutierten darüber, dass das ja eine segensreiche Sitte sei, die der gesamten Bevölkerung Griechenlands eine Art Richtschnur zum freundlichen Umgang mit Fremden gebe.

Sie überlegten, ob Empathie mit dem Nächsten oder dem Fremden angeboren sein könnte, eben typisch menschlich sei, oder ob es einer solchen vereinbarten Sittenlehre bedürfe. Etwas Ähnliches gebe es ja im Christentum auch, nur werde es nicht mehr praktiziert.

Sigurd fiel dazu eine Erinnerung an seine Kindheit in Hameln ein:

„Was mich im Nachhinein erstaunt, ist eine Begebenheit in Hameln nach dem Bezug unseres Hauses in der Schillerstraße. Im Försterhaus am Ende der Straße war eine neue Flüchtlingsfamilie eingezogen. Die Armut von Eltern und Kindern ging mir so zu Herzen, dass ich kurzerhand die Abwesenheit unserer Familie nutzte, um von den Vorräten in unserem Kühlschrank und der Speisekammer einen unauffälligen Teil zu plündern und der fremden Familie zu bringen.

Verwunderlich ist die Form der Abwägung.
Eigentlich hatten wir selbst nicht viel, doch der kleine Überschuss, der für mich als Kind sichtbar war, reichte, um ihn mit den Fremden zu teilen.

Interessant dabei ist die unverdorbene Empathie, die auf jeden Fall stärker war als das Risiko, dafür bestraft zu werden. Bis auf einige Verwunderung über fehlende Nahrungsmittel ging die Sache gut aus. Für mich umso erstaunlicher, weil Mutter sehr darauf bedacht war, das Wenige, was wir nach der Notzeit hatten, zusammenzuhalten.

An dieser Stelle wird mir deutlich, wie viel empathische Verbindung uns angeboren ist und wie erst ein Training in trennenden Verhaltensmustern zu immer mehr Distanz und Fremdheit führt. Nun mag eine Rolle spielen, dass wir das Schicksal von Heimatvertriebenen am eigenen Leibe erfahren und dank der Fürsorge unserer Eltern relativ unbeschadet überstanden hatten. Doch das ging ja vielen so, so dass man eine Schwemme von Empathie mit den Notleidenden hätte erwarten können. Doch ist das nicht der Fall. Nur tief vergraben, sozusagen als Sehnsuchtspool, scheint der Wert der Empathie noch vorhanden.

In den wenigsten Fällen geht es um das, was man abgeben,
was man loslassen kann, auch um anderen zu helfen. Der ei-
gentliche Motor unseres Handelns wird statt zu teilen in An-
häufung definiert."

Als ein Glücksgefühl empfand er es, eine solche Perle in seiner
Biografie zu finden. Durch spätere Programme wurde sie überlagert, bis sie schließlich nach Jahren als grundlegender menschlicher Wert erkannt wurde.

Kapitel 46

BERLINER ALLTAG IN DEN 1960ERN

Es gehörte einfach zur damaligen Studentenzeit, es wurde gesoffen und es wurde geraucht.

Sei es, dass diese Generation in ihrer Jugend zu sehr gedarbt hatte, sei es, dass die Erlebnisse in Kriegs- und Nachkriegszeit danach suchten, ertränkt zu werden, sei es, dass die elterliche Erziehung wie ein Korsett auf ihr lastete und nach einem Ventil suchte, das ein bisschen Freizügigkeit suggerierte.

Man traf sich abends in der Kneipe zur gemeinsamen Diskussion. Es gab noch keine ausgesprochenen „Studentenkneipen". Beliebt als gemeinsamer Treffpunkt waren jene Kneipen, in denen sich das Berliner Alltagspublikum mit seinen oft originellen Typen traf. Das war die lebendige Alternative zur Welt der Bibliotheken, der Vorlesungen und der lehrplanmäßigen Fokussierung des Gehirns auf ein kleines spezielles Segment in der Vielfalt des Lebens. Eine multidimensionale Ergänzung zur Eindimensionalität des akademisch vermittelten Wissens und der dort erforschten Erfahrungen.

Das muss den Freunden Axel Dick, Gerd Winner, Reinhardt Wagner (Ricki), Leiv Warren-Donnan, Jürgen Kolb, Peter Sorge und einigen anderen intuitiv so bewusst gewesen sein, dass sie zusammen mit Sigurd, wenn ihnen die Diskussionen im abendlichen Treff der Kneipe zu sehr von den Selbstbespiegelungen der anderen Kommilitonen dominiert wurden, in den Wedding fuhren, um den Abend bei Rhode zu verbringen.

Rhode war die einzige Kneipe in Berlin, in der man eine Molle und einen Korn (also ein Glas Bier und einen Schnaps) für zusammen 50 Pfennige bekam. Wo es also möglich war, sich für 5 DM wunderbar zu besaufen. Entsprechend vielseitig und lebensnah war das Publikum.

Rhode war vor allem eine Zuhälterkneipe, wo Prostituierte und ihre Macker ebenso residierten wie die in der Weddinger Umgebung lebenden Werktätigen, kleinen Angestellten, vereinsamten Hausfrauen, Obdachlose und Glücksuchende an den Spielautomaten. Originelle Typen auf jeden Fall, die am Rande der gängigen Muster und Normen, wohl auch zum Teil der Legalität, in einer Parallelwelt lebten. Für unsere Studis war das, außer einem preiswerten Abend, jeweils ein Blick in die differenten Dimensionen unserer gesellschaftlichen Realität und eine Probe darauf, über welche Themen und wie sie mit den anderen ins Gespräch kommen konnten.

Da waren bei mancher Anmache nicht nur geistige Flexibilität, sondern gelegentlich auch spontan reagierende Körpersprache und Kraft gefordert.

Eine beliebte Herausforderung war das Armdrücken. Wer verlor, hatte die Runde zu bezahlen. Ein kleinerer Mann, der sich partout nicht besiegen ließ, zeigte Sigurd abschließend sein Geheimnis: Eine nach einem Armbruch herausstehende Elle. Sie bildete zusammen mit dem Ellenbogen eine Auflage von etwa 15 cm, die man als Gegner unmöglich überwinden konnte.

Rhode war wie eine Ergänzung zum abgeschnittenen Studienleben, wie eine instinktiv gesuchte Verbindung zu den verheimlichten, abgehängten Dimensionen unserer Gesellschaft. Instinktiv war es auch ein Affront gegen den Dünkel von Akademikern.

Und es war in dem von Sowjetbesatzung eingeschlossenen Berlin wie ein Ausflug in eine andere Welt.

So wie Rhode im Wedding ein Pool für originelle Typen war, war es auch (auf anderem Level) die Kunstakademie selbst. Sigurd fühlte sich wohl in diesem Schmelztiegel von Eigenheiten, Begabungen und Lebensäußerungen.

Aus seiner Beschäftigung mit französischen Literaten und Malern um die Jahrhundertwende, wie Verlaine, Baudelaire u. a., hatte er sich mit dem Geist der Bohème dieser Pariser Clique angefreundet. Ihm gefielen ihre originellen Lösungen für Konfliktsituationen, von denen er am meisten die von Alexandre Dumas schätzte.

Der hatte einem befreundeten Schriftsteller ein Buch aus seiner umfangreichen, mehrere Räume füllenden Bibliothek ausgeliehen. Als das Buch trotz mehrerer Mahnungen über Jahre nicht zurückkam, fiel ihm Folgendes ein:

Er ließ mehrere Postkutschen kommen, seine Bibliothek in die Kutschen verfrachten und schickte sie zusammen mit der Transportrechnung an den befreundeten Schriftsteller. Das Begleitschreiben kommentierte, dass er seine Bibliothek wieder komplett wünsche, alles andere könne er nicht ertragen. Nach den vergeblichen Mahnungen sehe er keinen anderen Weg der Zusammenführung als diesen, und er bitte ihn, die Bücher sorgsam und liebevoll zu behandeln.

Natürlich hatte der Freund gar nicht die Räume für den Umfang an Büchern, war durch Dumas' Streich unter den Pariser Literaten gedemütigt und schickte reumütig mit der Bitte um Verzeihung das geliehene Buch samt Bibliothek zurück an Dumas.

Vergleichbar zur Berliner Studiensituation war, dass man in der Regel von geringen Einkünften lebte. Man liebte die öffentlichen Diskussionen und ließ sich nicht zum Duckmäuser machen.

Insgeheim war diese Lebensart das Vorbild für Sigurds Zeit in Berlin.

Seine Wohnung in der Langenscheidtstraße lag im Hof einer jener bekannten Berliner Gründerzeithäuser auf der Rückseite eines Friseurladens. Er bewohnte sie zusammen mit Henning Korn, einem sehr sanften und verträglichen Kommilitonen, der zu Bedächtigkeit bis hin zur Depression neigte. Ihm tat Sigurds konzeptionslose Sicht auf die Dinge und seine sorglose Zugriffsweise gut, während er andererseits eine gewisse Strukturierung in Sigurds Leben brachte.

Auf irgendeiner ihrer nächtlichen Sauftouren bekamen sie ein frisch geborenes Ferkel geschenkt. In Opposition zu den gängigen Kuscheltieren fanden sie das genau passend für Ihre Bohème-Wohnung. Immerhin, das Ferkel war ja so klein, dass es sich zunächst problemlos in der Wohnung verstecken ließ. Und so nahmen sie es als eine Art Bereicherung in ihr Leben auf. Es ließ sich zeichnen, sie beobachteten, mit welcher Neugier es seine Umgebung beschnüffelte und erkundete. Ein Mitbewohner eben, an dem sie lernen konnten, das Leben vom Standpunkt der einfachsten Grundbedürfnisse aus zu sehen.

Unter dem Küchenfenster zum Hof war ein Unterschrank mit Schiebetüren eingebaut, das schien die passende Koje für Micki zu sein. Er war so klein und ein regelrechtes Flaschenkind, dass er gar nicht anders heißen konnte als „Micki". Meistens schlief er. Am liebsten auf einer alten Wolldecke so gebettet, dass ihm das Fläschchen nicht aus dem Mund rollen konnte.

Vor ihrem Vermieter, dem Friseur im Vorderhaus, mussten sie Mickis Gegenwart natürlich geheim halten. Sie probierten allerhand Nahrungsmittel an ihm aus, am liebsten war ihm Milch mit Haferbrei im Fläschchen. Saugfähiges Katzenstreu sollte dafür sorgen, dass seine Exkremente, die zunächst hauptsächlich flüssig und kleinköttelig waren, aufgesogen wurden.

Sie hatten viel Spaß mit Micki, nur sein Quieken bereitete ihnen Sorge, von draußen oder im Friseurladen gehört zu werden.

Bei abendlichen Feten war Micki die Attraktion, bis sie ihn vor der betrunkener werdenden Meute „ins Bett bringen" mussten.

Das Ganze ging 3 Wochen gut. Es war aber von Anfang an abzusehen, dass dies ein infantiler Nebenfluss ihres Studentenlebens war, der bald versiegen musste. Entsprechend waren mehrere Ereignisse dafür verantwortlich, dass das Zusammenleben mit dem neuen Mitbewohner gekappt wurde.

Zum einen wuchs Micki mit Windeseile von einem kleinen niedlichen Ferkel zu einem robusten Borstenhalbstarken heran. Auch die Katzenstreu konnte nur noch mühsam seinem Output gerecht werden. Zum anderen wuchs sein Futterbedarf derart immens, dass vor seinen Untersuchungen, was denn fressbar wäre, weder die Schuhe noch Bücher, noch Farbtuben und Pinsel, noch Stuhlbeine oder Wäsche verschont blieben. Gänzliches Unverständnis ernteten die Zeichnungen und Porträts von ihm. Daran merkten die beiden Kommilitonen, dass er ein Kunstbanause war, von dem sie sich bald trennen mussten.

Das endgültige Aus der Beziehung wurde eingeleitet durch Hennings neue Freundin. Sie fand es unmöglich, ein Haustier (wenn es denn kein Hund wäre) als Mitbewohner zu akzeptieren. Aus Rücksichtnahme, um die Intimsphäre der beiden nicht zu stören, hatte sich Sigurd zum Schlafen in die Küche verzogen.

Er kampierte dort mit Isomatte und Schlafsack in Gedanken an seine spanische Wanderschaft. Von Mickis Koje im Küchenschrank aus wurde er durch einen Ritz der Schiebetür verwundert beäugt. Was hatte denn der Zweibeiner dort in seinem Vorgarten auf einer Matte zu suchen? Schlechte Luft, schlechte Lüftung, mangelnde Wärme. Das Ergebnis nach ein paar Tagen war eine Rippenfellentzündung. Davon verstand Sigurd nichts. Er blieb also mit Fieber liegen, bis plötzlich seine Mutter vor der Tür stand und den von Schüttelfrost geschüttelten Sohn mit einer zusätzlichen Tirade vollschüttete.

Tante Alice, ihre Klassenkameradin aus den 1920er Jahren, bei der Sigurd sich in dieser Notzeit 10 DM geliehen hatte, hatte ihr gesteckt, dass „mit dem Jungen" etwas nicht stimmte. Mutter hatte einen guten Instinkt für Notlagen. Kurzerhand: Anreise mit Zug, den „Augiasstall" durchforstet und alles – den Schlamassel in der Küche, das Schwein, Sigurd –, alles nahm sie in ihr großes, weites Herz. Micki brachte sie nach Beratung mit Mitstudenten bei Gerd Winner und Ricki Wagner unter.

Am nächsten Tag fuhr sie mit dem „Sohn unterm Arm" im Zug nach Hameln. Im Kreiskrankenhaus wurde eine Rippenfellentzündung diagnostiziert, mit dem unschlagbaren Beweis einer im Röntgenbild nicht mehr erkennbaren Lunge. Das hatte die strikte Entsagung vom Rauchen zur Folge und eine Heilungskur von 3 Wochen.

6 Jahre hielt sie, die Enthaltsamkeit vom Rauchen.

Wie gut manchmal, wenn man ein fürsorgliches Elternhaus hat.

Sigurds Kommilitonen Gerd und Ricki hatten ihr Schweineerlebnis besser organisiert. Sie lebten allerdings auch in optimaler Umgebung dafür. Im Industriegebiet am Westend hatten sie ein geräumiges Atelier in einem Lagerhaus mieten können. Eigentlich nicht zum Wohnen gedacht, konnten sie dort tun und lassen, was sie wollten. Das Ferkel lernte, sich in der ganzen Wohnung zu bewegen, lernte, in der Reisetasche Fahrstuhl zu fahren, lernte, im Park am Westend wie ein Hund an der Leine geführt zu werden, lernte, frisches nahrhaftes Gras zu fressen und, als es größer war, an der Leine in der U-Bahn zur Kunstakademie zu fahren. Auch noch im Alter eines „robusten Borstenviehs", der Reisetasche längst entwachsen, war es für einen Sommer lang das Unikum der Akademie. Auf der Wiese hinter dem Gebäude angepflockt wartete es auf seinem Weideplätzchen, bis Gerd und Ricki es abends abholten und mit der U-Bahn wieder heimwärts fuhren.

Bis zum Wappentier der Akademie hat es das Ferkel nie geschafft, doch war es für manchen ein Bruch in der Denke seiner Konventionen, einmal ein anderes Tier als Hund, Katze oder Wellensittich als Mitbewohner zu erleben und zu sehen.

Wenn man den Spieltrieb, die entdeckende Neugier, die Aufmerksamkeit, die Kommunikationsformen von Schweinen einmal mit Empathie betrachtet hat, kann man sich kaum vorstellen, sie so massenweise verwurstet zu sehen.

Kapitel 47

EIN TAG IM ATELIER

Fast alles wurde selbst gemacht. Ausgediente Dosen wurden zu Töpfen umfunktioniert, ein geschnitzter, mit Draht verbundener Holzgriff schützte vor Verbrennung. Selbst „Spiegeleier" wurden in einer ausrangierten Ölsardinendose über dem Wasserdampf des Tauchsieders zu einer Art verlorene Eier essbar gemacht. Kunst produzierte Sigurd außer den Malereien in der Hochschule im Atelier hauptsächlich für Sabine.

Was gegenüber Sabine wie ein Tauschgeschäft klingen mag – nicht das **Tauschgeschäftige** –, stand dabei im Vordergrund, es war für die beiden die Liebe. Sein Leben lang hatte Sigurd Schwierigkeiten gehabt, sich von Geschäftlichem und Wirtschaftlichem animieren zu lassen, es war immer die Liebe zum Leben und zum Geben, die ihm Impulse gegeben hatte.

Doch wie ließ sich diese Einstellung mit der aufkommenden materiell orientierten Mentalität vereinbaren? Beispielsweise hatte sein Vermieter bei ihm ein Bild bestellt. Als es fertig war, erschien ihm der Preis von 80 DM zu teuer. Sigurd fragte ihn, wonach er die Preise bei seinen Geschäften berechne. Danach ging er mit dem Vermieter zum Kaufmann im Vorderhaus, stellte das Bild auf die Waage und kam bei dem von ihm kalkulierten Preis von 10 Pfennigen pro Gramm tatsächlich auf einen Preis von 82 DM. Damit war der Kaufinteressent dann zufrieden und der Kunststudent hatte seine Genugtuung darin, dessen Krämerseele entlarvt zu haben.

Das Atelier eröffnete zahlreiche produktive Möglichkeiten. Vor allem die Nachtstunden, wenn die Akademie geschlossen hatte, erwiesen sich als neuer Schatz. Es entstanden Zeichnungen, Gedichte, Theaterstücke, Essays, Plastiken im Kleinformat und Lieder. Da Sigurd nur vier Griffe auf der Gitarre geläufig waren, reichten sie nicht, um bekannte Lieder damit zu begleiten. Kurzerhand erfand er Lieder nach eben diesen vier Griffen (drei in Dur, einer in Moll). Eine Orientierung waren für ihn die Lieder der Gitanes aus seiner Erinnerung an St. Maries de la Mer.

Vor allem jedoch suchte sich der Ausdruck in Malerei. Das war das Medium, in dem Zeit und Gedanken sich auflösten. Oft waren Stunden auf der Leinwand vergangen, ohne dass Sigurd es bemerkt hätte. Es war wie Trance. Etwas, was sich in ihm und durch ihn verselbstständigte. Erst viel später wurde ihm bewusst, dass es das Medium war, in dem er, wie in einer ungewollten Meditation, abdriftete in Dimensionen, die wie von selbst durch ihn nach Außen drängten. Es war der Zugang zu einer anderen Welt, in der alle Phasen seines bewussten und unterbewussten Denkens und Fühlens gebündelt waren. Es war das unbewusste Gleiten in eine andere Welt. Der Ozean des Nichts oder des Alls, das unser aller Lebenselixier ist, oft leider nicht mehr in unserer Erinnerung.

Die Prozesse des Ertastens feinfühliger Äußerungen auf der Leinwand bis hin zu sich mehr und mehr überlagernden Farbschichten, der Formulierung realistischer Zeichen bis hin zu deren Auflösung in pausenlosen Prozessen der Konzentration und Zerstörung der bereits gemalten Zeichen waren ein Ergebnis der Hingabe an das, was sich von selbst ausdrücken wollte. Viele Bilder waren von realistischen Zeichen durch Überlagerungen immer neuer Farbschichten zu psychografischen Niederschriften seines unbewussten Zustandes mutiert. Ein unbekannter Kosmos, gefühlt, geahnt, drängte auf der Leinwand zum Vorschein, um in einem fließenden Prozess von den nächsten Farbschichten überflutet und neu geformt zu werden.

Das Ergebnis war jeweils die Geburt einer ungeahnten, sich in sich selbst auflösenden Überlagerung von Farbspuren, aus denen sich das anfangs erkennbare Motiv im Farbstrom aufgelöst hatte. Letztendlich waren die Farbmischungen wie ein Gewebe von Grautönen verschmolzen, aus denen einzelne ursprünglich gesetzte Farbnuancen wie getilgtes Glimmen hervorleuchteten. Ein fast monochromes Gewebe von Pinselstrichen, in denen alle anfänglich definierbaren realistischen Zeichen kapituliert hatten.

Sigurd war noch nicht so weit, dies als das endgültige Ergebnis seines Arbeitsprozesses anzuerkennen. Oberflächlich betrachtet war es ein Geschmiere von farbdurchsetzten grauen Strömen. Zu Ende gemalt tat er sie als misslungen zur Seite.

Noch fehlte ihm der Mut, zu akzeptieren, dass in diesem Prozess des Malens ein philosophisches Geheimnis vorhanden war. Lag der Anfang des Bildes doch jeweils bei Gedanken, meist orientiert an bestimmten gegenständlichen Vorstellungen. Die Intuition beim Malen bestand darin, diese Gedankenbilder Phase um Phase durch Überlagerungen zu tilgen. Die Vernichtung des Denkens durch Eintauchen in die Tiefe einer unbewussten Begegnung mit sich selbst. Die fühlende Gewissheit, die anfänglichen Gedanken in einem inspirierenden Abschichtungsprozess aufzulösen, war ihm noch ungeläufig. Zu sehr standen ihm die Vorstellungen von sichtbaren Wirklichkeitsbezügen im Wege. Erst später konnte er diesen Prozess des Auflösens und Loslassens als einen Zugang zu einer Dimension werten, die weit über das „begreifende Spiel" mit den Bildern einer sichtbaren Welt hinausgeht.

„Form ist Leere und Leere ist Form", war die Formulierung des Buddha für die Erkenntnis dieser Dimension.

Sigurds Zeit in Berlin war noch verbunden mit der schmeckenden Ahnung dieser Tiefe. Versuche mit Bildern der Leere und des Nichts wechselten sich noch mit der Erkundung des Potentials von Zeichen, Farben, Formen und persönlichen Ausdrucksmöglichkeiten ab.

Kapitel 48

STUTTGART – SIMPLIZISSIMUS NIMMT SICH EIN HERZ

Das Berliner Curriculum war nach der Grundklasse zu zerhackt für die ganzheitliche Gefühlswelt des Studenten. Durch die Arbeit in der freien Malerei war er es gewohnt, kontinuierlich an einer Problemstellung zu arbeiten.

Sich am Montagmorgen mit Kunstgeschichte, nachmittags mit Spiel und Bühne zu beschäftigen, dienstags dann mit Schrift und Layout, nachmittags in der Metallklasse zu verbringen – diesen zerstückelten Rhythmus die ganze Woche über zu praktizieren, lag ihm überhaupt nicht. Von der Kunstakademie in Stuttgart hatte er gehört, dass es dort ein zusammenhängenderes Curriculum gab, in dem man sich mehrere Wochen nur mit der einen Technik, z. B. Keramik, befasste. Danach folgte dann mehrere Wochen am Stück eine intensive Erlernung der Druckgrafik usw. Das erschien sinnvoll, wenn man nicht nur oberflächlich die Verfahren kennen lernen wollte, sondern auf den Spuren ihres Potentials auch in deren Tiefe vordringen wollte. Also machten sich Tadeus und Sigurd auf den Weg nach Stuttgart.

Mit der Selbstgewissheit, mit der Sigurd die Aufnahmeprüfung seinerzeit in München gelungen war, ging er auch diesmal den Wechsel von Akademie zu Akademie an. Mit seiner Mappe bewaffnet stellte er sich bei Professor Henninger vor. Seine Arbeiten waren dem Professor offensichtlich so ungewohnt und fremdartig, dass er sich dem Bann, darin eine entwicklungsfähige Basis zu erkennen, nicht entziehen konnte. Er nahm Sigurd ohne Bedenken in seine Klasse auf. Denn die Aufnahmeprüfung hatte er ja schon vor Jahren in München gemacht. Alle anderen „Neuen", die direkt von der Schule kamen, mussten sich einem Aufnahmeritual unterziehen.

Gekrönt wurde diese Aufnahme dann mit einer feierlichen Stunde in der Aula der Akademie. Dabei passierte etwas, was sich der Simplizissimus in Sigurd nicht hatte träumen lassen und das seine Akademiezeit in Stuttgart begleitete.

Der Rektor der Hochschule, ein Professor G., hielt die Rede. Nachdem er alle möglichen zu beachtenden Regeln kundgegeben hatte, verließ er im Fluss seiner Rede das Podium, mischte sich unter die Schar der Neuaufnahmen und kam den Mittelgang der Aula entlang. Für seinen Rückweg zum Podium hatte er sich einen besonderen Coup ausgedacht. Er schwärmte von der Vielfältigkeit der Nuancen, die in jeder Farbe steckten und für die man sich als angehender Künstler sensibilisieren müsse. Zur Demonstration erwähnte er die Farbe Rosa, als eine der vielen Nuancen von Rottönen. Dabei steuerte er auf ein Mädchen in der Zuhörerschaft zu, bei der er einen rosafarbenen Träger ihres BHs entdeckt hatte und zog, von hinten kommend, den Träger aus der Bluse der völlig verdatterten Kommilitonin. Sie wurde rot, wusste nicht damit umzugehen, schließlich war sie gerade vom Abitur gekommen. Was sollte man gegen die Autorität eines Hochschulrektors schon ausrichten, in dessen Institution man/frau schließlich die nächsten Jahre studieren wollte. Die Empörung negierend, die Belustigung als Erfolg wertend, wollte sich Rektor G. damit auf sein Podium zurückziehen.

Der Simplizissimus in Sigurd erkannte sich selbst nicht mehr, schließlich war er eigentlich ein stiller Eigenbrötler – doch dieser Affront war für sein Empfinden zu viel. Er nahm also allen Mut zusammen, verließ seinen Platz in der Reihe des Aufnahmezeremoniells, steuerte mit lautem Protest dem Ausgang zu und schleuderte dem Herrn Professor, als er an ihm vorbeikam, seinen Unmut entgegen:

Wie er seine Autorität so missbrauchen könne. Dass dies ein unmöglicher Übergriff sei, den sie sich als Studierende nicht bieten lassen müssten ... und verließ demonstrativ den Saal.

Diese Aufmüpfigkeit hatte zum Nachspiel, dass der Rektor Zeit seines Studiums behauptete, Sigurd hätte sich eingeschlichen, weil er sich in die Klasse von Henninger ohne obligatorische Prüfung hätte aufnehmen lassen.

Entsprechend sahen die Zensuren der Prüfungskommissionen, in denen Professor G. Mitglied zu sein hatte, stets so aus: 1,1,1,6. Das ergab insgesamt immer noch eine 2, mit der sich schließlich leben ließ.

War es das Selbstbewusstsein der Berliner Zeit und seiner Reisen mit Tadeus, die Sigurd diesen Mut geschenkt hatte?

Jedenfalls war die Zeit gekommen, gegenüber einem autoritären System eine Sensibilität für Nuancen des Machtmissbrauchs (nicht für Rosatöne) zu entwickeln und gegen solche Zumutungen vorzugehen.

Wie schon gesagt: Die 1968er sind nicht vom Himmel gefallen.

Kapitel 49

LEHRJAHRE I

Der Wechsel nach Stuttgart löste zum großen Teil ein, was sich die beiden Studis versprochen hatten.

Professor Henninger versuchte, wenn er nicht gerade auf Ibiza oder Ischia war, Sigurd im Sinne Cezannes den Zugang zur Bildwirklichkeit über die meditative Erfassung der Farbnuancen an den beobachteten Objekten zu vermitteln. Nur über die Einfühlung in die Vibrationen der Farbe könne man sich der Erscheinung jedweden Objekts nähern. Nicht die Bedeutung, die wir (aus welchen Gründen auch immer, z. B. der Tradition, der persönlichen Vorliebe usw.) den Gegenständen zuordnen, sei der Anlass zur künstlerischen Beschäftigung. Unser Sensorium sei das Werkzeug für die ästhetische Erfassung der Erscheinung.

Für die immer noch gegenstandsbezogene Phase seines jungen Lebens war das für Sigurd ein schwer verständlicher Ansatz.

Insgesamt ließ Professor Henninger den Studenten freie Hand für deren Bildprojekte.

Ein anderer, jüngerer Lehrer, Professor Schellenberger, verkörperte für Sigurd eine Lehrauffassung, die er Zeit seines Lebens für die einzig richtige hielt:

Lernen, Erforschen und Vermitteln mit Kopf, Herz und Hand.

Eine seiner nachhaltigsten Erinnerungen verbindet sich mit der Bearbeitung von Tonerde. In einem Interview stellte er in späteren Jahren seine Erfahrung so dar:

„Experimentell erforschten wir sie auf Anregung von Herrn Schellenberger nach allen Möglichkeiten hin. Nicht nur das Kneten und Herstellen von Gebrauchsgegenständen und Plastiken, auch seine Verwendung zur Herstellung von Gussformen mit Gipsmantel für die Füllung mit Zement-, Gips- oder Bronzeguss erweiterten die künstlerischen Möglichkeiten. Wahren Eifer weckte bei mir der Hinweis auf die Schmelztemperaturen von Glas zur Fertigung von Glasuren. Man konnte farbige Flaschen zerschlagen und zermalmen, um daraus mithilfe verschiedener Flussmittel und Engoben ganz unterschiedliche Effekte in der Oberflächenbeschaffenheit und in der Ornamentierung zu erreichen. Da ich am Killesberg ein Zimmer im Souterrain eines Einfamilienhauses gemietet hatte und die Waschküche daneben mitbenutzen konnte, entstanden mithilfe von Tonformen so viele Gips- und Zementplastiken, bis schließlich das Rückstaubecken im Waschküchenboden verstopft war und mir die Rechnung des zu Hilfe gerufenen Klempners Einhalt gebot.

Regelrecht abenteuerlich war zum Abschluss des Semesters der vorgesehene Brand der hergestellten Tonplastiken und Formen. Dazu wurde unter Leitung von Schellenberger auf dem Akademiegelände ein etwa 2 m hoher und 5 m langer Brennofen errichtet. Wir bauten ihn aus ausrangierten Ziegelsteinen einer Baustelle und mit Schamott-Ton zum Verschmieren der Fugen und Hohlräume. Der Gesamtplan war der eines Dreikammersystems. Die erste Kammer war der Heizraum, die zweite die Brennkammer zur Aufnahme des Brenngutes, über der dritten erhob sich ein etwa 4 m hoher Schornstein als Abzug. Da der Bau 2 Wochen dauerte, hatte sich ein Trupp der Klasse zur fast ständigen Anwesenheit zusammengeschlossen. Dauerfete war angesagt. Arbeit und Feiern, Diskussion, Austausch, Nähe und Zusammenhalt schweißten die Gruppe zusammen. Während unser Bauwerk trocknete, hatten wir mit Hilfe von Schellenberger einen Abrissdachstuhl besorgt. Er sollte die notwendige Temperatur von bis zu 1.200 Grad Hitze liefern.

Um die Temperatur in der Brennkammer auf eine solche Höhe bringen zu können, war zwischen Kammer und Abzug eine Art Staumauer gebaut, unter der die Abluft nur durch einen kleinen Schlitz entweichen konnte. Für einen dennoch flotten Durchzug war mit der Höhe des Schornsteins gesorgt. Vorsichtig wurden die während des Semesters entstandenen getrockneten Arbeiten aus Ton in der Brenngutkammer gestapelt. Schließlich wurde sie mit restlichen Mauersteinen und Schamott verschlossen. Ein kleines Guckloch mit durchsichtigem Glimmer gab den Blick frei auf drei kleine Kegel, an denen man den erreichten Temperaturgrad ablesen konnte. Der erste schmolz bei 800 Grad, die beiden anderen abgestuft später, bis etwa 1.200 Grad erreicht waren.

Mit der anschließenden Befeuerung erreichte das Event seinen Höhepunkt. Eine Brandwache (aus sich abwechselnden KommilitonInnen) hatte drei Tage und Nächte durchgehend dafür zu sorgen, dass immer genügend Holz in die Heizkammer nachgeschoben wurde, um die Hitze langsam und stetig auf die angepeilte Temperatur bringen zu können.

Als das Wetter umschlug, halfen auch Bier und Durchhalteparolen nicht mehr. Gegen den plötzlich in Strömen niedergehenden Regen musste für die Feuerwache ein Dach her. Kurzerhand holten wir uns aus dem Atelier im Akademiegebäude einige von jenen stabilen Werktischen. Unter ihnen war es so gemütlich wie in einem Zelt bei Regenwetter. Man musste eng zusammenrücken und den Nachschub an Bier und Verpflegung improvisieren. Ab und zu mussten zwei Feuerwächter raus und neue Balken in die Heizkammer werfen. Am besten ging das ohne Kleidung, in die man nach der Feuerung dann trocken gerubbelt wieder hineinschlüpfen konnte. So sprangen alle Stunde ein paar splitternackte Studis vor dem Schein des lichterloh brennenden Feuers zwischen Brennofen und Holzberg herum. Die Temperatur war inzwischen so heiß, dass man sich kaum noch der Heizkammer nähern konnte.

Nur mit Schnelligkeit und Geschicklichkeit konnte das Feuer gefüttert werden. Das brachte uns auf die Idee, die Gluthitze gleich zur Essenzubereitung nutzen zu können. Die schließlich vor dem Feuerschein auf Stöcken aufgespießten Fleisch- und Hähnchenteile vermittelten mit der im Hintergrund kauernden Gruppe und den herumhüpfenden Nackedeis das Bild eines Urmenschenclans bei einem rituellen Fest.

Nach zweieinhalb Tagen und Nächten war schließlich die Temperatur erreicht, der letzte der über 1000 Grad anzeigenden Kegel war geschmolzen. Die Feuerung konnte eingestellt werden. Man kann sich vorstellen, dass das Urmenschenritual auch innerlich seine Spuren hinterlassen hatte und sich tief als eine besondere Form des erlebnisorientierten Lernens eingebrannt hat.

Eine Woche etwa musste die Öffnung des Brennofens warten, bis sich alles auf eine erträgliche Temperatur zurückgebildet hatte. Für die Ungeduld des gesamten Seminars eine nur schwer erträgliche Zeit. Umso größer war die Spannung, als wir mithilfe von Schellenberger schließlich daran gingen, die Brennkammer behutsam zu öffnen und die seitliche Wand bis zur Größe eines Zugangs zu öffnen.

Wir wurden belehrt, dass nur mit dieser Methode erreicht werden konnte, dass die gebrannten Teile eine ganz unterschiedliche Färbung angenommen hatten."

Kapitel 50

LEHRJAHRE II – EIN SELBSTBESTIMMTES STUDIUM

Das Studium bei Schellenberger hatte Sigurd die Erkenntnis vermittelt, dass seine Begabung in dem Zusammenspiel einer handwerklich produktiven Seite mit wissenschaftlicher Erkundung lag. Mit den rein wissenschaftlichen Fakten sah das schon schwieriger aus. Ob eine süddeutsche Kirchenmadonna nun anno 1310 oder 1330 geschnitzt worden war, war ihm ziemlich schnuppe. Entsprechend sinnlos fand er die Wissensaneignung solcher Daten für sein Leben.

Die Struktur des Studiums konnte man sich in jenen Zeiten, relativ frei, selbst aussuchen. Das hatte zur Folge, dass sich jeder Studierende hauptsächlich auf seine Vorlieben konzentrierte und wenig Zeit dem unvermeidlichen Soll widmete.

Bei Sigurd war der blinde Fleck die kunstgeschichtliche Zahlenpaukerei. Er hatte seine Studienzeit vornehmlich mit Malerei, mit Druckgrafik, mit Modellierarbeiten in Ton und mit der Herstellung von Gips- und Zementplastiken zugebracht.

„Heute Abend bei Gerd?
„Klaro – 20:00 Uhr?"
„Ich sage Luitgard Bescheid."
„Edwin weiß es schon, den hab ich vorhin in der Mensa getroffen."
„Ok, dann gehe ich noch bei Klaus und Gerd vorbei."
„Ich bringe Bier mit."
„Prima."

Mit Kommilitonen zusammen hatten sie ein Ratespiel entwickelt. Man traf sich abends um eine Sammlung Kunstpostkarten herum und versuchte, sich die Entstehungsdaten der jeweiligen Kunstwerke, ähnlich wie beim Memory, im Spiel einzuprägen.

Den Anspruch der Prüfer auf 5.000 Jahre Kunstgeschichte im Detail empfand Sigurd als schikanöse Haftbedingung. Er wollte sich nicht mit prähistorischer Krümelforscherei ablenken lassen. Deshalb suchte er sich solche Artefakte heraus, die bei ihm Resonanz hervorriefen. Das waren zum Beispiel die koptischen Mumienporträts von Phayum.

Schon das Material der aus Bienenwachs gewonnenen Enkaustikmalerei, aufgetragen auf Holzbrettchen im Kopfbereich der Mumie, war ihm sympathisch. Die Verbindung vom natürlichen Produkt des Bienenfleißes mit der Erfindungskraft des malenden Künstlers und dessen Glauben an die spirituelle Kraft seiner Tätigkeit nötigte Sigurd Bewunderung ab. Dazu kam der Ausdruck einer bodenständigen Naivität, wie er sie auch an den Bildern von Paula Modersohn Becker oder denen von Paul Gauguin liebte. Da hatte jemand aus der Tiefe seiner Anteilnahme gesprochen.

Ähnliches fand er in den Steinfiguren der Romanik. Sie lagen ihm mehr als das raffiniert Artifizielle, wie es ihm bei den Kunstpostkarten in den aus Marmor herausgearbeiteten Händen an der Pieta von Michelangelo im Petersdom entgegentrat.

Ein Berg von sechs Semestern (drei Jahren) Kunstgeschichte war sich in zwei Monaten einzuverleiben. Da gab es nur die Taktik, planerisch ans Werk zu gehen.

Jeden Morgen um 5:30 Uhr klingelte der Wecker. Die Wände um sein Bett hatte der Studi mit Zetteln der wichtigsten Daten tapeziert. Das Erste war die Kontrolle, ob das, was er sich am Abend zuvor eingetrichtert hatte, noch im Gedächtnissieb hing. Dann Aufstehen, Waschen, eine Kanne Tee. Es folgte darauf eines jener Kapitel: Romanik, Gotik, Renaissance, Barock usw. bis zur Gegenwart, die der Systematisierungsdrang der Historiker als Hilfsmittel eingeteilt hatte.

Herumgesprochen hatte sich eine Bewertungsnorm der Prüfenden:

Für Beherrschung der Daten vor Christus drei Punkte, für deren Beherrschung nach Christus sechs Punkte. Da fiel der Entschluss leicht, die Zeit vor Christus durch die Maschen rutschen zu lassen. Wie war das nun mit den Mumienbildern von Phayum?

Nun gut, man muss nicht alles so genau nehmen. Schließlich hatten die Kopten das mit ihren Mumienbildern in Phayum auch nicht getan. Sie waren einfach im Gleitflug über die Jahrtausendwende des Jahres Null aus dem ägyptisch geprägten Altertum in die christliche Zeit hineingesegelt.

Nach zwei Stunden: Frühstück. Nach weiteren vier Stunden: Pause – konsequent eine Stunde an die frische Luft. Mittag, Tee – weiter ging's.

Vier Kannen Tee am Tag sorgten dafür, dass Müdigkeit und das Schlafbedürfnis zu Zwergen schrumpften und das Gehirn sich zu einem Zahlenballon aufblähte.

Interessantes Phänomen: Immer, wenn er später im Leben viel Tee getrunken hatte, konnte er mit Leichtigkeit die gespeicherten Daten und Zusammenhänge abrufen. Nicht unbedingt nachahmenswert. Daraus erklärt sich vielleicht die Erfindung von PC und Internet. Die brauchen weniger Tee.

Entsprechend dem amputierenden Umgang mit der Norm fiel die Prüfung aus. Nur die praktischen Fächer retteten, wie kalkuliert, eine gute Zensur für Sigurd.

Die Wichtigkeit der kunstwissenschaftlichen Fakten hatte den streng eingehaltenen Lernplan von zwei Monaten in Anspruch genommen. So blieb für die Pädagogikprüfung am nächsten Tag nur die Zeit von einem Nachmittag übrig. Diese Prüfung war nicht so gravierend, konnte sie doch bei Nichtbestehen wiederholt werden. Doch ein Versuch war es wert.

Im „Reble", dem zugrundeliegenden Standardwerk, hatte sich Sigurd das dünnste Kapitel ausgesucht: „Luther als Pädagoge". Die Fakten waren mit geübter Unterstützung von schwarzem Tee schnell gespeichert.

Im Gegensatz zur Akademie fand die Prüfung im Prüfungsraum der Universität statt. Sigurd suchte sich in dem geräumigen Saal einen Platz aus, von dem er nicht in die Gesichter der beiden Prüfer, sondern aus dem Fenster blicken konnte. Das gab ihm eine gewisse Sicherheit.

Zudem hatte er sich eine Art Kreis aus seinem spärlichen Faktenwissen zum „pädagogischen Luther" aufgebaut, den er abspulen konnte, wo auch immer die Prüfer mit einer Frage einstachen. Das funktionierte hervorragend.

Den Rest mangelnden Wissens darüber hinaus, dass Luther die Sonntagsschule eingeführt und somit der gesamten Bevölkerung einen Zugang zur Bildung verschafft hatte (auch wenn es dabei hauptsächlich um den Katechismus ging), überbrückte der in die weite Stuttgarts blickende Student mit der unverfrorenen Hochstapelei eines Alleswissers, indem er den Zusammenhang des gesamten 16. Jahrhunderts aus den Kenntnissen der Kunstgeschichte um die Figur Luthers ausbreitete. Somit brachte er dessen Bedeutung im Verbund zu Dürer, Cranach, dem Bauernaufstand und dem Bröckeln der päpstlichen Macht sowie der Parteinahme der Fürsten, die in Luther einen Hebel gegen die ablassbedingte Geldflucht nach Italien sahen, ins Spiel.

Auch wenn in diesem Sammelsurium nicht so recht klar war, was das mit seiner Bedeutung als Pädagoge zu tun hatte, war die 30-minütige Prüfungszeit um, ohne dass die Prüfer recht in Ihre Rolle als Fragende hineingefunden hatten. Mit dem Ergebnis einer befriedigenden Note war der Coup gelungen.

Danke, liebe Prüfer, dachte er bei sich, *es hat nichts und keinem geschadet. Kein Lehramtsanwärter wäre durch eine 1 in dieser Prüfung ein besserer Pädagoge geworden.*

Nicht ganz so leicht zu erobern war das Terrain des sachlich-logischen wissenschaftlichen Arbeitens an der Universität Tübingen. Dort hatte sich Sigurd zum weiteren Studium in der Fakultät der Germanistik eingeschrieben.

Die Zugfahrt von Stuttgart aus dauerte eine halbe Stunde, somit konnte er Wohnung und Kontakt zur Kunstakademie beim Alten belassen.

Eine Stadt, vollgepfropft mit Studierenden, deren Zahl die der Einwohner Tübingens fast überstieg, lag ihm ohnehin nicht sonderlich. Statt einer normalen Bäckerei fand er dort eine „Universitätsbäckerei" vor, einen „Universitätsschlachter", einen „Universitätsschuster", eine „Hölderlin-Schänke" und Studierende mit Kappen und Uniformen von schlagenden bzw. nicht-schlagenden Verbindungen. Wurde dieses patriotische Überangebot etwas abgemildert durch Ernst Blochs kritische Vorlesungen zum „Prinzip Hoffnung", so fand es beim Besuch der Mensa seine absolute Steigerung. Auch dort ein Gewimmel uniformierter Verbindungsbegeisterter. Doch selbst ohne diese hätte der Platz in der Mensa nie gereicht. Wie auf der Bühne eines surrealen Theaterstücks von Bunuel standen Schlangen von Studierenden mit dampfbeladenen Tellern neben den Tischen und meldeten ihre Anwärterschaft auf den nächsten freiwerdenden Platz an. Man musste schon einen Hang zum exklusiven Studienabschluss an der Universität Tübingen haben, um sein Mittagessen unter diesem Drangsaal von wartenden Kommilitonen zu sich nehmen zu wollen.

Sigurd wollte, ja, er konnte es nicht.

So nutzte er nur die unerschöpflich ausgestattete Bibliothek für seine Forschungen und einige Seminare, komprimiert auf zwei Tage Unibesuch.

Wie freute er sich jeweils auf sein Domizil in Stuttgart und auf ein köstliches Essen. Aus Mangel an Geld hatte er dafür eine besondere Methode gefunden. Vom Killesberg aus stieg man in Richtung Stadtmitte hinab in eine Talsenke. Gegenüber dem Bosch-Werk erhob sich auf der gegenüberliegenden Seite ein Berg mit

Weinfeldern. An deren Rändern stand straßenseits eine Anzahl von wildwachsenden Obstbäumen. Da gab es Pflaumen bzw. Zwetschgen, Äpfel, Birnen, sogar Aprikosen und Brombeeren. Für einen ehemaligen Hamelner Waldläufer war das eine Einladung zur Selbstversorgung. Taschen- und körbevoll brachte Sigurd den gesammelten Schatz nach Hause. Da sein Zimmer über keine Küchenbenutzung verfügte, hatte er den Krug seiner Waschgarnitur zur Zubereitung des Obstes zweckentfremdet. Die gewaschenen und zerkleinerten Früchte wurden im Krug sorgfältig gestapelt. Zum Schluss schob er einen großen Tauchsieder in das mit etwas Wasser vermischte Gemenge und ließ diesen „Pot sans feu" eine Weile vor sich hinköcheln. Der Krug war groß genug, dass er von dieser Mixtur etwa 3 Tage essen konnte. Der Tauchsieder war zwar regelmäßig von etwas schwarz gebranntem Obstsaft umgeben, doch ließ sich der verkohlte Belag leicht lösen und für die nächste Ladung reinigen. Insgeheim bedankte er sich dafür, dass er in der Zeit in Adorf gelernt hatte, wie die Natur ihre Kinder versorgt. Das die Mahlzeit ergänzende Brot hatte er genau berechnet. Auf eine Scheibe Brot mit Käse oder gar Wurst mussten wenigstens 3 Scheiben mit Rübensirup gerechnet werden, damit der Querschnitt sich bei einer Grenze von etwa 10 Pfennigen hielt. So kam er mit wenig Mitteln über die Runden.

Der lohnenswerteste Satz, den er bei der Beschäftigung mit den Romantikern in der Tübinger Unibibliothek fand, war der vom „submarinen Zusammenhang". Ein Kernsatz pantheistischer Weltanschauung: So wie verschieden geformte Inseln, entweder schroff und felsig oder grün, mit lieblicher Vegetation bedeckt unter dem Meere zusammenhängen und einem einzigen Planeten zugehörig sind, so sind nach Auffassung des Romantikers alle Erscheinungen nur Varianten einer zusammenhängenden Substanz. Später fand Sigurd diese Erkenntnis durch den Buddhismus bestätigt.

Sigurds Hausarbeit zu Andreas Gryphius ging, nach Einschätzung der Tübinger Seminarleiterin völlig daneben. Die Polarität des barocken Lebensgefühls seiner Werke, nämlich „Himmelhoch jauchzend/zu Tode betrübt" oder aufs Diesseits bezogene Lebensfreude und aufs Jenseits bezogenes Vergänglichkeitsbewusstsein, hatte Sigurd mit Forscherfreude unter anderem dadurch begründet, dass der gute Mann als Universalgelehrter an der Universität Leyden zu einem Kreis von Künstlern gestoßen sei, der sich genau diese Polarität zum Thema gemacht hatte.

Von den Malern Claez und Kalf wollte die Dozentin nichts wissen, „*Thema verfehlt*", war ihr hartes Urteil. Dabei war Sigurd so stolz, dass er auch zur Arbeit an Gryphius die auf der Hand liegenden Nachweise aus der barocken Malerei beisteuern konnte. Gryphius, eigentlich Poet und Liederdichter, doch auch Mathematiker und Physiker hatte in Leyden den Lehrstuhl für Astronomie inne. Die Malerfreunde hatten in ihren Stillleben sowohl Schmuck und Kostbarkeiten ausgebreitet als auch konterkarierend mit Vergänglichkeitssymbolen (sogenannter Vanitas-Emblematik), wie Totenkopf, umgeworfene gelöschte Kerze und halb geschälte Zitrone, beide Seiten vor Augen geführt. Ein für Sigurd handgreifliches Zeichen für den Kontrast barocken Lebensgefühls.

Eine interdisziplinäre Betrachtung war wohl noch zu fremd. Die Dozentin wollte eher Bezüge zu Hermann Opitz, dem schlesischen Poetiklehrer, herausgestellt sehen.

Immerhin gab dieser Dämpfer dem angehenden Germanisten den Anstoß, sich präziser mit der geforderten Thematik zu befassen und wissenschaftliches Denken eher als eine Form logischer Akribie zu begreifen als eine Tummelwiese kreativ zu entdeckender Beziehungen.

Um beides miteinander besser verbinden zu können, fasste Sigurd den Plan, an die Universität Kiel zu wechseln. Eine kleinere Uni erschien ihm passender als die Massenherstellung von Doktoren.

Kapitel 51

IN DEUTSCHLANDS NORDEN

„Ik gihorta dat seggen, dat sih urhettun ænon muotin, Hilti-
brant enti Hadubrant untar heriun tuem. sunufatarungo iro
saro rihtun. garutun se iro gudhamun, gurtun sih iro suert
ana, helidos, ubar hringa, do sie to dero hiltiu ritun.“[11]

„Ich hörte (glaubwürdig) berichten, dass zwei Krieger, Hilde-
brand und Hadubrand, (allein) zwischen ihren beiden Heeren,
aufeinanderstießen.
Zwei Leute von gleichem Blut, Vater und Sohn, rückten da
ihre Rüstung zurecht, sie strafften ihre Panzerhemden und
gürteten ihre Schwerter über die Eisenringe, die Männer, als
sie zu diesem Kampf ritten.“[12]

Mit einem Sprung war Sigurd in die Anfänge der Deutschen
Sprache gelangt, mit einem zweiten in die Anfänge seines Jahrhunderts.

Die Unterkunft, die er für seine Zeit in Kiel fand, lag im Souterrain einer Backsteinvilla aus der Jugendstilzeit.

Entsprechend war der Vermieter eine Mischung der verschiedenen Epochen von der Jahrhundertwende an. Ein honoriger
ehemaliger Arzt, der auch in der Wohnung seinen Mangel an
Haupthaar unter einem Hut verbarg. Ein paar gütig-listig-lusti-

---

11 Hildebrandslied, 9. Jhd.
12 Text und Übersetzung bei: Horst Dieter Schlosser: „Althochdeutsche
Literatur.“ Berlin: Erich Schmidt Verlag, 2004.

ge Augen sahen Sigurd beim Vermietungsgespräch an. Zum Hut passte, dass er den ganzen Tag im schwarzen Anzug zubrachte. In diesem etwas abgewetzten Outfit erinnerte er Sigurd an die Fotos, die er vom alten Cézanne kannte. Die Wohnung des Vermieters in der 1. Etage hatte durch die Mischung der Stile von ererbten Möbeln, repräsentativer Einrichtung, Papageienkäfig bis zum modernen Fernseher etwas von einem Panoptikum an sich. Unterstützt wurde dieser Eindruck dadurch, dass mitten im Wohnzimmer eine gebrauchsfertige Badewanne im napoleonischen Marmorstil mit messingfarbenen Monturen aufgestellt war. So erlebte Sigurd das Ensemble als eine Mixtur aus Repräsentation und Boheme. Es war ihm äußerst angenehm, in dem Hauseigentümer einen Menschen um sich zu haben, der wenig angepasst eine eigensinnige Vorstellung von seinen alternden Jahren lebte. Der tägliche Besuch einer Haushälterin hielt das Ensemble am Laufen.

Zu Sigurds Absicht, sein Germanistikstudium hier in Kiel fortzusetzen, passte gut, dass der vermietende Doktor offensichtlich ein Bücherfan war. Nicht nur mit einer Ausgabe des Hildebrandliedes, wie sie für die Seminare von Prof. Ohly an der Universität verlangt wurde, konnte der alte Herr aufwarten, auch auf dem Wege anderer Literaturvorlieben kamen sich Mieter und Vermieter entgegen.

Da die Schränke und Regale an den Wänden seiner Wohnung schon mit Büchern überfüllt waren, hatte der Vermieter eine besondere Weise erfunden, sich mit seinen Lieblingen (den Büchern) zu umgeben. Wie Stalagmiten stapelten sich in allen seinen Räumen Türme aus aufeinandergelegten Werken der Druckkunst. Die Wege dazwischen glichen einem Labyrinth schmaler Gänge, die zum Leidwesen der Haushälterin den größten Teil des kostbaren Eichenparketts verdeckten und sich schwer sauber halten ließen. Sigurd konnte bewundern, wie die Eremitage des alten Doktors zwischen seinen Buchstapeln trotzdem funktionierte. Offensichtlich benötigte er keine anderen gesellschaftlichen Kontakte als das gesammelte Wissen seiner Bücher. Und wie Freunde kannte und pflegte er sie wie liebevolle Familienmitglieder.

Als Sigurd ihm eines Tages erzählte, das Lieblingsbuch seiner Jugendjahre wäre die Lektüre von Tarzan gewesen, doch sei ihm das Buch beim Umzug leider abhandengekommen, fragte er wie nebenbei: *„Welche Ausgabe wollen Sie haben, die englische in Originalsprache von Burroughs oder die deutsche Übersetzung?"* Sigurd entschied sich für die deutsche. Und nun lernte Sigurd die ungeheuerliche Gedächtnisleistung und intime Beziehung zu seinen Büchern kennen:

„Gehen Sie doch bitte mal in das Nachbarzimmer. Den zweiten Gang zwischen den Bücherstapeln entlang. Der vierte Bücherturm auf der rechten Seite. Das achte Buch von oben, das müsste die deutsche Ausgabe sein, das neunte darunter ist die englische.

Aber da hatte ich ohnehin ein paar Randbemerkungen auf Seite 27 gemacht, die deutsche Ausgabe ist noch unredigiert."

Zu Sigurds Bewunderung stimmten die Angaben haargenau. Insgeheim wünschte er sich ein solch phantastisches Gedächtnis für die vor ihm liegenden Aufgaben seines Studiums.

Die Lage der neuen Adresse, am Forstweg, war äußerst praktisch. Zum einen gab es keine Belästigung durch innerstädtischen Trubel, dafür gab es viele Bäume und viel Grün zwischen den villenartigen Häusern. Zum anderen war der Weg zur Uni gut mit dem Rad zu bewältigen. Das Beste war jedoch, dass der Forstweg direkt hinunter zur Förde führte. Das kam Sigurd dabei zugute, als er mit seinem Stuttgarter Hochschulabschluss in Kunst einen Lehrauftrag an einem Kieler Gymnasium annahm. Die Schule lag direkt auf der anderen Seite der Förde und war vom Anleger am Forstweg mit der stündlichen Fähre einfach zu erreichen.

Insgesamt bedeutete das einen neuen Lebensabschnitt in Sigurds Leben. Er freute sich, durch eigenes Einkommen seine Eltern entlasten und zum ersten Mal eine unbekannte Unabhängigkeit leben zu können.

Vera, eine Stuttgarter Kommilitonin hatte sich zu Sigurd gesellt. Zusammen nutzten sie die Zeit neben Studium und Lehrauftrag zur Herausgabe einer kleinen Zeitschrift. Ihre Idee war, Gedichte, Texte und Holzschnitte verschiedener Autoren, mit denen sie sich während ihrer Studienjahre angefreundet hatten, zusammenzubringen und viermal im Jahr als Edition mit Originalholzschnittdrucken einem größeren Publikum anzubieten. In der Souterrainwohnung stand ein kleiner Raum zur Verfügung, der gut für eine Druckpresse geeignet war. So konnten sie bald die Wäschewringmaschine, auf der sie die ersten Drucke hergestellt hatten, gegen eine Hochdruckpresse mit Holzwalzen austauschen. „PAN" war der Titel der Zeitschrift, benannt nach dem griechischen Gott, der als Hirte zusammen mit seiner Flötenkunst die Symbiose von freiheitlicher Naturliebe und kulturellem Anspruch verkörperte.

Die enge, intime Freundschaft mit Vera währte etwa 1 Jahr. Sigurd, vielleicht auch Vera, waren für eine dauerhafte Liebesverbindung noch nicht reif genug. Bei Sigurd machte sich bemerkbar, dass er ohne Schwester und in einer reinen Jungenschule sozialisiert war. Ein Verständnis für das andere Geschlecht musste sich erst entwickeln. Es war mit zu vielen unrealistischen Vorstellungen, mit unerfahrenen Erwartungen und mit zu viel Ich-Bezogenheit verbunden.

Es kam ihm vor, das Leben zu zweit sei ein Hefeteig, der sich nur langsam mit viel Behutsamkeit entwickeln lässt.

Kapitel 52

SIGURDS VATER – MIT VERANTWORTUNG (?) STERBEN

In Kiel erreichte Sigurd das Telegramm seiner Mutter aus Hameln:

Papa seit drei Tagen verschwunden, Polizei auf Suche.

Mit dem erstbesten Zug war Sigurd unterwegs nach Hameln. Mutter erzählte völlig aufgelöst von Vaters Depressionen, seinem Raucherbein, das es ihm schwermachte, seine Tasche zur Schule zu schleppen und den Unterricht sechs Stunden lang durchzustehen, von seinen Herzbeschwerden und seinen schwermütigen Gedanken.

Seit drei Tagen sei er mit dem Auto und ohne Nachricht verschwunden, so etwas habe es noch nie gegeben. Die Polizei wollte sie vertrösten und sein Verschwinden mit einem Seitensprung begründen. Doch das war bei seiner Treue, Fürsorge und Gewissenhaftigkeit undenkbar.

Sigurd konnte durch sein Erscheinen beim Polizeirevier eine ernsthafte Suche in Bewegung setzen. Das Ergebnis war, dass Vaters Fahrzeug, ein grauer VW-Käfer, schließlich am Süntel bei Welliehausen gefunden wurde.

Der Süntel war für die Familie, als die Kinder noch kleiner gewesen waren, immer das beliebte winterliche Ausflugsziel gewesen. Mutter und Vater hatten dort ihre Leidenschaft aus der Wandervogelvergangenheit ihren Kindern übertragen können. Eine heiße Schokolade im Restaurant des Süntelturms war oft im kaum zugänglichen Schnee das belohnende Ausflugsziel der Wanderaktion gewesen.

Nachdem die Hamelner Polizei nach vergeblichen Versuchen wegen Personalmangel kapitulierte und die Suche einstellte, fassten Schulleitung, Lehrerkollegium und Schüler der Hamelner Schillerschule den Plan, in einer großen Suchaktion mit 800 Schülern und dem Lehrerkollegium nach dem Kollegen zu fahnden. Einen Tag lang wurden Wald und Dickicht der südlichen Süntelseite durchkämmt.

Ohne Ergebnis. Weiteres Bangen und Ungewissheit im Kreise von Mutter, Volker und Sigurd im Elternhaus auf der Schillerstraße.

Am nächsten Tag kamen Harald, Sigurds und Volkers Bruder aus Marokko, wo er als Architekt arbeitete, angeflogen. Nach Besprechungen mit Vaters Arzt, dem federführenden Polizeibeamten und weiteren Informationen nahm er sich vor, allein auf die Suche zu gehen. Sigurd musste wegen seiner Unterrichts- und Studienverpflichtungen wieder nach Kiel zurück.

Es geschah das Unglaubliche.

Allein und ohne irgendwelche Unterstützung fand der älteste Sohn den Vater in dem Gebiet, wo vorher etwa 900 Leute Wald und Unterholz des Süntels durchkämmt hatten. Nach seiner Auskunft hatte der Vater mit friedlichem Gesichtsausdruck erfroren an einem Baumstamm gelehnt.

Der Arzt bestätigte die Schwermut des Vaters. Er habe sich die Schuld für die Alkoholabhängigkeit des jüngsten Sohnes Volker gegeben. Eine psychologische Hilfe galt seinerzeit noch als menschliches Defizit: *„reif für die Klapse“*.

Er bescheinigte Tod durch Herzversagen.

Die Lebensversicherung des Vaters reichte aus, um die restliche Verschuldung vom Hausbau zu tilgen und der Mutter ein „sorgenfreies“ Leben zu ermöglichen. Es waren 28 Jahre ohne den geliebten und stützenden Partner an ihrer Seite.

Kapitel 53

BREAK III

Mit der Kieler Zeit und der Selbständigkeit begann ein neuer Lebensabschnitt.

Der bisherige Rückblick spiegelt die Möglichkeiten der Kinder- und Jugendjahre in den letzten Kriegsjahren und der Nachkriegszeit. Einerseits erscheint die Rückschau wie der Blick auf einen riesigen Spielplatz: Frei verfügbare Gelegenheiten zwischen Trümmern, Baustellen, Pionieraktivitäten, wie Anschaffung und Kultivierung eines elterlichen eigenen Gartens und Hauses, Entdeckung von Natur, Kunst und Dichtung. Andererseits, wie im griechischen Drama oder der Hildebrandsage, als Blick auf das Fatum von nicht abwendbaren Schmerzerlebnissen in Form von Ausbombung, Vertreibung, Flucht und deren Niederschlag im familiären Verhalten der Eltern.

Im Laufe der Jahre öffnete sich danach die Welt für Sigurd mit seinen neugierig betrachtenden Augen eines Simplizissimus. Die wechselhaften Jahre der Jugendzeit führten zu dem unerschütterlichen Glauben daran, dass es immer für den Überlebenswillen eine Chance gibt. Zudem war in dem zeitlichen Fluss der Jahre nie so richtig die Zeit, Fuß zu fassen und sich eine stabile Position zu verschaffen. Dogmen konnten sich nicht entwickeln. Die Position war eher die, am Ufer zu stehen und mit der Freiheit und der Freude eines toleranten Blicks zu beobachten, was im Fluss entlanggetrieben wurde.

Ein reflektives und ich-geleitetes Festhalten und Aneignen geschah vor allem mit den Mitteln der Kunst. Hier konnte Sigurd sich der erlebten Phänomene versichern und in die Tiefen des Erfahrens vordringen. Erst viel später lernte er vom Buddhismus, dass Erleber, Erlebtes und Erleben eins ist, dass die Trennung von einem „fremden" Gegenüber nur der Methode dient, es auf „analytischem" Wege zu erforschen.

In der Malerei konnte er die in der Kindheit als Glücksmomente erlebte Einheit, mit den Tieren, mit der Natur und ihrer Sprache zu verschmelzen, gegenüber einem inzwischen größeren Erfahrungskreis weiterentwickeln.[13]

---

13 Das, was Buddha vor 2.500 Jahren erkannt hatte, wird von der aktuellen Wissenschaft bestätigt. Heisenberg schreibt:
„Wahrnehmen tut man vor allem. Beginnt man aber darüber nachzudenken und versucht zu charakterisieren, so beschreibt man paradoxerweise am besten die Welt, die man wahrnimmt. Der warme Waschlappen im Gesicht; der gewaltige Birnbaum, das Vogelgezwitscher aus allen Ecken, das mich daran erinnert, wie ich als Kind eines Morgens beim offenen Fenster in vollkommener Glückseligkeit aufwachte [...] Paradox erscheint diese Charakterisierung erst, wenn wir uns die Welt als von uns getrennt, als ein unabhängiges Gegenüber vorstellen [...] das scheinbare Paradoxon verschwindet, wenn wir uns klarmachen, dass die objektive, vom Beobachter unabhängige Welt eine kollektive Vorstellung ist, der die Menschen des zwanzigsten Jahrhunderts unterschiedlich stark anhängen. Die Entstehungsgeschichte dieser Vorstellung ist noch nicht sehr alt. Sie ist mit der Entwicklung des Homo sapiens aufs Innigste verquickt. Sie reicht weit in die historische Zeit hinein und ist vermutlich noch nicht abgeschlossen. In Mythen und Märchen (wie z. B. die oben erwähnte Heraklessage und das Hildebrandlied d.V.) finden wir frühe, in wissenschaftlichen Theorien späte Momentaufnahmen dieses Prozesses. Vielleicht tragen wir in unserem Unterbewusstsein noch Reste einer Epoche mit uns, in der die Welt als von der Wahrnehmung nicht getrennt erlebt wurde. Jedenfalls geht es bei der Suche nach Universalien der Wahrnehmung um viel ältere Gegebenheiten als diese Trennung. [...]Die Abtrennung der Objektwelt ist heute nicht mehr wegzudenken. Es geht in der Wahrnehmungsforschung also um den schwierigen Versuch, innerhalb der heutigen Wirklichkeit, wie sie aus der Trennung erwachsen ist, eine Wahrnehmung, die noch eins ist mit der Welt, zu verstehen. Es geht darum, mit den Mitteln der Reflexion eine reflexionslose Wahrnehmung zu beschreiben"
Indem Heisenberg die Behauptung, Wahrnehmung sei ein rein menschliches Phänomen als Missverständnis deklariert, folgert er: „Richtig daran ist vermutlich, dass nur der Mensch zweierlei besitzt, eine Wahrnehmung und die Vorstellung einer davon unabhängigen Welt. Aber die Grundlagen der Wahrnehmung teilt er (in jeweils unterschiedlichem Maße) mit den Tieren." (Vgl. Martin Heisenberg: „Über Universalien der Wahrnehmung und ihre genetischen Grundlagen." In: Mannheimer Forum 89/90. München: Piper, 1990, S. 12 f.)

In der Kieler Zeit begann (wenn man so will) mit der beruflichen Tätigkeit „Der Ernst des Lebens".

Dorothee, meine Lebensgefährtin, kritisierte kürzlich an meiner Schreiberei, dass ich mich damit ja nur in der Vergangenheit aufhalte und nicht im Hier und Jetzt präsent sei. Das gab mir eine Zeit lang zu denken, bis ich herausfand, dass man sich gar nicht in der Vergangenheit aufhalten kann.
Die Erinnerung des Gehirns geschieht im Hier und Jetzt.
Das, was sich in den Vordergrund drängt, ist dabei ein Indiz für dessen Wichtigkeit in der Biografie, es ist von eingeprägter, in diesem Augenblick tragender, vielleicht auch belastender Bedeutung. Es ist Gegenwart im Sinn einer immerwährenden Gegenwart, ohne Vergangenheit und ohne Zukunft.[14]

Erstaunt musste ich feststellen, dass die beschriebenen Mo-

---

14 Zur Klärung dieses Gedankens verhalfen mir die Ausführungen von Ken
Wilber:
„Das Gefühl, Erinnerung sei ein vergangenes Erlebnis hinter dem Gegenwartsmoment, ist dasselbe, als empfinde man das Selbst als abgetrennte Wesenheit hinter dem gegenwärtigen Erleben. Der Beobachter scheint nur deshalb außerhalb des Jetzts zu stehen, weil die Erinnerung in Wirklichkeit ein vergangenes Erleben zu sein scheint. Der Beobachter ist Erinnerung. Wenn die Erinnerung sich vom Jetzt zu unterscheiden scheint, dann fühlt sich der Beobachter verschieden vom Jetzt. [...] die Basis eines Selbst, das von der Gegenwart abgesetzt ist, bricht ganz und gar zusammen, wenn jegliche Erinnerung als gegenwärtiges Erleben begriffen und erkannt wird. Ihr „Selbst", das einfach nur Erinnerung ist, wird so zu einem weiteren Gegenwartserlebnis – es ist nichts, das eine gegenwärtige Erfahrung hätte. Wenn die Vergangenheit mit der Gegenwart verschmilzt, verschmelzen auch Sie selber als Beobachter mit der Gegenwart. Sie können nicht länger abseits dieses Augenblicks stehen, denn außerhalb dieses Augenblicks ist kein Raum. Alle Erinnerung als gegenwärtiges Erleben anzusehen bedeutet also, dass man die Grenzen dieses gegenwärtigen Moments niederreißt, ihn von trügerischen Grenzen[...] vom Gegensatz, Vergangenheit und Zukunft befreit. Es wird offenbar, dass hinter Ihnen in der Zeit nichts liegt, ebenso wenig vor Ihnen. Sie können also nirgendwo stehen als in der zeitlosen Gegenwart, also keinen anderen Standort als die Ewigkeit haben."
(Vgl. Ken Wilber: „Wege zum Selbst. Östliche und westliche Ansätze zu persönlichem Wachstum". München: Goldmann Verlag, 1991, S. 98.)

mente der Adoleszenz und der Kindheit handgreiflich zur Verfügung standen, während das in der Zeit meiner Berufstätigkeit nicht mehr so deutlich ist. Offensichtlich entstanden dort Lücken in meinem gegenwärtigen Gewahrsein.

Deshalb und weil die Lebenszeit schwindet, will ich künftig nur noch jene Erfahrungen beschreiben, die einen ähnlich wichtigen Wert haben.

Kapitel 54

EKLAT IN KIEL

Nach der Trennung von Vera stürzte sich Sigurd in die Arbeit. Es entstand eine Serie von Mischtechniken auf Papier. Grundlage waren Wachsmalstifte, Sepiatusche, ein speziell entwickeltes Verfahren mit Asphaltlack, das er aus der Praxis mit Radierungen auf seine Mischtechnik übertragen hatte. Dazu Terpentinöl und Gouache-Farben. Die Motive stellten sich von selbst ein. Sie erinnerten stark an die Formensprache mexikanischer Volkskunst. Das nährte Sigurds Verdacht, ob sich nicht doch eine indianische Wiedergeburt in das brasilianische Haus seiner Eltern in Rio eingeschlichen habe.

Im Studiengang der Germanistik beschäftigte er sich mit der historischen Herleitung der deutschen Sprache, besonders jedoch in der modernen Literatur mit den Werken von Bertolt Brecht. Das brachte für ihn einen Ansporn, sich von den Gefilden seiner bürgerlichen Ausbildung in das für ihn fremde Terrain der Hafenarbeiter, Schauerleute und Seefahrer zu begeben. So war er bald ein vertrauter Gast im Kieler Hafenmilieu. Die direkte und vitale Art der See- und Hafenleute lag ihm mehr als die Zielsetzung der meisten Akademiker, die Leiter gesellschaftlichen Prestiges möglichst schnell zu erklimmen, um ein repräsentatives Leben in Wohlstand zu erreichen.

Dementsprechend schloss er vor allem Freundschaften mit den Mitgliedern der Muthesius-Werkkunstschule. Bei ihnen fand er, wie früher an der Akademie, eine weltoffene Gesinnung, den Schwerpunkt auf die Gewinnung einer sinnvollen Lebensperspektive gerichtet, und eine unvoreingenommene menschliche

Umgangsweise miteinander. Besonders Dieter Matzner, der die Bildhauerei leitete und Wurbs, der als kunstversierter Manager von seinem Sekretariat aus die Geschicke der Werkkunstschule dirigierte, wurden seine besonderen Freunde. Wurbs hatte durch seine Jugend in Dänemark das tolerante, freiheitliche und mitmenschliche Gebaren der Dänen verinnerlicht und wusste für jedes Problem, das Sigurd an ihn herantrug, eine Lösung. So half er ihm, die Fotodokumentation seiner Arbeiten zu machen, die er für seine erste Einzelausstellung in der Kunstgalerie Gerber in Itzehoe benötigte.

An der Muthesius-Werkkunstschule lernte er auch jene wunderbare Frau kennen, die ganz und gar seinen Vorstellungen entsprach. Ein wenig erinnerte sie ihn, trotz ihrer dunkelblonden Haare, an die Frauendarstellungen auf den Bildern von Gauguin. Besonders ihre unverfälschte einfache Art und Offenheit, zusammen mit einer praktischen Zugriffsweise bei ästhetischen Aufgaben, hatten es ihm angetan. Dazu war sie ihm mit einer zurückhaltenden, doch liebevollen Nähe zugewandt. Beide genossen das Zusammensein und die Freude aneinander. So kam es bald dazu, dass Gisela immer häufiger bei Sigurd am Forstweg war und sie zusammen an seinen oder an ihren Projekten arbeiteten. Als Examensarbeit hatte Gisela im Rahmen ihres Studiums für Innenarchitektur ein variables mobiles Kindergerät für einen Kindergarten zu entwerfen. Zusammen diskutierten sie die Möglichkeiten und probierten an Modellen ihre Erfindungen aus. Das Ergebnis war schließlich ein Stecksystem aus Platten mit Zapfen an den Seiten, die man vom Sitzhocker über ein Klettergerüst bis zur Rutsche und weiter variieren konnte. Die harmonische Verbindung ihrer Ideen dazu und die stressfreie, fast naive Gelassenheit, mit der diese Frau damit umging, nahmen Sigurd vollends für sie ein.

Sigurd hatte inzwischen sein Germanistikexamen bestanden. Durch die Freundschaft mit Gisela und durch den Lehrauftrag an der Kieler Schule lag es nahe, sein anschließendes Referendariat in Kiel zu planen.

Die Wohnung im Souterrain des Forstweges wurde durch Giselas Anwesenheit ein Nest für die beiden. Sigurd hatte ihr die Erlebnisse aus der Beobachtung der Dachsfamilie erzählt und so mimten sie in kindlicher Ausgelassenheit die Brunftrituale des Dachspärchens mit Grunzen, Keckern, Jagen und Fangen im Schlafzimmer der Wohnung nach. Da nach einem Jahr Zusammensein, das immer häufiger mit ausgedehnten Kissenschlachten und glücklichen Liebesakten stattfand, Gisela schwanger war und die beiden zu heiraten beschlossen, hatte Sigurd sich vom Schulamt eine Zusage für eine Referendarstelle in Kiel geben lassen.

Viele erfüllte Stunden verbrachten die beiden mit Arbeit an ihren Projekten, mit gemeinsamem Kochen und Essen, mit ausgelassenen Spielen im Bett, mit Ausstellungsbesuchen und mit Wanderungen an der Förde oder Radtouren nach Laboe und ins Hinterland von Kiel an die Ostseeküste miteinander.

Durch seine Hafenbekanntschaften wurde Sigurd zum Förde-Angeln eingeladen, wenn die Heringsschwärme kamen. So kam es, dass er in der Schwarmzeit oft mit einem ganzen Eimer Heringe, selbst gefangen oder für zwei DM dazu gekauft, nach Hause kam.

Gisela erwies sich als überaus praktisch auch bei der Versorgung mit den Lebensgrundlagen. Die Fische wurden gemeinsam ausgenommen, in der Pfanne gebraten und dann als Vorrat für die nächsten Wochen süßsauer eingelegt.

Hinzu kam, dass Giselas Eltern und Sigurd sich gut verstanden.

Die Hochzeit fand mit einem bereits kinderfüllten Bauch in Giselas Kleid statt, dem man das bevorstehende Glück schon ansehen konnte.

In derselben Woche, in der die Entbindung stattfinden sollte, bekam Sigurd den Bescheid, er solle sich zum Antritt seines Referendariats am Gymnasium Schloss Plön einfinden. Das entsprach in keiner Weise der Zusage. Was tun?

Ein Anruf bei der Schulbehörde brachte kein Ergebnis.

Immerhin gab es noch vorher ein Treffen mit dem Schulrat, bei dem alle Anwärter vereidigt werden sollten. Sigurd kam es bei diesem Zeremoniell vor, als sei er ins vorige Jahrhundert der Kaiserzeit versetzt. Alle waren, gemäß Anschreiben, im dunklen Anzug erschienen. An einem langen Tisch, an dessen Stirnfläche der Schulrat präsidierte, wurde den angehenden Lehrkräften eine Litanei von Verhaltensmaßregeln vorgetragen. Sie waren nicht nur auf schulische Belange bezogen.

Sie waren eher eine Anleitung zum domestizierten Beamten: Am Sonntag nach Referendariatsbeginn sollten die Anwärter sich beim jeweiligen Schuldirektor einfinden, um ihm und seiner Gattin einen privaten Anstandsbesuch abzustatten. Nicht vor 10:00 Uhr, auch nicht nach 11:00 Uhr. Für die Gattin des Direktors solle man einen Blumenstrauß mitbringen und ihr höflich, nach entwickeltem Papier, übergeben. Man würde sicher einen Cognac angeboten bekommen, den sollte man beim ersten Mal dankend ablehnen, erst bei der zweiten Aufforderung einwilligen. Nicht mehr als ein Gläschen solle man sich genehmigen und nicht länger als zehn Minuten bleiben.

Alles lief darauf hinaus, als habe der Schulrat seine Aufgabe mit der von Herrn Knigge verwechselt.

Dann kam die Vereidigung, die (frei nach dem Motto von Bunuels Film „Der diskrete Charme der Bourgeoisie") als ein feierlich zelebrierter Akt inszeniert wurde.

Alle mussten sich erheben, die rechte Hand als Dreifingersymbol in die Luft heben und mit lauter Stimme den vom Schulleiter vorgesprochenen Text der Gelöbnisse und der Verfügbarkeit nachsprechen.

Für Sigurds Anliegen, die Zusage für Kiel einzulösen und die Verpflichtung für Plön abzusagen, hatte der Schulrat (trotz des Arguments der bevorstehenden Entbindung) kein Ohr und keine Zeit. Also weiterhin die Frage: Was tun?

Sigurd wollte sich auf keinen Fall so behandeln lassen. Zum Glück war er vor einer schriftlichen Weigerung noch auf die

Idee gekommen, sich vom Philologenverband beraten zu lassen. Das war seinerzeit die einzige Interessenvertretung, die er finden konnte.

Dort erhielt er die Auskunft, er solle auf keinen Fall einfach verweigern, sondern die Stelle in Plön zunächst antreten, da das sonst negativ in seiner Personalakte vermerkt würde und er den Anspruch auf eine Besoldung verwirken würde. Er könne ja nach Antritt weitere Schritte in die Wege leiten und zur Not kündigen und das Bundesland wechseln.

In Plön erlebte er, wie zäh die Vorstellungen der neuen Republik in die Köpfe der Amtsinhaber hineinträpfelten. Als er sich dem Schulleiter am Gymnasium vorstellte und ihm beschied, er brauche ihn gar nicht fest einzuplanen, da er vorhabe, seine in Kiel gemachte Zusage durchzusetzen, erntete er völlige Verständnislosigkeit.

Gerade hier, im großstadtfernen Gebiet der ländlichen Umgebung, könne er doch erkennen und vermitteln, was deutsches Wesen sei. Deutsches Blut und deutscher Boden lägen doch noch unverfälscht vor der Haustür. Hier sei noch die Besinnung auf die deutschen Tugenden und Werte in reiner Form möglich. Jungen Kerlen wie ihm ständen hier doch die Türen offen.

Bei Sigurd sträubten sich die Haare, wenn er sich vorzustellen versuchte, was hinter diesen offenen Türen für Gesinnungsfreunde anzutreffen seien.

Nein, danke, ging ihm durch den Kopf.

Immerhin machte er eine interessante Erfahrung. Der Kunsterzieher, Herr Pape, dem er für sein Referendariat zugeteilt wurde, entpuppte sich als toleranter Kollege seiner Zunft. Bei ihm fand er gastfreundliche Aufnahme und Verständnis für sein Anliegen, Gisela in Kiel nicht mit dem zu erwartenden Kind alleinzulassen.

Ein nochmaliger Versuch bei der Kieler Schulbehörde führte zu keinem anderen Ergebnis. Offensichtlich wollte man dem jungen angehenden Beamten (man konnte sich ja auf seinen Eid stützen) keine Besonderheiten durchgehen lassen. Man hatte allerdings nicht damit gerechnet, dass sich hier das Potential einer neuen Generation zu Wort meldete. Ihre Kraftproben mit den patriarchalen Strukturen hatte sie schon hinter sich. Ihre selbstbestimmte umfängliche Einmischung in die gesellschaftlichen Verhältnisse an den Hochschulbrennpunkten Berlin, Frankfurt und Paris stand kurz bevor und trug neuen Wind auch in abgelegenere Regionen.

Es war ein absolutes Novum, dass ein neu verbeamteter Lehreranwärter seinen Status kündigte. Man konnte von einem Beamten doch wohl Dankbarkeit und anpassungswilliges Verhalten gegenüber der Obrigkeit erwarten. Als Sigurd seine Kündigung schriftlich abgab und kundtat, er wolle sich lieber in Hamburg bewerben, warf man ihm zwei erstaunliche Bemerkungen nach. Erstens: Wenn man gewusst hätte, dass er so weit gehe, hätte man ihm auch eine Stelle in Kiel anbieten können. Zweitens: dass man die Kollegen in Hamburg kenne und dass man ihm entsprechend Steine in den Weg legen werde, dort eine Referendarstelle zu finden.

Erleichtert stellte Sigurd dann fest, dass der hanseatische Geist sich auf solche Spielchen gar nicht einließ. Die Schulbehörde bot ihm zwei Alternativen an. Eine Anstellung an einem Gymnasium, deren Kunsterzieherin eine Waldorfpädagogin war, eine andere im sozialen Brennpunkt an einer Schule mit schwierigem Klientel.

Ganz anders als in Kiel verlief die Vereidigung für die Verbeamtung hier. Es gab zunächst ein offenes und verständnisvolles Gespräch über seinen Werdegang und seine Beweggründe, von Kiel zu wechseln. Danach meinte der Schulrat, er müsse ihm jetzt den Eid abnehmen, doch statt eines Zeremoniells reiche es ihm, wenn er das Formular dazu unterschreibe.

Sigurd entschied sich für die Waldorferin. Doch stellte er bald fest, dass seine Vorstellungen mit denen der Mentorin nicht zusammenpassten. Der Schulrat verriet Sigurd mit erfrischender Ehrlichkeit, dass er sich das schon gedacht habe und dass er die andere Stelle für ihn wohl passender finde.

So war es denn auch. Von dem neuen Mentor, einem Rolf Zander, fühlte er sich bald freundschaftlich aufgenommen.

Das, was er am Einprägsamsten für seine Schullaufbahn von ihm lernte, war, wie er mit besonders schwierigen Fällen in der Klasse umging: Es gab einen Schüler, der sich partout nicht bändigen ließ. Entweder lief er während des Unterrichts unruhig in der Klasse umher und versuchte die anderen Schüler von seinem Platz aus abzulenken oder er gebärdete sich als Klassenclown und versuchte mit aufmüpfigen „Dönekes" den Unterricht zu stören. Der Mentor erzählte, dass er schon alles Mögliche mit dem Schüler versucht habe, ohne Erfolg. Schließlich sei er auf einen genialen Gedanken verfallen. Er habe das Problem mit der ganzen Klasse besprochen und schließlich gemeinsam vereinbart (weil der Störschüler offensichtlich nicht anders könne) ihm den Status eines Klassenclowns offiziell zuzuordnen. Nun könne er während des Unterrichts tun und lassen, was er wolle, ohne dass die anderen Notiz davon nähmen oder sich gar stören ließen. Damit war den Aktivitäten des Störenfrieds der Wind aus den Segeln genommen und bis auf zeitweilige Bewegungseinlagen, gegen die der Ausnahmejugendliche sich selbst wohl kaum wehren konnte, sei die Situation zu aller Zufriedenheit „befriedet".

Am meisten beeindruckte Sigurd, wie der Kunsterzieherkollege ohne Aggression und ohne Machtgeplänkel eine Lösung gefunden hatte, auf die alle sich mit gegenseitigem Verständnis einlassen konnten. Das war im Rahmen der pädagogischen Erfahrungen, die Sigurd bis dahin kannte, etwas absolut Neues.

Kapitel 55

DAS SCHWARZE LOCH

Manche Verwundungen sind so traumatisch, dass sie sich, auch nach Jahren, nur im Telegrammstil wiedergeben lassen.

» Wohnungssuche und Umzug nach Hamburg.
» Es folgte ein erfülltes, doch kurzes Glück.
» Bei einem Autounfall verlor Gisela ihr Leben.
» Bastian war ein halbes Jahr alt.
» Zunächst Sigurds Mutter in Hameln, dann Giselas Eltern in Kiel nahmen ihn zu sich.

Sigurds Freunde Gerd und Rosel Grabenhorst in Hannover nahmen Sigurd auf.

Er brauchte zwei Jahre, bis sich über den Schmerz eine verletzliche, oft durchlöcherte Membran gelegt hatte, auf der Sigurd wie auf einer zerbrechlichen Eisschicht anfing, zaghafte Schritte in ein Leben ohne Giselas physische Anwesenheit zu probieren.

Irgendwann hatte er sich um eine kleine Wohnung in Hannover gekümmert.

An jede der Wände hatte er vor dem Einzug mit breitem Pinsel und schwarzer Farbe den Namen seiner großen Liebe gemalt:

GISELA

Zwei Wochen lang lag er in einem Schlafsack fast regungslos meditierend, weit abgedriftet in unermessliche Trauer eingehüllt, in dieser Hieroglyphenhöhle.

Erst als Gerd und Rosel Grabenhorst kamen, um nach ihm zu sehen und ihm beim Streichen der Wände zu helfen, konnte er sich aus seiner Trance aufraffen, ins Leben zurückzukehren.

Das Refendariat konnte er in Hannover fortsetzen.
Damit war er näher an Hameln, wo Bastian von Sigurds Mutter betreut wurde.

Die Krankheit Zöliakie war seinerzeit noch nicht erforscht.
Wie sollte seine Mutter in Hameln auch wissen, dass der Brechdurchfall, an dem der kleine mutterlose Kerl plötzlich wochenlang zu leiden hatte, dieser Krankheit zu verdanken war. Der Haferschleim, mit dem sie ihn nach altem Rezept zu heilen versuchte, führte zu genau gegenteiliger Wirkung. Auch Sigurd war, zusammen mit dem Hamelner Kinderarzt, ratlos, was zu tun sei.

Giselas Eltern in Kiel hatten Kontakt zur Kieler Universitätsklinik.
Sigurd war froh, dass sie sich liebevoll, geradezu als Elternersatz, Bastians annahmen und dafür sorgten, dass er in der Klinik in gute Hände kam.
Über vier Wochen versuchten die Ärzte herauszufinden, welche Ursache dahintersteckte, dass Bastian keine Nahrung bei sich behielt.

Sigurd hatte sich, da er nun kreditwürdig war und das damalige Referendarsgehalt gerade mal zur Bezahlung der Wohnung und des eigenen Lebensunterhalts reichte, mit Hilfe der Bank einen gebrauchten R4 gekauft.
Mit Sorge beobachtete er, wie Bastian an jedem Wochenende, an dem er ihn in Kiel aufsuchte, weniger und weniger wurde. Ein ausgemergeltes Gesichtchen mit rot umränderten Augen auf einem immer magerer werdenden Körperchen blickten ihm, jenseits aller kindlichen Lebensfreude, aus dem Krankenhausbettchen entgegen. Die Ohnmacht dieser Situation presste Sigurd das Herz zusammen.

Schließlich hatten die Ärzte, nach Ausklammern aller anderen Möglichkeiten, dann diese eine Möglichkeit herausgefiltert: „Zöliakie". Eine Unverträglichkeit von Gluten und Gliadin in Getreidesorten aufgrund veränderter Darmzotten.

Die Genesung Bastians gab Sigurd seinen Lebenswillen und den Glauben an die universale Kraft des Lebens wieder. Es war verblüffend, wie schnell der kleine entkräftete Körper aufholte, als er die richtige Ernährung bekam. Glutenfreie Kost, heutzutage in jedem Lebensmittelsupermarkt zu bekommen, war seinerzeit unbekannt. Wenn man wusste, was der Körper nicht vertrug, konnte man durch Maisstärke und andere glutenfreie Getreide, wie Reis oder Buchweizen, die herkömmliche Weizen-, Hafer-und Roggenkost ersetzen. Nach zwei Wochen war aus dem schlappen Körperchen bereits eine Figur geworden, der man die überstandenen Qual- und Magerwochen kaum noch ansah.

Referendarzeit in Hannover.

Jedes Wochenende direkt nach Schulschluss im Auto nach Kiel.

Sonntagabend oder Montag früh zurück nach Hannover.

Als Bastian drei Jahre alt wurde, nahm Sigurd ihn zu sich nach Hannover.

Für Mamu und Bapu, Giselas Eltern, sicherlich eine schmerzvolle Trennung. Doch Sigurd war überzeugt, dass das Kind zum Vater gehört. Andererseits hatte er damit ja wenigstens einen Hauch von Gisela bei sich.

Inzwischen hatte er eine Anstellung an der Goetheschule in Hannover und mit nun besserem Gehalt eine geräumige 5-Zimmerwohnung in der Ferdinand-Wallbrecht-Straße, Stadtteil List, gemietet.

Freunde aus seiner Studienzeit in Berlin und Stuttgart und neue Freundschaften aus Künstlerkreisen in Hannover halfen ihm, wieder Boden unter die Füße zu bekommen.

In einer Art unverwüstlichem Überlebenswillen versuchte er, die verschiedenen Aufgaben seines neuen Lebens mit freudigem Mut zu bewältigen.

Hans Düne, sein ehemaliger Kunstlehrer aus Hameln, besuchte ihn zuweilen. Er schüttelte den Kopf über sein umfangreiches Lebensprogramm und überraschte ihn eines Tages mit einem als „unmögliche Speisekarte" aufgemachten

„Selbsttötungs-Rezept":

» *eine volle Planstelle als Klassenlehrer mit den Fächern Deutsch und Kunst,*
» *eine moderne, innovative, schülerorientierte und spannende Pädagogik,*
» *ein Leben mit seinem Sohn Bastian, mit einer familiären Geborgenheit,*
» *in dem Bastian das Fehlen der Mutter nicht belastend erleben sollte,*
» *Mitwirkung an kommunalen künstlerischen Aufgaben,*
» *Weiterentwicklung seiner eigenen künstlerischen Arbeit,*
» *Zusammenarbeit mit Bürgerinitiativen zur Veränderung des kommunalen kulturellen Klimas,*
» *Abendliche Treffen und Austausch mit Freunden,*
» *Auswertung von schulischen Erfahrungen und deren Niederschlag in der Hannoverschen Zeitung, in Fachzeitschriften wie „Kunst und Unterricht" und Fachbüchern zur Kunstpädagogik.*

Beide zusammen lachten sie über das fürsorgliche Pamphlet bei einem Ateliergespräch. Doch half es, Sigurd die Augen zu öffnen, dass diese Lebensweise sowohl zum Raubbau seiner Gesundheit als auch zur Schmalkost bei der Betreuung seines Sohnes Bastian führen müsse.

Sigurd hielt dagegen, welche Unterstützung er hatte: Der Kindergarten um die Ecke, eine wöchentliche Putzhilfe und ein gutes Verhältnis zur alten Dame in der gegenüberliegenden Nachbarwohnung, an die sich Bastian jederzeit wie an eine Oma wenden konnte.

Zudem waren die Entwicklungen des öffentlichen Diskurses so brisant, dass es spannend war, sie anhand der neuen Literatur nachzuvollziehen. Sigurd merkte, wie groß durch die angepasste Lebensweise seines Elternhauses die Lücke zum Verständnis von gesellschaftskritischen Positionen war.

Bücher wie die neue sozialkritische Betrachtung der Geschichte, z. B. in Bernt Engelmanns „Wir da unten, Ihr da oben" und marxistisch gestützte Erkenntnisse über die Strukturen von Kunst und Gesellschaft verlangten nach Auseinandersetzung und Überprüfung bisheriger Denkpositionen.

Außerdem stand die Veränderung der Kindererziehung zur Debatte. Wie konnte man die Einflüsse aggressiver Denkmuster, wie sie sich in Spielen und Filmen zunehmend zu Wort meldeten, von den Kindern angemessen fernhalten. Wie konnte man Kinder zu selbständigem Denken und Handeln führen? Wie konnte man eine liebevolle familiäre Nestwärme mit den auf sie zukommenden Anforderungen von Schule und späterem Berufsleben verbinden? Wie konnte man sie an die selbstbewusste Teilhabe an gesellschaftlichen Prozessen und deren Verantwortungsbereichen heranführen?

Ein Beispiel mag das veranschaulichen.

Eines der beliebtesten Events in Hannover war der samstägliche Flohmarkt am Leineufer. Das war jeweils wie ein großes buntes Volksfest, bei dem es viel zu sehen gab, man sich gern in den umliegenden Lokalen mit Freunden traf oder einfach Ausschau nach Schnäppchen für benötigte Utensilien hielt.

Auch Sigurd und Bastian waren manchen Samstag dorthin unterwegs. Bastian suchte nach Comics und Spielsachen, Sigurd nach Büchern, Kinderkleidung und skurrilen Gegenständen, die er möglicherweise als Material für kreative Installationen verwenden konnte. Außerdem war es ein Reiz, sich in dem jahrmarktähnlichen Getriebe treiben zu lassen, Bekannte zu treffen oder einfach bei einem Eis dem bunten Leben zuzusehen.

Bastian, angesteckt von seinen Freunden im Kindergarten, war scharf auf eine Pistole mit Zündplätzchen oder eine große Wasserpistole. Sigurd war strikt dagegen. Als Kriegsdienstverweigerer mit pazifistischer Gesinnung erschien es ihm absurd, die Kinderspiele auf der Straße oder am Moltkeplatz mit ihrem gemimten Totschießen zu unterstützen. Wie jedoch vertrug sich ein striktes Verbot mit dem Ideal einer selbstbestimmten Kindesentscheidung? War ein solches Verbot nicht das, was er seinem eigenen Vater früher übelgenommen hatte?

Die Diskussion mit den Kindergärtnerinnen und mit seinen Freunden lief darauf hinaus, dass man den Kindern in verträglichem Maß auch solche Aggressionsabfuhr gestatten müsse. Sigurds Lösung sah danach folgendermaßen aus:

Er besprach mit Bastian (5) diesen Sachverhalt. Machte ihm klar, dass er ihm das am liebsten verbieten würde und er völlig dagegen sei. Andererseits müsse er, Bastian, ja überlegen, wie er sich entscheide. Jedenfalls wolle Sigurd nicht mit einem Jungen durch die Stadt laufen, der so eine Pistole bei sich trage. Erträglich für Sigurd sei das nur, wenn Bastian auf dem Nachhauseweg jeweils 3 Meter hinter ihm gehe. Das tue ihm zwar leid, wenn sie solcherart nicht zusammengehen könnten, doch mit diesem Kompromiss könne er leben. Der Weg vom Leineufer durch die Stadt und die Lister Meile war für 5-jährige Kinderbeinchen schon eine Herausforderung, zumal nach Hinweg und Bummel durch den Flohmarkt. Doch Bastian nahm die Folgen des Pistolenkaufs auf sich. Mit drei Meter Abstand wanderten die beiden ohne ein Wort des Austauschs durch die Stadt. Ob dies die Grundlage für eine pazifistische Gesinnung bei Bastian gelegt hat, sei dahingestellt. Mit seiner von Sigurd gebauten Pappmaschee-Burg und seinen Indianer- und Cowboy-Figuren inszenierte Bastian weiterhin große Fantasiespiele mit Angriff, Hinterhalt und heeresähnlichen Formationen.

Eine wichtige Rolle bei der Erziehung und Betreuung Bastians übernahm Mika. „Mika" war der Spitzname, den Bastian der neuen Freundin von Sigurd gab, weil ihm der Name Angelika zu lang oder zu kompliziert war. Mika klang jedenfalls wesentlich runder und harmonischer. Mika war ehemalige Schülerin von Sigurd. Er hatte sie im Unterricht der 10. Klasse kennen gelernt. Es war wohl weniger das Interesse an den gemeinsamen Kunstausstellungen, wie der Dokumenta in Kassel, die das Mädchen zu Sigurd hingezogen hatte. Nach ihrem Abschluss der 10. Klasse und während ihres Studiums einer tanzpädagogischen Ausbildung an der Privatschule einer international berühmten Tänzerin in Hannover wuchs zwischen Mika und Sigurd eine tiefe innige Freundschaft. Mikas verantwortungsvolles, geradezu schwesterliches Verhältnis zu Bastian tat allen dreien gut. Für mehrere Jahre entwickelte sich daraus eine familienähnliche Bindung. Beide, sowohl Sigurd als auch Bastian, genossen die frische vitale Art von Mika und deren unverfälschte Liebe.

Auch Mikas Eltern waren in diese Beziehung eingeschlossen. Es gab oft stundenlange Kartenspielsessions in fröhlicher Runde.

Mika verbrachte ganze Wochen im Zusammenleben mit Sigurd und Bastian in deren Wohnung. Es war für alle eine von Liebe getragene entwicklungsoffene Beziehungsgemeinschaft.

Mit der Zeit machten die Projekte, die Sigurd an der Goetheschule in Hannover ins Leben rief und seine Kunstprojekte im Kunstverein Hannover von sich Reden. Sie waren der Anlass für seine Berufung an die damalige Werkkunstschule in Hannover. Nach seiner Installation im Rahmen einer Kunstausstellung im Kunstverein Hannover bekam er verschiedene Ausstellungsangebote vom Kunstmuseum Oldenburg, Kunstmuseum Prag und anderen Kunstinstitutionen. Obwohl er an deren Ausstellungen teilnahm, erlebte er sie als Diskrepanz zu seinen Vorstellungen.

Hatte er sich in seiner Installation schon mit der vom Kunstsektor dominierten Wahrnehmungsweise der Alltagswirklichkeit auseinandergesetzt, so machte ihm die Beherrschung der Kunstinstitutionen durch den Einfluss ihrer Kapitalgeber bis hin zum Starkult einzelner Künstler, die in einer Rankingliste wie Aktien gehandelt wurden, schwer zu schaffen. Das war nicht der Stellenwert, den er seinem Kunstbemühen unterordnen wollte. Für ihn war Kunst ein philosophisches Medium zur Durchdringung der vorfindlichen Alltagswelt und der persönlichen Alltagserfahrungen. So versuchte er einen anderen Weg als den des Kunstmarktes zu gehen.

Im Verlauf seines Lebens musste er feststellen, dass er damit den Verlust eines Wertes seiner Arbeiten überhaupt in Kauf nehmen musste.

Dieser Verlauf spitzte sich von Jahr zu Jahr zu.

Auch wenn Joseph Beuys die Veränderung des Kunstbegriffs in Richtung eines kreativitätsbestimmten und kapitalunabhängigen Metiers propagierte, lief die tatsächliche Veränderung nicht zum angestrebten Ziel, sondern in zwei entwertende Richtungen:

1. Kunst gleich Deko
2. Kunst gleich aktienwertige Kunstmarktkunst.

Kapitel 56

MAMU UND BAPU (GISELAS ELTERN)

In Polen, im Jahr Neununddreißig
War eine blutige Schlacht
Die hatte viel Städte und Dörfer
Zu einer Wildnis gemacht

Die Schwester verlor den Bruder
Die Frau den Mann im Heer;
Zwischen Feuer und Trümmerstätte
Fand das Kind die Eltern nicht mehr.

Da trippelten Kinder hungernd
In Trüpplein hinab die Chausseen
Und nahmen mit sich andere, die
In zerschossenen Dörfern stehn.

Da war ein kleiner Führer
Das hat sie aufgericht'.
Er hatte ,ne große Sorge:
Den Weg, den wusste er nicht.

Und ging ein dünner Grauer mit
Hielt sich abseits in der Landschaft.
Er trug an einer schrecklichen Schuld:
Er kam aus einer Nazigesandtschaft.

Und da war ein Hund,
Gefangen war er zum Schlachten
Mitgenommen als Esser,
Weil sie's übers Herz nicht brachten.

Da war auch eine Liebe
Sie war zwölf, er war fünfzehn Jahr.
In einem zerschossenen Hofe
Kämmte sie ihm sein Haar.

Da war auch ein Krieg,
Denn es gab noch eine andre Schar
Und der Krieg ging nur zu Ende
Weil er sinnlos war.

Sie standen um ihren Führer.
Der sah in die Schneeluft hinein
Und deutete mit der kleinen Hand
Und sagte: Dort muss es sein.

Doch als der Krieg noch raste
Um ein zerschossenes Bahnwärterhaus
Da ging, wie es heißt, der einen
Partei das Essen aus.

Als die andre Partei das erfuhr
Da schickte sie aus einen Mann
Mit einem Sack Kartoffeln, weil
Man ohne Essen nicht kämpfen kann.

Da war auch ein Gericht
Und brannten zwei Kerzenlichter
Und war ein peinliches Verhör.
Verurteilt wurde der Richter.[15]

---

15 Auszüge aus dem Gedicht „Kinderkreuzzug 1939" von Bertolt Brecht,
Insel-Bücherei Nr. 930, S.48 ff.

Ob die Bezeichnungen „Mamu" und „Bapu" bereits aus der Kindheit von Gisela (und Gine, ihrer Schwester) stammten oder auf Bastian zurückgehen, mag offenbleiben. Jedenfalls entsprachen sie hervorragend der Rolle gegenüber Bastian: Mamu und Bapu waren immer mehr ein Stück Mutter- und Elternersatz als in einer normalen Oma-und-Opa-Konstellation. Mit viel Liebe und Verständnis hatten sie diese Rolle angenommen.

Wenn man den Hintergrund ihrer eigenen Entwicklungsjahre in Betracht zieht, erhält man einen kleinen Einblick in die unverständlichen Widersprüche, die sich im Deutschland der 1920er und 1930er Jahre gesammelt hatten.

Anders als Sigurds Eltern, die ja die 1930er Jahre in Brasilien verbrachten, waren sie nicht nur Zeugen, sondern involvierte Mitwirkende an den Geschehnissen dieser Zeit.

Vieles, was aus heutiger Sicht nicht begreifbar erscheint, wird an solchen Einzelschicksalen deutlicher als in dem inzwischen pauschalisierenden und interpretierenden Blick auf die vielen Mosaiksteinchen, die in jener Vergangenheit erst dabei waren, sich zu einem Bild zusammenzufügen. Wohin die Richtung des Gesamtbildes ging, war offensichtlich nur Hellsichtigen oder Eingeweihten erkenn- oder erahnbar.

Sigurds Mutter (Jahrgang 1910) erzählte davon, wie die Lage in Berlin so turbulent war, dass sie sich als Mädchen mit 15 bis 18 Jahren besonders in den späteren Tagesstunden kaum noch auf die Straßen traute. Bettler, Obdachlose, Kriegsverletzte bildeten zusammen mit Arbeitslosen, randalierenden Jugendlichen und Straßengaunern ein bedrohliches Gemisch auf den öffentlichen Straßen und Plätzen. Der Zusammenbruch der Wirtschaft in der Inflationszeit heizte die vielerorts aggressive und verzweifelte Lage noch mehr an.

So hatte Opa Paul mit Neid erzählt, dass die Beamten ihr Gehalt am Morgen jeden Tages bekamen und er als Angestellter erst am Abend.

„Bekam man morgens für Fünfmillionen Reichsmark noch ein Brot, so erhielt man abends dafür noch nicht mal mehr ein Brötchen", hatte er sich beklagt.
„Alles ging durcheinander, es gab keine Sicherheit mehr. Alle Rücklagen und Wertpapiere waren über Nacht nichts mehr wert. Der Lohn meiner Arbeitsstunden war über Tag verdampft."

Und Sigurds Mutter ergänzte die Schilderung:

> *„Wir waren regelrecht froh, als die von Hitler organisierten SA-Trupps durch die Straßen zogen und für Ordnung sorgten. Man war für jedes Versprechen zur Besserung der Lage dankbar."*

Bapu war 17 Jahre alt, als er sich um Aufnahme in die NAPO-LA[16] bewarb und von einer Offizierskarriere träumte. Mamu, angeturnt durch die Aufbruchsstimmung von Jugendbewegung und Wandervogel, schilderte in spürbarer Begeisterung von dem Jahr auf dem Bauernhof, dass sie dank BDM[17] zubringen konnte:

> *„Wir waren eine Gemeinschaft von 6 Jugendlichen, Jungen und Mädchen: Untergebracht waren wir auf dem Bauernhof, zur Unterstützung seiner Arbeit. Wir waren eine gern gesehene und weitgehend in die Familie aufgenommene Gruppe. Es war eine fröhliche und erlebnisreiche Zeit. Viel gelacht, geflirtet, gesungen. Abends beim Lagerfeuer oder nach der Kartoffelernte beim Kartoffelfeuer saßen wir in der Runde zusammen, tauschten uns aus und sangen Lieder zur Klampfe. Als Lohn für unsere Arbeit hatten wir Kost und Logis, gesunde Ernährung an frischer Luft, und am Wochenende ging's mit den anderen zum Badesee hinter der Kuhweide. Wir erlebten das als ein fröhliches und sinnvolles Jahr, in dem wir anders als zu Hause einen großen Grad an Selbständigkeit leben konnten. Ein Jahr ohne die chaotischen Zustände in Berlin."*

---

16 NAPOLA ist die Abkürzung für ‚Nationalpolitische Erziehungsanstalt'.
17 BDM ist die Abkürzung für ‚Bund deutscher Mädchen'.

Ein Krieg lag noch im Nebel, er wurde begonnen 1939

Da war auch eine Liebe
Sie war 12, er war 15 Jahr
In einem zerschossenen Hofe
Kämmte sie ihm sein Haar

Da war auch eine Schule
Und ein Lehrer für Kalligraphie
Und ein Schüler an einer
zerschossenen Tankwand
Lernte Schreiben bis zu Frie ...

Das Geschoss eines solchen Tanks erwischte Bapu am Kopf während seines Militäreinsatzes. Ob nun der Splitter einer russischen, einer deutschen, einer amerikanischen oder englischen Granate entstammte, war bei der Operation nicht abzulesen. Jedenfalls war eine Entfernung des Splitters wegen Verletzung des Gehirns zu riskant. So lebte er die künftigen Jahre nach dem Krieg mit einem Silberimplantat, welches das verlorene Stück der Schädeldecke ersetzte. Äußerlich war davon nichts zu sehen, nur bestimmte Wetterlagen bereiteten ihm Schmerzen. Mit dieser Beeinträchtigung versah er bis zur Pensionierung seinen Dienst als Studienrat für Mathematik und Physik an einem Kieler Gymnasium. Zusammen mit Mamu zogen sie zwei Mädchen auf und begleiteten engagiert und tatkräftig das Heranwachsen des Enkels Bastian.

Mamu und Bapu waren eine normale deutsche Familie aus einer normalen Familientradition, bei der man sich stellvertretend für die Mehrzahl auch anderer Familien in diesem Land wundert, wie leicht ihre humane Gesinnung zur Beute der nationalsozialistischen Maßnahmen hatte werden können.

Von ihrer humanen Gesinnung hatte nicht nur Giselas Erziehung profitiert, aus der ihre unbekümmerte Gelassenheit hervorgegangen war, nun wurden auch Bastian und Sigurd in sie aufgenommen. Was Sigurd nachhaltigen Respekt abforderte, war, mit welcher unparteiischen Fürsorge sie die Folgen des Autounfalls auffingen. Sigurd hatte schließlich den Wagen gefahren. Mamu und Bapu hatten sich nicht nur um die Unterbringung von Bastian und Sigurd in der Walsroder Klinik gekümmert. Bapu war mehrere Male zur Besichtigung der Unfallstelle an die Autobahn gefahren, um sich ein Bild über den Vorgang zu machen. Vielleicht auch, um Mamus Schwester aus Hamburg zu entlasten, von welcher der geliehene Wagen stammte.

Dabei sprach ihn ein Ingenieur der Autobahnmeisterei an und übergab ihm das Teilstück eines abgebrochenen Achsschenkelbolzens mit der Vermutung, dass das die Ursache des Unfalls sei. Das linke Vorderrad sei während der Fahrt einfach abgebrochen. Eine Untersuchung an der TH Hannover bestätigte den Verdacht. Innerhalb der Bruchstelle fand sich ein Korrosionsnest aufgrund einer eingeschlossenen Blase im Bolzenstahl.

Auch für Sigurd bedeutete diese offizielle Erkenntnis eine ungeheure Entlastung, weil damit irgendeine Art von fahrlässiger Fahrweise ausgeschlossen werden konnte.

Allein in solch einer fürsorglichen Handlungsweise von Mamu und Bapu lassen sich humane Verantwortungsweise und menschlicher Respekt gegenüber anderen erkennen, die bei Vertretern typischer nationalsozialistischer Gesinnung vergeblich zu suchen sind.

Für Sigurd war es ein Segen, dass er von der liebenden Sorge von Giselas Eltern aufgefangen wurde. Er lag länger in der Klinik als Bastian.

„Die Prellungen an seinem Kopf verheilen bei einem Kleinkind schnell", meinten die Ärzte. „Bei Erwachsenen dauert es länger."

Sie hatten Recht, es dauerte viel länger.

Als Sigurd aus der Klinik entlassen wurde, lag er in Mamus Armen und weinte. Das Unfassbare schüttelte ihn, und er weinte, weinte und weinte, dort weint er heute noch. Wie weiterleben? Mit diesem Schmerz, mit dieser Last? Er wusste es nicht. Er weiß es bis heute nicht. Mit Giselas Tod war auch ein Stück des Lebens in ihm zerbrochen. Was dann kam, war ein TROTZDEM LEBEN.

Sigurd hat es immer als ein besonderes Geschenk erachtet, mit wie viel Empathie Mamu und Bapu die Zerstörung des Lebensglücks und der Lebensplanung ihrer jungen Beziehung begleiteten.

Durch die Erkenntnisse anthropologischer, sozialwissenschaftlicher und psychologischer Wissenschaften wurde in ihm die Auffassung gefestigt, dass diese besondere Eigenschaft des Menschen, nämlich Empathie, das Fundament einer reflektierten Liebesfähigkeit und eines verantwortlichen Umgangs miteinander darstellt. Auch in der Lehre Buddhas fand er diesen Hinweis. Der Buddha machte zur Aufgabe, dass es das höchste Lebensziel sei, diese Eigenschaft mehr als alles andere zu schulen und in sich weiterzuentwickeln, wobei er strikt zwischen **mitfühlen** und **mitleiden** unterschied.

Eine Auflösung des widersprüchlichen gordischen Knotens, wieso solche Menschen wie Mamu und Bapu in den entscheidenden Jahren um 1930 herum sich gegen Hitler nicht gewehrt hatten, sondern ihm zunächst gefolgt waren, lässt sich aus heutigen pauschalisierenden Argumenten nicht erwarten.

Die Widersprüche begleiten uns weiterhin.

In Anlehnung an Bertolt Brechts Lyrik:[18]

---

18 Vgl. Bertolt Brecht: Die Gedichte. Frankfurt a. M.: Suhrkamp Verlag, 2000.

Seniorenreisen nach Figueres

Frau Angela kam durchs Museum gerannt
Begeistert von Dalis Malerei,
Nolde hat sie aus ihrem Büro verbannt,
Der war in der falschen Partei.

Wenn man will, kann man weiter dichten:

Dem Kommunismus hat sie
den Rücken gekehrt
Auch der war die falsche Partei
Gegen Picasso wagte den Einwand sie nicht
Obwohl: Der war auch mal dabei.

Kapitel 57

VON KINDERN LERNEN (HANNOVER)

Das Zusammenleben mit Bastian hatte viele Seiten. Zum einem galt es, einen Rhythmus zu finden, der sowohl für Sigurd als berufstätigen Vater als auch für Bastian, den 4-jährigen Sohn, passte.

Die Ferdinand-Wallbrecht-Straße war zwar ziemlich befahren, doch der Weg zum Kindergarten war, bis auf eine Ampel, relativ einfach auch für einen kleinen Jungen. Zunächst hatte Sigurd seine Autofahrt zur Schule mit dem Weg zum Kindergarten verbunden. So waren das morgendliche Ritual der Ankunft im Kindergarten und der Einbindung in die Kindergruppe schon zur Gewohnheitssache geworden, als die beiden anfingen, den Weg zu Fuß über die Ampel zu üben.

Es schien Bastian Spaß zu machen, einen neuen Grad der Selbstständigkeit erreicht zu haben. Er konnte auf dem Weg schon mal andere Kinder seiner Gruppe treffen. Das Spielen mit Gleichaltrigen schien ihm gut zu tun. Was ihm am Kindergarten am meisten zu schaffen machte, war der strikt eingehaltene Mittagsschlaf für die gesamte Gruppe.

Wie viel ihm das zu schaffen machte, merkte der Vater erst, als er versuchte den mittäglichen Schlaf an den Wochenenden auch in ihr Tagesprogramm zu integrieren. Die verordneten Bettzeiten schienen für den Jungen eine Art Horrorlangeweile auszulösen. Standen sie im Kindergarten unter dem kontrollierenden Auge der Kindergärtnerinnen, so gaben sie wenigstens zu Hause den Weg frei für allerhand kreative Formen der Selbstbeschäftigung. So hörte Sigurd im Nachbarzimmer, wie Bastian mit seinem Teddy in philosophische Kindergespräche verwickelt war, oder er bemerkte nach der Mittagsruhe, wie der Junge sein Bett mit der Höhle unter seinem Kinderschreibtisch getauscht und dort äußerst unbequem in tiefen Schlaf gefunden hatte.

Die verblüffendste Entdeckung waren jedoch die Löcher an der Wand neben Bastians Bett. Am Anfang hatte sich der Vater nicht viel bei der Entdeckung eingeritzter Tapete gedacht. Erstaunlich war jedoch, dass es nicht bei der Tapete blieb, sondern von Woche zu Woche aus den Ritzen Löcher wurden, die sich tiefer und tiefer in die Wand hineingruben. Offensichtlich hatte Bastian entdeckt, dass es keines anderen Werkzeuges als seiner kleinen Fingernägel bedurfte, um den sandigen Mörtel aus den Fugen zwischen den Steinen herauszupulen. Im Verlauf von wenigen Wochen nahm die Wand die Form eines Reliefs an, das gut auch als eine Heimstatt für Mauerschwalben hätte dienen können. Es waren Löcher entstanden, in denen kleine Figuren aus Knete Platz fanden.

Sigurd musste daran denken, wie die Reaktion seines Vaters ausgesehen hatte, als er die Wand neben seinem Kinderbett mit der wunderbar weichen Farbe aus seiner Windel bemalt hatte. In Erinnerung daran ließ er es bei Bastians Reliefwand bewenden.

Ein anderer Einfall gegen die Langeweile bestand darin, dass sich Bastian während einer Erkältungsphase regelrechte Verkehrswege ausdachte, die er mit seinem Schnodder und Popeln auf der Bettdeckte wie auf einer Straßenkarte in Szene setzte. Auf Sigurds ärgerlichen Hinweis:

„Nun sieh mal zu, wie du das wieder wegkriegst", reagierte er mit der Selbstverständlichkeit kindlicher Logik.

Wie mussten Mika und Sigurd am nächsten Morgen lachen, als sie entdeckten, welche Lösung Bastian für dieses Problem gefunden hatte. Dort, wo vorher die Popel festgeklebt waren, gähnten nun säuberlich herausgeschnittene Löcher. Bastian war einfach mit einer Schere den Popeln zu Leibe gerückt und hatte sie, wie der Vater es gewünscht hatte, vom Betttuch entfernt.

Es war ein Segen des Himmels, dass Mika ihm zur Seite stand. Sie war das weibliche Pendant, das in der Konstellation fehlte. Sigurd merkte, besonders, wenn er geschafft von der Schule kam, kam, wie die angespannten Nerven nach einem Ausgleich suchten. Dann war es für den kleinen Bastian mit seinem Bedürfnis nach Zuwendung und Bestätigung oft unerträglich, wenn Sigurd ungeduldig war. Sigurd, der ja keine anderen Vorbilder eines familiären Erziehungsensembles hatte als das seiner Eltern, hasste sich dafür, wenn er bei sich entdecken musste, dass in Notlagen die Strenge seines Vaters bei ihm auftauchte. Wie oft hatte er sich doch vorgenommen, seine Kinder einmal anders als sein Vater erziehen zu wollen. Immerhin versuchte er es immer wieder mit einem anderen, kindgemäßen Stil.

Ein gewisses Maß an paritätischer Anerkennung (statt eines patriarchalen Systems) hatte die Dreierkonstellation immerhin entwickelt.

Als Sigurd angefangen hatte, für ein Schulprojekt leere Bananenkisten von Aldi zu sammeln und diese zunächst im Wohnungsflur gestapelt hatte, entdeckte Bastian kurzerhand, dass sie sich wie große Bausteine verwenden und stapeln ließen. Flur und Wohnzimmer verwandelten sich in Burg- und Höhlenmauern und wuchsen, ergänzt durch Decken und Tücher, in krabbelige Wohnlandschaften, die Bastian wie ein kleiner Maulwurf durchstreifen und bewohnen konnte.

Da die Wohnung ohnehin nicht wie ein normales familiäres Zuhause gehandhabt wurde, war sie im Laufe der Zeit, je nach Bedürfnis ihrer drei Bewohner, zu einer experimentellen Wohnlandschaft geworden. In einem kleinen Raum neben dem vorderen Flur hatte Sigurd eine Dunkelkammer für die Bearbeitung von Fotos und Siebdruckvorlagen eingerichtet. Neben dem mit Kartons und mobilen Pappmöbeln besetzten Wohnzimmer öffnete sich durch eine Schiebetür der Zugang zu Sigurds Atelier. Oft arbeitete er dort nächtelang an seinen Malereien. Bastians Kinderzimmer lag gegenüber, neben Küche und Bad. Das Ende des Flurs führte zu Sigurds Schlafzimmer, in dem er, aus Gewohnheit seiner Studentenzeit, auf zwei Bodenmatratzen schlief. Diese Matratzeninsel war wie eine Einladung für gemeinsame Kuschel-, Spiele- und Tobestunden.

Auf dem angrenzenden Balkon zum Hof hatten die beiden auf Bastians Wunsch hin eine Schildkröte untergebracht. Mit etwas Sand und Wasser entstand auch für sie so etwas wie eine Wohnlandschaft vor ihrer Kiste, in der außer der Schlafhöhle der Futternapf und die Trinkschale untergebracht waren.

Einige Jahre ihrer Gesellschaft waren vorbei, als sie aus ihrem Winterquartier im Keller nur noch tot geborgen werden konnte. Offensichtlich war der Keller so von der Heizung erwärmt, dass sie während des Winterschlafes regelrecht ausgetrocknet war. Nach kurzer Zeit der Trauer reagierte Bastian völlig anders, als Sigurd das erwartet hatte. Er holte aus dem Bastelkeller Säge und Hammer und machte sich an die Arbeit, den Panzer an der Seite aufzusägen. Er wollte wissen, was hinter ihrem Panzer zu finden war. Verblüfft fand er dabei heraus, dass es im Hohlraum des Panzers genau so aussah wie bei den Säugetieren. Alle Organe wie Leber, Darm, Herz und andere waren wie in einem wohl geordneten Puzzlekasten planvoll im kleinen Körperchen innerhalb der harten Schutzschalen untergebracht. Alle Teile wurden schließlich in Samtpapier gebettet, in einem kleinen Karton verhüllt, in der nahe gelegenen Eilenriede im Humusboden einer stämmigen Eiche vergraben.

Ein anderer Zimmergenosse stieß unerwartet eines Winters zu ihnen. Sigurd, Mika und Bastian hatten bei einem Schneeausflug im winterlichen Harz ein Blesshuhn entdeckt, dass offensichtlich kurz vorm Verenden war. Um sich herum hatte das Tier mit seinen Flügeln einen Kranz von Federeindrücken in den tiefen Schnee gestrampelt. Dabei war es so ermattet, dass es sich offensichtlich nicht mehr selbst befreien konnte. Willig ließ es sich von den menschlichen Händen ergreifen und verborgen in einer Tasche mit auf den Heimweg nach Hannover nehmen. Der Tierarzt stellte fest, dass es sich einen Flügel gebrochen hatte. Er verpasste dem Flügel eine Schiene, meinte jedoch, dass es auch damit in freier Natur wohl kaum eine Überlebenschance hätte. So nahmen die drei das ermattete und verängstigte Tier mit nach Hause und richteten ihm in der Badewanne einen provisorischen Nestplatz ein.

In der einen Hälfte der Wanne hatte es trockenen Boden unter den Füßen, die andere Hälfte stand für Schwimmversuche zur Verfügung. Wie früher bei der Aufzucht des Spatzenkükens konnte Sigurd seine Erfahrung zur Versorgung des Blesshuhns an Bastian weitergeben. Mit Tatar, gemischt mit Eigelb, wurde es jeden Tag gefüttert, bis es sich so gut erholt hatte, dass es auch selbständig fressen konnte.

Die Körperhygiene für die anderen Wohnungsbewohner musste diesen Winter auf Waschen ohne Duschbad beschränkt bleiben, was sie zugunsten des kleinen Gastes jedoch gern in Kauf nahmen. Mit der Zeit hatten sich alle so an das gemeinsame Zusammenleben gewöhnt, dass es auch nach Entfernung der Schiene keine Frage war, das Blesshuhn bis zur völligen Genesung bis Winterende zu beherbergen.

„Abraxas", so hatten sie ihren Begleiter nach dem Namen eines Kinderbuches genannt, hatte sich so gut eingewöhnt, dass er im Laufe der Zeit immer neue Erkundungen durchführte. Damit er seine Flügel trainieren konnte, hatten sie die Zimmertüren offengelassen. Nachdem Abraxas das Terrain erkundet hatte, war seine beliebteste Flugroute die vom Badezimmer bis zum großen Wohnzimmerfenster, wo er sich zwischen den Zimmerpflanzen ein paar gemütliche Plätzchen ausgesucht hatte, von denen aus er das Treiben auf der Straße beobachten konnte. Bastian und Abraxas hatten sich gegenseitig so angefreundet, dass der Vogel seine Scheu fast völlig verloren hatte.

Bastian versorgte ihn mit allerhand Leckerbissen, wie frischen Salatblättern, aus der Küche.

Sobald Abraxas wieder völlig hergestellt erschien und die letzten Eispartien auf dem Maschsee abgetaut waren, beschlossen Bastian, Mika und Sigurd den kleinen liebgewonnenen Kerl zum Maschsee zu bringen, ihn dort in Freiheit zu setzen und ihm den Anschluss an seine Artgenossen auf dem See zu ermöglichen. Es war ein Moment gemischter Gefühle, die Abschiedstrauer wurde jedoch durch das gute Gefühl, dem Blesshuhn zu einem neuen gesunden Lebensjahr verholfen zu haben, gedämpft. Eine Tasse Schokolade im Café an der Südspitze des Maschsees, von der aus sie das Treiben der Wasservögel beobachten konnten, half zusätzlich über den Abschied hinweg.

Juchhu, nach einem fast halben Jahr das erste Mal wieder in der eigenen Wanne zu baden, war auch ein Luxus den man gerne wieder annahm.

Kapitel 58

ZEIT DER PARADIGMENWECHSEL

Nachdenken; Aufmerksamkeit für die gesellschaftlichen Strömungen, Kritik und Aufbruchsstimmung waren allenthalben. Gerade die Generation der 20- und 30-Jährigen war es leid, den eingefahrenen Mustern zu folgen. Die wissenschaftlichen Ansätze, Vermittlungsmethoden, Curricula und das Verhältnis von Jung und Alt wurden unter den Kriterien Teilhabe der gesamten Bevölkerung, Gleichberechtigung, Abbau von Privilegien und Förderung der Benachteiligten durchforscht und einer kritischen Überprüfung unterworfen.

Auch die Kunstpädagogik, Sigurds Metier, erlebte eine Revision. Der Einfluss der internationalen Kunstentwicklungen, die radikalen Theorien von Joseph Beuys, der statt auf die Macht des Kapitals auf die Macht der menschlichen Kreativität setzte, die Auswirkungen eines erweiterten Kunstbegriffs unter Einbeziehung der Alltagswirklichkeit mit ihren exponierten Beispielen auf der Kasseler Dokumenta halfen mit, den ehemals elitären Kunstbegriff mit dem Bereich der Alltagserfahrungen zu verknüpfen.

Entsprechend spannend war es, diese Verknüpfung auch im Kunstunterricht der Schulen anzuvisieren.

Sigurd verstand das als seine Aufgabe als Lehrender. Zunächst an der Goetheschule Hannover, später an der dortigen Werkkunstschule sowie an den Universitäten Braunschweig und Hildesheim. Treffen in den Bürgerinitiativen Hannovers, wo sie Konzepte zu kommunalen Kulturzentren ausarbeiten, gaben ihm eine Grundlage für den langen Atem, den man bei solchen Anliegen im Kampf mit der eingefahrenen Bürokratie braucht. Die links orientierten Bürgerbewegungen hatten dafür ein strategisches Konzept entworfen: „Den Gang durch die Institutionen".

Als er zum Beispiel für den Kunstraum der Goetheschule eine Schrankwand zur Unterbringung der Malutensilien der Schüler beantragte, erntete er beim zuständigen Schuldezernenten nur mitleidiges Lächeln. Der Hinweis auf die mangelnde Finanzgrundlage und die Vielzahl solcher Anträge sollten ihn davon abbringen. Für Sigurd kam das jedoch nicht in Frage. Er kannte aus seiner Zeit in Hamburg eine völlig andere, hilfreichere Herangehensweise der Behörden. Dem Dezernenten erklärte er kurzerhand, dass der sich mit seinem negativen Bescheid einen Quälgeist eingehandelt habe. Er, der Lehrer der Goetheschule, werde aus seiner Verantwortung den Schülern gegenüber so oft bei ihm, dem Dezernenten, auf dem Schreibtisch sitzen, bis er den Antrag genehmigt habe.

Gesagt, getan. Wöchentlich einmal nahm Sigurd den Dezernenten bei seinem Besuch in Anspruch. Es war jeweils die Zeit von etwa einer halben Stunde zur Wiederholung seines Antrags mit ausführlicher Argumentation und der Androhung von Veröffentlichung in der Presse. Nach 12 dieser regelmäßigen Besuche winkte der Dezernent bereits ab und belohnte Sigurds Hartnäckigkeit halb verzweifelt, halb lachend mit der Zusage.

Zugute kam Sigurd dabei, dass er inzwischen ein gutes Verhältnis zur Hannoverschen Presse aufgebaut hatte und die spektakulären Ergebnisse seiner Unterrichtspraxis bei Eltern, Lehrern und Kunstinteressierten zu heftigen Diskussionen geführt hatten.

Eines seiner Themen zur Bearbeitung im Kunstunterricht war z. B. **„Schule als Material"**. Der Anreiz, Schule einmal als ein Projekt eigener kreativer Bearbeitung anzugehen, hatte die Schüler in engagierten Eifer versetzt. Eine Gruppe hatte sich vom Hausmeister ausrangierte Schultische vom Dachboden geben lassen

und diese zu besonderen Objekten verarbeitet. Aus den „Pulten"
entstanden eine Murmelbahn und ein Plumpsklo mit Deckel. Eine
andere Gruppe hatte die Tür des Lehrerzimmers originalgetreu
nachgebaut und einige Meter weiter neben dem Original an der
Wand so angebracht, dass viele Lehrer und Besucher beim Öffnen dieser zum Verwechseln ähnlichen Tür plötzlich gegen die
Wand liefen. Eine andere Gruppe hatte sich das Treppenhaus vorgenommen und mit den Bändern alter Ton- und Filmrollen von
der Decke herabhängend so drapiert, dass man sich beim Benutzen der Treppe wie durch ein Labyrinth den Weg bahnen musste.
    Es gab hitzige Diskussionen seitens der Lehrer, der Schüler
und der Eltern. Das Argument der Feuerschutzbestimmungen
wurde vordergründig ins Feld geführt, das der Verunglimpfung
der Seriosität der Schule hintergründig. Eine Konferenz zu dem
Thema sollte dem Spuk ein Ende bereiten. Allerdings boten die
inzwischen etablierten demokratischen Prozesse die Möglichkeit, eine Änderung in der Praxis und dem Gedankengut der
Schule in die Wege zu leiten. Das patriarchale System begann
zu wackeln. Ein Trick war, die Berufung auf das „klassische Ide-
engut" selbst beim Schopfe zu greifen und es zur Grundlage der
Verteidigung neuer Ideen heranzuziehen.
    Sigurd hatte einen erfahrenen und gewandten Mitstreiter
an seiner Seite. Hinnerk Schrader, den er von seinem Studium
in Berlin kannte. Er ergriff bei der Konferenz das Wort wie bei
Shakespeares Antoniusrede. Besser als es Sigurd je vermocht
hätte, führte er diese Art von Kunstunterricht und Happening
auf eine Kunstpraxis zurück, die mit den Umzügen der Medici
in Florenz begonnen hatte, und packte damit jeden der Renais-
sanceliebhaber bei seiner Ehre. Dem Schulleiter, der dem Ideal
einer realistisch-naturalistischen Kunst anhaftete, wies er nach,
dass dieser Anspruch im höchsten Maße erfüllt sei. Nämlich:
Die Köttel in der Kloschüssel des veränderten Schultisches sei-
en eben nicht, wie er sie als Schweinkram monierte, „echte Köttel", sondern sie seien so echt aus Knete geformt, dass er sie für
tatsächliche Köttel gehalten habe, noch realistischer gehe es ja
wohl nicht.

Solche Anlässe sorgten dafür, dass die Schule aus ihrem etwas verstaubten Goethepathos zu einer lebendigen Form der Auseinandersetzung fand. Es bildeten sich unter den Lehrern und den Eltern zwar Parteien des Für und des Wider, doch die Schülerinnen und Schüler merkten, dass sie mit Ihrer Arbeit solche Auseinandersetzungen herbeiführten und ihr Beitrag etwas Wichtiges in Gang setzte.

Für Sigurd bestand der Reiz darin, Schule als demokratisch-gesellschaftlichen Raum für ihre Teilnehmer so erlebbar zu machen, dass damit ein Übungsfeld für das Verhalten im späteren gesellschaftlichen Feld eröffnet wird.

Entsprechend nahm er die Gelegenheit gern wahr, als ihm angeboten wurde, sich mit einem Schülerprojekt an der Gestaltung des Hannoverschen Altstadtfestes zu beteiligen.

Die Schülerinnen und Schüler hatten sich dazu Folgendes ausgedacht:

Ein Mädchen, als Afrikanerin geschminkt und zurechtgemacht, sollte in den Vormittagsstunden zusammen mit einem typisch deutschen Jungen durch die Fußgängerzone der Innenstadt bummeln. Sie sollten sich dabei mit Umarmungen und Annäherungen wie ein unbeobachtetes Liebespaar verhalten.

Eine andere Gruppe der Klasse sollte dabei, möglichst versteckt – auch aus oberen Fenstern der Fußgängerzone – filmen, wie die Passanten darauf reagierten.

Aus den filmischen Sequenzen sollte dann ein Film zusammengeschnitten werden, der am Tage des Altstadtfestes öffentlich gezeigt wird.

Heutzutage kann man sich kaum vorstellen, dass allein diese kleine Inszenierung zu Tumulten, Ansammlungen und Bedrohung führte. Offensichtlich waren zu Anfang der 1970er Jahre mit dem Auftritt der beiden Jugendlichen noch tief verwurzelte Tabus berührt.

» Das eine Tabu betraf die Arbeitswelt. Besonders Handwerker und Arbeitende reagierten aggressiv mit der Frage: *„Habt ihr nichts Besseres zu tun? Macht, dass ihr wegkommt."*
» Das zweite Tabu war die Provokation. Wie könnt ihr als Jugendliche es wagen, so in die Alltagswelt von uns Normalbürgern einzubrechen?
» Das dritte Tabu war rassistisch. Es geht doch nicht, dass ein deutscher Junge sich mit einer Farbigen einlässt. *„Sag mal schämst, du dich nicht?"*

Die Vorführung des Zusammenschnitts im Zusammenhang des Altstadtfestes war zumindest ein Spiegel, da man ja deutlich den „Spielort", die Fußgängerzone und den Passantenverkehr erkennen konnte. Ob das zur Bewusstseinsschärfung beitrug, mag dahingestellt sein. Auf jeden Fall führte es den Jugendlichen vor Augen, mit welchen Ressentiments ihr gesellschaftliches Umfeld beladen ist.

Ein Projekt aus jener Zeit hat sich bis heute bewährt. Nachdem das Kaufhaus Wertheim auf dem Raschplatz in Hannover geschlossen hatte, stand es jahrelang unbenutzt da. Zusammen mit einer Bürgerinitiative hatten mehrere Kulturinteressierte eine Aktion ins Leben gerufen, um daraus ein unabhängiges Kulturzentrum zu schaffen. Treffpunkt für die Vorbereitung und Planung war jeweils der Lister Turm, nicht weit von Sigurds Wohnung entfernt. Ein buntes Häuflein von Theaterleuten, Kabarettisten, Künstlern der Malerei und Bildhauerei, Straßenmalern und anderen Darstellern traf sich regelmäßig, um einen Plan zu erstellen, der der Stadt vorzulegen sei.

Um dem Projekt mehr Aufmerksamkeit zu verschaffen, war Sigurd mit einer 5. Klasse angerückt, um den gesamten Pavillon von außen mit bunten Dispersionsfarben zu bemalen. Es war eine fröhliche, kreative und vom Eifer der Kinder getragene Performance. Die Verhandlungen mit der Stadt zogen sich hin. Also stand der Pavillon mehrere Jahre lang als bemalte Plastik zur „Freude der Passanten" auf dem Raschplatz. Die Bürgerinitiative wollte ein autonomes Kulturzentrum, musste sich dann jedoch damit zufriedengeben, dass es ein städtisches alternatives Zentrum wurde, was sich schließlich in verschiedenen Formen bis heute bewährt hat.

Auch als Beiratsmitglied des Kunstvereins Hannover versuchte Sigurd den neuen Strömungen mehr Gewicht zu geben. So wurde zum Beispiel eine spezielle Form der Künstlerbeteiligung unter dem Motto „Druckgrafik in Niedersachsen" ins Leben gerufen. Die Niedersächsischen Künstler wurden aufgerufen, an einem bestimmten Tag gemeinsam in den Räumen des Kunstvereins zu arbeiten, um auf einer Offsetfolie eine eigene Arbeit für eine gemeinsame Ausstellung aller Beteiligten zu erarbeiten. Ein Gemeinschaftsprojekt unter dem Dach des Kunstvereins. Nach dem Druck aller Folien in einer Offsetdruckwerkstatt wurden die Exponate zu einer gemeinsamen Ausstellung mit der Vorstellung aller Künstlerinnen und Künstler in einem Katalog der Öffentlichkeit vorgestellt.

Eine produktive Arbeitsatmosphäre, Austausch und Kennenlernen, Überblick über die Diversität des künstlerischen Potentials und Anregungen zu Gemeinschaftsarbeiten waren das Ergebnis und Modell für weitere Projekte dieser Art.

Sigurd hatte sich mit Siegfried Neuenhausen, einem befreundeten Künstler von der HbK-Braunschweig, verabredet, an einem gemeinsamen Thema zu arbeiten. Entsprechend dem Ziel, dass Kunst auch zum Bewusstsein der gesellschaftlichen Verhältnisse beitragen solle, hatten sie sich Entstehung und Utopie der Institution „Kunstverein" selbst vorgenommen. Sigurds Grafik zeigte den Entstehungsakt des Kunstvereins als eine sich von dem Adelseinfluss abnabelnde bürgerliche Vereinigung in der Mitte des 19. Jahrhunderts, Neuenhausens Arbeit thematisierte die Übernahme der Kunstinstitution durch das Hereindrängen der arbeitenden Massen, symbolisiert durch eine rote Fahne und Menschen in Arbeitskleidung ...

Beide Grafiken zusammen verkörpern sichtbar den Aufbruchsgeist jener Zeit. Zum einen der Hinweis, dass auch das Bürgertum sich die Befreiung von der Bevormundung des Adels erkämpft hatte, zum anderen die Forderung, diese Emanzipation weiterzugeben an die gesamte Bevölkerung. Einer Demokratie im ernsthaften Sinn muss es auch gelingen, ihre eigenen Machtverhältnisse zu durchschauen und in Frage zu stellen. Das war die Forderung der jungen Generation um 1970 herum.

Sie schlug sich nieder in Protesten an den Hochschulen, in Sitzstreiks gegen die Atommülltransporte nach Gorleben, in Demonstrationen gegen Berufsverbote gegenüber linksorientierten kritischen Stimmen, in Protesten gegen den Bau von Atomkraftwerken und anderen Ungereimtheiten, wie z. B. der Bewaffnung mit Pershing-II-Raketen.

Durch seine Berufung an die Werkkunstschule in Hannover konnte Sigurd zusammen mit Hinnerk Schrader, der dort inzwischen den Weiterbildungslehrgang für Realschullehrer im Fach Kunst leitete, seine auf demokratische Selbstständigkeit gegründete Vorstellung von Lehre, Lernen und Forschen mit gestandenen Kunstlehrern umsetzen. Außer der Vermittlung an der Hochschule fuhr man zur gemeinsamen Projektarbeit einmal im Jahr für 3 Wochen nach Terschelling. Dort hatte Hinnerk Schrader mit einem holländischen Hotelier, Inhaber eines simplen Holzbarackenhotels in der Nähe vom Strand, die Vereinbarung geschlossen, dass die Studiengruppe erstens eine preiswerte Unterkunft erhält, zweitens die freie Verfügbarkeit über einige der Hotelräume hat. So wurde ein Atelier zum Malen eingerichtet, eine Dunkelkammer zum Bearbeiten von Negativen und Fotos, ein Raum zum Schneiden von Filmen und ein Raum für die Gruppenbesprechungen, wenn das Wetter so ungünstig war, dass man die Besprechungen nicht am Strand um ein Lagerfeuer gelagert vornehmen konnte.

Gemeinsame Verpflegung, ästhetisch künstlerische Projekte, gruppendynamische Prozesse, Entwicklung und Durchführung künstlerisch-produktiver Ideen, gemeinsame Freizeitaktivitäten – ein Camp tiefer Erfahrungen, Reflektivität und Produktion für 3 Wochen am Stück vermochte Impulse zu geben für die Vorstellung einer künftigen Pädagogik an den Schulen.

Es ging um die Funktion von ästhetischer Arbeit als ein Freiraum für selbständiges Denken und Handeln, die Fortsetzung eines Ideenstranges von der Kunsterzieherbewegung um 1900, über das Bauhaus bis zum Konzept der ästhetischen Erziehung, wie Diethard Kerbs es im Berlin der 1970er und 1980er Jahre oder danach Adelheidt Staudte mit Ihrer Forderung „mit Kopf, Herz und Hand" ausgearbeitet hatten.

Kapitel 59

INTROSPEKTION – KEIM EINER NEUEN DIMENSION

„Du Arschloch.“

„Was bildest du dir ein, kleines schüchternes Würstchen.“

„Guck dir nur mal an, wie du da sitzt. Verschüchterter Sack.“

„Wer kann dich schon ernst nehmen, so wie du dich gibst?“

„Kein bisschen Mumm.“

„Dir kommen ja gleich die Tränen.“

„Mamasöhnchen ohne ein bisschen Pep.“

„Du glaubst doch nicht, dass irgend 'ne Frau auf so 'nen Loser steht.“

„Kriegst du überhaupt einen hoch?“

„Und wie du schon angezogen bist.“

„Hat Mami sie dir gekauft, deine Klamotten?“

„Usw. ...“

Das Setting:

Ein Stuhl an der Wand.

Darauf ein Mitglied der Gruppe.

Der Rest der Gruppe im Halbkreis um die Person an der Wand geschart.

Jeder gibt sein Bestes bei der Beschimpfung.

„Hot Seat“,

heißt das Schimpfritual.

Es geht um Außen und Innen.

Was passiert im Inneren, wenn dir solche Beschimpfungen entgegengeschleudert werden? Wie stabil sind wir, wie verletzlich, wie geprägt? Wie unabhängig von Bemerkungen, die andere an uns herantragen. Was löst das in uns aus?

Wie vorbereitet sind wir? Wie stark in uns selbst, dass wir solche Beschimpfungen gelassen ertragen können? Welche Strategien fahren wir als Reaktion auf?

Das Ganze: Ein kleines Segment unseres Blicks auf uns selbst.

Der Erfinder dieser Methode, im Gesamtkomplex eines Systems, das er Gestalttherapie nannte, war Fritz Perls.

Im Rahmen der Arbeit mit anderen erwachsenen, gestandenen Menschen merkte Sigurd an deren auftretenden Problemkonstellationen, wie wenig er auf dieses Gebiet vorbereitet war. Neben der fachlichen kunstpädagogischen Ausbildung gab es auch eine Ebene verinnerlichter Programme, Einstellungen und Prägungen, die den Zugang zu dem Potential der Lernenden blockierte. Weil er genau auch bei sich selbst das oft als Dilemma erlebte, brannte er dringend darauf, einen Zugang zu diesem Bereich zu finden. Seine Suche war gerichtet auf ein theoretisches System, ein Instrumentarium und einen Erfahrungsbereich, die ihm helfen konnten, Licht in das Dunkel dieses Dilemmas zu bringen.

Zusammen mit ehemaligen Kollegen der Goetheschule und Freunden aus der Bürgerbewegung organisierten sie als eine Gruppe von etwa 10 Personen eine Ausbildung in Gestalttherapie. Dazu hatten sie mit dem Leiter des Fritz-Perls-Instituts in Düsseldorf (Hilarion Petzold) eine Vereinbarung getroffen, dass die Gruppe an einem Wochenende im Monat – in selbst gesuchten Räumen – sich nahe Hannover trifft und Hilarion Petzold samt Mitarbeitern dort die Einführung in die Gestalttherapie vermittelt.

Wenn es irgendeinen Satz gibt, der trifft, was hier passierte, dann dieser:

„Es ging hier ans Eingemachte."

Fritz Perls, in den 1930er Jahren von Hitler aus Wien vertrieben (ähnlich wie Wilhelm Reich aus Berlin), hatte in den USA ein psychotherapeutisches System entwickelt, in dem es um Beobachtung, Erkenntnis und Überwindung von inneren Blockaden ging. Im Deutschland der Nachkriegszeit war das ein Bereich, der so gut wie unreflektiert, ja, sogar mit Tabus belegt war.

Die Methode von Perls unterschied sich von dem psychoanalytischen Ansatz Siegmund Freuds darin, dass nicht nur gesprochen wurde. Zusammen mit der Introspektion war es Perls' Idee, durch tätige Mitarbeit, sozusagen im Prozess handelnder Erfahrung, die inneren Reaktionen, Gefühle, Erlebens- und Strategiemuster sichtbar und greifbar zu machen.

„Hot Seat" war solch ein Baustein der Methode.

Ein anderer war der Einsatz einer Matratze.

Gemäß dem Satz, „Jeder muss seinen Vater einmal erschlagen haben." wurde man in der Sitzung so intensiv an die Kindheitsbeziehung zum Vater herangeführt, dass man als Ausdruck der Wut (die sich nach der wieder empfundenen Kränkung offenbarte) auf die Matratze einschlagen konnte. Die durch Kränkung, Ohnmacht und Scham eingesperrte Energie kam sichtbar zum Ausdruck. (Es ist zwischen Groß und Klein, zwischen Macht und Ohnmacht ohnehin in einer patriarchalen Gesellschaft geradezu zwingend die Regel, dass es im Prozess der Erziehung zu einer solchen Blockade kommt). Perls Intention war es, dies sichtbar zu machen und den Menschen von diesen Blockaden zu befreien.

Die anschließende Versöhnung mit dem Vater wurde dadurch erreicht, dass der „Befreite" im Rollentausch in ein Gespräch mit dem imaginären Vater geführt wurde. Dabei nahm er einmal die Rolle des Kindes, danach die Rolle des Vaters ein. Das Verständnis für beide Seiten und die Einsicht in die eigene Problematik als Folge der Problematik des Vaters halfen, die Kränkung, die Wut und deren Verinnerlichung als lebenslang belastende Blockade aufzulösen.

Wie eine Ahnung durchdrang diese Erfahrung Sigurd auf dem Wege zu sich selbst. Erst sehr viel später im Zusammenhang der Lehre Buddhas wurde ihm bewusst, was Buddha mit den Schleiern gemeint hatte, die auf dem Weg zur Klarheit im eigenen Geist aufgelöst werden mussten. Es war gar nicht der Schleier vor dem Blick auf die Welt, es war der Schleier vor dem Blick auf sich selbst, der das Verhältnis zur Wirklichkeit trübte.

Es passierte viel und man kann regelrecht von Transformationsprozessen sprechen, die sich in Sigurds Erfahrungsschatz und in seinem Bewusstsein einstellten.

Eines seiner Dilemmata war, dass er sein Kraftpotential nicht leben konnte, weil ihm dabei die eruptiven Energieausbrüche seines Vaters in den Sinn kamen. Er wollte partout nicht so sein, wie er dabei seinen Vater erlebt hatte. Folglich hielt er in den meisten Situationen seine Kraft zurück, doch gleichzeitig erlebte er es wie ein Versteckspielen.

Katharina Martin, eine der Mitarbeiterinnen des Fritz-Perls-Instituts, hatte dieses Problem offensichtlich durchschaut. Ihre Maßnahme, es sichtbar zu machen, entsprach voll und ganz den Vorstellungen des Erfinders der Gestalttherapie. Es lief auf eine existenzielle Erfahrung hinaus.

In der Sitzung inszenierte sie mit Sigurd und der Gruppe folgendes Arrangement:

Sie forderte Sigurd auf, sich in die Mitte des Raumes auf den Boden zu setzen. Sie bat ihn, seine Arme rechts und links vom Körper abzuwinkeln. Daraufhin forderte sie zwei aus der Gruppe auf, jeweils links und rechts auf Sigurds Arm zu drücken, und munterte ihn zum Widerstand auf. Als sie merkte, dass Sigurd dem Druck genügend Kraft entgegensetzen konnte, forderte sie zwei andere und schließlich die gesamte Gruppe auf, auf Sigurds Widerstand so einzuwirken, dass er keine Chance zur Gegenwehr mehr hatte. Kurzerhand war die gesamte Meute der Gruppenmitglieder dabei, Sigurd hinunterzudrücken. K. M. forderte Sigurd auf, sich mit allen Kräften zu wehren. Was zunächst wie ein Spiel erschien, fing an, Sigurd in Bedrängnis zu bringen. Stärker und stärker wurde der Druck. Als er schließlich am Boden lag und der Druck auf seinen Brustkorb so immens wurde, dass er kaum noch Luft bekam, war die Grenze seiner Geduld erschöpft und er begann, um sein Leben zu ringen. Schnell befreite er sich mit einer Körperwendung aus der Umklammerung, nahm seine ganze Kraft zusammen, um die einzelnen Körper von sich abzuwälzen und in den Raum zu schleudern, bis alle schließlich schwer atmend am Boden lagen und K. M. die Aktion abblies. Das Ergebnis der körperlichen Aktion war, dass Wolf Hui, ein Mitglied der Gruppe, zwei angebrochene Rippen hatte, eine Stehlampe in ihre Einzelteile zerlegt war und etliche Blessuren und Zerrungen bei den meisten der Gruppe zu beobachten waren.

Wie gesagt: Eine existenzielle Erfahrung.

Sigurd dämmerte, aufgrund dieser Aktion und der anschließenden Reflektion, dass die Zurückhaltung seiner Kraft etwas mit seiner Angst vor den als gewaltsam erlebten Eruptionen seines Vaters zu tun hatte. Eine endgültige Auflösung fand er erst viel später in den Belehrungen des Buddhismus. Dort wurde eine gewaltsam wirkende Kraft nicht verteufelt, sondern als Potential betrachtet, das, wie Rohstoff in einem Komposthaufen, erst transformiert werden müsse, um eine positive Wirkung hervorzubringen. Doch bis dahin war es noch ein weiter Weg.

Spannend waren die „Kibbuz" genannten Erfahrungswochen, die das Fritz-Perls-Institut in der Schweiz veranstaltete. Experten aus aller Welt wurden zu Seminarbeiträgen eingeladen, um mit den Gruppen der Lernenden zu arbeiten. So lernte Sigurd Ruth Cohn kennen, die Begründerin des TZI, ebenso die „Gestaltpädagogik" von Georg Brown von der Universität Santa Barbara in Kalifornien, vor allem aber die hilfreiche Unterstützung von Willi Ries, einem Schweizer Gestalttherapeuten.

Der hatte einen scharfen und erfahrungsreichen Blick. Mit ungeheurer Leichtigkeit und wie nebenbei kam er mit Sigurds

Gruppe auf das Thema „Tiere mimen" und forderte Sigurd nach ersten Versuchen mit der Gruppe auf, einen Gorilla zu spielen. Damit hatte er genau ins Zentrum getroffen. Es war speziell das, was Sigurd am allerwenigsten konnte. Wie ein blockierendes Schloss hing der Zugang dazu vor Sigurds Vermögen. Wie um alles in der Welt konnte er sich in den Zustand hineinversetzen, den er einst seinem Vater als Ausdruck seiner tiefsten Verletzungen angedichtet hatte? Es war unmöglich, unmöglich, unmöglich …

Die Peinlichkeit seines Unvermögens vor der Gruppe löste Willi Ries mit der gleichen Leichtigkeit auf, wie er das Thema ins Spiel gebracht hatte. Mehr wie ein Schimpanse als wie ein Gorilla kam er mit vorgewölbter Unterlippe, die Arme über dem Kopf zusammenschlagend, auf Sigurd zugesprungen und lockte ihn mit einladenden Gesten ins Spiel. Erst zögernd, dann immer befreiter konnte Sigurd sich der Spielvorlage anvertrauen und sich immer gelöster dem kreativen Spiel einer Affennachahmung hingeben. Das Ganze endete in einem Affentanz der gesamten Gruppe, wobei die fröhliche Selbstverständlichkeit eines solchen Spiels die Sinnlosigkeit einer tiefsitzenden und blockierenden Hemmung von selbst ad absurdum führte. Ein Lehrstück par excellence.

Da brauchte nicht viel erklärt zu werden, die Sinnlosigkeit der Kräfte bindenden Blockade lag wie mit dem Tablett serviert der ganzen Gruppe vor Augen. Für Sigurd war es ein sein Leben prägender Mosaikstein auf dem Wege der Selbsterforschung und Befreiung.

Im dritten Ausbildungsjahr gab es einen Break. Der Bruch mit Hilarion Petzold hatte für Sigurd zwei Gründe. Zum einen erlebte er Hilarion bei einer Fahrt, als er ihn mit dem Taxi vom Hauptbahnhof Hannover abholte. Seinen ganzen Frust der Verspätung ließ Hilarion an dem Taxifahrer aus. Fiel ihm ins Wort, versuchte ihn kleinzumachen, führte sich auf wie Puntilla zu seinem Knecht Matti und trieb ihn in eine Enge, die der arme Kerl wahrlich nicht verdient hatte. Diese Form der Unbeherrschtheit vertrug sich nicht mit dem, was Sigurd von der Therapeutischen Ausbildung am FPI zu lernen hoffte.

Zum anderen versuchte Petzold seinen Schülern im Laufe der Zeit immer mehr das Gehabe von Topmanagern beizubringen. Das zeigte sich auch in seinen eigenen Honorarforderungen. Schließlich kam er zur Supervision von Düsseldorf nach Hannover nur noch für die Gage von 3.000 DM pro Nachmittag.

Das entsprach nicht Sigurds Vorstellungen. Schließlich hatte er sich die Ausbildung gesucht, um seine soziale Kompetenz zu erweitern und um den Grad seiner Hilfsmöglichkeiten zu erweitern, nicht um mehr Geld zu verdienen.

Kapitel 60

UMZUG NACH BRAUNSCHWEIG

Nachdem das Konzept der Werkkunstschule in Hannover stärker auf die angewandten Bereiche der Kunst zugespitzt wurde, war der Verbleib eines pädagogischen Lehrgangs unpassend. Das Niedersächsische Kultusministerium ging auf die Suche: Prof. Selle am Lehrstuhl für Bildende Kunst und Ästhetische Erziehung an der Universität Braunschweig bekam den Zuschlag.

Für Sigurd stellte sich die Frage: Umzug nach Braunschweig oder Lehrerstelle in Hannover? Da ihm die Betreuung des Lehrgangs (wie bisher) vom Ministerium zugesagt wurde, entschied er sich für Braunschweig. Zunächst kommissarisch, dann nach Berufung in die Stelle eines Akademischen Oberrates mit dem Besitzstand selbstständiger professoraler Lehre und Forschung nahm er die Stelle in Braunschweig an. Im Rahmen der Entwicklung kulturwissenschaftlicher Ausbildung erwies sich diese Entscheidung als richtig und nachhaltig.

Es ging ihm in erster Linie um die Vermittlung kunstpädagogischer und kulturwissenschaftlicher Kompetenz in einer auf Menschlichkeit gegründeten Methodik. Dafür reichte ihm seine als Besitzstand zugesicherte Selbstständigkeit und Unabhängigkeit. Die Jagd nach Titeln, wie er sie bei manchen Kollegen erlebte, war ihm unwichtig.

Entsprechend gestaltete sich seine Suche nach einer Wohnung in Braunschweig. Schließlich war es „Die Alte Konditorei" an der St. Pauli-Kirche, die er für geeignet hielt. Im unteren Teil der Wohnung befand sich die ehemalige Konditorei, ein paar Stufen höhergelegen schlossen sich die Wohnräume mit Bad, Küche, mehreren Zimmern und einem Wintergarten zum Hof an. Ideal für ein Atelier.

Bastian, inzwischen 8, erhielt sein Kinderzimmer mit Blick zur von Rotdorn bestandenen Straße, Sigurd konnte sich außer dem Atelier ein Arbeits- und ein Schlafzimmer einrichten und sich vor allem dem Herzstück seines Interesses widmen: Dem von der Straße zugänglichen Konditorladen.

Nach kurzer Zeit war unter Beteiligung der Kulturinteressierten des Viertels ein Stadtteilladen entstanden, ein Treffpunkt für Jung und Alt des Quartiers.

Ein Straßenfest vor dem Laden, mit polizeilich genehmigter Absperrung, machte den neuen Stadtteilladen bekannt. Sigurd konnte einige seiner Studenten für die Mitarbeit an Konzept und Betreuung gewinnen, schließlich war es auch ein unreglementiertes Übungsfeld für die Zusammenarbeit mit einem unbekannten Klientel auf Grundlage kultureller und sozialer Arbeit.

Die Fenster waren bunt bemalt und signalisierten schon, wie seinerzeit in Hannover, dass hier ein Nutzungswechsel stattgefunden hatte, zugunsten eines neuen, am Interesse der Leute orientierten Angebots. Bald gab es eine Kindermalstube, eine Siebdruck- und eine Fotogruppe, einen „Klönschnack", bei dem sich die Menschen nach Feierabend oder am Wochenende einfinden konnten. Eine Planungsgruppe für Aktivitäten im Viertel sorgte für ein abwechselndes Programm von Vorträgen, Diashows, Musikdarbietungen und Ausstellungen, so dass bald ein buntes Gemisch aller möglichen Gruppen und ein lebendiger Austausch zwischen ihnen die ehemalige Konditorstube belebte. Die Universität lag nicht weit entfernt, so dass auch für einige des Lehrerstudiengangs, die für ein Jahr an ihren Schulen im gesamten Niedersachsen freigestellt waren, weit ab von zu Hause so etwas wie ein heimischer Treffpunkt entstanden war. Es entsprach Sigurds Vorstellung von einem menschlichen Lehr-/Lernklima, dass eine professionelle Vermittlung zu mehr

Akzeptanz und Engagement führt, wenn sie frei von dünkelhafter Distanz, auf der Grundlage von Transparenz, gegenseitiger Beziehung und Anerkennung sowie dem Austausch der gegenseitigen Befindlichkeiten stattfinden kann.

Die Vorstellung, dass auch Bastian in diesem Arrangement ein mögliches Feld für Anregungen, Kontakte mit anderen Kindern und kreative Beschäftigung finden könnte, erwies sich als Fehlspekulation. Bastian hatte zwar zur nahe gelegenen Schule einen kurzen Weg und dadurch eine große Möglichkeit zur Selbstständigkeit, doch musste er den Vater nun auch noch mit einer Menge anderer Leute teilen, wenn er nicht an seinem Arbeitsplatz in der Uni, sondern zu Hause war.

Erst später (vermutlich auch durch diese Erfahrung) wurde Sigurd bewusst, dass soziales Engagement einer Balance bedarf. Ohne Fürsorge für sich selbst und den bewussten Einsatz seiner Liebe für die nächsten, mit denen man zusammenlebt und die einem anvertraut sind, wird ein soziales, nach außen gerichtetes Engagement fragwürdig.

Einer der wichtigen Sätze des Buddhismus, die er später erfuhr, war die Frage:

„Wie kann man für andere sorgen, wenn man es nicht gelernt hat, für sich selbst zu sorgen?"

Und dazu gehört, dass man sich innerlich erforscht und bewusstmacht, was einen dazu antreibt, für andere zu sorgen. Ist es nicht, unter dem Mäntelchen der Nächstenliebe, die Sehnsucht des Egos nach Anerkennung, nach einem Ausbruch aus einer empfundenen Bedeutungslosigkeit, ist es nicht die Sehnsucht danach, geliebt und beachtet zu werden? Und ist deren Ursache nicht die Hypothek unserer Kindheitserfahrungen und unserer Prägungen?

Es ist oft ein langer Weg der Selbsterforschung und des Blicks nach innen (Introspektion), in einer Zeit, in der generell im Außen gesucht wird, was nur im Innen zu finden ist.

Kapitel 61

EINE NEUE BEZIEHUNG – EINE NEUE FAMILIE

Sigurd war so erfüllt von seiner Arbeit mit den Studierenden an der Hochschule, mit der Arbeit im Stadtteilladen und der Teilnahme an Gruppen der Bürgerinitiativen, dass er erst mit der Bekanntschaft einer ihm ernsthaft zugewandten Studentin bemerkte, wie sehr er sich im gesellschaftlichen Außen aufgelöst und wie sehr er den Blick auf sich selbst und sein Inneres vernachlässigt hatte.

Hinzu kam, dass er im Hinblick auf Bastian nicht mehr die Unterstützung von Mika hatte und er die Unterstützung von Mamu und Bapu etwas von sich fernhielt. Er mochte es nicht, dass Mamu ihm die Suche nach einer Partnerin nahelegte, damit Bastian eine Art Mutterersatz habe.

Der zündende Funke seiner Beziehung zu Barbara beruhte eigentlich auf einem Missverständnis. Mit einer Gruppe von 3 Studentinnen und 2 Studenten, sowie einem Assistenten seines Hochschulinstituts, war er an einem Forschungsprojekt beteiligt, das unter anderem in der Zusammenarbeit mit einer Grundschule in Hillerse (15 km von Braunschweig) stattfand.

Ziel war es, neue, mehr selbstbestimmte Lernstrategien mithilfe von Lehr- und Lerngruppen in der Regelschule zu erkunden und zu entwickeln.

Einmal in der Woche traf sich für einen Unterrichtsvormittag die Hochschulgruppe mit der Kontaktlehrerin und ihrer Klasse zur Durchführung des forschungsorientierten Unterrichts in Hillerse.

Man arbeitete mit den Medien des Kunstunterrichts wie z. B. persönliche Erkundungen, Fotografie, Zeichnung, Rollenspiel, Sammeln historischer und aktueller Bilder zum Thema der Wohnumwelt der Kinder in Hillerse. In der Schule war speziell ein Raum zur Entwicklung und Auswertung der Fotos eingerichtet worden, um den Entstehungsprozess der Bilder den Kindern möglichst erfahrungsorientiert zu vermitteln.

Nach dem Unterricht traf sich die Hochschulgruppe mit der Kontaktlehrerin zur Besprechung und Auswertung der Unterrichtserfahrungen. Diese Treffen waren durch gemeinsames Essen und persönlichen Austausch vor der anschließenden Fachbesprechung sehr wenig formal organisiert. Auch die Fahrten in zwei privaten PKWs trugen zur persönlichen Verbundenheit bei. Diese Form des gemeinsamen Planens, Erkundens, Lernens und Auswertens entsprach ganz und gar der Vorstellung, wie Sigurd sich die nicht hierarchische Vermittlung von Fachkompetenz vorstellte.

Es war noch die Zeit, da es zum studentischen Selbstverständnis gehörte, durch Rauchen seinen Erwachsenenstatus zu demonstrieren. Sigurd hatte das mit seiner Studienzeit schon hinter sich gelassen.

Als eine der Studentinnen bedauerte, dass ihre Zigaretten ausgegangen waren, und sie sich nicht traute, zum Automaten zu gehen, um vom Gruppengespräch nichts zu verpassen, warf Sigurd etwas flapsig ein:

„Soll ich dir vielleicht die Zigaretten holen?"
Die Ironie, die damit gemeint war, in dem Sinn *„Soll ich dir etwa die Zigaretten holen?"*, hatte sie nicht verstanden.
„Ja, würdest du das tun?", war ihre naiv-unschuldige Antwort.

Sigurd hatte sich selbst eine Falle gestellt. Er dachte bei sich: *Selbst Schuld. Nun, ein paar Schritte nach dem Essen werden mir ganz guttun.*

Und er machte sich auf den Weg. Es wurde ein unvermuteter Weg in eine neue Zukunft.

Offensichtlich hatte dieser Vorfall, dass ein Hochschullehrer ihr Zigaretten holte, bei der Studentin einen so starken Eindruck hinterlassen, dass sie sich zu Sigurd hingezogen fühlte und von nun an häufig im Stadtteilladen der „Alten Konditorei" auftauchte.

Es stellte sich heraus, dass sie eine Studentenwohnung direkt in der Nachbarschaft bewohnte. Bei den künftigen Fahrten nach Hillerse fiel Sigurd auf, dass sie seine Nähe suchte und immer anhänglicher wurde.

Von ihren Einstellungen und ihren Lebensmustern her war sie nicht unbedingt sein Typ, doch imponierte ihm, bei einer Einladung in ihre Wohnung, dass sie offensichtlich, anders, als andere seiner Bekanntschaften, nicht nur einen Bettpartner suchte, sondern offenbar ernsthaft an ihm interessiert war.

Eine Seite imponierte ihm am meisten, sie kümmerte sich, und zwar nicht ums Fachliche, sondern um sein Privatleben.

Sie fing an, sich um Bastians Wäsche zu kümmern, die hatte bis dahin Junggesellenstatus gehabt. Allerdings hatte Barbara auch extrem andere Vorstellungen von Bastians Erziehung, nach dem Muster ihrer elterlichen Familie. Das brachte Sigurd in die Notlage, zwischen zwei Stühlen zu sitzen. Das war ein schwieriger und unausgegorener Zustand, den Sigurd nur mit einer Durchsetzung mal zur einen, mal zur anderen Seite zu beheben versuchte.

3 Pole, 3 Unzufriedenheiten – wie war das aufzulösen?

Der Blick aufs Private hatte Folgen.

Es fing an mit dem Geld und endete nach 18 Jahren mit dem Geld.

Sigurd hatte dem Geld nie sonderliche Bedeutung beigemessen.

Seit der Mittellosigkeit der Nachkriegszeit, seit den Schwerpunkten Naturerkundung, Malerei, selbstbestimmtes Leben und Eintreten für soziale Gerechtigkeit, und vor allem seit der mageren Ausstattung seines Studentenlebens, kam ihm der eigene Verdienst aufgrund seiner Lehrtätigkeit nun wie ein Füllhorn vor, das sich wie Überfluss anfühlte. Entsprechend hatte er sein Gehalt mehr in politische Gruppen und soziale Aufgaben gesteckt, als für sich selbst Vorsorge zu treffen.

Barbara kam aus einem Geschäftshaushalt. In ihrem Umgang mit den Finanzen empfand er zu diesem Zeitpunkt eine Hilfe, die ihn darin unterstützte, sich um Bastian, um die eigenen Interessen und ein familiäres Zusammenleben zu kümmern. Das führte im Laufe der engeren Bindung an Barbara dazu, Pläne für eine andere Wohnung zu machen und den Stadtteilladen aufzugeben.

Die Vermählung mit Barbara fand dann schon in der neuen Wohnung in der Steige, einer ruhigen Straße zwischen Fasanen- und Husarenstraße statt.

Es war eine kleine Feier. Barbaras Eltern, Sigurds aus Hameln angereiste Mutter, Bastian, ein paar Freunde und ein Kollegenpärchen aus der Hochschule. Das Highlight bestand darin, dass Anne und Enno Podehl, die am Lehrstuhl Kunst den Sektor Figurentheater und darstellendes Spiel vertraten, eine auf Sigurd und Barbara bezogene Aufführung als Puppentheater inszenierten.

Barbaras Eltern hatten sich zwar eine repräsentativere Hochzeit vorgestellt, doch waren sie dadurch, dass man Barbara die Schwangerschaft bereits ansah, mit dem kleinen Rahmen durchaus zufrieden.

Dass die Verbindung zwischen Barbara und Sigurd „nur" 18 Jahre halten sollte, muss etwas mit der unterschiedlichen Bewertung von Geld, Besitz und Konsum zu tun haben. Erst viel später, etwa 20 Jahre nach ihrer Trennung, fand er bei einem Yogi namens Sadhguru eine Erklärung, die ihm einleuchtete.

Die vordergründige Deutung, dass beide nicht reif genug für diese Beziehung waren, war ihm klar, nur stellte sich damit die Frage, wann ist man denn reif genug für eine Beziehung? Eine tiefer gehende Erkenntnis glaubte Sigurd in der „Weisheit eines Yogi" (so der Buchtitel) gefunden zu haben.

Der Schlüssel der Erkenntnis an dieser Stelle ist folgender:
Bei der Zusammensetzung von Körper und Geist im Menschen kommen zwei gegensätzliche Tendenzen zum Ausdruck, die (wenn sie nicht bewusst sind) unvereinbar bleiben. Im Heranwachsen spielt der Körper die dominante Rolle. Er hat die Tendenz, sich zu schützen, sich abzugrenzen. Im Verlauf des Sicherungssystems errichtet er Mauern, die ihm Schutz bieten. Das läuft auf eine Betonung des materiellen Systems hinaus. Man baut ein Haus, sorgt für eine warme Wohnung und warme Kleidung, sorgt dafür, dass der Kühlschrank voll ist, und richtet sich innerhalb der materiellen Mauern ein.
Ganz anders die geistige Dimension. Sie hat die Tendenz, sich auszubreiten, sich zu erweitern. Irgendwann sind die Schutzmauern mit ihrer Begrenzung ein Hindernis. Der Geist hat mit seiner Sehnsucht nach Ausweitung das Bedürfnis nach grenzenloser Freiheit. Mauern und Grenzen werden dann wie ein Gefängnis erlebt.
Bezogen auf ihre Beziehung sieht Sigurd diese gegenläufigen Tendenzen je an eine Person gebunden. Von klein auf war Sigurd es gewohnt, sich kreativ (vor allem in der Malerei und in der Natur) auszuweiten.

Heute sieht er diesen Unterschied als den grundsätzlichen Konfliktpunkt.

Erst als er lernte, seine Emotionen und Gedanken wie ein Zeuge zu betrachten und zu beobachten, was in seinem Inneren vorging, wurde ihm vieles klarer. Für beide war in ihrer Beziehung der Wunsch Vater ihrer Verbindung. Eine bedingungslose Liebe war in beiden nicht entwickelt. Anfangs war das ein gutes Arrangement, doch die Zweckmäßigkeit ist nur selten eine tragfähige Basis für eine Lebensgemeinschaft, in der die Akteure unterschiedliche Ziele haben.[19]

Bis zur Trennung gab es vor allem in den ersten Jahren viel befriedigende Aktivität und viel beglückende Energie. Davon soll an Beispielen noch die Rede sein.

Aus dem Forschungsprojekt in Hillerse sind ein paar erfolgreiche Ergebnisse hervorgegangen:

1. Eine didaktische Publikation bei Rowohlt zum Thema Wohnen.
2. Eine von der Gruppe erstellte Broschüre „Unser Schulort Hillerse". Sie deckte auf, dass den Kindern im Ort ein Spielplatz fehlte.
3. Die Zusammenarbeit mit den Eltern der Klasse und den Landwirten führte dazu, dass sich eine Gruppe zusammenfand, die aus gespendeten Bäumen des Gemeindewaldes ein abenteuerliches Klettergerüst mit Turm, eine Schaukel, eine Wippe, mehrere Balancebalken und Kleingeräte errichtete.

Der Verkauf der Broschüre im einzigen Dorfladen und der Kneipe von Hillerse halfen die Kleingeräte, Verankerungen und Bodenmatten zu finanzieren. Lebende Schule!

---

19 Vgl. Yogi Sadhguru: Die Weisheit eines Yogi. Berlin: Verlag O.W. Barth, 2017.

Kapitel 62

ANTI AKW – GEGEN NEONAZIS – GEGEN BERUFSVERBOTE

Eins, zwei, drei, vier Eckstein,
alles muss versteckt sein.

Die 1960er und 1970er Jahre waren davon geprägt, dass die heranwachsende Generation die traditionellen Zöpfe der Kaiserzeit und der faschistischen Ideologien endgültig und radikal abschneiden wollte.

Sie nahm die Chancen, die sich mit Demokratie und der Selbstbestimmung des Einzelnen eröffneten, ernsthaft in ihre Hände und wollten eine Veränderung der Republik durchsetzen. Das führte zu vielen polarisierenden Reibungspunkten zwischen dem seit der Nachkriegszeit etablierten Sicherheitssystem, der Exekutive, und den kreativen, freiheitsorientierten Vorstellungen der jungen Generation.

Die BRD war nicht nur ein Spielfeld unterschiedlicher Ideologien. Sie war auch ein Spielfeld zum Ausprobieren, wie die Ordnungskräfte das beste Maß für die Balance zwischen demokratischer Bürgerbeteiligung und Gewalteinsatz der Polizei entwickeln konnten.

Ein markantes Beispiel spielte sich in Grohnde beim Bau des Atomkraftwerks ab. Eine hauptsächlich aus Hamelner Bürgern bestehende Protestbewegung hatte zur Demo aufgerufen. Eine Horde „Autonomer" drangsalierte den Begleitzug der Polizei und begann ihn mit Steinen zu bewerfen. Das galt für die Polizisten als Einladung zum Niederknüppeln und Festnahme etlicher Demonstranten.

Alles muss versteckt sein.

Hinterher stellte sich heraus und wurde angeblich mit Fotos nachgewiesen, dass die sogenannten „Autonomen" selbst Polizisten waren. Als „Autonome" verkleidet, hatten sie den übrigen Polizisten den Anlass für deren gewaltsame Maßnahmen zu liefern. So erzählten es die Demonstranten der Grohnde-Proteste.

Verständlich wurden solche Methoden dadurch, dass es mit der Baader-Meinhof-Gruppe tatsächlich eine Vereinigung gab, die versuchte, mit krimineller Gewalt das auf Anarchie gegründete Zepter in die Hand zu bekommen.

Eine neue Form der Bürgerinitiativen bestand darin, dass sich Gruppen unterschiedlicher Couleur verbündeten und an verabredeten Plätzen, z. B. in den größeren Städten oder gar zentralisiert in Bonn, in Frankfurt, Hamburg, im Wendland zu Protestmärschen vereinigten. Nach dem Vorbild gewaltfreier Demonstration wurde auf diese Weise als außerparlamentarische Opposition (APO) ein Korrektiv geschaffen für die unberücksichtigten Vorstellungen großer Teile der Bevölkerung.

Das Wendland war solch ein Brennpunkt des Bürgerbegehrens. Die Castortransporte, mit denen, ohne Beteiligung der Bevölkerung, die ausgedienten radioaktiven Abfälle und Brennstäbe der Atomindustrie hier gelagert werden sollten, stellten ein sichtbares Symbol für die zu wenig geprüften und mit Macht durchgesetzten Übergriffe des Staates dar. Aus allen Teilen der Nation, besonders aus Norddeutschland, fuhren Busse und Privatfahrzeuge an, um ihren Einspruch dagegen einzulegen. Für Sigurd war es selbstverständlich, sich hierbei einzubringen und zusammen mit Freunden der Braunschweiger Bürgerinitiativen an den Protestdemos teilzunehmen.

Es waren drei bemerkenswerte Punkte, welche die hier aufkommende Protestbewegung beflügelten:

Erstens, man trat für die Sicherheitsbelange großer Bevölkerungsgruppen ein. Stellvertretend galt das auch für die eigene Sicherheit und die der eigenen Kinder. Dass es dabei nicht um die Verteidigung ideologischer Positionen nur der sogenannten „Linken" ging, zeigte sich darin, dass auch die eher traditionell orientierten Landwirte des Wendlands sich den Protesten anschlossen und mit ihren Traktoren die Demos unterstützten. Das Wendland wurde symbolisch zur freien Republik ausgerufen.

Zweitens war über die Jahre zu verfolgen, wie sich die Fronten zwischen Exekutive und Protestlern aufweichten. Hatte sich Sigurd in den ersten Jahren noch zusammen mit seinen Mitstreitern an den Gleisen des Castortransports anketten lassen, um den polizeilichen Zugriff zu erschweren, so hatte die Aktion „Nelken für die Bullen" (nach dem Vorbild der portugiesischen Revolution) einen so durchschlagenden Erfolg, dass sich viele Polizisten nicht mehr gegen die Demonstranten stellten.

Drittens war die Legitimation, für eine unvergiftete Umwelt einzutreten, zu solch einer öffentlichen Einsicht vorgedrungen, dass sich daraus die Parteigründung der „Grünen" entwickelte.

Ein weiterer Brennpunkt war der Widerstand gegen den aufkommenden Rechtsnationalismus. Im Jahre 1977 war eine NPD-Kundgebung auf dem Burgplatz vor dem Braunschweiger Dom angemeldet. Gegenüber der Gruppe von 10 NPD-Anhängern hatten sich etwa 3000 Gegendemonstranten aus dem Bündnis der Braunschweiger Bürgerinitiativen eingefunden. Die Polizei befand sich in der Zwickmühle, die ja genehmigte Kundgebung der NPD-Anhänger schützen zu müssen. Doch wie sie das tat, erscheint auch aus heutiger Sicht nicht angemessen.

Auf dem Balkon des Viehweghauses hatten sich die Honoratioren der Stadt versammelt. Neben dem Polizeipräsidium gaben sich der damalige Bundestagsabgeordnete der SPD und andere aus sicherer Entfernung der Beobachtung des Geschehens hin. Die Menge der Gegendemonstranten gegen die NPD-Kundgebung versuchte mit Transparenten und skandierten Parolen ihre Gegenposition für Presse, Fernsehen und Fotos sowie zur Unterstützung von Gleichgesinnten medienwirksam ins Bild zu setzen.

Wie von einem Kommandostand wurden vom Balkon des Viehweghauses die Polizisten aus ihren heranrollenden Mannschaftswagen dirigiert und auf einzelne der Gegendemonstranten hingewiesen. Nicht zimperlich ging daraufhin die Polizei mit Schlagstöcken auf einzelne Gegendemonstranten los, knüppelte sie nieder und zog sie zum erkennungsdienstlichen Verhör in die Mannschaftswagen. Es war, als ginge die Bedrohung nicht von der Gesinnung der Neonazis auf dem Kundgebungspodest, sondern von den „Ordnungshütern" selbst aus.

Sigurd, der sich trotz aller brisanten Hoheitsmaßnahmen der Polizisten für demokratische Gerechtigkeit engagierte, wollte seinen Augen nicht trauen. Er war mit einer Gruppe seiner Hochschulstudenten dabei, das Geschehen zu dokumentieren. Unerwartet wurde aus der fotografischen Dokumentation so etwas wie ein Kriegsbericht. Von einem Polizisten wurde ihm die Kamera aus der Hand geschlagen.

Ihm wurde plötzlich bewusst, in welche Gefahr er seine Studis gebracht hatte.

Um für sich und seine Seminarteilnehmer ein nützliches Projekt daraus zu entwickeln, beschlossen sie, die Bilder in Braunschweig an die Öffentlichkeit zu bringen. Immerhin reichten die geretteten Fotos seiner Gruppe dazu, das Geschehen zu veranschaulichen und, als Ausstellung arrangiert, in verschiedenen städtischen Institutionen, wie dem „Freibize" (Freizeit und Bildungszentrum in der Nimes-Straße), und anderen Institutionen Braunschweigs publik zu machen. Die Übergriffe der Polizei ließen sich anhand der Fotos nicht leugnen.

Eins, zwei, drei, vier Eckstein,
muss alles denn versteckt sein?

Bei Sigurd führte dieses Ereignis zu einer Empörung mit nachhaltigen Folgen, die ihm fast den Job gekostet hätten.

Die Schilderung dieser Folgen liest sich wie eine Erzählung aus einer anderen Welt. Doch spiegelt sie handgreiflich die polarisierte Gemengelage bei der Etablierung einer sich formenden Demokratie zur Zeit der 70er Jahre. Sie war, wie gesagt, davon geprägt (angesichts sich radikalisierender Protestgruppen wie Baader/Meinhof), das richtige Maß zwischen bürgerlichen Freiheitsrechten und Ordnungsgewalt zu finden.

Als Zuspitzung des Geschehens hatte ein Mitglied des KBW (Kommunistischer Bund Westdeutschland) ein Plakat gefertigt, das im Stil einer Karikatur die Polizisten als Marionetten der Balkongruppe darstellte. Karikaturhaft übertrieben wurde die Gewaltanwendung der Polizei mit der Kriegsgewalt eines Panzers verglichen.

Eine KBW-Anhängerin wurde beim Aufkleben dieses Plakates in Braunschweig festgenommen. Ihr sollte vor dem Amtsgericht der Prozess gemacht werden. Als Sigurd erfuhr, sie solle nicht nur wegen Sachbeschädigung des Untergrunds verklagt werden (was durchaus legitim gewesen wäre), sondern für den Inhalt des Plakats, das sie ja gar nicht gefertigt hatte, fühlte er sich verpflichtet, ein Gutachten zu ihrer Verteidigung einzureichen. Durch §5 (BGB) war seiner Meinung nach unter dem Begriff „Freiheit der Kunst" die Darstellung des Plakats, da es sich ja um eine Karikatur handelte, geschützt.

Bei der Gerichtsverhandlung ließ der Staatsanwalt dann Sigurd als Gutachter ungewöhnlicherweise vereidigen. Die Vereidigung nahm er zum Anlass, gegen Sigurd ein Meineidsverfahren zu eröffnen. Sein Argument war, Sigurd hätte sich durch Unterschrift einer Petition, welche die Einstellung des Verfahrens verlangte, als parteiisch geoutet und könne daher nicht als unparteiischer Gutachter auftreten.

Der Karikaturenstreit hatte zudem eine zweite Bühne für die Aktivität des Staatsanwalts. Als ehemaliger Hamelner hatte Sigurd die Initiativen der Hamelner Bürgerschaft gegen den Bau des Atomkraftwerks in Grohnde (der Weserschleife kurz vor Hameln) verfolgt. In Hannover sollte den sogenannten „Rädelsführern" der Bürgerschaftsgruppe der Prozess gemacht werden. Sigurd war mit Barbara und dem dreimonatigen Töchterchen Tina angereist, um dem Prozess beizuwohnen und die Bürgerschaft zu unterstützen.

Wieder ein martialisches Bild. Zwischen dem Gericht und dem öffentlichen Publikum war eine Phalanx schwer bewaffneter Polizisten mit Schutzmasken und Schutzschildern bewehrt aufgestellt. Seltsam unpassend gegenüber dem zivilen Publikum, aus Familien mit Müttern, Vätern und Kindern.

Seltsamerweise trat ein Polizist als Zeuge auf, den Sigurd aus dem Braunschweiger Prozess kannte. In beiden Fällen wollte er eine Stange auf den Kopf bekommen haben.

Nun konnten die Dokumentarfotos der Braunschweiger Demo belegen, dass dort keine anderen Stangen zu erkennen waren als die von den Transparenten der Demonstranten. Diese aber ließen sich nicht als Waffe gegenüber einem Polizisten einsetzen.

Sigurd war durch das Erleben beim Grohnde-Prozess so engagiert, dass er in der Braunschweiger „Stadtzeitung" eine Karikatur veröffentlichte, in der er den Polizisten unter falschem Namen darstellte, wie er vom Polizeipräsidenten eine Abschussprämie, ähnlich einer Jagdtrophäe, überreicht bekam. An der Wand dahinter sah man drei Geweihe in Jägermanier drapiert, unter denen die drei Namen der Angeklagten des Grohnde-Atomprozesses zu lesen waren.

Der Staatsanwalt fühlte sich durch Sigurds Karikatur bestätigt und erweiterte die Meineidsklage gegen Sigurd durch eine zusätzliche wegen Verunglimpfung der Polizei.

Sigurd hatte sich zur Abwendung der Klage an einen Braunschweiger Anwalt gewendet, von dem bekannt war, dass er sich um solche politischen Verfahren kümmerte. Freudestrahlend erzählte dieser dann Sigurd, dass er das Verfahren abwenden könne. Er habe sich beim Frühschoppen mit seinem SPD-Kollegen, dem Staatsanwalt, darauf geeinigt, dass der das Verfahren gegen eine Zahlung von 300 DM an eine karitative Vereinigung einstellen wolle.

Eins, zwei, drei, vier Eckstein ...

Sigurd war damit nicht einverstanden, würde das doch gewissermaßen das Einverständnis einer Schuld bedeuten. Er wollte nicht, dass Schuld, sondern dass Recht gesprochen wird.

Über eine der linken Bürgerinitiativen erfuhr Sigurd von einem Anwalt in Wolfsburg, der 1956 nach dem Verbot der KPD viele Mandanten freibekommen habe. Er erwies sich als politischer Anwalt „mit allen Wassern gewaschen". Als Glücksmoment kam zur Hilfe, dass der Braunschweiger Polizistenzeuge bei zwei Angeklagten zur selben Zeit eine Stange auf den Kopf bekommen haben wollte. Eine in Göttingen, eine in Braunschweig zur selben Zeit.

Oh, Oh ... verdammter Eckstein ...
Nicht immer klappt versteckt sein.
Manches wird entdeckt sein.

Es wurde nichts aufgedeckt. Man arrangierte sich unter der Hand.

Das eröffnete dem Anwalt selbstverständlich breite Möglichkeiten. Auf einmal bekam er all seine Mandanten von den Jusos und anderen Gruppierungen, Sigurd inklusive, frei.

Eins, zwei, drei, vier Eckstein,
alles muss versteckt sein.
Hinter mir und vor mir gilt es nicht.
Eins, zwei, drei,
ich schlag an, ich bin frei.

Den Polizisten lernte Sigurd später persönlich kennen. Er stellte sich als wohlwollender Mensch heraus, dem man wohl für seine Aussagen eine schnelle Karriere zugesagt hatte.

Sigurd lernte ihn dann Jahre später in einer hilfreicheren Rolle kennen, als er seinen Kindern die Fahrradprüfung abnahm.

Offensichtlich hatte dem Polizisten der Wechsel aus den Kinderschuhen der Republik zur Hilfe bei den Kinderrädern der heranwachsenden Republik-Kinder eine sinnvollere Perspektive eröffnet.

Wie schön, dass im Laufe der Zeit solche Entwicklungen möglich wurden.

Kapitel 63

ÜBERRASCHENDE ERKENNTNIS IN SÜDFRANKREICH

Durch seine Wanderungen in Südfrankreich, durch seine Paris-Besuche und die Verbundenheit seiner Großmutter (einer geborenen Gastal), hatte Sigurd sich so mit der Mentalität der okzitanischen Provenzalen angefreundet, dass er bei einem Besuch in Maussane unterhalb von Les Baux die Gelegenheit ergriff, ein provenzalisches „Mas" zu erstehen. Das Angebot war zu verlockend. Ein Berggarten mit Mandelbäumen, Oliven, Aprikosen, Kirsche, Agaven und allen Kräutern der Provence bewachsen, dazu ein Bewässerungsbach, der vom Berg herunter durch das Grundstück führte und vor allem den unteren waagerechten Teil bewässern ließ. Dazu ein Häuschen mit Kamin im Wohnzimmer, schmaler Küche, Schlafzimmer, etwas höhergelegen, und, noch eine Stufe höher in den Bergfelsen hineingebaut, die Toilette. Im Eingangsbereich war neben der Heizung Platz, um eine zweite Toilette, eine Dusche und ein Gästebett einzubauen.

Ideal für die junge Familie. Etwa einen Kilometer entfernt lag Maussane, dazwischen ein paar Felder, der Friedhof, der Campingplatz und das Schwimmbad. Der Marktplatz in Maussane war der Treffpunkt aller möglichen regionalen Angebote vom Obst und Gemüse bis zum Ziegenkäse und Schlachtprodukten.

Tina, inzwischen vier Jahre alt, hatte sich so in die Gegebenheiten eingelebt, dass sie mit Klein-Florian an der Hand den Feldweg nach Maussane zum Schlachter tippelte und ihren sorgfältig gelernten Satz herunterbetete:

„Esque vous avez un peut de la viande, pas bon qualité, pour les chiens?"

Stolz kam sie stets mit einer großen Tüte Abfallfleisch und Knochen zurück, um dann die Hunde des kleinen Viertels mit Fressen zu versorgen. Es war klar, dass sie bald der beliebteste Kumpan unter den Hunden der anliegenden Höfe war.

Die ungebundene Freiheit tat den Kindern gut. Spiele am Bach, Früchte aus dem Garten, vor allem zur Aprikosenzeit. Gebunden an die Ferienzeiten der Hochschule, waren sie allerdings oft schon im letzten (doch schmackhaftesten) Reifegrad, so dass sie fast mit dem Mund vom Baum zu schlürfen waren.

Barbara und Sigurd begaben sich oft mit den Kindern auf Entdeckungsfahrten.

Arles mit seinem Samstagsmarkt, der Picasso-Sammlung, den römischen Ruinen mit ihren Theaterinszenierungen, dem „gelben Kaffee" aus van Goghs Zeiten, das Ufer der gewaltigen Rhone-Stromschnellen, der Place de la Republique mit seinen Brunnen und die romanische Basilika St. Trophime, das Kirchlein am Ende der römischen Gräberstraße – alles inspirierte dazu, ein wenig am gewachsenen Flair der Provence teilzuhaben.

Ein aufschlussreicher Besuch ergab sich in Tarascon.

Sigurd wusste aus der Erzählung von Jean Cocteau, dass Tarascon dem keltischen Namen Drachen, bzw. Ungeheuer, nämlich „Tarasque" entstammte. Dementsprechend gab es jedes Jahr einen Umzug mit einer übergroßen Tarasque aus Pappmasche, die auf Rädern durch den Ort gezogen wurde. Nach einer Besichtigung der Burg des „Guten König Renee" entdeckten die vier plötzlich in einem dafür reservierten Laden die Figur dieser Pappmaschee-Tarasque.

Ein Riesenmonster. Aufgesperrtes Maul mit feuriger roter Zunge zwischen malerisch angedeuteten Flammen im Kontrast zu ihren gebleckten weißen Zähnen. Hinter vorgewölbten Augenbrauen ein paar listig leuchtende Augen in den dunklen Augenhöhlen. Vom Kopf aus ein zackig bewehrter Kamm den Rücken hinab. Dahinter ein massiger Leib mit grünen Schuppen, dazwischen zackenförmige pyramidale Stacheln, die deutlich machten: Ich bin unangreifbar.

Ein gruseliges Fabeltier, wie es aus der Siegfried-Sage bekannt war. Sie erinnerte an Dinos und weckte daher die Neugier der Kinder. Sie waren so fasziniert, dass sie sich von dem Anblick kaum trennen konnten. Es schien, als verinnerlichten sie jedes Detail. In der Tat.

„Und wird die einmal im Jahr lebendig und tobt durch die Stadt?"
„Und kann die dann richtig Feuer spucken?"
„Und frisst die auch Menschen und Kinder?"
„Und warum ist sie jetzt so zahm?"
„Nein, dies ist ja nur ein Abbild."
„Seht ihr unter ihrem Panzer die Räder?"
„Damit wird sie einmal im Jahr durch die Stadt gezogen. Viele Leute schleppen sie an Seilen hinter sich her. Dadurch bewegt sie sich. Und ein Haufen Leute folgen ihr verkleidet und mit Rasseln und Pfeifen, so machen sie das seit langer, langer Zeit. Sie feiern, dass der Drachen besiegt wurde."
„Das ist so wie bei uns in Braunschweig der Karneval, wenn die großen Wagen mit den Pappmaschee-Figuren durch die Stadt gefahren werden."
„Ihr steht doch immer am Straßenrand und versucht ein paar Bonbons aufzufangen, wenn sie vom Wagen geworfen werden. So müsst ihr euch das hier in Tarascon auch vorstellen."
„Und kommt dann auch richtig Feuer aus ihrem Maul?"
„Gruselig – können wir dann auch mal herkommen und zugucken?"
„Au ja, und werden dann auch Bonbons verteilt?"
„Ach du, das ist doch nicht das Wichtigste."
„Feuer spucken, Feuer spucken, Feuer spucken, Bonbons spucken, Bonbons spucken!"

Auf ihrem weiteren Gang durch die Stadt regte sich bei allen der Hunger. Ein einladender Schnellimbiss war bald gefunden. Zu einer Mahlzeit in dieser Region gehört ein Glas Rotwein, und das regt zum Gespräch an. Die Unterhaltung zwischen Barbara und Sigurd schien den Kindern eine Zumutung. Ihre Langweile bis zum Essen musste irgendwie überbrückt werden. Also kam der Block mit den Kassenzetteln gerade recht. Mit einem Kugelschreiber in der Hand machten sich Tina und Florian ans Werk. Der jüngere Florian (etwa 2,5 Jahre) orientierte sich an Tinas Zeichnung. Das Ergebnis war so erstaunlich, dass Sigurd mutmaßte, es würde Piagets Forschungen zur Bewusstseinsbildung der heranwachsenden Kindergehirne widerlegen. Tina hatte die Tarasque, stark einem Dinosaurier ähnelnd, proportional perfekt erfasst in großer gewölbter Form von Rückenpartie bis zum Kopf. Auf ihre Haut hatte sie, wie es bei der Pappmaschee-Figur zu sehen war, eine Anzahl abwehrender Stacheln in Dreieckform gezeichnet. Man konnte klar die Tarasque erkennen.

Florians Tarasque dagegen war für ein Erwachsenenauge schwerer zu entziffern. Er gab bereitwillig Auskunft: Der große runde Kreis war der Körper der Tarasque, die kleinen Haken, die sich an ganz anderer Stelle des Papiers befanden, wären die Stacheln. Und dann gab es noch eine Stelle mit kleinen Punkten: Das waren die Bonbons.

Daraus ließ sich folgern: Florian hatte die Details der Stachel zwar wahrgenommen, sie jedoch keineswegs als zugehörig zum Korpus der Tarasque betrachtet. Er hatte jedes für sich erfasst, während für Tina die Zusammengehörigkeit offensichtlich war. Bedeutete das, dass bei der Entwicklung des Wahrnehmungsvermögens zuerst die Details und erst danach der Gesamtzusammenhang erkannt werden?

In der Darstellung der Bonbons wurde deutlich, Phantasie und Wirklichkeit wurden zu einer neuen Realität vermischt.

Sigurd reagierte sehr verblüfft, war er doch davon ausgegangen, dass vor der Wahrnehmung der Details die Gesamtform in der Aufmerksamkeit verankert wird.

Für ihn als Maler wurde einmal wieder deutlich, die Wirklichkeit des Bildes liegt nicht darin, ein retinagetreues Abbild der Realität zu schaffen.

Wieder was gelernt, dachte er sich und freute sich an der Verschiedenheit seiner Kinder.

Kapitel 64

DAVID, DER TAUSENDSASSA –
FREUND IN DER PROVENCE

Mancher Aufenthalt im provenzalischen „Mas" wurde ein Arbeitsprojekt. Vergütet und vergoldet wurde es durch das südfranzösische Klima, durch die kaum nachlassenden Sonnentage, durch den in dieser Sonne gereiften Rotwein von „Mas de la Dame" und die abendlichen Treffen in den Cafés auf dem Dorfplatz von Maussane.

Mit Bastians Hilfe entstand eine Bergterrasse auf dem Grundstück. Er war trotz seines jugendlichen Alters schon so stark, dass er es schaffte, den auf dem Parkplatz angemischten Beton eimerweise den schmalen Bergweg bis zum Ende des Areals hinaufzutragen. Die Aufgabe, hier eine Terrasse anzulegen, hatten sie sich zu zweit vorgenommen. Einige große Felsbrocken als Außenmauer arrangiert, bildeten den Halt für die Betonfüllung. So entstand eine planierte Fläche für Tisch, Stühle und Liegen auf dem oberen Ende des Grundstücks. Sie war eingebettet in die Olivenbaum, Pinie, Rosmarin, Ginster, wilder Birne und Thymian. Von hier aus hatte man einen fantastischen Blick Richtung Süden über Maussane hinweg auf die Alpillenkette vor der Crau.

Eine große Unterstützung war die wohlwollende Nachbarschaft.
     Da war vor allem David. Er half mit allerhand Werkzeugen, wie einem Betonmischer, einer Bohrmaschine, einer Elektrosäge usw. aus.

David war ein Lebenskünstler.

Sein voller Name war David Mehl. Das klingt ein wenig deutsch und ein wenig nach Salomon.

Er entstammte einer Bergbauern-Familie aus den französischen Alpen. Als zweitem von 5 Kindern stand ihm das Hoferbe nicht zu, also betrieb er eine Hütte im Skigebiet mit allerhand Utensilien und Verpflegung für Touristen.

Da war aber auch die Sehnsucht nach warmem Klima und die Sehnsucht nach einem Stückchen eigenem Land, das man bebauen konnte.

David war kein Beaux. Schmales, braungebranntes, faltiges Gesicht, in dem ein paar lebenslustige Augen glänzten. Ein hagerer, doch zäher Körper, in dem sich Arbeitskraft und Lebenslust ergänzten. Es mag dies, es mag aber vor allem sein Name gewesen sein, der es dem Pariser Mädchen Berthe angetan hatte. Sie war eine geborene Weizenbaum.

Auch das klingt heftig deutsch und ein wenig nach Salomon. Und verheißt es nicht schon die Bedeutung der Namen, dass ein Weizenbaum und ein Mehl zusammengehören und etwas Gelungenes hervorbringen können? Nachdem sie sich auf der Skipiste kennengelernt hatten, beschlossen sie, sich im klimafreundlichen Süden niederzulassen.

Es war ihnen gelungen, an einem Schotterweg Richtung Maussane einen Olivenhain mit Baugenehmigung zu erwerben. Es war ein Geschenk des Himmels, dass sie Sigurds Nachbarn waren.

David war ein Lebenskünstler.

Es gelang ihm, seine etwas vorsichtige, in Paris sozialisierte Berthe davon zu überzeugen, dass kein Schicksal es vermochte, ihm sein faltiges Lachen und den schelmischen Humor aus seinem Gesicht zu vertreiben.

Während Berthe in einer riesigen Bèrgerie am Rand von Maussane einen Raum als Büro eingerichtet hatte, um für die Pariser Firma, bei der sie angestellt war, per Internet Maschinen zu verkaufen, hatte David es übernommen, ein Haus auf dem Olivenfeld zu errichten.

Man wohnte im Wohnwagen. Wasser, Strom und eine Toilette gab es zunächst nicht. Durch den Wohnwagen hatten sie während der Bauzeit immerhin eine Unterkunft. Jedes Mal, wenn von Berthes Lohn ein kleines Surplus vorhanden war, konnte David Baumaterial für das Haus besorgen. So wuchs unter seinen Händen langsam ein stattliches Gebäude im provenzalischen Stil heran.

Die Olivenernte des Grundstücks brachte nach der Pressung in der weltberühmten (altrömischen) Ölmühle von Maussane ein zusätzliches Einkommen, so dass der Bau mit zwei Stockwerken und einer Einliegerwohnung mehr und mehr Gestalt annehmen konnte.

Für Berthes Mutter, Madame Weizenbaum, war die Einliegerwohnung vorbereitet. Sie zog just in dem Moment von Paris nach Maussane, als bei Berthe und David ein Baby unterwegs war. So war die Familie durch die Hilfe der „Grandmère" entlastet. Alles fügte sich, wie erhofft, zu einem sorglosen Leben unter der Sonne des Südens.

Praktisch für Sigurd war, dass Madame Weizenbaum, ursprünglich aus Berlin kommend, 1938 vor den Nazis nach Wien geflohen, in österreichischem Dialekt Deutsch sprechen konnte. Sigurd fehlte eine französische Sprachschulung. Mit seinen Fremdsprachen Altgriechisch, Latein und Englisch war in der Provence wenig anzufangen. Erst allmählich entwickelten sich seine Sprachkenntnisse so, dass er im Alltagsleben damit zurechtkam.

David sprach weder ein Wort Deutsch noch ein Wort Englisch. Die in Frankreich seinerzeit verbreitete Auffassung, dass Fremde schließlich Französisch sprechen sollten (an die sich schon Friedrich der Große und die europäischen Höfe gehalten hatten), hatte wohl auch Davids Begeisterung für Fremdsprachen gedämpft. Trotzdem entwickelte sich zwischen Sigurd und David eine herzliche Freundschaft.

Nach dem Hausbau machte David in Les Baux, dem Künstlerdorf oberhalb von Maussane, einen Laden auf, in dem er allerhand Artikel für Touristen verkaufte.

So knüpfte er an die Vergangenheit seiner Hütte für Skifahrer an und entwickelte ein Händlertalent, das später auch zu einem Laden in Arles führte.

In späteren Jahren, in denen Sigurd Exkursionen mit seinen Studierenden nach Südfrankreich machte, war seine Hilfe oft Gold wert.

Zum Beispiel hatte sich eine Studentin bei einem eigensinnigen Ausritt bei Saintes-Maries-de-la-Mer, vom Pferd fallend, den Fuß verstaucht. Über Nacht wurden die Schmerzen und die Schwellung nicht mehr ertragbar. David wusste Rat, lud Sigurd mitsamt Studentin in seinen Deux Chevaux und karrte sie nach Arles zur klinischen Behandlung.

Als bei einer anderen Exkursion einer der Studenten nach einem Besuch in Arles nicht mehr zum Bus erschien, war es für David selbstverständlich, mitten in der Nacht noch einmal mit Sigurd nach Arles zu fahren und sämtliche Kneipen nach dem verlorenen Studenten abzusuchen. Wenn auch ohne Erfolg. Der Student hatte sich in kurzer Zeit so stark die okzitanische Gelassenheit zu eigen gemacht, dass er es nicht schlimm fand, erst am nächsten Morgen zum Frühstück in Maussane zu erscheinen.

Nahezu alle Ferien verbrachte Sigurd mit seiner Familie in ihrem provenzalischen Domizil. Mit einem Haufen Diplomarbeiten saß er dann an dem Steintisch aus Muschelkalk im Schatten des Kirschbaumes. Er genoss es, sich vom Flair des Südens bei seiner Arbeit verwöhnen zu lassen, während die Kinder mit Barbara um ihn herum im Garten, am Bach oder auf der Bergterrasse mit Spielen, Deichbau, Entdeckungen, Pflanzen- und Tierbeobachtungen oder dem Herstellen von Aprikosenmarmelade beschäftigt waren.

Gern wurden sie von Freunden aus Hannover oder Braunschweig besucht. Mit Heinz Mücke, einem Freund aus Braunschweig, baute er im Vorraum eine zweite Toilette, eine Dusche und ein Gästebett ein. Mika und Carsten aus Hannover waren jahrelang mit ihren Kindern die Ostergäste, um mit Tina, Florian und Bastian zusammen Ostereier im Garten zu suchen.

David machte sich in Les Baux um die Errichtung und die Programme der „Cathedral d'Image" verdient, nahm Sigurd und Dorothee in späteren Jahren gastfreundlich auf und wechselte nach dem Krebstod seiner Frau Berthe vom Ladeninhaber zum Bildhauer.

Kapitel 65

VISION EINER NEUEN ART VON HOCHSCHULE

„Was ist los?"
„Unser Institut streikt?"
„Nein, nicht nur das Institut, die gesamte Uni."
„Alle Seminare werden bestreikt."
„Die Professoren sitzen allein im Hörsaal."
„Eine Woche lang Boykott."
„Alle Studierenden sollen sich einen Beitrag zur Streikwoche überlegen."
„Selbst organisierte produktive Streikseminare und Streikversammlungen."
„Univerwaltung und Ministerium sollen merken, dass wir mit dem geplanten NHG nicht einverstanden sind."

Die vormals geschilderten politischen Spannungen in der BRD führten auch zum Plan einer rigoroseren Hierarchisierung der Hochschulen. Für einen Freigeist, wie Sigurd, war das inakzeptabel. Er stellte sich die Hochschullandschaft eher als paritätisches Miteinander der einzelnen Institute, Organe und beteiligten Gruppen vor.

Als an der Universität Braunschweig vom selbstverwalteten ASTA ein Streik gegen die geplanten Hierarchisierungen im Niedersächsischen Hochschulgesetz ausgerufen wurde, war er voll auf der Seite der Studierenden.

Er war es ohnehin gewohnt, die Notwendigkeiten in die eigene Hand zu nehmen. Als er mit der Beantragung einer halbautomatisierten Siebdruckanlage nicht weiterkam, durchforschte er die Angebote für gebrauchte Siebdruckmaschinen. Mit den Institutskollegen und der hilfreichen Unterstützung der Sekretärin hatten sie sich unbürokratisch schnell auf eine Summe von 5.000 DM geeinigt. Doch wie das begehrte Objekt von Hamburg nach Braunschweig bringen?

Kurzerhand fasste er mit drei Studierenden der Druckgrafik den Plan, einen von ihm selbst finanzierten Lieferwagen zu mieten, das Gerät in Hamburg abzubauen, es in Einzelteilen nach BS zu transportieren und dort im Zeichensaal des Instituts wiederaufzubauen. Mit diesem Halbautomaten ließen sich die Druckauflagen schneller und vor allem gesünder herstellen, weil durch das maschinelle Rakeln die schädlichen Dämpfe der Druckfarben nicht mehr direkt in die Nase eingeatmet wurden, wie beim Handrakeln.

Mit der neuen Errungenschaft am Institut ließ sich gut ein produktiver Beitrag zur Streikwoche organisieren. Als Grundlage dafür kam ihnen ein Haufen kritischer Kinderzeichnungen aus der Schule zur Hilfe. Eine Studentin des Karikaturenseminars hatte im Schulpraktikum von den SchülerInnen Karikaturen zeichnen lassen. Das Thema war „Schule und Unterricht".
Es hatte den Kindern Spaß gemacht, die Stellen, mit denen sie im Schulalltag unzufrieden waren, als Bild im Sinne einer Karikatur auszudrücken. Herausgekommen waren witzige, ernsthafte und fröhliche Zeichnungen zu den Themen Toilettenhygiene, fehlende Turngeräte, dem Wunsch nach Klettergeräten und Tischtennisplatten auf dem Schulhof, nach schülerbezogenen Lerninhalten und nach einer nicht hierarchischen, bestätigenden und wohlwollenden Einstellung der Lehrenden. Mit den Studierenden seines Siebdruckseminars war der Plan schnell gefasst, einen Jahreskalender im DIN-A2-Format zu drucken. Auf jeder Seite sollte eine der kritischen bzw. lustigen Karikaturen zum Schulalltag abgebildet werden. Der Zusammenhang zum Streikinhalt wurde gesehen in der Forderung nach einem interessenbezogenen und paritätischen Lehr-/Lernklima.

Da Sigurd über die Haustür- und Seminarraumschlüssel verfügte, konnte der abendliche Zeitraum der Gebäudeschließung überschritten werden. Das Vorhaben des Kalenderdrucks war ein Mammutvorhaben. Da nicht nur die Papier- und Farbenbeschaffung davon finanziert, sondern auch die Streikkasse unterstützt werden sollte, bedeutete das, bei einer geplanten Auflage von 100 Kalendern 1300-mal Papier einzulegen, Farbe hinzuzugeben, das bedruckte Papier auf die Trockensiebe zu legen und nach dem Druck die Blätter zu heften. Dazu kamen die vorbereitenden Arbeiten, wie die Drucksiebe zu beschichten, die Karikaturen auf die Siebe zu übertragen, sie nach der UV-Belichtung zum Druck zu präparieren, nach dem Druck zu reinigen und zu entschichten.

Oft ging es bis Mitternacht. Auch der Hausmeister war auf ihrer Seite und drückte ein Auge zu. Meist folgte eine Erholungspause in der gegenüberliegenden Studentenkneipe bei einem Glas Wein oder Bier.

In ihrem Arbeitseifer schlugen ein paar Studierende vor, sich doch schon zum gemeinsamen Frühstück im Seminarraum zu treffen. Der Betrieb in der Uni war ja sowieso durch den Streik lahmgelegt.

Da einige der Teilnehmer in Wohngemeinschaften der nächstgelegenen Straßen lebten, sprach sich das Vorhaben schnell herum. So kam es dazu, dass plötzlich auch andere Studierende in den Seminarräumen auftauchten, um bei der Arbeit zu helfen. Das Projekt hatte dadurch solche Ausstrahlung, dass immer mehr Unifremde aus dem Viertel dazukamen, um beim gemeinsamen Frühstück und der gemeinsamen Arbeit dabei zu sein und zu helfen.

Was hier passierte, war eine Form der zusammenarbeitenden Vermittlung, wie Sigurd sich eine erweiterte Form der Hochschule gut vorstellen konnte. Ein Inhalt, zu dem alle Teilnehmenden sich bekennen konnten, eine vom eigenen Interesse geleitete Anziehung zum Projekt und ein paritätisches Zusammenwirken in gemeinsamer motivierender Arbeit und Austausch. Außerdem ein über die akademischen Grenzen hinweg geöffnetes Zusammenwirken zwischen der normalen Bevölkerung und Studienteilnehmern.

Zum Schluss der Streikwoche wurde bei der Mensa ein Tisch aufgebaut, über den die Kalender zum Preis von 10 DM angeboten wurden. Sie gingen weg „wie warme Semmeln", auch viele der anderen Dozenten und Professoren der pädagogischen Fächer hatten ihren Spaß an den Kalenderkarikaturen und belohnten somit die Arbeit der Studierenden. Sie selbst hatten vor allem Genugtuung daran, dass sie die Streikwoche nicht mit Verweigerung und Fehlen in den Seminaren, sondern mit einem produktiven Beitrag zur Vermittlung ihres Ideenfeldes zugebracht hatten.

Für Sigurd war diese Erfahrung so bedeutend, dass er in den folgenden Jahren mit den Seminarteilnehmern jeweils für eine Woche nach Tvind in Dänemark fuhr, wo sich eine Hochschule gegründet hatte, die sich diese Form der paritätischen Wissensvermittlung zur Grundlage gemacht hatte. Wie in der Freinet-Pädagogik war hier das Lernen an konkrete Erkundungen und Entdeckungen geknüpft. Jeder Teilnehmer sollte in einem zirkulierendem Verfahren einmal alle Aufgabenfelder durchlaufen und somit eine gemeinschaftliche Verantwortung für das Projekt verinnerlichen. Zum Schluss der Studienzeit fuhr unter dem Namen „Die reisende Hochschule" der gesamte Abschlussjahrgang mit einem gebraucht erworbenen und selbst reparierten Bus in ein Entwicklungsland, wie Indien, um die dortigen Verhältnisse kennen zu lernen und der Bevölkerung beim Bebauen der Felder oder anderen Projekten zu helfen. Für Sigurd war dieses Beispiel so inspirierend, dass er es seinen Studierenden weitervermitteln wollte.

Einen Bruch erlebte seine Begeisterung für diese Lernform in Tvind durch den Mangel einer liebevollen Selbstfürsorge. Auf die Frage seiner Seminarteilnehmer an die Tvind-Pädagogen, wo denn die zueinander hingezogenen Pärchen ihre Privat- oder gar ihre Intimszene erleben könnten, hatten die Lehrenden nur die lakonische Antwort:

„Da hinten gibt es ein Wäldchen, wo man sich ausleben kann."

Wie man das persönliche Liebesbedürfnis und die Liebesbeziehungen von Menschen so in die Pissecke stellen konnte, das war ihm zuwider.

Kapitel 66

UMZUG IN DIE DORFIDYLLE KÖCHINGEN

Sigurds Kollege Enno Podehl hatte mit seiner Frau Anne ein Haus in dem kleinen Ort Köchingen bei Vechelde erworben.

„Habt ihr nicht Lust, einen eigenen Gemüseanbau zu machen? Der Garten ist uns viel zu groß."

Sigurd hatte Lust. Er hatte Lust, zur gesunden Ernährung seiner Familie beizutragen. Von Enno bekam er ein Stückchen Land zur Verfügung.

In einer Art Selbstbeobachtung stellte er fest, dass diese Beziehung zur Erde und zur Natur die zweite Wurzel (neben der Malerei) seines heranwachsenden Lebens war.

Ihm standen plötzlich die glückhaften Momente seiner Kindheit vor Augen, wie er mit seinem Bruder Harald und dem Bollerwagen zu Tönneböhns Teichen in Hameln gezogen war, um von dort Wasser in Kanistern für ihren Schrebergarten zu holen. Ein dankbares und fröhliches Gefühl stieg in ihm auf, mit dem Gedanken, wie sie diesen Auftrag oft genug genutzt hatten, um selbstbestimmte Entdeckungen und Abenteuer zu erleben.

An einer kleinen Bucht, direkt neben der Ziegelei, hatten sie entdeckt, dass dort die weniger gelungenen Tontiere der Tonbrennerei ins Wasser entsorgt worden waren.

Wie Schatzsucher tauchten sie nach solchen Tierfiguren. Kleine Löwen, Elefanten, Hunde, Kamele, auch Adler und andere Exemplare förderten sie zutage. Dass bei manchem ein Ohr fehlte oder ein Stoßzahn abgebrochen war, störte sie überhaupt nicht. Es war in der spielzeugarmen Nachkriegszeit ein kostbarer Reichtum, der sich ihnen hier auftat. Sorgfältig wurden die Figuren gesäubert und dann als Trophäen in die Umrandung ihrer kleinen Kinderbeete drapiert.

Mit diesen Erinnerungen öffnete sich ein anderer Schatz für Sigurd, dem er bisher keine wertvolle Bedeutung beigemessen hatte. Es war das Wissen, das er sich bei den oft gehassten Gartendiensten auf dem heimatlichen Grundstück bei der Beobachtung von Vaters Gartentätigkeiten angeeignet hatte. Kompostwirtschaft und biologisch organischer Gartenbau, wie er früher allenthalben üblich war. Inzwischen hatte jedoch die Form der industriellen Landwirtschaft auf Grundlage chemischer Präparate diese natürliche Bodenbearbeitung vergessen lassen.

Mit zunehmender Tätigkeit beim Graben, Hacken, Bodenpflege und der folgenden Beobachtung des Pflanzenwachstums merkte er, dass sich bei ihm eine Art Verantwortung meldete, seinen heranwachsenden Kindern diesen Zugang auch zu ermöglichen.

Back to the roots.

Als ihm dann eines Tages Barbara erzählte, sie habe sich mit Anne Podehl einen Nachbarhof angesehen, der seit einem Jahr leer stehe und zur Pacht angeboten werde, war ein erster Grundstein für ein solches Projekt gelegt.

Der Hof in Köchingen wurde der Lebensmittelpunkt für die nächsten sieben Jahre.

Die Besitzerin des Hofes hatte in ein Dorf bei Peine eingeheiratet. Insofern hatte der alte Hof ausgedient und drohte – unbewohnt, wie er war – zu verfallen.

Auf dieser Basis gelang der Deal einer preiswerten Miete im Tausch gegen die Instandhaltung des Hofes und die notwendigen Sanierungen des als Fachwerk gebauten Wohngebäudes.

Der Verpächter übernahm die Erneuerung des Daches und die Bezahlung der Materialkosten für die Sanierung der Räume.

Um sie aus dem Zustand ihrer ehemaligen Bausubstanz in ein zeitgemäßes Wohnambiente zu verwandeln, mussten vor allem die gesamten Wände mit einer dämmenden Isolierung versehen werden. Hier kamen Sigurd die Erfahrungen aus der Zeit seiner Semesterferien zugute, als er sich das Studiengeld durch Arbeit auf dem Bau verdient hatte.

Es begann die Zeit einer oft schwierigen Kombination von Berufsleben und paradiesischer Ausnutzung der Gegebenheiten, die der Hof bot. Mit seinen zwei Morgen Land sowie dem großen verwilderten Obstgarten war er Tummelfeld für die Kinder und Arbeitsfeld für die Eltern. Geradezu grenzenlose Freiheit für ein kreatives Leben und gut organisierte Belastung durch die anfallenden Aufgaben erforderte ein alle Ansprüche verbindendes Management, dem die kleine Familie nicht immer gewachsen war.

Unter dem positiven Elan, mit dem Barbara und Sigurd sich diesen Aufgaben zuwandten, entging ihnen das Spannungspotential, das dieses Arrangement auch mit sich brachte.

Fast drei Jahre dauerte die Isolierung der Wände auf einer Grundrissfläche von etwa 240 qm. Man arbeitete sich von Zimmer zu Zimmer vor. Zunächst die Küche, das Bad, die Zimmer für die Kinder, Arbeitszimmer, Schlafraum usw.

Wichtig war es ihnen, die Vorteile der Lehmwände, so gut es ging, zu erhalten. Die gestalterische Lust veranlasste sie, an manchen Stellen das Flechtwerk aus alten Weidenstöcken mit Lehmbewurf oder die rohen Lehmbausteine als Dekor sichtbar stehen zu lassen.

Daneben warteten der Garten und zwei Morgen Land auf eine sinnvolle Bewirtschaftung. Ein gewisser Vorteil für Sigurd war, dass sein Arbeitsfeld an der Universität verlagert wurde und er sich an die Universität Hildesheim versetzen lassen konnte. Köchingen lag schon auf halbem Wege zur neuen Arbeitsstelle.

Sein Kollege Professor Nolte von der Universität Hildesheim erlebte den Besuch auf dem Hof der Familie als „bukolisch-homerische Idylle", wie er sich ausdrückte.

Dazu trug bei, was Barbara und Sigurd aus dem Hof inzwischen gemacht hatten.

Den Obstgarten des Geländes mit seinen alten Apfelbäumen, Zwetschen, einer riesigen Birne, Quitten, umrandet von Holunder, hatte Sigurd mit den von der Dacherneuerung stammenden, Jahrhunderte alten Dachlatten aus gespaltenen Rundhölzern eingezäunt. So ergab sich unter den Obstbäumen eine groß dimensionierte Schafweide.

Mit zwei Zippen hatte die Schafzucht begonnen und sich im Laufe der Jahre, zunächst mit einem saisonalen Leihbock, dann schließlich mit eigenem Bock, zu einer kleinen Herde von zwölf Tieren vermehrt.

Einmal im Jahr kam der Schäfer vom Nachbardorf zum Scheren und Hufeschneiden.

Ein uriger Typ. Sigurd mochte ihn in seiner humorigen selbstbewussten Art mit langen Haaren und einem Bart, der den Sigurds bei weitem übertraf. Schalkhaft, bevor er das erste Schaf zur Schur umgeworfen und in seinem Schoß verankert hatte, kam er stets mit der Schere auf Sigurd zu mit dem Joke: *„Erst mal fang ich bei dir an."*

Sigurd lernte von ihm, wie man die Hufe der Tiere schneidet, ohne die Blutspur im Horn des Hufes zu verletzen. Man merkte ihm an, welch gesunde und gelassene Vitalität er aus dem Umgang mit Natur und ihren Tieren zog.

Ein stets offener Holzstall diente den Schafen zum Aufenthalt bei Regen, zur Lammgeburt und bei zu großem winterlichen Frost. In einem der Jahre lag die Kälte allerdings so sibirisch bei 26 Grad minus, dass Sigurd mit Barbara und den Kindern den frisch geborenen Lämmern die zu klein gewordenen Pullover der eigenen Kinder anzog. Es blieb ein unvergessenes Bild in der Familienchronik. Zwei Lämmer eingehüllt in Ringelpullover bei ihrem ersten zaghaften Schnuppern am Schnee und ihren ersten Bocksprüngen vor der Hütte. Innen hatte Sigurd mit einer Rotlichtbirne über den zusammengekauerten Lämmchen für eine behagliche Wärme gesorgt.

Kamen die ersten beiden Schafe noch in zutraulicher Nähe zu den Menschen am Zaun, so ließ sich beobachten, dass die kommenden von Jahr zu Jahr mehr das Verhalten von Wildtieren annahmen. Kurz nach der Schur sahen sie ohnehin wie Rehe aus. Die Weidefläche wurde wie bei einem Wildpfad (oder den Laufwegen in Brasilien) von eingetretenen Spuren durchzogen. Am hinteren Ende des Terrains, wo die Holunderbüsche am weitesten über den Zaun ragten, hatten sich die Tiere ein gemeinsames Plätzchen als Lager eingerichtet. Schatten bei Sonne, Schutz vor Regen und naschhafte Blätter. Sigurd freute sich an dieser Entwicklung, konnte er doch aus eigenen Erfahrungen nachvollziehen, wie wertvoll der selbstbestimmte Kontakt zur Natur zur inneren Zufriedenheit beiträgt.

Sigurd schwebte eine Art Kreislaufbewirtschaftung vor, wie er sie bei Rudolf Steiner und bei den Anleitungen des Engländers Seymour gelesen hatte. Das ganze Jahr über wurde der Stall mit immer neuer Strohschütte ausgelegt, so dass die Schicht bis zum Winter hin etwa einen knappen Meter erreicht hatte. Dies zusammen mit den Exkrementen der Schafe ergab eine solch wärmende Bakterienheizung, dass es die Schafe zur Lammzeit im normalen Winter (ohne sibirischen Frost) mollig und angenehm warm hatten. Im Frühjahr wurde die dampfende Streu dann zur Humusbildung auf eine große Miete im Garten aufgehäuft. Abgedeckt mit Erde, wurde sie zu einem fermentierten Kompost gelagert. Die sich hier vermehrenden Regenwürmer mit dem Humus zusammen ergaben dann den Dünger für die Versorgung des Gartens.

Ein Teil des Grundstücks war als große rechteckige Wiese angelegt, um Federballspiele und Volleyball zu ermöglichen. Daneben gab es waldähnliche Ecken mit Bewuchs von wilden Hecken und Lärchen. Weiter hinten schloss sich das Gemüseland an.

Um sich mit der Methode der biologisch-dynamischen Landwirtschaft vertraut zu machen, besuchte Sigurd Maria Thun in Hessen auf ihrem Hof. Maria Thun ist durch ihre anthroposophischen Publikationen und vor allem durch den sogenannten Mondkalender bekannt geworden. Ihre praxisorientierten Forschungen imponierten Sigurd.

Maria Thun war eine lebensfrohe, etwas rundliche Frau. Über den angereisten wissbegierigen Besuch freute sie sich mit dem Stolz einer Pionierfrau, die hier eine verloren gegangene Praxis hütete und mit ihren Forschungen als heute noch praktikabel nachwies. Beim Gang durch ihr Hofgelände fühlte sich Sigurd wie beim Öffnen eines Adventskalenders. Überall taten sich neue Untersuchungen und neue Nachweise auf.

Verblüffend für Sigurd war eine kleine Bachanlage. Maria Thun sprang behände von einem höher gelegenen Teich am Wasserabfluss entlang und erklärte dabei:

„Das Wasser wird hier über treppenartige Stufen zu einem tiefer gelegenen Reservoir geführt. Das Besondere an den Stufen ist ihre Form. Sie sind aus gebranntem Ton.
Ihre eigenwillige Form habe ich nach vielen Versuchen herausgefunden. Das Tonbecken nimmt mit seinen zwei Rundungen rechts und links jeweils das herunterfließende Wasser so auf, dass es innerhalb des Beckens verwirbelt wird. Nach einer mäandernden Bewegung in Form einer liegenden 8 wird das Wasser zum nächsten Becken hinab entlassen."
„Meine Versuche damit haben etwas Unglaubliches ergeben", kommentierte sie weiter.
„Ein Erdbeerfeld habe ich mit dem Wasser aus dem oberen Teich gegossen, ein zweites identisches mit dem Wasser aus dem unteren Teich. Allein die Verwirbelung über diese 6 Meter Wasserführung hat dazu geführt, dass das Erdbeerfeld, mit dem unteren Wasser gegossen, zu einem Ertrag von 30 % mehr angeregt wurde. Ist das nicht ein Wunder? Das Gleiche konnte ich bei Bohnen und Erbsen nachweisen. Sie wissen ja von meinem Mondkalender her, dass ich an die Kraft der Gestirne glaube. Das bewegte Wasser hat nach meiner Überzeugung mehr von dieser Kraft aufnehmen können als das

vom oberen Teich. In London hat man jetzt angefangen eine Kläranlage auf Basis einer solchen mäandernden Verwirbelung zu bauen."

Sigurd konnte erkennen, mit welchem inneren Engagement sie sich den Versuchen im Dienste der Erde und deren Grundlage für unsere Ernährung hingab.
Ein paar Meter weiter rief sie:

„Sehen Sie hier. Diese vier Versuchsbeete sind alle gleich angelegt. Gleicher Boden, gleiche Bewässerung. Sie können wahrnehmen, jedes Beet hat eine dominierende Population von anderen Pflanzen. Ich habe weiter nichts getan, als sie zu unterschiedlichen Tageszeiten zu hacken. Also morgens um 8, dann mittags um 11, das nächste Beet um 14, das letzte um 17 Uhr. Die Samen, die gekeimt sind, lagen im Boden. Jedes Beet hat eine andere dominierende Population hervorgebracht. Brennnesseln hier zum Beispiel, Kamille bei diesem da usw. Wie kann man sich das anders erklären, als durch die Reaktion der Keime auf die veränderten Gestirnseinflüsse. Sogar an den Käsen von meinen Ziegen kann ich an ihren Farben nachweisen, wann im Monat der Käse gereift ist. Es gibt da Farben von weiß bis braun, jeweils in der gleichen Folge pro Monat. Eine Reaktion auf den Einfluss der Mondphasen."

Sigurd übernahm vor allem die Fermentierung des Kompostes nach den Vorgaben von Rudolf Steiner. Grundlage dafür waren die Kräuter Brennnessel, Kamille, Schafgarbe, Löwenzahn, Eichenrinde und Kuhmist, der ein Jahr lang in einem Kuhhorn in einem Meter Tiefe im Erdreich gereift war. Diese Teile wurden, in Lehm eingeknetet, im Abstand von etwa einem Meter in den Kompost eingelagert. Dort verrichteten sie auf wundersame Weise ihre unterstützende und harmonisierende Ausstrahlung auf den Reifeprozess des gesamten Komposthaufens. Zusammen mit Brennnesseljauche bildete er die Grundlage des gesunden Pflanzenwachstums im ganzen Garten.

Die zwei Morgen Ackerland, die geschützt durch eine Liguster-umrandung zum Anwesen gehörten, hatten Barbara und Sigurd erst einmal zwei Jahre lang liegen lassen, um sie von den vor-hergehenden Verunreinigungen einer chemischen Bewirtschaf-tung zu befreien und ihren Selbsthilfeprozess zu beobachten. Der war erstaunlich.

Im ersten Jahr besiedelte eine Dominanz von Disteln das Ackerland. Im zweiten gingen diese von selbst zurück und mach-ten einer Dominanz von Kamille Platz. Die Logik dieser aufei-nanderfolgenden Besiedlung war deutlich sichtbar. Die Disteln bildeten mit ihren bis zu zwei Meter tiefen Pfahlwurzeln eine Durchlöcherung des von Landmaschinen festgefahrenen Bo-dens. Die nach dem Absterben der Distelwurzeln zurückbleiben-den Kapillaren waren für Regen und Regenwürmer die geeig-nete Drainage, um den Boden mit gleichmäßiger Feuchtigkeit, Durchlüftung und Nährstoffen zu versorgen. Die Kamille des folgenden Jahres hatte dann, wie bei der Anwendung im Tee, eine heilende und harmonisierende Wirkung auf den Boden.

Für Sigurd war das ein überzeugendes Zeichen, wie die Na-tur sich selbst hilft, wenn man sie nur lässt oder sie mit ange-messenen Methoden unterstützt.

Kapitel 67

KINDERKULTUR

Barbara und Sigurd hatten Ihre Freude daran, wie Tina und Florian sich die Möglichkeiten des Hofes und seines Ensembles aneigneten. Überall auf dem Grundstück fanden die Eltern kleine tipi-artige, aus Ästen gestapelte Zelte, die nach Tinas Auskunft die Wohnstätten der von ihr gesammelten Schnecken sein sollten. Am Verlauf der Schleimspuren konnten die Kinder am nächsten Tag erkunden, wohin sie ihre Ausflüge unternommen hatten. Ein spannendes Detektivspiel, angeturnt durch den Bewegungsdrang der Schnecken, mit dem sie gleichzeitig erforschen konnten, wovon die kleinen Kriecher sich angezogen fühlten.

Die verwilderten Büsche und Kräuter auf dem Gelände gaben genügend Gelegenheit, um mit ein paar leckeren Blättern den Schafen ein besonderes Geschmackserlebnis über den Zaun zu reichen.

Ein Sandkasten und ein Baumhaus luden zu abwechslungsreichen Spielen und Meetings mit befreundeten Kindern ein.

Paradiesische Zeiten – bis Tschernobyl kam.

Sigurd und Barbara hatten sich inzwischen mit einigen Familien des Dorfes angefreundet. So erfuhren sie denn auch von der pummeligen Maria, die mit ihren 26 Katzen ein kleines Fachwerkcottage am Ende des Dorfes bewohnte, die neuesten Nachrichten der „stillen Post", die von ihrem Hof bis zu Maria durchs Dorf gewandert waren.

„Die Neuen sind komisch, irgendwie anders herum. Die essen sogar Brennnesseln", war eine der neuesten Botschaften. Sie entsprach den Tatsachen, doch für die Landbevölkerung war das eine Absurdität, da man ja Brennnesseln bekämpfte und nicht aß.
„Und alle, die kommen, nehmen sie in den Arm, ja, irgendwie sind die anders herum."

Und so kamen sie auch an die Botschaft, wie verrückt es doch wäre, nach dem Vorfall Tschernobyl den Sand im Sandkasten der Kinder auszutauschen und gar die oberste Erdschicht der Beete. Das sei übertrieben, denn man sehe doch von dem Fallout gar keine Spuren. Maria musste über so viel bäurische Ignoranz lachen. Sie war eine herzensgute Frau, deren Eigenwilligkeit sie nur im Rahmen und am Rande eines Dorfes leben konnte. Sigurd mochte sie, so wie er sich seit jeher von den Unangepassten angezogen gefühlt hatte. Am meisten freute sich Maria, wenn Sigurd ihr zur Zeit der Feigenernte die frisch getrockneten, noch halb saftigen Feigenringe aus der Stadt mitbrachte. Da sie kein Auto hatte, war das ein gern gesehenes Geschenk.

Die Kinder wuchsen relativ ungezähmt heran. Viele besondere Erinnerungen waren ins Familienalbum eingebrannt.

Sigurd hatte bei den Renovierungsarbeiten eine Tüte Haribos an den alten Kronleuchter gehängt, um die Hände freizuhaben. Als die Kinder fragten, wie sie denn da rankommen sollten, war Sigurds lakonische Antwort: *„Gar nicht."*
Gequengel der Kinder, sie hätten doch keine Leiter.
Sigurds Antwort, bezogen auf das momentane Schwimmtraining der Kinder:

„Wenn Ihr schwimmen könntet und dies wäre ein Schwimmbecken, könntet ihr sie im Vorbeischwimmen herunterpflücken."

Eine halbe Stunde später war Florian mit viel Mühe schon beim dritten Eimer Wasser, der auf dem Teppich landete. Das Ziel war klar: Schwimmbecken hilft, an Haribos zu kommen. Für seine dumme väterliche Antwort war klar: Kindliche Logik hilft, zu lachen und seine Worte zu überdenken.

Ein interessanter Wesenszug wurde bei Tina sichtbar, als sie von ihrer Kindergartenfreundin Simone zum Spielen abgeholt werden sollte. Kurz vor Abholung hatte sie ihr kleines rotes Köfferchen mit ihren Lieblingspuppen und liebsten Spielsachen gepackt. Sigurd wandte ein:

„Simone hat doch Spielsachen und sie wird stolz darauf sein, sie dir zu zeigen und damit zu spielen."

Das ließ Tina nicht gelten:

„Das ist mir zu langweilig, wenn ich mit Simone spiele, spielen wir, was ich will."

Entsprechend diesem Wesenszug hatte Tina zeitlebens hauptsächlich Freundinnen, die als eine Art Vasallen anerkannten, dass sie im Mittelpunkt stand. Meistens auch nur eine Hauptfreundin.

Für Sigurd war es interessant, bei der Beobachtung der beiden Geschwister Florian und Tina völlig unterschiedliche Entwicklungsmuster festzustellen. Im Gegensatz zu Tina hatte Florian immer einen Pulk von gleichgestellten Freunden um sich. Zusammen mit Florian stellten sie mit ihren individuellen Vorlieben und Fähigkeiten eine sich gegenseitig ergänzende Gruppe dar. In späteren Jahren war dementsprechend bei einer Problemkonstellation oft Florians lakonische Antwort:

„Ach, lass, ich habe da einen Freund, der kann das, der wird das schon machen."

Ob das nun mit der Geschwisterkonstellation zusammenhing, war nicht zu ergründen. Jedenfalls hatte Tina gegenüber Flori immer die Führungsrolle und klein Florian tippelte hinterher und war zufrieden.

Der Abstand zwischen Bastian und den beiden jüngeren Geschwistern war zu groß, als dass sich eine paritätische Bindung entwickeln konnte. Bastian genoss es, sein eigenes Zimmer im Bauernhaus zu haben und dort tun und lassen zu können, was er wollte. Er war nun schon an der Oberschule in Braunschweig. Er hatte herausgefunden, dass er mit dem Fahrrad einfacher und schneller von Köchingen zur Schule kam als mit dem Bus. Entsprechend hatte er zusammen mit seinen Freunden seinen Lebensmittelpunkt mehr nach Braunschweig verlegt. Es entsprach auch nicht der Interessenlage seines Alters, im Garten in Köchingen zu rödeln – und Sigurd hatte in Erinnerung an seine eigene Kindheit die Toleranz, ihn seinen eigenen Weg gehen zu lassen.

Eines Tages überraschte er Barbara und Sigurd bei der Gartenarbeit, indem er sich mit einem neu erstandenen Jackett, weißem Hemd und Krawatte präsentierte. Gegenüber den Arbeitsklamotten der Eltern ein deutliches Zeichen, dass sich sein Weg an anderen Maßstäben orientierte. Kurz nach dem Abitur hatte er sich durch Vermittlung von Barbaras Vater eine Lehrstelle an der Deutschen Bank besorgt und wurde erfolgreicher Banker.

Ein überzeugendes Beispiel für seine immer deutlicher werdende Auffassung, dass man bei der Kindererziehung ähnlich wie bei der Wirkung im eigenen Garten wie auch bei der Beobachtung dessen, was einem selbst passiert, einfach behutsam beobachten soll, was sich von selbst entwickelt, erfuhr er bei einem Besuch mit Tina in Bastians neuer Wohnung in Braunschweig. Hatten die Eltern im Köchinger Haus oft große Mühe, Bastians Aktivitäten auf sein Zimmer zu begrenzen, wie zum Beispiel Rotwein auf dem neuen Teppich, so geriet Sigurd ins Staunen, als Bastian nun in seinen eigenen vier Wänden Tina darauf hinwies, dass sie doch keine Krümel auf das neue Sofa machen solle. Das Universum hat seine eigene nicht korrigierbare Logik.

Kapitel 68

NEUE MALEREI IN HILDESHEIM

Neben der Pflege der Kinder und der Familie galt Sigurds Hauptinteresse der Arbeit mit den Studierenden. Es dauerte eine geraume Zeit, bis er Vermittlungsmethoden entwickelt hatte, bei denen jeder der Studierenden sich persönlich äußern konnte, ohne vom Thema abzudriften, und bei denen jeder die Gelegenheit hatte, seine Kreativität einzusetzen.

Angefangen hatte es mit einem Projekt an der Universität Braunschweig. Um den Studierenden ein Bewusstsein zum augenblicklichen Stand der Kunstvermittlung möglich zu machen, fand er es sinnvoll, die einzelnen Curricula seit der Jahrhundertwende zu untersuchen. Um 1900 gab es die sogenannte Kunsterzieherbewegung, die erstmalig das Kind und seine Ausdrucksweisen in den Mittelpunkt der Kunstpraxis stellte. Sie prägte den Unterricht in der Weimarer Zeit. Unter Hitler wurden die Lehrer dann gezwungen, die Kinder zu Bildern von Kampfszenen und „Heldenverehrung" anzuleiten. Nach dieser Zeit hatte es die Kunst und deren Vermittlung schwer, den Anschluss an die „Moderne" zu finden, wie sie sich in anderen Ländern entwickelt hatte.

Dieses Material in Form einer Vorlesung darzulegen, empfand er als stupide. Ihm schwebte vor, den Stoff in einem Seminar mit den eigenen Methoden der Kunst zu erarbeiten.

Bei den vielen ausdruckstarken Möglichkeiten, wie Rollenspiel, Theater, Bildmontagen, Film, Bilddokumentensammlung usw., wäre es doch geradezu verschwendete Energie, die

Gehirne der Studierenden nur mit Wörtern, Daten und Fakten aufzuladen.

Ihm schwebte vor, die einzelnen historischen Positionen durch kleine Gruppen erarbeiten zu lassen, wobei das Flair einer damaligen Unterrichtssituation gleichzeitig mit vermittelt werde sollte.

Die Stationen des Projekts sollten dann in einem Film festgehalten werden.

In dem Mitarbeiter des Medieninstituts, Schade Didschies, hatte er einen kongenialen Kollegen gefunden, der mit Begeisterung die Szenen filmte.

Ein weiterer Schritt war es, das passende Ambiente zu finden. Es sollte kein Seminarraum oder eine Aula in der Uni sein. In der Comeniusschule in Braunschweig fand sich durch Vermittlung einer ehemaligen Studentin der geeignete Raum. Hier war noch alles wie zur Jahrhundertwende vorhanden. Nicht nur die Architektur des Gebäudes mit ihren breiten Treppenaufgängen stammte aus jener Zeit, auch die alten Sammlungsschränke im Flur vor den Klassenräumen und darauf die eingestaubten Vogelattrappen und Tiermodelle machten die frühere Zeit auf authentische Art erlebbar. Jede Klasse war zudem mit einer Täfelung von Holzpaneelen bis zur Kopfhöhe kleinerer Kinder getäfelt, das sollte wohl die Wände vor den Pausenbalgereien schützen.

Sigurd konnte beobachten, mit wieviel Eifer die Studierenden in kleinen Gruppen die jeweiligen Positionen der Kunstvermittlung untersuchten. Dazu gehörte recherchierende Archivarbeit im städtischen Museum und der Unibibliothek, dazu gehörte das Studium der damaligen Mode und die standesunterschiedlichen Darstellungen von Schulrat, Rektor und Lehrkraft, deren unterste Stelle damals kein sonderliches Gewicht hatte. Der „Zeichenlehrer" wurde im Rang eines „Oberlehrers" bezahlt.

Sigurd erfüllte es mit Freude, dass seine Überlegungen zum Erfolg führten. Die einzelnen Gruppen waren mit solchem Engagement dabei, die damaligen Curricula im Rahmen ihres gesellschaftlichen Kontextes zu erkunden, dass man spüren konnte, welchen Spaß es ihnen machte, verkleidet mit Gehrock und Zylinder (Schulrat) und anderen historischen Requisiten die Darstellung der damaligen Schulsituationen möglichst authentisch als Rollenspiel zu vermitteln.

Die übrigen SeminarteilnehmerInnen drückten, wie damalige Pennäler, die Schulbänke und konnten so handgreiflich erleben, wie die einzelnen Methoden auf die SchülerInnen wohl gewirkt haben mochten.

Leider kam es nicht zur Fertigstellung des Films. Die Aufnahmen der ersten Unterrichtssituationen waren zwar vielversprechend, doch wurde der Kollege aus dem Medienbereich offensichtlich mit so vielen weiteren Aufgaben überfrachtet, dass er dann, als es zur Montage des gesamten Materials kommen sollte, das Rohmaterial nicht mehr fand.

Die in solchen Seminaren gesammelten Erfahrungen mit der Vielseitigkeit künstlerischer Methoden waren ein Fundus, mit dem Sigurd gut in den Studienzweig Kulturwissenschaft/Kulturpädagogik an der Universität Hildesheim passte.

Diese Stelle hatte ihm das Ministerium zur Wahl gestellt, als die Lehrerausbildung minimiert worden war. Im Rahmen des Studiengangs Kulturwissenschaft/Kulturpädagogik sollte er sich vor allem um die Verbindung von Theorie und Praxis der Malerei kümmern.

In Hildesheim wurde er dann von der Situation überrascht, dass es am Institut für Bildende Kunst gar keinen speziellen Raum für die Malerei gab. Der vorhergehende Professor und Institutsleiter hatte sich damit beholfen, dass er auf die einzige Staffelei im multifunktionalen Seminarraum die Reproduktion eines Cézanne-Bildes gestellt und die Studierenden angewiesen hatte, das Bild abzumalen.

Sigurd fielen genügend Maßnahmen ein, wie das zu ändern wäre. Nachdem ein Antrag an Senat und Kanzler keinen Erfolg hatte, verlegte er das Seminar auf große Formate. Es ließ sich natürlich nicht vermeiden, dass Spuren von Öl- und Acrylfarbe an den Stühlen und Tischen des Raumes zurückblieben. Wie geplant, beschwerten sich die Kunsthistoriker, dass sie jeweils nach ihrem Seminar mit Farbflecken an Hosen und Sakkos verunreinigt waren. Sie stellten Ersatzansprüche an die Unileitung. Auch ein Notschreiben der Unileitung ans Ministerium in Hannover hatte keinen Erfolg. Inzwischen waren der Kanzler und die Raumbeauftragte auf Sigurds Seite. Nur, wie konnte man eine Lösung finden? Sigurd war es gewohnt, mit den Betroffenen, nämlich den Studierenden, einen Plan zu entwickeln.

Das Ergebnis war Folgendes: Es sollte eine Kampagne geben unter dem Motto:

MALEREI HAT KEINEN RAUM.

Geplant waren dazu Veröffentlichungen in der Hildesheimer und der Hannoverschen Presse. Um das medial möglichst spannend in Szene zu setzen, wurde auf dem Campus ein großes Festzelt eröffnet, in dem die Malerei stattfinden sollte. Zunächst mussten dazu aus Institutsmitteln Staffeleien gebaut werden. Schon das gab im Rahmen des Zeltes wirksame Bilder ab. Die Presse begann, sich dafür zu interessieren.

Heikel wurde es, als der Winter herankam. Der Kanzler mochte diese Art, das Ministerium in die Pflicht zu nehmen, inzwischen auch. Er unterstützte die malenden Studierenden im Zelt dadurch, dass er einen Wärmeventilator vom Zeltverleih orderte und mit dessen Stromverbrauch argumentieren konnte, wie abwegig die Situation sei.

Mit Bildern aus dieser Notlage auf großen Transparenten und mit Spruchbändern inszenierten die Studierenden einen großen Aufmarsch vor dem Hannoverschen Kultusministerium.

Die nachfolgenden Presseerklärungen führten zu der Einsicht, Kanzler, Rektor und Raumbeauftragte ins Ministerium zu bitten, um eine Lösung zu finden. Der Erfolg war, dass für die Malerei ein eigenes Budget eingerichtet wurde, mit dessen Hilfe sie geeignete Räume in Hildesheim und die entsprechenden Nebenkosten finanzieren konnte. Es folgten ein paar produktive Jahre im Obergeschoss einer Eisengießerei. Schließlich hatte die Raumbeauftragte die fulminante Idee, in der Domäne Marienburg nördlich Hildesheim Räume, die gerade frei geworden waren, für die Malerei anzumieten. Da vorher die Räume von einer Eisherstellung genutzt worden waren, hatte das Ambiente den Charakter einer Fabrik. Es war genau die richtige Anregung. Vorbild war Andy Warhols „factory".

Der Kreativität waren keine Grenzen gesetzt. Bei schönem Wetter fand die Malerei im angrenzenden Park statt. Ein besonderes Konzept entwickelte Sigurd zusammen mit den Studierenden im Laufe der Zeit: Vormittags gab es ein Theorieseminar. Dann wurde im rotierenden Verfahren gemeinsam gekocht und gegessen mit Tischgesprächen, in denen auch persönliche Belange diskutiert wurden. Der Nachmittag wurde der malerischen Praxis und der Besprechung der Arbeiten gewidmet. Etwas irritiert reagierten die Kollegen, die sich in erster Linie als Wissenschaftler verstanden.

„Was macht ihr da draußen, ist das so eine Art Camp, das ihr organisiert?", fragte Kollege Nolte.

Nach dem Vorbild der Malerei fingen auch die Musik und das Theater der Uni an, sich für die Räumlichkeiten der Domäne zu interessieren. Heute ist die Domäne ein Kulturzentrum mit Theater- und Musikvorführungen, Ausstellungen und mit einem lukullischen Café, wohin die Hildesheimer Bevölkerung sich auf dem Innerste-Radweg gern auf den Weg macht.

Sigurds Erfahrungen in Bürgerinitiativen und mit der Parole „Weg durch die Instanzen" hatten sich in einem Gewinn für Uni und Hildesheimer Bevölkerung niedergeschlagen.

Kapitel 69

SIGURDS VERMÄCHTNIS – EIN BESONDERES BUCH HILFT, GEDANKEN ZU KONZENTRIEREN

Eine von Sigurds Studentinnen hatte den Wunsch geäußert, ihre Diplomarbeit über die Häuserbemalungen in Orgosolo auf Sardinien zu schreiben. Da ihre Mutter Italienerin war und sie den letzten Urlaub zusammen auf Sardinien verbracht hatten, war ihr klar geworden, welch kulturgeschichtlicher Schatz dort verborgen war.

Beim Anblick der nur notdürftigen Restaurierungen der sogenannten Murales habe sie gespürt, dass dort eine Aufgabe liege, der sie sich annehmen müsse. Durch den Vorteil, dass sie fließend Italienisch sprach, und durch die Nähe ihrer Mutter in Bologna, sei sie doch regelrecht prädestiniert für das Vorhaben. Mit einer fotografischen Bestandsaufnahme habe sie schon begonnen.

Sigurd konnte sich sofort dafür erwärmen, waren doch die Wandmalereien von Orgosolo im Zusammenhang der 68er ein Vorbild in den 70er Jahren gewesen, wie man auch ohne Medieneinfluss die Aufmerksamkeit auf erlebte Missstände an die Öffentlichkeit bringen kann. Für eine später daraus entwickelte Publikation bat sie Sigurd, das Vorwort zu schreiben.

Mit dieser Aufgabenfracht fuhr Sigurd in den Urlaub. Er hatte Erholung nötig.

Die vergangenen Jahre hatten mit Umzug nach Braunschweig, Trennung und Scheidung von Barbara, Versorgung von nunmehr 2 Haushalten von seinem Gehalt eine Menge Turbulenzen in sein Leben gebracht. Der Trennungsstreit zog sich 3 Jahre hin.

Tina, zunächst zum Vater gezogen, zog dann doch die Wohnung der Mutter vor. Sigurd hatte eine adäquate Wohnung am Magnitorwall gefunden, wo er in einem zusätzlichen Gästezimmer jeweils ein oder zwei Kinder bei Besuchen unterbringen konnte. Vor allem Philipp, der Jüngste, der schon in dem Braunschweiger Haus geboren war, war alle 14 Tage über das Wochenende bei ihm. Mit ihm gab es ein beglückendes, familienähnliches Arrangement. Sigurds Doppelbett war im Bücherraum so aufgestellt, dass am Fußende der Fernseher im Bücherregal seinen Platz fand. Entweder las Sigurd dem kleinen Philipp vor dem Schlafengehen oder am Morgen aus Kinderbüchern vor oder sie sahen gemeinsam Kinderfilme im Fernseher. „Der kleine Vampir" war zum Favoriten geworden.

Nach vier Jahren Trennung passierte einer jener vom Himmel geschickten Zufälle.

Sigurd hatte Besuch von seinem ältesten Sohn Bastian, der inzwischen Zweigstellenleiter einer Deutsche-Bank-Filiale bei Magdeburg war.

Als es klingelte, stand eine junge Frau, schwer mit Einkaufstüten bepackt, vor der Tür und fragte, ob sie etwas bei ihm verschnaufen könne. Es war die Partnerin eines befreundeten ehemaligen Kollegen, der inzwischen an die Uni in Flensburg gegangen war.

Zusammen ergab sich ein gemeinsames fröhliches Teetrinken mit Austausch und Erzählungen. Dieses brachte Dorothee, die ihrerseits seit sechs Jahren von dem Uni-Kollegen getrennt war, auf die Idee, Sigurd zu Sylvester nach Grassel einzuladen.

Grassel war ein kleines Dorf bei Braunschweig im Landkreis Gifhorn. Aus dem Sylvestertreffen ergab sich eine neue Verbindung. Dorothee bewohnte ein Fachwerkhaus aus dem Ende des dreißigjährigen Krieges, umgeben von einem naturnahen Garten.

Dorothee richtete es so ein, dass sie samstags nach ihren Einkäufen in Braunschweig bisweilen zu Sigurd in die Wohnung kam und sie das Wochenende dort, oft zusammen mit Philipp, verbrachte. Ulf, Dorothees Sohn, und Philipp freundeten sich miteinander an. So wurde das Zusammensein ein bisschen das einer kleinen Familie.

Am Ende von Sigurds Dienstzeit beschlossen die beiden, in Grassel zusammenzuziehen. Es war eine Situation, in der Sigurd das Gefühl hatte, endlich an der richtigen Stelle angekommen zu sein.

Der erste gemeinsame Urlaub führte sie nach Samothraki. Sowohl Dorothee als auch Sigurd hatten den Luxus, ihre Kinder bei den getrenntlebenden ehemaligen Partnern lassen zu können. So konnten sie sich ganz auf sich konzentrieren. Ein Uni-Kollege aus Göttingen, der auf Samothraki ein Häuschen besaß, hatte Sigurd und Dorothee eine Unterkunft dort besorgt.

Es war einer jener brennend heißen Sommer, der Dorothee, manchmal auch Sigurd, zu schaffen machte. Manche Nacht ließ sich nur überstehen, indem sie in die untere Etage des Gebäudes zogen und sich dort bei offenen Fenstern in nasse Laken eingeschlagen von der Verdunstungskälte kühlen ließen.

Sigurd erinnerte das an die brasilianischen Nächte. Auch die Vegetation und die Feierstimmung der Griechen brachten ihm solche Rückblicke näher.

Abends saßen sie oft mit den Mandolinenspielern und ihren griechischen Gesängen, eingebettet in die Inselatmosphäre. Zusammen tranken sie Wein und Ouzo. Ein kleiner Junge, der über den Platz gelaufen kam und unter dem Schatten der riesigen Platane mit ausgestreckten Händen in Richtung Mama lief und lief und lief, fesselte Sigurds Erinnerung an brasilianische Zeiten so, dass seine Gedanken um Jahre befreit sich wie im Niemandsland auflösten. Der Weg war frei für eine Reflektion ohne jede Belastung. Sigurd kam es so vor, als sei er hierher verschlagen, um in dieser Insellage die Erkenntnisse für das Vorwort des Sardinienbüchleins zu finden. Er spürte in diesem Augenblick das Zusammentreffen zweier Wirtschaftsformen, die sich vor dem Hintergrund jahrhundertelanger Entwicklungen in zwei konträren Lebensformen begegneten. Das öffnete ihm die Augen für die eine Seite, die auf Bewahrung und Schonung der Ressourcen hinauslief und für die andere Seite eines geldbasierten Lebens. Indem es ihm gelang, klar die Unterschiede zu formulieren, kam es ihm so vor, als sei der Schlüssel zur gegenseitigen Kritik und zum gegenseitigen Nutzen gefunden. Er nannte es insgeheim sein POLITISCHES VERMÄCHTNIS im Sinne eines Appells: Es kam ihm so vor, als wenn die Einbindung in die Inselatmosphäre die Gedanken im Gehirn löste und sich die Einleitung des Buches wie von selber einfand. Sigurd kam es wie eine inselbasierte Eingebung vor. Ihm war plötzlich klar, wie deutlich von der Wirtschaftsform einer Insellage eine lediglich kapitalbasierte Wirtschaftsform entfernt ist. Das Vorwort zu dem Sardinienbüchlein sah er mit dieser Reflektion ein bisschen als sein politisches Manifest an:

Orgosolo ist nicht einfach nur ein Bergdorf auf Sardinien. Es ist ein Symbol. Vor den 1970er Jahren war seine Bekanntheit auf der Insel und dem Festland eher darauf zurückzuführen, dass seine Bewohner als hartgesottene Banditen galten. Die Bilder allerdings, mit denen sie sich dann selbst in der Bemalung ihrer Hauswände zu Wort meldeten, brachten einen Konflikt und eine Verlustgeschichte zur Sprache, die sich nicht einfach mehr mit der Diffamierung „Banditos" abtun lässt.[20]

Orgosolo ist eines von etwa 100 Dörfern auf Sardinien, in denen die Bemalung der Mauerwände (nach dem Vorbild lateinamerikanischer „Murales") zur Ultima Ratio wurde, um sich gegen das Bild der übermächtigen Medien und das in ihrer Darstellung empfundene Unrecht zur Wehr zu setzen.

Die Bewohner von Orgosolo selbst scheinen sich der Symbolhaftigkeit ihres Kampfes bewusst gewesen zu sein. Anlehnun-

---

20 Vgl. auch: Stefania Böhm: Murales in Orgosolo. Stuttgart: Ibidem-Verlag. Mit einem Vorwort von Sigurd Saß, 2010.

gen an Stilmittel aus Picassos Bild „Guernica" legen das nahe. Picasso hatte die Verwüstung des spanischen Dorfes Guernica als Symbol für das Leiden der unschuldigen Bevölkerung unter dem Krieg gewählt.

Orgosolo war prädestiniert, eine besondere Rolle in der sardischen Bewegung der öffentlichen Hausbemalungen einzunehmen, hatte es doch unter dem Eindringen von außen kommender fremder Herrschafts-, Wirtschafts-, Sozialstrukturen und Begehrlichkeiten in seine Hirtenkultur am meisten zu leiden. Und hatte es doch aus diesem Grund eine über Generationen gewachsene Widerständigkeit entwickelt, die ihm eben den Ruf „Banditos" eingebracht hatte.

Stefania Böhm kommt der besondere Verdienst zu, uns im vorliegenden Buch nicht nur mit einer sorgfältig dokumentierten Bestandsaufnahme in die Bilderwelt der sardinischen „Murales" einzuführen, sondern uns gleichzeitig auch jene historisch-gesellschaftlichen Beweggründe nahezubringen, die zu ihrer Entstehung führten.

Ende der 1960er, Anfang der 1970er war eine Zeit des internationalen Aufbruchs. Die Rolle der Mauerbilder in diesem Kontext sieht die Autorin so:

„Im Zusammenhang mit anderen Kommunikationsmitteln (Straßenfesten, Demonstrationen, Flugblättern …), unterstreichen die Malaktivitäten die selbstbewusste Formulierung der Interessen.

Es geht um die Einübung einer kulturellen Mitbestimmung und einer Einflussnahme auf Räume, Flächen und Dinge des täglichen Gebrauchs, die individuelle Aneignung und Wahrnehmungsveränderungen ebenso fördern wie neue Impulse für das Zusammenleben." [21]

---

21 Stefania Böhm: Murales in Orgosolo. Stuttgart: Ibidem-Verlag. Mit einem Vorwort von Sigurd Saß, 2010.

Als Zeitzeuge bestätige ich das, nicht ohne den Stolz, an vielen Aktionen mitgewirkt zu haben.

Wir waren die Generation, die (ausschnittsweise) Bürgerinitiativen gründete, Kitas organisierte, das Recht der Väter auf Anwesenheit bei der Entbindung und „rooming in" durchsetzte und als Anhänger einer neuen Musik ein neues Lebensgefühl verkörperte.

Die Maidemonstrationen der Pariser Studenten 1968, der nachfolgende Aufbruch in den meisten europäischen Universitätsstädten schwemmten mit den Aktionen auch die entsprechenden verfügbaren Medien in unsere Hände und unser Bewusstsein. Enzensberger unterstützte uns mit seiner Theoriebildung und seiner Forderung nach demokratischer Verfügbarkeit der Medien.

Mit der Bewegung wuchs unsere Aufmerksamkeit für die Aktionsformen und die Demokratisierungstendenzen über die Grenzen hinweg. In den 70er Jahren gehörten die Wandbemalungen an den Häusern von Orgosolo zum festen Bestand unserer Leitbilder. Es war der Kollege Georg Kiefer von der HBK in Braunschweig, der mich auf die Besonderheit der sardischen Wandmalereien aufmerksam machte.

Um seinen Studenten die gesellschaftlich relevante Bedeutung von Malerei zu vermitteln, machte er regelmäßig Exkursionen dorthin.

Inzwischen sind gut 30 Jahre ins Land gezogen. Man kann sich vorstellen, wie positiv ich darauf reagierte, als Stefania Böhm bei den Vorgesprächen zu ihrer Diplomarbeit es für interessant und spannend hielt, aus heutiger Sicht eine Untersuchung der Wandmalereien aus Orgosolo vorzunehmen. Mit Liebe und Connection zu Italien, vertraut mit der italienischen Sprache und ausgestattet mit Methoden der angewandten Kulturwissenschaft, machte sie sich an die Arbeit.

Hervorgegangen ist der Stoff für ein lohnenswertes Buch.

Über die spezielle Form der sardischen Hausbemalungen hinaus ist es für eine heutige Untersuchung aktuell, welches strukturelle Konfliktpotential die Bewohner von Orgosolo und den anderen Dörfern auf Sardinien dazu motivierte, sich mit dieser signalisierenden Bildsprache zu Wort zu melden.

Aktuell daran für unsere Zeit und die heranwachsende Generation ist es, inwieweit sich an diesem Beispiel von vor dreißig Jahren Symptome eines Konflikts erkennen und untersuchen lassen, der inzwischen als weltweite Vernichtung von regenerativen Naturressourcen, Lebensräumen und Lebensweisen spürbar wird, und ob und mit welchen Lösungen es gelingen kann, diese globale Entwicklung in sozial- und umweltverträgliche Bahnen zu lenken.

Das insulare Soziotop der Hirtenkultur hilft durch seine Abgegrenztheit vielleicht deutlicher als anderswo, zwei grundsätzliche Pole dieser Konfliktkonstellation zu erfassen.

Mit dem Eindringen woanders entwickelter Lebens-, Denk- und Wirtschaftsformen in die Lebens-, Denk- und Wirtschaftsformen der Sarden treten sich, verkürzt ausgedrückt, zwei völlig unterschiedliche Systeme entgegen:

Das eine, auf Jahrhunderte-, bzw. Jahrtausende langer Erfahrung basierend, setzt aufs Bewahren der vorgefundenen Gegebenheiten. Grundlage ist ein behutsamer Ausgleich zwischen den Aneignungs- und Existenzinteressen der Menschen und dem, was ihre Umgebung dafür bereitstellt. Man weiß, das Überleben hängt davon ab, dieses Gleichgewicht nicht zu gefährden. Man kann nicht Raubbau treiben und weiterziehen. Das gibt die Insellage nicht her. Dieses Bewusstsein führt zu einem Verhaltenskodex, der auf Erhalt, gemeinsamen Nutzen und Austausch von äquivalenten Werten zielt. Verbunden damit ist allerdings eine gewisse Anfälligkeit für Stagnation, die auch sinnvolle Entwicklungen verhindern kann. Entwicklung ist Naturgesetz und kann immer Chance sein.

Das andere System agiert weit losgelöster vom direkten Austausch mit den naturbedingten Gegebenheiten. Es basiert auf der Zirkulationsform des Geldes und zwar verbunden mit der Philosophie des Fortschritts als Zuwachs. Das Geld wird nicht zum Tausch von Äquivalenten eingesetzt. Unter dem Begriff des Mehrwerts, für den als scheinbar ausgleichender Regulator eine Steuer erhoben wird, gibt es eine systemimmanente Tendenz zur Anhäufung von Gewinn. Dieses System pervertiert das Gesetz der Entwicklung zum Zwang ständiger Erneuerung und führt zu einer verbrauchenden – nicht bewahrenden – Nutzung. In die Spirale der verbrauchenden Nutzung sind alle Teile des Systems, von den natürlichen Gegebenheiten bis hin zum Menschen, einbezogen. Durch die Möglichkeit zur uferlosen Anhäufung von Kapital entstehen Machtkonstellationen und Ungleichheiten, gegenüber denen die „bewahrende Fraktion" – wie hier auf der Insel – keine Chance hat, die eigenen Lebensräume zu sichern oder sich Gehör zu verschaffen.

Der Zusammenprall der beiden Systeme auf der Insel musste logischerweise zu einem Konflikt führen. Man würde sich wünschen, dass beide Seiten sich an einen Tisch setzen und ihre Interessen darlegen mit dem Versuch, zu einer ausgleichenden Lösung zum Nutzen beider Systeme zu kommen.

Dieser Weg war offensichtlich versperrt, sei es durch die Übermacht eindringender Kapitaleigner, sei es durch die Ungeübtheit der Inselbewohner in parlamentarischer Interessenvertretung.

Die, als Bevormundung erlebte, Durchsetzung italienischer Festlandgesetze gegenüber dem gewachsenen Sardenkodex und die damit verbundenen existenzbedrohenden Landenteignungen sowie touristisch orientierten Baumaßnahmen italienischer Kapitaleigner machte sich Luft.

Das Ergebnis war eine beispiellose Kampagne, in der die Bewohner ihren Unmut und ihre Kritik in Bildern und Parolen an ihre Häuser malten.

Ähnlich wie die Tätowierung der eigenen Haut wurden hier die eigenen vier Wände zum Träger ihres Protests.

Auch wenn die Murales inzwischen den Weg einer musealen Anziehungskraft gegangen sind, bleiben sie ein Beispiel mit Inspi-
rationspotential. Sie gehören an den Anfang einer sich artikulie-
renden Kritik und Bewusstseinsbildung, die inzwischen weltweit
den behutsamen Umgang mit den Ressourcen der Natur, aber
immer mehr auch der Sozietäten einfordert. Jawohl, Sie haben
richtig gelesen – der Sozietäten.

Inzwischen gibt es Samenbanken, Naturparks und Natur-
schutzgebiete zur Bewahrung historisch gewachsener biotopi-
scher Ökosysteme. Wieso tut sich der Mensch so schwer, seine
Fürsorge auch auf den Schutz von „menschlichen" Soziotopen
auszudehnen?

In diesem Sinn verstehe ich das Anliegen der Wandmalereien
von Orgosolo:

Aufmerksamkeit einzufordern für gewachsene Strukturen,
nicht im Verständnis von folkloristischer Nostalgie, sondern für
das Potential, das in ihrer Bewährung steckt.

Es gibt erste Zeichen für eine breitere Bewusstseinsbildung dazu.
Ein namhafter Architekt der Moderne kritisierte im Rahmen der
Klimaschutzdiskussion den allgemein zu beobachtenden Ab-
riss ganzer bewährter Wohnviertel und deren Ersetzung durch
moderne Betonarchitekturen mit dem Hinweis auf die gesamte
Energiebilanz. Da, wo heute Heiz-, Klimaanlagen und Luftaus-
tauschsysteme zusätzlich zum Energieaufwand der Herstellung
sowie Entsorgung der Baumaterialien und deren Unterhaltung
anfallen, schlug er vor, mehr Forschung zu investieren in die Untersuchung der regionalen, seit Jahrhunderten, zum Teil Jahrtau-
senden bewährten Bauformen und Baumaterialien.

Die Bewusstseinsentwicklung ist zu begrüßen. Was seinerzeit mit Recht als Aufbegehren daherkam, muss heute Anlass
für Untersuchung, Erkenntnis und Problemlösung sein.

Es bleibt der jungen Generation vorbehalten, zu erforschen, wie
das tendenzielle Zerstörungspotential der Kapitalkonzentratio-

nen in eine Fürsorge bewährter und neuer verträglicher Lebensformen überführt werden kann.

Ein solches Forschungsgebiet sehe ich im Fall der gewachsenen Sozietäten, wie die sardische Hirtenkultur sie darstellt. Die erneute Aufmerksamkeit der heutigen Generation gegenüber Form und Inhalt der sardischen Murales verspricht vor dem Hintergrund einer sich globalisierenden Bewusstseinslage einen neuen Impuls für eine solche Forschungsrichtung. Man könnte sich als Ergebnis vorstellen, dass die Lebensart der Sarden als Modell einer umweltverträglichen Gesellschaftsform Geltung, Anerkennung und, wo nötig, Unterstützung erhält. Es ließe sich denken, dass bestimmte strukturelle Elemente ihrer umweltverträglichen Lebensweise in modifizierter Form zur Sanierung der Problemfelder in andere Sozietäten übertragbar sind.

Vielleicht ist die Zeit ja reif dafür, die Häuserbemalungen auf Sardinien trotz ihres oppositionellen Gehaltes zum Weltkulturerbe zu erklären.

Es ist der Initiative von Stefania Böhm zu danken, dass sie hierfür ein Fenster aufgestoßen hat. Ich wünsche ihrer Untersuchung und deren Stoff eine breite Anerkennung und „Nachahmungstäter" auf vergleichbaren Untersuchungsfeldern.

Kapitel 70

WAS IST LIEBE? DIE TRENNUNG, DIE FINDUNG

Die unterschiedlichen Vorstellungen von Barbara und Sigurd hatten zu Spannungen geführt.

War der Hof in Köchingen in Sigurds Augen ein kleines Stück Paradies, hatte Barbara ihn offensichtlich zunehmend als Belastung erlebt. Die Kinder täglich zum Kindergarten zu fahren oder Freundschaftstreffen zu organisieren, empfand sie neben Hauspflege und Garten zu mühsam. Ihre urbane Verbundenheit setzte sich durch, indem sie auf Vermittlung ihres Vaters ein Haus im Querumer Stadtrand von Braunschweig favorisierte.

Trotz des Wohnraumwechsels waren dadurch die Spannungen zwischen den unterschiedlichen Positionen nicht behoben.

Es ist ein verbreiteter Irrtum, zu denken, dass man die eigene Unzufriedenheit durch Wechsel der äußeren Umstände beheben kann.

Die Nachkriegszeit, die beider Leben geprägt hatte, hatte ihnen als Lebensstrategie abverlangt, seine Pflicht zu tun. Das funktionierte wunderbar bis zu dem Punkt, wo die persönlichen Bedürfnisse sich meldeten.

Sich miteinander zu verbinden, gehörte zum gesellschaftlichen Ritual. Zuneigung und Anziehung waren zwar, rein biologisch bedingt, die Impulse für eine Verbindung, doch waren die Gelegenheiten, Liebesfähigkeit zu erfahren und zu entwickeln, angesichts der im Vordergrund stehenden Existenzsicherung kaum gegeben.

Auch Barbara erzählte von der Strenge ihres Elternhauses und Sigurd hatte schon als Heranwachsender, trotz der Verletzungen, die Vaters Ausfälle bei ihm hinterlassen hatten, dessen verborgene fürsorgliche Liebe gleichzeitig mit seiner inneren Not verspürt.

Die Liebesäußerungen seiner Mutter, wie der Abschiedskuss am Zug im Bahnhof, konnte er nur als formale Geste werten, unter der weit, weit verborgen die zuneigende Mutterliebe als glimmender Funke verschüttet war.

Liebe, so wurde ihm im Laufe seines Lebens klar, war neben Verliebtheit und Anziehung vor allem das Ergebnis von Selbstreflexion.

Hatten ihm die Erfahrungen mit der Gestalttherapie die ersten Selbsterkenntnisse eröffnet, so waren es zunehmend die Lehren des Buddhismus, die ihm den Weg zu seinem Inneren öffneten.

Nicht nur die dort auffindbare Richtschnur „Gute Gedanken, Gute Worte, Gute Taten", wie sie vor Buddhas Lehre schon Zarathustra zum Programm gemacht hatte, vor allem die Beobachtung der eigenen Gedanken- und Gefühlswelt ohne Angst einer Bloßstellung oder Minderwertigkeit empfand er als die entscheidende Hilfe beim Blick auf sich selbst.

Bei Mark Twain hatte er einen bemerkenswerten Gedanken gefunden, in dem sich unser Dasein konzentrieren ließ:

„Es gibt zwei entscheidende Punkte in deinem Leben, der eine ist der, als du geboren wurdest, der zweite ist der, wenn du erkennst, WOZU."

Sigurds Fazit lief darauf hinaus, sich nicht zu beklagen, dass die Zeit ihm viel elterliche Liebe verwehrt hatte, sondern das, was in den Eltern verschüttet worden war, in sich selbst freizulegen. Die Beobachtung unserer Verletztheit, unserer Reaktionen, unserer Panzer, erschien ihm als Schlüsselloch zum unendlichen Potential des universellen Raumes.

Mit diesem Gedanken wurde ihm klar, dass die Malerei für ihn immer ein unbewusster Zugang war zur Teilhabe an dem universellen Potential. Im Akt des Malens geschieht Selbstvergessenheit, geschieht etwas, was unbegreiflich ist.

Wieso gibt es einen Kompass in mir, der mir sagt, welche Farbe, welchen Akzent, welche Form ich setzen muss, damit es sich richtig anfühlt?, fragte er sich oft.

Die Beschäftigung mit Kunst, ihre Vermittlung, lief – so wurde ihm klar – immer auf diesen einen Punkt hinaus, nämlich den Schlüssel zu finden, der uns in Verbindung mit diesem potentiellen Mysterium bringt. Als entscheidender Schlüssel erschien ihm die menschliche Fähigkeit der Empathie.

Es gibt die Theorie, dass die Seelen sich selbst aussuchen, bei wem sie als Babys zur Welt kommen wollen. Im Zusammenhang dieser Theorie hatte sich Sigurd oft gefragt, wieso er sich gerade einen solch komplizierten Vater in solch komplizierter Zeit ausgesucht habe. Er kam zu dem Schluss, dass er vielleicht die Seele eines Indiokindes aus dem Amazonasgebiet war, seine Klettervorliebe und seine Bindung an Wald und Natur schienen das nahezulegen. Und vielleicht war das der strebsamen Seele der einzige Weg, um von den Erklärungsmodellen des Schamanentums weiterzukommen und eine Lehre mit einleuchtender Grundlage zu finden.

Der wichtigste Hinweis auf den Zugang zu diesem Schlüssel erschien ihm in diesem Zusammenhang der von Buddha formulierte Satz: Es gibt kein Ich!

Wo war denn das ICH im unbewussten Vorgang des Malens? Wo bleibt das Ich, wenn ich keine Abgrenzungen vornehme und nicht einer irrationalen Selbstbehauptung zum Opfer falle?

Mit diesem Gedanken wurde ihm klar, dass auch die Ausrichtung auf das Metier Kunst, ähnlich wie die Liebesfähigkeit, durch die Einbildung einer Selbstbehauptung vergiftet ist.

Steht nicht dahinter der Wunsch nach Anerkennung, nach
Ruhm, letztlich nach Liebe?

Buddhas Erkenntnis geht dahin, dass wir durch die Verbindung
mit dem Universum eingebettet sind in die Energien des Alls,
dessen Ursprung dasselbe ist wie das Nichts. Dort ist unser Zuhause, erst durch das Loslassen der eingebildeten Bedeutungen, die wir uns mit unseren Identifikationen zuordnen, finden wir den Weg.
Es ist der Weg nach Innen, nicht nach Außen. Es ist der Weg,
sich selbst als Teil von allem zu lieben.

Es war Sigurds schmerzhafteste Entscheidung, von der Identifikation mit der Malerei loszulassen.

Doch kaum hatte er es realisiert, wurde die Aufmerksamkeit
des Kunstpublikums zu ihm hin gespült:

Als Rezension seiner letzten Ausstellung erreichte ihn folgende Pressemitteilung:

Der Bildermacher Sigurd Sass zeigt seine Werke und lädt zum bewussten Sein ein

Im Moment des Schaffens mit dem Hier und Jetzt verschmel-
zen, sich im kreativen Flow verlieren, Mensch sein, lebendig
sein, sich als Teil eines großen Ganzen fühlen. Darum geht
es in dieser aufwändigen und gleichzeitig überaus kompakten
Bilderschau im Bürgerhaus im Rahmen von Musik und Kunst.
Sigurd Sass und seine Lebensgefährtin Dorothee Otto haben
sich der Herausforderung gestellt, in dem Fachwerkgebäude
die unterschiedlichsten Bildformate so zu hängen, dass die
Werke ihre volle Wirkung entfalten können. Die Vernissage
am Freitag mit rund 50 Personen und zwei Gästen vor der of-
fenen Tür beansprucht das Fassungsvermögen des Bürgerhau-
ses unter den gegenwärtigen Bedingungen auf das Äußerste.

Die Besucher bekommen – dialogisch vorgetragen – eine Einführung durch den Künstler selbst, eine Lesung aus dem Buch „Mallorca Resonanz Mediterra" vorgetragen von Barbara Gal mit einer gefühlvollen musikalischen Begleitung von Geza Gal geboten. In etwas intimerer Runde werden die Themen von Sigurd Sass in der Finissage am Sonntag vertieft: Zeit und Raum für eine eingehende Betrachtung der Bilder und das Aufspüren von Resonanz und auch für Gespräche mit dem Künstler. Bilder entspringen dem Wunsch, etwas festzuhalten. Die Besucher nehmen ihre eigenen inneren Bilder und Eindrücke von den Werken und den persönlichen Begegnungen mit Sigurd Sass mit aus dieser stimmungsvollen und in der Form einmaligen Ausstellung!

Andreas Romey[22]

Es ist das Leben, wurde Sigurd einmal wieder bestätigt, das in und um uns passiert.

Seine Wichtigkeit wird hergestellt durch die Liebe, die wir ihm entgegenbringen.

Dankbar war Sigurd nach und in lehrreichen Jahren die Verbindung zu seiner neuen Lebensgefährtin eingegangen. Ihr Weg war vor allem, keine Vorwürfe zu machen und nicht bei anderen zu suchen, was der eigenen Unzufriedenheit zuzuschreiben ist.

In vielen gemeinsamen Satsang-Erfahrungen bei Astamaya aus Hamburg erfuhren sie zusammen den Raum, sich selbst näherzukommen.

Sie erlebten darin eine Hilfe zum Verständnis auch des anderen.

---

22 Zit. n.: www.Sasssigurd.de. Dort unter „Musik und Kunst im Rathaus." 2021.

Kapitel 71

DAS VIELLEICHT LETZTE KAPITEL – BEFREIUNG

Der Stoff der Erzählungen ist an dieser Stelle noch nicht zu Ende. Doch fällt es nicht schwer, sie hier abzubrechen, weil eventuelle Leser die Zeit danach vermutlich selbst erlebt haben.

Bei mir steht wieder eine OP an, die allmählich die Frage aufwirft, wie lange mein Körper dem schrittweisen Ausweiden noch standhält.

Ich schreibe das in aller Fröhlichkeit und Dankbarkeit gegenüber Dorothee, meinen Kindern, inklusive Ulf, den Ärzten und Freunden, die mich so lange begleitet und versucht haben, meine Entwicklungen mit Verständnis zu unterstützen.

Ein Schlusskapitel, vielleicht das entscheidende, sei noch beschrieben.

Ich möchte es mal BEFREIUNG nennen.

Vermutlich ist es das, worauf unser Leben hinausläuft, wenn wir uns mit Bewusstsein beobachten und zulassen, was in uns heranreift. **Der Sinn des Lebens.**

Gibt es etwas Größeres, was man im Leben finden kann?

Viele Hilfen, die Erkenntnisse des Buddhismus und die Worte des christlichen Religionsstifters, die Satsangs von Astamaya, die Erfahrungen der Gestalttherapie, die emotionalen Extreme Dorothees, das Buch von Mooji, die kaum zu ertragenden Leidensmomente im Krieg, die „gut gemeinten" Erziehungsattacken unseres Vaters, der Verlust von Gisela, erwiesen sich als

Impulse, diesen Weg ins immer tiefere Innere zu gehen. Hier lag der Beginn, die äußere Welt als eine Art Hypnose zu erkennen, getragen von den Programmen und Vorstellungen, die wir uns aufgrund unserer Prägungen im Kindesalter und aufgrund unserer ich-basierten Schlussfolgerungen im Leben gemacht haben.

Den letzten dieser Anker loszulassen, war am Schwierigsten. Hat er mich doch positiv mein ganzes Leben begleitet und letztlich auch meine Lebensgrundlage hergestellt, indem ich ihn zum Beruf gemacht und damit meine „Brötchen verdient" hatte. Ich spreche von der Malerei.

Die Malerei war der Beginn meiner Freiheit.

Als 12-Jähriger hatte ich meinen Vater als muskelbepackten Gorilla gezeichnet, wie er als dunkles, drohendes Monster gebeugt über dem Gerippe eines Kindes stand und dabei war, ihm die Gedärme aus dem Leib zu ziehen. Ich hatte eigentlich nur mit dem Kugelschreiber auf einem Fetzen Packpapier gekritzelt, das Bild entstand mehr oder weniger von selbst. Es passierte.

Auf meinem Schreibtisch in der „Butze", jeder von uns drei Söhnen hatte auf dem Dachboden ein solches Paradies als Kinderzimmer, hatte ich es unbeachtet liegen gelassen, als mein Vater es fand. Auf seine Frage, ob er das sein solle, dachte ich, er schlägt mich tot, wenn ich das zugebe. Also verneinte ich und gab erst nach vielen bedrängenden Nachfragen am Ende der Woche zu, dass das unser Verhältnis zueinander ausdrückt. Er reagierte ganz anders, als ich befürchtet hatte. Nämlich äußerst betroffen. Mit dem Ergebnis, dass er uns von da an nie wieder schlug. Das wie in Trance entstandene Gekritzel auf dem Packpapier hatte uns befreit. Dass ein Bild eine solche Wirkung, eine solche Macht haben kann, war für meine jugendliche Seele ein fast unbegreifliches Wunder.

Der Kunstunterricht meines Bauhauslehrers Hans Düne brachte mir durch seine Erzählungen und durch die Erfahrungen seiner Anleitungen zusätzlich den Geschmack der Freiheitsfunktion der Kunst. Später die Erzählungen von Richard Oelze zur Zeit der Nazibedrohungen.

Die einprägsamste Erfahrung jedoch war die tief gehende Wirksamkeit in der eigenen Handhabung künstlerischer Projekte. Nicht nur die „Selbstvergessenheit" beim Eintauchen in das Medium der Malerei, aus dem ich oft nach Stunden wie aus einer Trance erwachte, ohne den Begriff von Zeit oder Ich erlebt zu haben, (erfüllt von dem, was da unter meiner Hand passiert war), auch die Verbindung der unbewussten Impulse mit der kognitiven Ebene, die philosophische Reflektion der erfahrbaren Wirklichkeit waren Elemente, die mit der Malerei den Weg öffneten zu einer tieferen Dimension, auf der wir unmittelbar in den Phänomenen der Wirklichkeit, mit der Quelle allen Seins verbunden sind.

Wie war es also verwunderlich, dass der solcherart erlebte Zugang zu entgrenzenden Dimensionen, zum Loslassen eingebürgerter, logischer, gesellschaftlich bewährter Programme und erlernter Prägungen eine Bedeutung in meinem Leben erlangte, mit der ich mich voll und ganz identifizieren konnte. Mein ganzes Leben, meine Tätigkeit an den Universitäten, meine Aktivitäten in Ausstellungen, öffentlichen Projekten, meine Publikationen in Form von Katalogen, Büchern und Fachbeiträgen, meine gesamten Handlungen und Denkaktionen waren so mit der Malerei und Kunst verknüpft, dass sie mir zur Identität geworden waren. Ich hatte darin die Freiheit meiner Entwicklung erlebt, die Freiheit des Denkens, die Freiheit des Handelns, die Freiheit einer selbstbewussten Position, mein ganzes Lebenswerk war auf diesem Medium gegründet, so dass mir gar nicht in den Sinn kam, dass die letzte entscheidende Freiheit darin bestehen könnte, auch diese Identität loszulassen.

War die Malerei in meinem Lebenslauf ein wichtiger Impuls zur Befreiung gewesen, so bestand letztendlich die Befreiung in der Befreiung von diesem Befreier.

Erst mit dem Loslassen dieses mich zur Freiheit führenden Mediums konnte ich den darin auch verborgenen Anker „opfern" und mich mit Leichtigkeit dem wahren Kurs hingeben.

Die in mir wirksame Quelle allen Lebens, die ich so oft im Zustand des Malens erlebt hatte, steht mir nun ungebunden, als Erlebnis ungebundenen Glücks zur Verfügung. Das, was man sich im Leben so oft wünscht, das Ziel der Befreiung zu erreichen, kommt nicht zustande durch unser Bemühen, es passiert durch das Loslassen der letzten Identität.

Ich bin dankbar, dass es mir passiert ist. Ich erlebe es als eine Art Gnade. Ich bin angekommen, wo ich immer war, nur bisher getrennt von meinem Bewusstsein.

Sigurd Saß

Der Autor mit Tochter Tina

Der Autor

1937 in Rio de Janeiro geboren, verschlug es Sigurd
Saß noch im jungen Alter von zwei Jahren nach
Deutschland, wo er aufwuchs und zur Schule ging.
Danach absolvierte er ein Studium in den Bereichen
Kunst und Germanistik in Berlin, Stuttgart und Kiel.
Bereits in seiner Kindheit hatte er die Liebe zur
Malerei entdeckt und konnte sich nun voll dieser
Leidenschaft widmen. Mit vielen Ausstellungen
sowie Veröffentlichungen war und ist Sigurd Saß
bis heute in der Kunstszene aktiv und betreibt
ein Atelier in der Nähe von Grassel. Aus seinem
bewegten Leben, das von Reisen, interessanten
Begegnungen und Protesten gekennzeichnet ist,
entstand ein biografisches Werk mit persönlichem
Blick auf die Entstehung der BRD: „Der rote Faden,
der ein blauer wurde. Annäherungen an ein
selbstbestimmtes Leben in 71 Erzählungen". Hier
nimmt er sich die Freiheit, in 71 Kurzgeschichten
zwischen Alltagssprache und artifiziellen Formen
zu jonglieren. Man erlebt neben spannenden
Erlebnissen seine Lust am Denken und einen
versöhnlichen Umgang mit den Widersprüchen,
die er als Zeitzeuge zu berichten hat.